Québec

MW01535397

evasio

GUIDE 9

Ce guide a été établi par **Monic Robillard**.
La présente édition a été actualisée par **Jean-Jacques Lachapelle**.
Après des études en journalisme et en littérature, **Monic Robillard** a enseigné à l'Université de Montréal, l'Université Queen's de Kingston et l'Université du Québec à Montréal. Elle a collaboré à divers magazines québécois et a été rédactrice en chef de *Elle Québec*. Auteur de deux essais en critique littéraire, elle est chargée de cours et directrice littéraire aux Éditions Leméac. Elle collabore aux Guides Bleus depuis 1989.

L'auteur tient à remercier pour leur coopération Dominique Lamy, Patrice Poissant, Jean-Pierre Derome (Tourisme Québec) et les Associations touristiques régionales. Ce guide est redevable à Louis-Martin Tard (†) pour sa contribution au chapitre Héritage, ainsi qu'à Jacques Rouillard (département d'histoire, Université de Montréal), Jean-Pierre Le Goff (Hautes Études Commerciales), Sandra Paikovsky (département d'histoire de l'art, Université Concordia), Michel Coulombe (*Dictionnaire du cinéma québécois*, Boréal), Sylvie Côté (Avatak), Dominique Raymond (Ketos), Françoise Kayler (*La Presse*), Claude Michaud (ministère des Affaires indiennes et du Nord canadien). Qu'ils soient tous vivement remerciés pour leurs généreuses informations et suggestions.

Québec

Évasion

GUIDE

Sommaire

Toutes les informations
nécessaires à la préparation
et à l'organisation
de votre séjour.

8 QUE VOIR?

Région par région,
un commentaire
sur les plus beaux sites
à visiter, des idées
pour découvrir le Québec
autrement, des suggestions
d'itinéraires (voir cartes
en rabat de couverture).

17 PARTIR

Les mille et une choses
auxquelles il faut penser
avant le départ.

25 QUOTIDIEN

Tout ce qu'il faut savoir
une fois sur place,
de la gastronomie
à l'hébergement,
en passant par les usages
ou le shopping.

Quelque 4500 lacs et rivières sont
disséminés sur le vaste territoire,
peu développé, qui se trouve au nord
de Mont-Tremblant.

EMBARQUER

Région par région

Une courtepointe de lacs et de forêts déployée autour du majestueux fleuve Saint-Laurent : voilà le Québec, passeport pour la pleine nature. De l'Outaouais aux Îles-de-la-Madeleine, la riche diversité de ses régions nourrit comme autant d'affluents une culture en effervescence, phare de la francophonie en Amérique.

Sauf indications contraires, les distances sont calculées depuis Montréal.

Les territoires de l'Ouest

➤ **LA RIVE DES OUTAOUAIS.** La route longeant la rivière des Outaouais rencontre d'abord le **parc d'Oka*** *(p. 73)*, puis de charmantes localités, dont celle de **Montebello*** *(p. 76)*, avant d'arriver aux villes siamoises que sont **Hull**** *(204 km O)* et la capitale canadienne **Ottawa****, en Ontario *(p. 76 et p. 79)*. Toutes deux sont riches en musées et situées à proximité du **parc de la Gatineau**** *(p. 79)*, bel espace récréatif naturel. Au nord, l'immense **réserve faunique de La Vérendrye**** *(p. 81)* borde presque entièrement le territoire de l'Abitibi-Témiscamingue

Le Québec en bref

➤ **SITUATION** : Au nord-est du continent américain. Montréal est à 7 h d'avion de Paris.

➤ **POPULATION** : 7,5 millions d'habitants.

➤ **CAPITALE** : Québec. Montréal est la métropole.

➤ **LANGUE OFFICIELLE** : le français.

➤ **RELIGIONS** : le catholicisme (86 %) et le protestantisme (6 %).

➤ **NATURE DU RÉGIME** : Démocratie parlementaire. Le Québec est l'une des 10 provinces du Canada.

➤ **MONNAIE ET TAUX DE CHANGE** : le dollar canadien (en 2004, 1 $ équivaut à env. 0,64 €).

➤ **PASSEPORT** : oui

➤ **VISA** : non

➤ **VACCINS** : non

➤ **TAXES D'AÉROPORT** : oui

➤ **DÉCALAGE HORAIRE** : 6 h. ❖

➤ **L'ABITIBI-TÉMISCAMINGUE.** Le principal attrait de la région agricole du Témiscamingue vient du vaste et sauvage **lac Kipawa**★★ *(p. 83)*, au bord duquel se trouve le joli village amérindien de ♥ **Kebaowek**★ *(p. 83)*. À **Ville-Marie**★ *(p. 83)*, vous visiterez le site du **Fort-Témiscamingue**★★. Plus au nord, au bord du lac des Quinze à **Angliers**★, plusieurs sites vous permettront de découvrir les activités liées à l'industrie du bois *(p. 84)*. La nature sauvage de l'Abitibi-Témiscamingue se prête aussi aux excursions sportives, tandis que l'intéressant relief du **parc d'Aiguebelle**★★ *(p. 86)* se découvre aisément en une journée de randonnée.

L'Abitibi déploie ses forêts autour des cités minières de **Val-d'Or**★ *(p. 87)* et de ♥ **Rouyn-Noranda**★ *(p. 86)*. Depuis **Amos**★ *(p. 88)* vous pourrez rejoindre la Baie-James.

➤ **LA BAIE-JAMES.** Dans les paysages nordiques de la Baie-James, les spectaculaires installations hydroélectriques de **La Grande**★★★ *(p. 91)* méritent que l'on effectue le long trajet routier menant au point le plus nordique que l'on puisse atteindre en voiture, le village de **Radisson**★★ *(p. 91)*. C'est aussi l'occasion de rencontrer la culture amérindienne et, dans la partie est du territoire, de visiter **Oujé-Bougoumou**★★, un village distingué par l'ONU pour son urbanisme et son développement *(p. 95)*.

➤ **TERRES ARCTIQUES DU NUNAVIK.** ♥ **Whapmagoostui** et **Kuujjuarapik**★★ *(accès aérien seulement, p. 96)* sont deux villages imbriqués l'un dans l'autre où Amérindiens et Inuit vivent côte à côte. Ils sont situés dans la partie méridionale du Nunavik, la terre des Inuit dont la capitale est **Kuujjuaq**★ *(p. 97)* plus au nord. Vous pourrez faire une expédition dans la vallée de la **rivière Koroc**★ ou, dans les **monts Torngat**★★, découvrir le plus haut sommet du Québec, le **mont Iberville**★★ *(p. 97)*. Des paysages nordiques d'une indicible beauté et la découverte de la fascinante culture inuit attendent les aventuriers, prêts à voyager sans filet.

Montréal***

➤ *À 253 km O de Québec.*

En bordure du fleuve et face au bucolique **parc Jean-Drapeau*** *(p. 128)*, le quartier du **Vieux-Montréal*** *(p. 121)* recèle les principaux trésors patrimoniaux de la ville. La vie commerçante se concentre quant à elle dans le **centre-ville ouest*** *(p. 110)*, et la vie culturelle sur les ♥ **rues du centre-ville est*** *(p. 129)* qu'entoure le **plateau Mont-Royal*** *(p. 130)*. On ne manquera pas de visiter le **Parc olympique***, et notamment le **Jardin botanique**** et le **Biodôme**** *(p. 132)*.

Au sud du Saint-Laurent

➤ **LA VALLÉE DU RICHELIEU.** À proximité de la paisible rivière Richelieu et du site du **Fort-Chambly**** *(p. 146)*, entouré de vergers, se trouve le Centre de la nature de **Mont-Saint-Hilaire**** *(p. 148)* qui fait partie de la réserve de la biosphère mondiale de l'Unesco et constitue un site incontournable dans la découverte de la région de la Montérégie. À proximité, dans le Suroît, vous découvrirez la **réserve nationale de faune du lac Saint-François**** *(p. 149)*, elle aussi classée par l'Unesco.

➤ **LES CANTONS-DE-L'EST.** Le grand **lac Memphrémagog**** *(p. 156)*, que domine l'**abbaye Saint-Benoît-du-Lac****, est bordé par d'importantes stations touristiques et par des monts skiables comme dans le **parc du Mont-Orford*** *(p. 157)*. Dans les environs, on

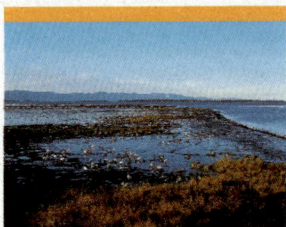

découvrira le village de ♥ **Lac-Brome*** *(p. 153)*, au charme Nouvelle-Angleterre, et l'attachant village de ♥ **North Hatley*** *(p. 157)* au bord du **lac Massawippi**** *(p. 157)*. **Sherbrooke*** *(p. 157)*, la capitale des Cantons-de-l'Est, mérite elle aussi une visite. En poursuivant votre route vers l'est, vous découvrirez les magnifiques panoramas de la région appalachienne au **parc de conservation du Mont-Mégantic**** *(p. 160)*. Le parc possède un observatoire, où vous pourrez vous initier à l'astronomie.

➤ **LES BOIS-FRANCS.** Vous pouvez prolonger l'itinéraire des Cantons-de-l'Est vers cette charmante région bordée par les Appalaches.

➤ **LA VALLÉE DE LA CHAUDIÈRE*.** Réputée pour son industrie acéricole (produits de l'érable), la Beauce est une région pittoresque dont les principales villes, **Sainte-Marie*** *(p. 164)* et **Saint-Joseph-de-Beauce**** *(p. 165)*, se rassemblent en bordure de la rivière Chaudière.

➤ **LA RIVE DE SOREL À LÉVIS.** Le **lac Saint-Pierre**** *(p. 190)*, formé par un évasement du fleuve Saint-Laurent, est bordé par une centaine d'îles dont les chenaux et bayous abritent de nombreux oiseaux que l'on peut découvrir depuis **Sainte-Anne-de-Sorel*** *(p. 167)*. Un important musée autochtone se trouve à proximité, dans la petite **réserve amérindienne d'Odanak*** *(p. 168)*. En longeant le fleuve vers le nord, on découvre une ancienne seigneurie, le village de **Lotbinière**** *(p. 170)* qui garde son visage du XVIIIe s. et du XIXe s., et à **Saint-Antoine-de-Tilly***, vous découvrirez son église et ses ateliers **ApArt** *(p. 171)*.

➤ **LA CÔTE-DU-SUD**. De Lévis* *(p. 171)* face à Québec jusqu'au village seigneurial de **Saint-Roch-des-Aulnaies*** *(p. 174)*, la Côte-du-Sud invite à explorer la vie de l'estuaire. **Montmagny**** *(p. 172)* accueille les migrations d'oies des neiges, et la ville est bordée par un archipel où l'on verra notamment une ancienne station de quarantaine et d'intéressantes colonies d'oiseaux. A proximité de la ville de Québec, **Saint-Jean-Port-Joli**** *(p. 173)* est le haut lieu de la sculpture sur bois au Québec.

Au nord du fleuve

➤ **LA MONTÉE DES LAURENTIDES**. L'immense **parc provincial du Mont-Tremblant**** *(p. 189)*, plus haut sommet de la chaîne des Laurentides, déploie 405 lacs et 7 rivières autour d'une station touristique d'envergure internationale, située au nord du village de **Saint-Jovite*** *(p. 188)*. Les villages qui y mènent, comme **Sainte-Adèle*** *(p. 187)* ou ♥ **Val-David*** *(p. 187)*, sont des lieux de villégiature animés, d'où l'on peut pratiquer tous les loisirs de plein air imaginables.

➤ **LA LANAUDIÈRE**. Vous pouvez rejoindre le parc provincial du Mont-Tremblant depuis la région de la Lanaudière par **Saint-Donat*** *(p. 192)*, au bord du lac Archambault. C'est l'occasion de découvrir cette jolie région, avec ses paysages bucoliques et ses parcs de chutes à **Saint-Jean-de-Matha*** *(p. 193)* et à **Rawdon*** *(p. 192)*. Plus au nord, le magnifique **réservoir Taureau**** *(p. 194)* mérite aussi une escapade.

➤ **LA VALLÉE DE LA MAURICIE**. Deuxième ville fondée en Nouvelle-France, **Trois-Rivières**** *(p. 195)* possède de précieux témoignages historiques. Ses vieilles forges rappellent l'importance économique de la rivière Saint-Maurice, que l'on remonte jusqu'au **parc national de la Mauricie**** *(p. 198)*, site idéal pour le canoë-camping.

➤ **LE TOUR DU LAC SAINT-JEAN**. Le long des 250 km qui ceinturent le **lac Saint-Jean**** *(p. 200)* s'égrènent des villes et des villages dont les habitants sont aussi sympathiques qu'accueillants. Les villages de **Val-Jalbert*** *(p. 200)*, **Mashteuiatsh**** *(p. 202)*, qui possède un remarquable musée, et **Péribonka*** *(p. 205)* méritent une halte. On ne manquera pas de visiter le **zoo sauvage de Saint-Félicien**** *(p. 203)*, un parc animalier où les animaux vivent en liberté, et le **parc de la Pointe-Taillon**** *(p. 205)*, site recherché pour la baignade.

➤ **LE FJORD DU SAGUENAY ET SES RIVES**. L'un des plus méridionaux au monde, le **fjord du Saguenay**** *(p. 207)* est creusé par la rivière Saguenay où séjournent des baleines blanches. La **baie Sainte-Marguerite**** *(p. 212)* est le meilleur site d'observation des bélugas. Entouré de sentiers pédestres et de caps majestueux, le fjord se prête à des croisières, notamment à partir de **Chicoutimi*** *(p. 208)* et de **La Baie**** *(p. 209)*. Non loin, **Jonquière*** *(p. 207)* est réputée pour sa vie nocturne. À **Saint-Félix-d'Otis**** *(p. 209)*, vous aurez un aperçu de l'époque de la Nouvelle-France. Au village de **L'Anse-Saint-Jean**** *(p. 210)* grimpent des sentiers réputés pour leur beauté. Sur la rive nord, le paisible village de ♥ **Sainte-Rose-du-Nord**** *(p. 212)* offre un joli point de vue sur le fjord. Les amateurs de nature sauvage se rendront quant à eux au **parc de conservation des Monts-Valin**** *(p. 212)*.

Québec et ses environs

➤ ♥ **QUÉBEC***** *(253 km E)*. Préservant résolument son caractère français, déclaré joyau du Patrimoine mondial, le Vieux-Québec a su développer un chaleureux art de vivre autour de la sauvegarde de son passé. Entre le port et la falaise, la **Basse-Ville***** *(p. 228)* regorge de demeures historiques et de petites boutiques, que l'on quitte par un funiculaire menant à la **Haute-Ville fortifiée***** *(p. 233)*. De la **terrasse Dufferin***** *(p. 233)* à la promenade des Gouverneurs, vous découvrirez une vue imprenable sur le fleuve et les environs. Hors les murs vous pourrez vous promener dans le **parc des Champs-de-Bataille**** *(p. 240)* et visiter les monuments de la **colline parlementaire*** *(p. 241)*.

➤ **LES ENVIRONS DE QUÉBEC**. À quelques encablures au nord de Québec vous pourrez prendre l'air au **parc de la Jacques-Cartier***** *(p. 244)*, dont la rivière canotable est entourée de sentiers panoramiques. Vers l'est, en empruntant la route menant dans le Charlevoix, on s'arrêtera pour admirer les chutes spectaculaires du **parc de la Chute-Montmorency**** *(p. 244)* et, plus loin, la grandiose basilique de **Sainte-Anne-de-Beaupré**** *(p. 246)*, lieu de pèlerinage séculaire. À la **réserve nationale de faune du Cap-Tourmente**** *(p. 247)*,

refuge d'oiseaux migrateurs, vous aurez peut-être la chance d'assister au spectacle de l'envol de milliers d'oies des neiges. Enfin, l' ♥ **île d'Orléans*** *(p. 248)*, le pays de Félix Leclerc, est empreint d'un charme bucolique qu'on apprécie au fil de ses paysages paisibles et de ses villages ponctués de vieilles églises.

L'Est maritime

➤ **LA CÔTE CHARLEVOISIENNE**. Depuis **Baie-Saint-Paul**** *(p. 260)*, ville d'art à proximité de Québec, la côte égrène des sites enchanteurs autour de villages au charme confidentiel comme **Saint-Joseph-de-la-Rive**** *(p. 262)* et ♥ **Port-au-Persil*** *(p. 268)*, ou réputés pour leur gastronomie et leur hôtellerie comme **Pointe-au-Pic*** *(p. 267)*. On ne manquera pas la pittoresque **île aux Coudres**** *(p. 263)* et le haut lieu de musique classique qu'est ♥ **Saint-Irénée-les-Bains*** *(p. 267)*. Dans l'arrière-pays se trouvent quelques sites merveilleux et incontournables comme le **parc régional des Hautes-Gorges***** *(p. 268)* et le **parc des Grands-Jardins***** *(p. 262)*.

À l'embouchure du Saguenay, dans le **parc marin du Saguenay-Saint–Laurent***** *(p. 269)*, vous pourrez observer la faune et pratiquer de nombreuses activités de découverte liées à l'environnement du fleuve et plus particulièrement du fjord.

➤ **LA CÔTE-NORD**. Tout au long de la Côte-Nord, vous découvrirez des villages où règne une véritable effervescence autour des baleines, que vous pourrez observer du printemps à l'automne notamment à **Tadoussac***** *(p. 271)* et à ♥ **Pointe-des-Monts**** *(p. 276)*, un site d'observation peu connu, avec un phare-musée plein d'intérêt. Mais c'est à **Longue-Pointe**** *(p. 279)* que s'organise la recherche scientifique pour la connaissance et la protection de ces cétacés. Dans l'arrière-pays, en remontant la rivière Manicouagan depuis Baie-Comeau, vous accéderez aux gigantesques installations hydro-électriques du **complexe de Manic-Outardes**** *(p. 276)*. Deux parcs à explorer dans cette région : celui de **Pointe-aux-Outardes*** *(p. 275)* pour la randonnée, et surtout la **réserve du parc national de l'Archipel-de-Mingan***** *(p. 280)*, avec ses spectaculaires monolithes.

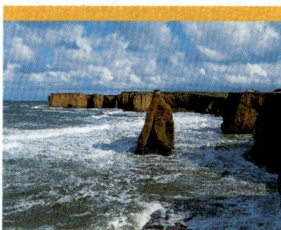

En poursuivant le long de la côte vers l'est vous rencontrerez de charmants villages de pêcheurs comme ♥ **Godbout*** *(p. 276)*, **Sept-Îles*** *(p. 278)*, **Havre-Saint-Pierre*** *(p. 280)* et **Baie-Johan-Beetz*** *(p. 282)*. Au-delà du village natal de Gilles Vigneault, **Natashquan*** *(p. 283)* commence la **Basse-Côte-Nord**** *(p. 287)*, où les pittoresques villages sont coupés du Québec par l'absence de route et ne sont accessibles que par bateau.

Enfin, l'**île d'Anticosti**** *(p. 283)*, royaume des cerfs, est presque exclusivement réservée à la chasse et à la pêche. C'est un paradis de nature sauvage. Cette île est dotée d'un seul village, **Port-Menier*** *(p. 286)*.

➤ **LE BAS-SAINT-LAURENT**. Ce superbe coin de pays sur le littoral sud du Saint-Laurent vit en symbiose avec le fleuve. Au riche patrimoine de ♥ **Kamouraska**** *(p. 288)*, de **Rivière-du-Loup*** *(p. 290)* et de **Trois-Pistoles**** *(p. 293)* s'ajoutent plusieurs îles à explorer pour observer oiseaux et mammifères marins ou pour découvrir les vestiges d'une longue tradition maritime. Le **parc du Bic**** *(p. 293)* est un site idéal pour voir de plus près la faune et la flore littorales. Un peu plus au nord se trouve la ville de **Rimouski*** *(p. 294)*, capitale du Québec maritime.

➤ **LA PÉNINSULE GASPÉSIENNE**. Le tour de la Gaspésie, itinéraire classique, commence par la découverte des **jardins de Métis**** *(p. 296)*. Une magnifique route côtière mène au charmant village de **Cap-Chat*** *(p. 297)*, au **parc national de Forillon***** *(p. 299)*, puis au célèbre **rocher Percé***** *(p. 300)* et à l'**île Bonaventure***** *(p. 301)*. On peut également emprunter la route intérieure qui passe par le **parc de la Gaspésie**** *(p. 297)*, situé au cœur de la péninsule et où se dressent de hauts sommets. Sur la côte sud de la Gaspésie, vous aimerez faire une halte à **Bonaventure**** *(p. 303)* et à **Carleton*** *(p. 304)*, village réputé pour ses plages. Dans la **baie des Chaleurs*** *(p. 303)*, le **parc de Miguasha**** *(p. 304)* préserve un site fossilifère d'envergure, tandis que les localités alentour proposent une intéressante diversité culturelle, notamment par la présence des Amérindiens à **Listuguj**** *(p. 305)*.

➤ ♥ **LES ÎLES-DE-LA-MADELEINE****. *(env. 1 270 km E, incluant traversier, p. 305)*. Vous n'éprouverez nulle part ailleurs un tel sentiment de dépaysement que dans ces îles arrimées loin dans la mer, où tout est plages de sable et collines verdoyantes. ■

Si vous aimez...

▶ **L'OBSERVATION DES OISEAUX.** Au printemps et à l'automne, la route migratoire de milliers d'oies des neiges passe par la **réserve nationale du Cap-Tourmente**, près de Québec *(p. 247)*, **Montmagny** *(p. 172)* et **Baie-du-Febvre** *(p. 168)*. On verra des outardes à la **réserve faunique de Plaisance** *(p. 76)* et à **Pointe-aux-Outardes** *(p. 275)*. Le **lac Saint-Pierre** *(p. 190)*, évasement fluvial riche d'une centaine d'îles et d'îlots, abrite la plus importante héronnière d'Amérique du Nord et les îles du **Bas-Saint-Laurent** *(p. 288)* sont des sites exceptionnels d'observation des eiders, cormorans et petits pingouins, en tout quelque 200 espèces. À Percé, des milliers de fous de Bassan nichent sur l'**île Bonaventure** *(p. 301)*.

▶ **LA RANDONNÉE PÉDESTRE.** Avec la vingtaine de parcs nationaux et provinciaux, sans compter les 16 réserves fauniques, vous serez choyé. Le **parc du Mont-Orford**, dans les Cantons-de-l'Est *(p. 157)*, offre 50 km de sentiers, avec une douce montée vers les sommets ; de Tadoussac ou de L'Anse-Saint-Jean, les sentiers du **parc du Saguenay** se glissent entre fjord et montagnes *(p. 210)*. Dans les Laurentides, le **parc du Mont-Tremblant** *(p. 189)* déroule 85 km de sentiers tantôt longeant des lacs aux eaux pures, tantôt plongeant dans la forêt. Un haut lieu de la marche en mon-tagne demeure le **parc de la Gaspésie** *(p. 297)*, avec l'ascension du mont Albert (1 150 m) et sa faune sauvage. Dans le Charlevoix, les sentiers du **parc des Grands-Jardins** *(p. 262)* sont un enchantement pur, surtout celui du **mont du Lac-des-Cygnes** (980 m). Pour marcher sur des plages infinies et de douces collines surplombant la mer, vous vous rendrez aux **Îles-de-la-Madeleine** *(p. 305)*.

▶ **L'ESPRIT NORDIQUE.** Pour un avant-goût du Nord tout en restant dans le Sud, il suffit d'aller tout simplement au **Biodôme** de Montréal *(p. 132)*. La **route de la Baie-James** *(p. 90)* menant aux installations hydroélectriques de Hydro-Québec au cœur de la taïga et la **route du Nord** *(p. 90)* qui mène de l'Abitibi à **Chibougamau** *(p. 95)* sont des préludes à l'immensité des territoires nordiques. Mais pour les purs et durs, rien ne vaudra les sensations fortes du Grand Nord lui-même, le **Nunavik** *(p. 96)*.

▶ **LE CANOË-CAMPING OU LE RAFTING.** Des centaines de lacs et rivières, surtout au nord du Saint-Laurent, se prêtent au canoë. Le **parc national de la Mauricie** *(p. 198)* est un site particulièrement recherché, ainsi que la **réserve faunique de La Vérendrye**, avec ses 2 000 km de circuit *(p. 81)*, et le **parc provincial du Mont-Tremblant** *(p. 189)*. En kayak ou en Zodiac, on peut dévaler les flots impétueux de la **rivière Rouge** (45 km de rapides) et de la **rivière des Outaouais** *(p. 101 et p. 72)*. Très appréciées des amateurs de rafting, la **rivière Jacques-Cartier** *(p. 244)* dans la région de Québec, la

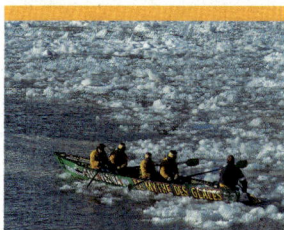

Ouareau dans la Lanaudière, la **Sainte-Marguerite** dans le Saguenay et la redoutable **Magpie** avec ses 220 km de descente, sur la Côte-Nord. À quelques minutes de Montréal, les rapides de **Lachine** sont les plus aisément accessibles *(p. 133)*.

▶ **L'OBSERVATION DES BALEINES.** Elles séjournent du printemps à l'automne à l'embouchure du **Saguenay** *(p. 207)* et dans les eaux de la Côte-Nord à partir de **Tadoussac** jusqu'à **Blanc-Sablon** *(p. 287)*. Elles sont aussi visibles en Gaspésie, à **Percé** *(p. 300)* et à **Forillon** *(p. 299)*. Sur la Côte-du-Sud, dans le Bas-Saint-Laurent, des croisières sont offertes à partir de **Rivière-du-Loup** *(p. 290)* et **Trois-Pistoles** *(p. 293)*.

▶ **LES ANIMAUX SAUVAGES.** Sur l'île d'Anticosti vivent plus de 125 000 cerfs de Virginie *(encadré, p. 287)*. Le **parc animalier Oméga** en Outaouais *(p. 76)*, le **refuge Pageau** en Abitibi *(p. 88)*, le **zoo sauvage de Saint-Félicien** au lac Saint-Jean *(p. 203)* abritent des animaux représentatifs des forêts québécoises. Au **parc de la Gaspésie**

(p. 297), on peut voir des troupeaux de caribous, qui sont plus d'un million dans le **Nunavik** *(p. 96)* ; faire l'appel de l'orignal et celui aux loups au **parc de la Jacques-Cartier** *(p. 244)*, voir les bébés phoques sur les banquises des **Îles-de-la-Madeleine** *(p. 305)* sont d'autres expériences inoubliables.

▶ **LA CULTURE AMÉRINDIENNE.** On visitera, près de Montréal, la réserve mohawk de **Kahnawake** *(p. 134)*, le village huron de **Wendake**, près de Québec *(p. 242)*, **Odanak** sur la rive sud à proximité de Sorel *(p. 168)*, **Mashteuiatsh** au lac Saint-Jean *(p. 202)*, **Listuguj** *(p. 304)* et **Fontenelle** en Gaspésie *(p. 300)*. On fera des séjours auprès des autochtones ou du tourisme d'aventure en leur compagnie dans la **Baie-James** *(p. 90)*, en **Abitibi** *(p. 85)*, sur la **Côte-Nord** *(p. 270)*, en **Mauricie** *(p. 194)* et dans la **Lanaudière** *(p. 190)*. On verra d'intéressants musées amérindiens à **Mashteuiatsh** *(p. 202)*, **Odanak** *(p. 168)*, **Betsiamites** *(p. 275)*, **Cacouna** *(p. 292)* et **Sept-Îles** *(p. 278)*. Et il ne faut pas manquer les fêtes traditionnelles que sont les *pow wow* estivaux, tenus dans la plupart des communautés *(encadré, p. 134)*.

▶ **LES PIERRES, LES MINES ET LES FOSSILES.** Les amateurs de trésors minéraux seront captivés par les monolithes de l'**archipel de Mingan** *(p. 280)*, la caverne de La-Rivière-à-la-Patate et les fossiles de l'**île d'Anticosti** *(p. 286)*, le **parc de Miguasha** en Gaspésie *(p. 304)*, la mine à ciel ouvert et le musée de **Thetford Mines** *(p. 163)*, le Centre thématique fossilifère à **Notre-Dame-du-Nord** *(p. 85)*, le Musée minéralogique à **Malartic** *(p. 87)* et le village minier de **Bourlamaque** à **Val-d'Or** en Abitibi-Témiscamingue *(p. 87)*. ▪

Programme

➤ **UN MOIS**, c'est le temps qu'il faut pour bien visiter le Québec, avec une bonne voiture et l'avion pour se rendre dans les régions éloignées comme les Îles-de-la-Madeleine et le Nunavik.

➤ **TROIS SEMAINES** permettent de connaître Montréal, de faire des excursions de 24 heures vers Hull-Ottawa, les Laurentides et les Cantons-de-l'Est. On peut ensuite se rendre à Québec par la rive nord, goûter les charmes du Charlevoix et monter jusqu'au lac Saint-Jean avec retour à Tadoussac pour poursuivre vers la Côte-Nord. De là on traversera le fleuve avant d'entreprendre le circuit de la Gaspésie avec retour à Montréal par la rive sud.

➤ **QUINZE JOURS** obligent à faire un choix. Montréal et Québec restent au programme, mais il faut renoncer à une ou deux des régions citées plus haut.

➤ **UNE SEMAINE** peut être partagée entre Montréal et ses environs et Québec d'où l'on pourra visiter le Charlevoix.

Une visite satisfaisante de Québec prend **trois jours**. Il en est de même pour Montréal. ▪

Le Québec autrement

➤ **PASSER UNE NUIT DANS UN PHARE** aux îles de l'archipel du Pot-à-l'Eau-de-Vie *(p. 291)*, seul dans la maison du gardien, au milieu d'un sanctuaire d'oiseaux. Calme intégral.

➤ **PARTICIPER À LA RECHERCHE SUR LES BALEINES** en adoptant une baleine ou en accompagnant l'équipe de la Station MICS, à Longue-Pointe, dans ses sorties en mer. On devient «céphalophile» à coup sûr *(p. 279)*.

➤ **FAIRE LA TOURNÉE DES VIGNOBLES** et goûter aux vins nordiques des vignerons de la région de la Montérégie et des Cantons-de-l'Est. Pour noyer tous les préjugés *(encadré, p. 153)*.

➤ **ASSISTER À UNE PARTIE DE HOCKEY** avec les Canadiens de Montréal, au centre Molson. La fièvre des supporters est à son maximum *(p. 141)*.

➤ **SÉJOURNER À LA FERME CHEZ L'HABITANT** et participer à la vie rurale québécoise *(p. 28)*: le meilleur accès à la culture du terroir.

➤ **ASSISTER À UN «POW WOW» AMÉRINDIEN**, chanter et danser au son du tambour en invoquant les esprits de la nature *(encadré, p. 134)*.

➤ **DÉCOUVRIR LES VILLAGES ISOLÉS** de la Basse-Côte-Nord en cargo mixte *(encadré, p. 318)*, après s'être rendu en voiture à la fin de la route à l'extrême est du Québec *(p. 287)*.

➤ **ASSISTER À LA NAISSANCE DES BLANCHONS** sur les banquises des Îles-de-la-Madeleine en mars, dans un paysage lunaire auquel on accède par hélicoptère *(p. 305)*.

➤ **DÉCOUVRIR LE CALME DES LACS DE PÊCHE** et vivre en forêt en faisant un séjour dans l'une des pourvoiries du Québec *(p. 28)*.

➤ **SE RENDRE EN TERRITOIRE INUIT, AU NUNAVIK**, pour découvrir les monts Torngat, les aurores boréales et l'immensité de la toundra. Une expérience inoubliable *(p. 96)*. ▪

P A R T I R

■ Quand partir ?

Au Québec, le **tourisme** s'étale tout au long de l'année, avec bien sûr une plus grande affluence durant l'été. La plupart des Québécois prennent leurs vacances dans la seconde quinzaine de juillet : il est donc préférable d'effectuer ses réservations à l'avance. En **basse saison**, les tarifs des hôtels et restaurants sont plus avantageux et il est plus facile de trouver de la place.

➤ **LE PRINTEMPS**. Il ne s'installe véritablement au Québec qu'au cours du mois de **mai**. C'est un bon moment pour visiter la Belle Province.

➤ **L'ÉTÉ**. Il est **chaud et humide**, atteignant les 35 °C en période de canicule, généralement en juillet. En juin, les moustiques abondent et il est préférable d'éviter les circuits en pleine nature si vous êtes allergique aux piqûres ; dans les régions boisées, les moustiques sont présents tout le mois de juillet.

➤ **L'AUTOMNE**. C'est une saison particulièrement agréable, de la fin du mois d'août à la fin octobre. Les feuillages se parent de couleurs. En octobre, l'**été indien** apporte des jours tièdes et ensoleillés.

➤ **L'HIVER**. C'est la saison idéale pour ceux qui aiment les vastes espaces enneigés et les plaisirs hivernaux hors du commun : pêche sous la glace, excursions en motoneige, en traîneau à chiens, promenades en raquettes ou ski de fond.

■ Comment partir ?

Par avion

De Paris, des vols directs et réguliers sont assurés quotidiennement vers Montréal par **Air France**, **Air Canada**. Les vols Air France et Air Canada arrivent à l'aéroport de Dorval, tandis que les charters atterrissent à l'aéroport de Mirabel. Il faut compter environ 590 €

à 750 € pour un vol direct en basse saison, et 640 à 1 090 € A/R en haute saison.

Vols directs

➤ **AIR CANADA**, 106, bd Haussmann, 75008 Paris ☎ 0.825.880.881. www.aircanada.com.

➤ **AIR FRANCE**, rens. et rés. pour toute la France ☎ 0.820.820.820. www.airfrance.fr.

➤ **AIR TRANSAT**, rens. et rés. pour toute la France ☎ 0.825.325.825.

Vols avec escale

Plusieurs compagnies aériennes en assurent depuis Paris et la province.

➤ **DEPUIS LA FRANCE. American Airlines**, 109, rue du Fbg-St-Honoré, 75008 Paris ☎ 01.55.17.43.41 ou 0.810.872.872. www.aa.com. Vols Paris-New York-Montréal et Paris-Newark-Québec. **British Airways**, 13-15, bd de la Madeleine, 75001 Paris ☎ 0.825.825.040. www.britishairways.com. Vols Paris-Londres-Montréal. **Continental Airlines**, 92, av. des Champs-Élysées, 75008 Paris ☎ 01.42.99.09.09. www.continental.com. Vols Paris-New York-Montréal ou Québec. **KLM** ☎ 0.890.711.231. www.klm.com. Agence seulement à l'aéroport Charles de Gaulle. Vols Paris-Amsterdam-Montréal. **Lufthansa**, 106, bd Haussmann, 75008 Paris ☎ 0.826.10.33.34, fax 01.55.60.42.08. www.lufthansa.fr.

Vols Paris-Francfort ou Munich-Montréal. **Swiss International Air Lines** ☎ 0.820.040.506. www.swiss.fr. Vols Paris-Zurich-Montréal. **US Airways** ☎ 0.810.632.222. Agence à l'aéroport Charles de Gaulle. Vols Paris-Philadelphie ou Pittsburgh-Montréal.

➤ **DEPUIS LA SUISSE. American Airlines** assure des vols Zurich-Chicago, Boston ou New York-Montréal. Rés. ☎ (01) 654.52.57. www.aa.com. **Air Canada** assure des vols Zurich-Toronto, correspondance pour Montréal, ou Zurich-Francfort-Montréal. Rens. : Lowenstraße 56, 8001 Zurich ☎ 0.848.247.226. www.aircanada.ca. **Swiss International Air Lines** propose Zurich-Montréal. Rens. et rés. ☎ 0.848.25.2000. www.swiss.com.

➤ **DEPUIS LA BELGIQUE. Air Transat** (**Air Agencies**), Vilvoordelaan 153, A 1930 Zaventen ☎ (02) 712.64.20. Bruxelles-Montréal (fin mai - mi-oct., rés. dans les agences de voyages). **American Airlines** propose Bruxelles-Chicago-Montréal. Rés. ☎ (02) 711.99.77 ou (02) 711.99.69. www.aa.com. **British Airways**, Troonstaat 98, B 1050 Brussels ☎ (02) 717.32.17. www.ba.com. Vols Bruxelles-Londres-Montréal. **KLM** ☎ (02) 717.20.70. www.klm.com. Vols Bruxelles-Amsterdam-Montréal ou Ottawa (bus pour Montréal).

Températures minimales et maximales en °C

	JANVIER	AVRIL	JUILLET	OCTOBRE
Chicoutimi	- 21/- 11	- 2/8	12/24	1/9
Gaspé	- 17/- 6	- 3/- 6	10/23	0/10
Kuujjuaq	- 28/- 19	- 15/- 4	5/17	- 4/2
Mont-Laurier	- 20/- 8	- 2/9	12/25	1/11
Montréal	- 15/- 6	1/11	15/26	4/13
Port-Menier	- 16/- 6	- 5/3	11/19	1/8
Québec	- 17/- 8	- 1/8	13/25	2/11
Rimouski	- 15/- 7	- 1/6	13/23	2/10
Rouyn-Noranda	- 23/- 10	- 4/8	11/24	0/9
Sept-Îles	- 20/- 9	- 4/4	11/20	- 1/8

Séjourner autrement

➤ **AUBERGES DE JEUNESSE**. **FUAJ** (Fédération unie des auberges de jeunesse), 9, rue Brantome, 75003 Paris ☎ 01.48.04.70.40. www.fuaj.org. **Tourisme Jeunesse**, 4545, av. Pierre-de-Coubertin, Montréal (Québec), H1V 3R2 Canada ☎ (514) 252.31.17, fax (514) 252.31.19.

➤ **CAMPING**. **Camping Québec**, 2001, rue de la Métropole, Longueuil (Québec), J4G 1S9 Canada ☎ (450) 651.73.96. www.campingquebec.com.

➤ **CHALETS**. **SÉPAQ** (Société des établissements de plein air du Québec), 801, ch. St-Louis, B 180, Québec (Québec), G1S 1C1 Canada ☎ (418) 890.65.27 et 1.800.665.65.27, fax (418) 528.60.25. www.sepaq.com. Locations de chalets.

➤ **ÉCHANGES D'APPARTEMENT OU DE VILLA**. **Home-Link International**, 19, cour des Arts et Métiers, 13100 Aix-en-Provence ☎ 04.42.27.14.14, fax 04.42.38.95.66. www.homelink.fr.

➤ **GÎTES TOURISTIQUES**. **Fédération des Agricotours du Québec**, 4545, av. Pierre-de Coubertin, CP 1000, Succursale M, Montréal (Québec), H1V 3R2 Canada ☎ (514) 252.31.38. www.agricotours.qc.ca. **Réseau des gîtes classifiés du Québec**, 10, rue de La Chapelle, La Malbaie (Québec), G5A 3A3 Canada. www.gites-classifies.qc.ca. Il s'agit d'un autre réseau de B & B, qui représente plusieurs régions du Québec. Représentation en France ☎ 01.34.78.59.00. **Tourisme chez l'habitant**, 15, rue des Pas-Perdus, BP 8338, 95804 Cergy-St-Christophe Cedex ☎ 01.34.25.44.72, fax 01.34.25.44.45 ou 0.892.68.03.36. www.tch.voyages.com.

➤ **POURVOIRIES**. **Fédération des pourvoiries du Québec**, 5237, bd Hamel, bureau 270, Québec (Québec), G2E 2H2 Canada ☎ (418) 877.51.91 ou 1.800.567.90.09, fax (418) 877.66.38. **Représentation en France de la FPQ** : 20, rue du Château, 95320 Saint-Leu-la-Forêt ☎ 01.34.18.11.88, fax 01.34.18.18.00.

➤ **TOURISME D'AVENTURE**. **Association des producteurs en tourisme d'aventure du Québec,** 4981, bd Lévesque E, Saint-Vincent-de-Paul, Québec H7C 1N3. ☎ 866.278.5923, fax (450) 661.3884. www.aventure-ecotourisme.qc.ca. ❖

Vols charters et vols spéciaux

Des vols charters Paris - Montréal sont proposés à certaines périodes de l'année aux environs de 316 € A/R.

➤ **À PARIS**. **Go Voyages**, 14, rue de Cléry, 75002, rés. centrale ☎ 0.892.230.200. www.govoyages.com. **Look Voyages**, 12, rue Truillot, 94204 Ivry-sur-Seine cedex. ☎ 0.892.890.101. www.look-voyages.fr. **Nouvelles Frontières**, 87, bd de Grenelle, 75015 ☎ 0.825.000.747. www.nouvelles-frontieres.fr.

➤ **EN PROVINCE**. **Nouvelles Frontières** organise de mai à octobre des vols charters directs pour Montréal depuis Bordeaux, Lyon, Marseille, Mulhouse (Bâle), Nantes, Nice et Toulouse.

➤ **POUR PARTIR AU DERNIER MOMENT**. Internet fourmille de sites offrant des promotions intéressantes : www.anyway.com ☎ 0.892.893.892. www.travelprice.com ☎ 0.892.350.500. www.ebookers.com ☎ 0.892.700.909. www.lastminute.com ☎ 0.892.705.000.

Téléphoner

Depuis la France, la Belgique et la Suisse : composer l'indicatif de l'international (00) puis l'indicatif du Canada (1) suivi de l'indicatif régional et du numéro à sept chiffres de votre correspondant.

Pour téléphoner du Québec, p. 36. ❖

Le voyage organisé

Terre de grands espaces, le Québec est destiné avant tout aux amoureux de la nature. L'offre est orientée vers des **séjours multiactivités**. En hiver : ski, motoneige, conduite d'attelage, pêche sur la glace… En été : randonnée, canoë, pêche, quad. La location de chalet, les auberges ou le camping sont particulièrement développés. Sachez qu'un séjour de ski au Québec ne vous coûtera pas plus cher que dans les Alpes. Nous avons sélectionné ici quelques voyagistes, spécialistes ou généralistes.

Les spécialistes

Atalante, CP 701, 36-37, quai Arloing, 69256 Lyon Cedex 09 ☎ 04.72.53.24.80, fax 04.72.53.24.81. Antenne à Paris : 5, rue Sommerard, 75005 ☎ 01.55.42.81.00, fax 01.55.42.81.01. www.atalante.fr. **Cercle des vacances**, 4, rue Gomboust, 75001 Paris ☎ 01.40.15.15.15. www.cercledesvacances.com. **Compagnie des États-Unis et du Canada**, 3, av. de l'Opéra, 75001 Paris ☎ 01.55.35.33.50 ou 82, bd Raspail, 75006 Paris, ☎ 01.53.63.15.35. www.compagniesdumonde.com. canada@compagniesdumonde.com. **Comptoir des États-Unis et du Canada**, 344, rue Saint-Jacques, 75005 Paris ☎ 01.53.10.21.70. www.comptoir.fr. **Fédération des Pourvoyeurs du Québec, Groupe n.p.p.**, 20, rue du Château, 95320 St-Leu-la-Forêt ☎ 01.34.18.17.17. **Grand Nord/Grand Large**, 15, rue du Cardi-nal-Lemoine, 75005 Paris ☎ 01.40.46.05.14. www.gngl.com. **Jetset**, 41-45, rue Galilée, 75116 Paris ☎ 01.53.67.13.00. www.jetset-voyages.fr. **Maison des États-Unis et du Canada**, 3, rue Cassette, 75006 Paris ☎ 01.53.63.13.43, fax 01.42.84.23.28. www.maisondesetatsunis.com. Spécialiste de la destination : itinéraires sur mesure, escapades à Montréal, circuit « Les sites Majeurs du Québec » en autotour.

Pour les membres d'associations automobiles européennes, on peut bénéficier gratuitement de plusieurs services de l'**Association automobile canadienne** : CAA, 1180, rue Drummond, Montréal H3G 2R7 ☎ (514) 861.71.11 ; à Québec ☎ (418) 624.82.22.

Les généralistes

Back Roads, 14, pl. Denfert-Rochereau, 75014 Paris ☎ 01.43.22.65.65. www.backroads.fr. contact@backroad.fr. **Club Aventure**, 18, rue Séguier, 75006 Paris ☎ 01.44.32.09.30. www.clubaventure.fr. **Fram**, 4, rue Perrault, 75001 Paris☎ 01.42.86.55.55. www.fram.fr. **Nouvelles Frontières**, 87, bd de Grenelle, 75015 Paris ☎ 0.825.000.825. www.nouvelles-frontières.fr. **Terres d'Aventure**, 6, rue St-Victor, 75005 Paris ☎ 01.53.73.77.73. www.terdav.com. **Tourisme chez l'Habitant**, 15, rue des Pas-Perdus, 95800 Cergy-St-Christophe ☎ 01.34.25.44.44. www.tch-voyage.com. **Vacances Fabuleuses**, 36, rue Saint-Pétersbourg, 75008 Paris ☎ 01.42.85.65.00. www.vacancesfabuleuses.fr. **Voyages Kuoni**, ☎ 0.820.051.515. www.kuoni.fr. **Voyageurs aux États-Unis et au Canada**, 55, rue Sainte-Anne, 75002 Paris ☎ 01.42.86.17.30. www.vdm.com.

■ Formalités

➤ **ANIMAUX DOMESTIQUES.** Tous les animaux, y compris les oiseaux, sont admis au Canada, à condition qu'un permis d'importation canadien (délivré à la douane canadienne) ait été obtenu au préalable. Il suffit d'un **certificat antirabique** de moins de 1 an et d'un certificat de bonne santé, délivré dans les 10 jours avant le départ. Faute de ce document, les animaux sont vaccinés d'office à l'arrivée et soumis à quarantaine.

➤ **Assurance**. Il est conseillé de contracter une assurance santé pour les séjours au Québec. Renseignez-vous auprès de votre banque avant de prendre une assurance voyage: certaines cartes bancaires vous font bénéficier d'une couverture intéressante. Sinon adressez-vous à: **AVA**, 24, rue Pierre-Sémard, 75009 Paris ☎ 01.53.20.44.20. www.ava.fr. **Europe Assistance**, 1, promenade de la Bonnette, 92633 Gennevilliers ☎ 01.41.85.85.85 ou 01.41.85.85.41. www.europ-assistance.fr. **Mondial Assistance**, 2, rue Fragonard, 75017 Paris ☎ 01.40.25.52.04.

➤ **Passeport et visa**. Toute personne étrangère en visite au Canada (sauf les citoyens des États-Unis et les habitants de Saint-Pierre-et-Miquelon et du Groenland) doit posséder un **passeport** valide, suffisamment d'argent pour assurer sa subsistance pendant son séjour (pas de somme déterminée, simplement de quoi vivre normalement) et un **billet de retour ou de continuation vers un autre pays**. Les citoyens des pays de l'Europe occidentale, comme ceux de bien des pays du monde, peuvent entrer au Canada **sans visa**. Ils ont alors un **statut de visiteur pour 3 mois**. Ce statut peut être renouvelé pour une même durée, à la discrétion des services d'immigration. Il n'ouvre pas droit à un travail rémunéré dans une entreprise canadienne. Quiconque est désigné par une entreprise étrangère pour exercer une fonction au Canada doit être muni d'un contrat de travail et obtenir, avant son départ, un visa spécial délivré par une ambassade canadienne. Pour être informé sur toutes les formalités à remplir pour travailler au Canada, et au Québec plus précisément, il est conseillé de consulter la messagerie vocale du service d'immigration au ☎ 01.44.43.29.16.

➤ **Permis de conduire**. La majorité des permis étrangers sont valables. Cependant, après 6 mois de séjour, il faut le permis local. Tout conducteur doit avoir souscrit une **assurance responsabilité** de 50 000 \$ (32 000 €). Les contrats de location de voiture incluent un contrat de ce montant.

À la douane

➤ **Alcools**. Chaque visiteur de plus de 18 ans peut introduire au Québec 1,5 l de vin ou d'alcool ou 8 l de bière.

➤ **Armes à feu**. Ne sont admises que les armes destinées à un « usage sportif ou récréatif légitime ».

➤ **Cadeaux**. Les visiteurs sont exemptés de droits pour ceux qui ne dépassent pas une valeur de 60 \$ (39 €).

➤ **Denrées périssables**. De manière générale, toutes denrées périssables, végétaux et produits laitiers sont à proscrire pour passer la douane. La viande doit être en conserve dans un emballage commercial scellé, dûment stérilisé. Jusqu'à 40 kg de fromage par personne sont autorisés (à condition d'être en emballage commercial). Évitez d'apporter d'Europe des plantes et des fruits (les pommes, les prunes, les pêches, les poires ainsi que le raisin sont interdits), des semences d'arachides ou de pommes de terre, de la paille ou du foin (de tels végétaux sont parfois utilisés dans les emballages).

➤ **Tabac**. Il faut avoir plus de 16 ans et se limiter à 50 cigares, 200 cigarettes (avec une surtaxe de 11 \$) ou 250 g de tabac. ❖

Le budget d'une journée

La vie au Québec est moins chère qu'en France, surtout pour le logement et l'essence. Mais soyez vigilant : les prix affichés semblent intéressants, mais sont toujours hors taxes (15,56 %), et ne tiennent pas compte du pourboire (15%). Un budget quotidien de 200 $ (128 €) par personne permet de se loger et de se restaurer convenablement, de se déplacer en ville et de pratiquer certaines activités – ajoutez la location de voiture et les transports interurbains. À deux, les frais d'hôtel étant amortis, on peut compter 150 $ (96 €) par personne. En ce qui concerne la voiture, il est souvent plus intéressant de la louer au départ de France grâce à votre agent de voyages.

➤ **DORMIR**. Hôtel ▲▲▲ au centre-ville de Montréal : à partir de 120 $ (77 €) par jour pour 2 pers. ; à partir de 80 $ (51 €) dans un ▲▲. B & B : 75 $ (48 €).

➤ **SE RESTAURER**. Bon repas pour 2 personnes : 40 $ (26 €) (avant taxes), hormis l'apéritif, le vin et le pousse-café.

➤ **SE DÉPLACER**. Ticket de métro à Montréal, avec une correspondance par autobus : 2,5 $ (1,6 €). Course en taxi entre le centre-ville et les quartiers périphériques immédiats : 10 $ (6,4 €) sans le pourboire. A/R Montréal-Québec en bus, valable 10 j. : 55 $ (35,2 €) (ou 74 $ (47 €) si le départ est le ven.). Location d'une voiture pour 24 h, assurance comprise et 200 km inclus : de 50 à 70 $ (32 à 45 €).

➤ **SORTIR**. Billet de cinéma : 9 $ (5,7 €) (tarifs réduits en matinée et mar. soir). Théâtre : 25 $ (16 €) (tarif réduit le jeu.). Musée : 9,50 $ (6 €).

➤ **AU QUOTIDIEN**. Coupe de cheveux : 70 $ (45 €) pour un homme ; 80 $ (51 €) avec brushing pour une femme. Litre d'essence ordinaire : 0,95 $ (0,6 €). Appel local d'une cabine publique : 25 cents (0,16 €). ❖

➤ **TAXE**. À l'arrivée, vous devez payer une taxe « Revenu Québec » de 15 $. Rens. ☎ (514) 873.46.92. www.revenu.gouv.qc.ca.

Monnaie

➤ **CARTES DE PAIEMENT**. Les cartes American Express, Mastercard et VISA sont en général acceptées. Les cartes européennes permettant de retirer de l'argent aux distributeurs peuvent être utilisées au Canada, si les banques émettrices sont affiliées au réseau international Cirrus ou Plus.

➤ **CHANGE**. En 2004, 1 $ canadien vaut env. 0,64 €.

➤ **DEVISES**. Le dollar canadien est composé de 100 cents (prononcez « cennes »). Les Québécois disent parfois « piastres » pour les dollars et « sous » pour les cents. Il existe des pièces de 5, 10 et 25 cents, auxquelles s'ajoutent la pièce de 1 dollar (le huard) et celle de 2 dollars. Les billets se distinguent selon leur valeur par la couleur et les détails de la figurine.

◼ Que faut-il emporter ?

➤ **En hiver**. Pour braver le froid, pensez à vous munir d'un bonnet («tuque») et de moufles («mitaines»). Optez pour une parka, une pelisse ou une fourrure. En ville, les hommes se munissent de couvre-chaussures isolants («claques»). Les femmes circulent en bottes fourrées.

➤ **Au printemps**. Pensez à prendre avec vous un imperméable doublé.

➤ **En été**. Les étés sont chauds mais, à cause de la climatisation et des soirées fraîches à la campagne, des lainages et un coupe-vent vous seront indispensables. Pensez au maillot de bain : si la mer est frisquette, la température des lacs se prête toujours à la baignade en été. Pour marcher en pleine nature, prévoyez un sac à dos, une lotion anti-moustique ainsi qu'une bonne paire de jumelles, pour observer les baleines ou les oiseaux.

◼ Adresses utiles

Ambassades et offices du tourisme

➤ **En France**. Ambassade et consulat du Canada, 35, av. Montaigne, 75008 Paris ☎ 01.44.43.29.00. Services consulaires ☎ 01.44.43.29.02. www. amb-canada.fr. (ouv. du lun. au ven. de 9 h à 12 h et de 14 h à 16 h 30). L'ambassade met à disposition des brochures touristiques sur le pays. **Tourisme Québec** ☎ 0.800.90.77.77 (pour tout renseignement touristique, téléphoner de 15 h à 23 h t.l.j. sf mer. de 16 h à 23 h ; l'appel est gratuit). www.bonjourquebec.com.

Pour obtenir de la documentation touristique directement du Canada, écrire à **Tourisme Québec**, 1255, rue Peel, Bureau 100, Montréal, Québec, Canada H3B 4V4. info@bonjourque bec.com. **Délégation générale du Québec**, 66, rue Pergolèse, 75116

En cas de perte

Avant le départ il est utile de se procurer, auprès de son agence, le numéro à composer pour faire immédiatement opposition depuis l'étranger. Sinon de France, vous pouvez appeler le ☎ 08.36.69.08.80 (service groupé d'opposition).

➤ **Cartes Bleues Visa**. Numéro en France ☎ 0.800. 90.11.79. Un numéro aux États-Unis peut être appelé en PCV de presque tous les pays du monde. ☎ indicatif de sortie du pays + 1.410.581. 38.36. www.visa.com.

➤ **Diners Club**. Numéro en France ☎ 0.810.314.159.

➤ **American Express**. En France ☎ 01.47.77.72.00. ❖

Paris ☎ 01.40.67.85.00, fax 01.40. 67.85.49. Services culturels ☎ 01.40. 67.85.70. www.quebec.fr (calendrier des manifestations culturelles disponible sur le site). **Association France-Québec**, 24, rue de Modigliani, 75015 Paris ☎ 01.45.57.69.44. www.france-quebec.asso.fr . Assure la promotion de la francophonie à travers la revue trimestrielle *France-Québec*. Séjours et stages d'étudiants, animations diverses. Cotisation annuelle à partir de 23 €. Destination Québec, n° vert 0.800.90.77.77 (appel gratuit depuis la France 7 jours sur 7, de 15 h à 22 h, le mer. de 16 h à 22 h).

➤ **En Belgique**. Ambassade du Canada, av. de Tervuren 2, 1040 Bruxelles ☎ (02) 741.06.11, fax (02) 741.06.43. www.amb-canada.fr. **Délégation générale du Québec**, av. des arts 46, 1000 Bruxelles ☎ (02) 512. 00.36. www.quebec-europe.be.

➤ **En Suisse**. Ambassade du Canada, Case postale 88, 3000 Berne ☎ (031) 357.32.00.

Le Québec sur Internet

www.bonjourquebec.com : site officiel de l'office du tourisme.

www.destinationquebec.com : site facile d'utilisation, informatif et très complet. Nombreuses rubriques et renseignements sur la destination.

www.quebecregion.com : cartes, informations générales. Choix de restaurants selon le type de cuisine. Accès au Québescope : calendrier des manifestations culturelles.

www.sepaq.com : site officiel de la Société des établissements de plein air du Québec. Tout savoir sur les réserves fauniques et les parcs naturels.

www.amb-canada.fr : site de l'ambassade du Canada. Tout pour préparer son voyage. Le Canada de A à Z…

www.lesbaleines.net ou www.baleinesendirect.net : pour les amoureux des baleines du Saint-Laurent. ❖

Librairies

Librairies spécialisées

Librairie du Québec, 30, rue Gay-Lussac, 75005 Paris ☎ 01.43.54.49.02. www.libriszone.com et liquebec @yahoo.fr. Littérature, guides de voyage, histoire, ouvrages sur l'emploi et l'immigration au Québec. Une galerie présente des artistes québécois. Nocturnes certains jeu. soir : rencontres d'écrivains, chanteurs et artistes québécois. **Librairie canadienne**, 29, rue de la Parcheminerie, 75005 Paris ☎ 01.46.33.16.24. www.ab beybookshop.com. Plus de 7 000 livres en français et en anglais sur le Canada et sur le Québec. Littérature, emploi, tourisme. Organise des rencontres avec des écrivains, des randonnées et autres activités. Demander le programme à clubcanadaparis@wana doo.fr.

Librairies de voyage

➤ **À PARIS**. **L'Astrolabe**, 46, rue de Provence, 75009 ☎ 01.42.85.42.95. **L'Harmattan**, 16, rue des Écoles, 75005 ☎ 01.40.46.79.10. www.edi tions-harmattan.fr. **Itinéraires**, 60, rue St-Honoré, 75001 ☎ 01.42. 36.12.63. www.itinéraires.com. **Institut géographique national (IGN)**, 107, rue La Boétie, 75008 ☎ 01.43. 98.85.13. www.ign.fr. **Ulysse**, 26, rue St-Louis-en-l'Île, 75004 ☎ 01.43.25. 17.35. www.ulysse.fr. **Voyageurs du Monde**, 55, rue Ste-Anne, 75002 ☎ 01.42.86.16.00. www.vdm.com.

➤ **EN BELGIQUE**. **Anticyclone des Açores**, rue Fossé-aux-Loups 34, B1000 ☎ (02) 217.52.46. www.anticy clonesdesacores.com. **La Route de jade**, rue de Stassart 116, 1050 Bruxelles ☎ (02) 512.96.54. www. laroutedejade.com. **Peuples et Continents**, rue Ravenstein 11, 1000 Bruxelles ☎ (02) 511.27.75.

➤ **EN SUISSE**. **Librairie du Voyageur**, rue de Rive 10, 1204 Genève ☎ (022) 810.23.33. libr.voyageur.ge@blue win.ch. **Travel Bookshop**, Rindermarkte 20, 8001 Zurich ☎ (01) 252. 38.83. www.travelbookshop.com. ■

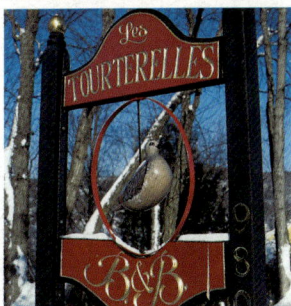

CAMPER DANS UNE RÉSERVE
FAUNIQUE ?
DÉGUSTER LA SOUPE
AUX GOURGANES ?
GOÛTER L'HIVER EN MOTONEIGE ?
CHOISIR UNE SCULPTURE INUIT ?
DE A À Z, VIVRE LE QUÉBEC
AU QUOTIDIEN.

QUOTIDIEN

◼ Arrivée

Les principales compagnies aériennes desservent **Montréal**, qui possède deux aéroports. Les vols internationaux arrivent à l'**aéroport de Dorval** (à 22 km S-O de Montréal), et certains charters atterrissent à l'**aéroport de Mirabel** (à 55 km N-O de Montréal) Des navettes relient régulièrement les deux aéroports au centre-ville *(p. 135)*. Vous trouverez dans ces aéroports tous les services nécessaires (bureaux d'informations touristiques, change, locations de voitures, taxis, etc.).

L'**aéroport Jean-Lesage de Québec** *(p. 252)* est plus petit et n'est desservi que par certaines compagnies internationales. Là aussi des navettes relient l'aéroport au centre-ville de Québec.

◼ Change

Le taux de change à l'aéroport ou à l'hôtel n'est pas très avantageux, mais les distributeurs automatiques y sont ouverts jour et nuit. Pour un meilleur taux, adressez-vous au guichet d'une banque, de préférence au siège social.

◼ Courrier

Les **bureaux de poste** semblent peu nombreux dans tout le Canada, où ils sont signalés par un drapeau fédéral. En réalité, il existe quantité de petites **agences postales** hébergées dans une pharmacie ou une épicerie : on y trouve exactement les mêmes services que dans un bureau normal.

Une lettre par avion entre les grandes villes du Québec et celles d'Europe occidentale est acheminée en **7 ou 8 jours**. Pour chaque adresse au Canada, il est essentiel d'indiquer le **code postal** pour que le courrier arrive bien à destination. Notez que l'abréviation CP signifie **casier postal**; B (ou Box) en est l'équivalent anglophone.

■ Fêtes et manifestations

Le nombre de festivals qui se tient chaque année au Québec est impressionnant : c'est une éloquente manifestation du sens de la fête qui caractérise le peuple québécois. Un livret donnant la liste de ces événements est distribué gracieusement par Tourisme Québec *(p. 23)*. Vous trouverez dans ce guide les manifestations à ne pas manquer à la fin de chaque chapitre de visite.

■ Hébergement

Tourisme Québec *(p. 23)* publie chaque année deux répertoires, dénommés *Hébergement Québec*, qui recensent les établissements accrédités. L'un présente les hôtels et résidences de tourisme. L'autre est consacré aux gîtes chez l'habitant, centres de vacances, auberges de jeunesse et établissements d'enseignement.

Jours fériés

➤ **1ER JANVIER**. Jour de l'An.

➤ **PÂQUES**. Vendredi saint et Lundi de Pâques.

➤ **MI-MAI**. Fête de Dollard ou fête de la reine Victoria pour les anglophones (1er lundi après le 15 mai).

➤ **24 JUIN**. Fête nationale du Québec, Saint-Jean-Baptiste.

➤ **1ER JUILLET**. Fête du Canada.

➤ **SEPTEMBRE**. Fête du Travail (1er lundi).

➤ **OCTOBRE**. Jour de l'Action de Grâces (2e lundi).

➤ **25 ET 26 DÉCEMBRE**. Noël. ❖

Hôtels

➤ **CLASSEMENT**. Nous avons classé les hôtels et auberges en **5 catégories**, correspondant au barème des prix. Les hôtels ▲▲▲▲▲, implantés dans les grandes villes, sont des établissements de prestige où le prix des chambres se situe au-delà de 200 $ (128 €). Les hôtels de luxe ▲▲▲▲ proposent des chambres entre 150 et 200 $ (entre 96 et 128 €). Ceux de ▲▲▲ sont des hôtels de grand confort, dont les prix varient

De jolies boîtes aux lettres aux couleurs vives bordent les routes de campagne.

À table

La cuisine québécoise offre plusieurs facettes. La cuisine du terroir révèle les influences française, britannique, écossaise et irlandaise qui se sont adaptées aux rigueurs du climat. Une génération de chefs l'a renouvelée et diversifiée sous le nom de cuisine régionale, tandis que d'autres inspirations ethniques sont venues enrichir le savoir-faire des chefs citadins, surtout à Montréal.

Soupe aux pois, tourtière, fèves au lard, « oreilles de crisse », jambon et saucisse composent le traditionnel repas de la cabane à sucre, issu du terroir québécois. Quelques restaurants se spécialisent dans ce type de cuisine, comme Au Petit Poucet (Val-David), La Binerie Mont-Royal (Montréal), La Cookerie du bûcheron (Grandes-Piles).

Fines saveurs du terroir

Une nouvelle cuisine québécoise prend son essor depuis quelques années. Sous la désignation contrôlée de « cuisine régionale » se préparent des menus pour lesquels chefs et restaurateurs sont tenus d'utiliser 50 % de produits régionaux. Cette formule stimule non seulement l'économie locale, mais également l'inventivité culinaire : elle privilégie une cuisine du marché qui évolue selon les saisons et reflète la production agricole de chaque terroir du Québec. Une fine gastronomie s'élabore ainsi sous la houlette de chefs créatifs, qui œuvrent surtout dans les auberges en région. Ainsi, l'érable apporte une saveur sophistiquée au saumon ou au porc par exemple.

Le Québec est le plus important producteur acéricole au monde. Au printemps, on entaille les érables pour en recueillir la sève, qu'on appelle « l'eau d'érable » et qui sera transformée en sirop, en sucre, en beurre, en « tire » (sirop presque solide) et en confiseries.

Recettes traditionnelles

Au hasard de vos circuits ou chez vos amis québécois, vous découvrirez des plats qui étonneront et souvent séduiront vos papilles. Il faut goûter à la délicieuse crevette de Matane, au canard du lac Brome et aux cretons, version locale des rillettes. La tourtière est une tourte à base de viande de porc. La soupe aux gourganes (fèves) se prépare avec une sorte de fève que l'on cultive surtout dans la région de Charlevoix et du lac Saint-Jean. La cipaille ou « six-pâtes » est un pâté à base de viandes diverses. La « tête de violon » est le nom donné au bourgeon de fougère, que l'on apprête en vinaigrette. Quant à l'épi de maïs bouilli, il prend le joli nom de « blé d'Inde en épi » : on le roule dans le beurre, avant de le saler généreusement. Savourez les fèves au lard, le ragoût de boulettes (bœuf et porc en sauce) et le pâté chinois, une sorte de hachis parmentier dans lequel la pomme de terre s'ajoute au maïs en grains. L'étonnante poutine, des frites en sauce mêlées de grains de cheddar, compte parmi les plats que vous ne mangerez qu'au Québec. ■

540 ml

Sirop d'érable

PUR

PRODUIT DU QUEBEC

RÉFRIGÉREZ UNE FOIS OUVERT
FAIT AU CANADA

Festival d'été de Québec.

de 120 à 150 $ (entre 77 et 96 €). Pour ceux de ▲▲, comptez de 80 à 120 $ (de 51 à 77 €). Les hôtels ▲ sont économiques (moins de 75 $, 48 €).

▶ **HORS DES GRANDES VILLES.** La classification tient compte à la fois du prix des chambres et de la restauration. Dans certains cas, les auberges offrent un hébergement très bon marché (55 $ la nuit, 35 €) mais une table gastronomique de niveau plus élevé (25 à 30 $, 16 à 19 €).

Pourvoiries

On compte 600 pourvoiries au Québec, dont la moitié sont adhérentes à la **Fédération des pourvoiries du Québec FPQ** *(encadré, p. 19)*: ce mode d'hébergement varie du chalet rustique à l'hôtel tout confort. L'accès aux pourvoiries, situées en pleine forêt au bout de chemins privés, n'est pas systématiquement précisé dans ce guide: en effet, ces établissements spécialisés fournissent eux-mêmes des cartes d'accès à leurs clients, ou vont les chercher en avion au village le plus proche.

Il existe un *Guide de la Fédération des pourvoiries du Québec* que l'on peut obtenir auprès de la FPQ. Ce guide recense la moitié des pourvoiries. Il les classe par région en précisant les tarifs, le confort et les services offerts.

Gîtes touristiques

Le gîte chez l'habitant, en ville ou à la campagne, est l'une des façons les plus agréables de découvrir le Québec: on l'appelle «gîte du passant», «gîte touristique», «Couette et Café» ou *Bed and Breakfast,* (B & B), et on en compte au total près de 1500. Les Québécois ont le sens de l'accueil et vous préparent des petits déjeuners aussi délicieux que copieux.

▶ **POUR FAIRE UN CHOIX.** Chaque année, le guide *Gîtes et auberges du passant au Québec* sélectionne gîtes, auberges mais

Les pourvoiries : des hôtels en forêt

Les pourvoiries sont des lieux de villégiature très recherchés par les amoureux de la nature. Traditionnellement, ces hôtels en forêt étaient réservés aux chasseurs et aux pêcheurs. Aujourd'hui, maintes pourvoiries proposent l'évasion de plein air sous toutes ses formes. Elles disposent d'un territoire de chasse et de pêche qui comprend souvent des dizaines, voire des centaines, de lacs; on y accède parfois en hydravion, ou par une longue route en forêt. On peut y pratiquer non seulement la chasse et la pêche, mais également la baignade, la randonnée, le canoë, et souvent même des sports d'hiver. Les chalets sont tantôt modestes (draps et serviettes ne sont pas toujours fournis), tantôt luxueux; certaines pourvoiries offrent aussi le séjour en auberge, avec tout le confort souhaité. *Voir les informations pratiques de chaque localité.* ❖

aussi maisons de campagne et de ville, tables d'hôtes et visites à la ferme. Il est diffusé par la **Fédération des Agricotours du Québec** (encadré, p. 19). Ce guide est également disponible en librairie en France, en Belgique et en Suisse (p. 24).

➤ **POUR RÉSERVER.** Contactez en France, **Tourisme chez l'habitant** et au Québec, **Réseau de gîtes classifiés du Québec** (encadré, p. 19).

Locations

➤ **CHALETS.** En communiquant avec les associations touristiques régionales, vous pouvez effectuer une réservation de chalet dans la région de votre choix ; vous devrez vous y prendre plusieurs mois à l'avance. On peut également louer des chalets dans certaines réserves fauniques et parcs gouvernementaux ; situés en bordure d'un lac ou d'une rivière, ils peuvent accueillir entre 2 et 18 personnes, selon le cas. Ces chalets sont généralement pourvus d'eau chaude, douche, foyer ou poêle à bois et nécessaire de cuisine. Les séjours sont de 2 à 14 jours consécutifs, et les tarifs moyens varient entre 35 et 45 $ (22 et 30 €) par jour. Les réservations s'effectuent au Service des réservations de la **SÉPAQ**, Société des établissements de plein air du Québec (encadré, p. 19).

Échanges d'appartement ou de villa

Il est possible d'échanger son logement en Europe contre l'équivalent au Québec. Rens. auprès de : **Home-Link International** (encadré, p. 19).

Hébergement jeunesse

➤ **RÉSIDENCE D'ÉTUDIANTS.** Outre les résidences du **YMCA**, jeunes et étudiants peuvent loger en été dans les chambres et dortoirs des **collèges** et **universités**.

➤ **AUBERGES DE JEUNESSE.** Le Québec en compte 17, ouvertes sur réservation aux détenteurs de la carte de membre Hostelling International. Les auberges de jeunesse acceptent leurs hôtes sans limite d'âge. Pour obtenir

Tourisme autochtone

L'ethnotourisme en compagnie des autochtones consiste à vivre à la façon traditionnelle des Amérindiens, généralement en forêt ou dans un site sauvage. On dort sur un lit de branches de sapin, dans une tente de toile ou dans un abri chauffé par un poêle à bois. Les repas sont préparés par les autochtones qui initient les touristes aux pratiques traditionnelles : chasse, piégeage, légendes, cueillette... Rens. : www.qbc.clic.net/~lagriffe/ et www.staq.net.

Contactez votre agent de voyages pour plus de renseignements ou reportez-vous aux pages pratiques. ◆

la liste complète, acheter la carte de membre et réserver auprès de **Tourisme Jeunesse** ou en France auprès du **FUAJ** (encadré, p. 19).

Camping

Avec ses forêts, ses lacs et rivières, ses grands espaces inhabités, le Québec est le paradis du camping. À condition toutefois de se prémunir efficacement contre les piqûres de « maringouins » et autres « bibittes » assoiffées qui pullulent durant le mois de juin et une partie de juillet dans les régions du Nord. **Tourisme Québec** (p. 23) distribue le répertoire publié par le Conseil de développement du camping au Québec. Vous pouvez aussi l'obtenir auprès de **Camping Québec** (encadré, p. 19). Les **associations touristiques régionales** proposent également une liste de campings accrédités. En outre, le camping est autorisé dans plusieurs **parcs et réserves fauniques** (p. 32). La plupart des campings n'ouvrent qu'au mois de mai pour fermer au mois d'octobre.

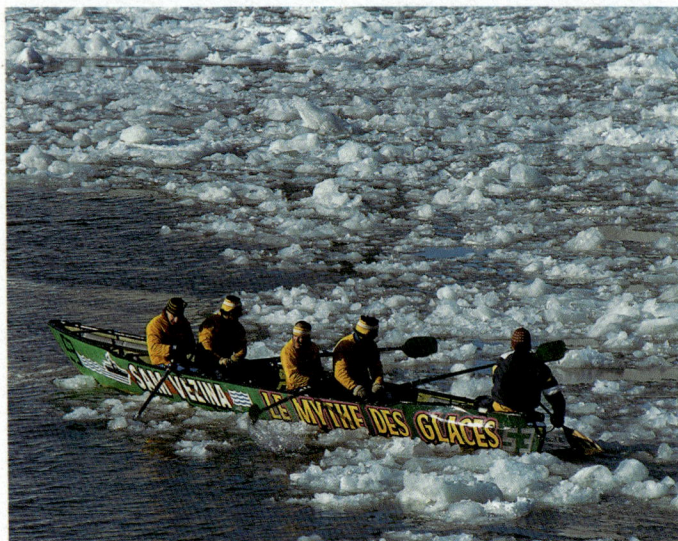

Dans le cadre du carnaval d'hiver, qui se tient dans la ville de Québec, a lieu chaque année une populaire course de canoës sur le fleuve Saint-Laurent.

Il est possible de louer une caravane légère («roulotte») ou une autocaravane, véritable maison sur roues. Comptez env. 1 000 $ (640 €) par semaine. Pour une réservation en haute saison, contactez votre agence de voyages avant fin mars.

■ Heure locale

Le Canada occupe 5 fuseaux horaires. Quand il est midi à Paris, à Bruxelles ou à Genève, il est 6 h du matin à Montréal ou à Québec. Comptez donc **6 h de décalage**, sauf durant les quelques jours où les changements d'horaire sont déphasés : le Québec se met à l'heure d'été le 1er dimanche d'avril et à l'heure d'hiver le dernier dimanche d'octobre.

■ Horaires

➤ **HORAIRES D'ÉTÉ.** La saison estivale s'étend du 24 juin (jour de la Saint-Jean-Baptiste) au 1er lundi de septembre (jour de la fête du Travail) ; elle se trouve parfois prolongée jusqu'au 2e lundi d'octobre (jour de l'Action de Grâces).

➤ **BANQUES.** Ouv. du lundi au mercredi de 10 h à 15 h ; le jeudi et le vendredi de 10 h à 18 h. Elles sont fermées le samedi et le dimanche ainsi que les jours fériés, sauf quelques succursales.

➤ **COMMERCES.** Ouv. de 9 h à 18 h ; le jeudi et le vendredi jusqu'à 21 h ; le samedi de 9 h à 17 h. Dans les grandes villes et en période touristique, certains magasins ouvrent le dimanche.

➤ **« DÉPANNEURS ».** Ces petits commerces de denrées essentielles et de journaux sont ouverts tard en soirée et cessent de vendre bières et vins à 23 h.

➤ **ÉGLISES.** Il y a quelques années encore la plupart des églises du Québec n'ouvraient leurs portes que pour les services dominicaux. Mais un programme du gouvernement québécois de valorisation du patrimoine religieux a favorisé l'ouverture de ces églises notamment pour la saison touristique. Ainsi, dans les régions les moins fréquentées, l'ouverture se limite à 6 ou 8 semaines au plus fort de l'été (en juillet et août) ; tandis qu'à Montréal et à Québec les plus anciennes églises sont ouvertes à l'année avec de larges plages horaires.

➤ **MUSÉES.** Leurs horaires sont très variables. Dans la présente édition, vous trouverez des horaires complets pour les musées les plus importants, généralement ouverts à l'année avec relache les lundis (sauf les lundis fériés où les musées restent ouverts). Pour les musées de moindre importance, nous avons précisé s'ils étaient ouverts toute l'année ou seulement en été. N'hésitez pas à téléphoner pour avoir des précisions sur leurs horaires.

➤ **PARCS.** Les parcs sont généralement ouverts toute l'année, très tôt le matin et jusqu'à la tombée du jour. Mais le type d'activités proposées peut influencer les horaires.

➤ **POSTE.** Ouv. de 8 h du matin jusqu'à 17 h 45. Les bureaux ferment le samedi après-midi et le dimanche.

➤ **REPAS.** Au Québec, le «déjeuner» correspond au petit déjeuner; le «dîner» est le déjeuner, et le dîner s'appelle «souper». Les repas sont généralement pris 1 h plus tôt qu'en Europe.

■ Informations touristiques

➤ **SUR LE QUÉBEC. Tourisme Québec** fournit guides et informations, ainsi que le calendrier des sports, événements et activités à pratiquer dans chaque région (p. 23).

➤ **DANS LES RÉGIONS.** Chacune d'elles est représentée par une association touristique régionale (ATR). Elles publient chaque année un guide gratuit qui détaille les attraits touristiques de la région, les activités et les services d'hébergement. Tourisme Québec en assure également la distribution.

■ Internet

Les **cybercafés** sont devenus rares: les gouvernements canadiens ont en effet promu le raccordement à domicile des familles québécoises. Quelques cafés possèdent toujours des postes de navigation, mais peu s'annoncent comme des cybercafés. Pour les trouver, dans les petites et les grandes villes, le mieux est de s'informer auprès de son hôtel, là on saura vous diriger vers ce service devenu essentiel à tout bon globe-trotter.

Dans les cafés, il faut prévoir environ 4 € pour une heure de navigation. Chez des amis, on vous permettra de naviguer de longues heures si ces derniers possèdent l'abonnement mensuel «illimité» dont le coût dépasse rarement les 46 €.

➤ **COURRIEL.** Ce terme québécois désigne l'adresse du courrier électronique (ou E-mail) sur Internet.

■ Médias

➤ **LA PRESSE.** Les journaux sont vendus dans les hôtels, les kiosques des villes importantes, mais aussi chez les épiciers, pharmaciens et «dépanneurs» (p. 30). À Montréal et à Québec, l'hebdomadaire culturel *Voir* est distribué partout gratuitement. Les succursales de la **Maison de la presse internationale** sont bien fournies en journaux étrangers, notamment en langue française.

Des villes et leurs journaux

À Montréal, on lit trois quotidiens de langue française: *La Presse* est le plus important; *Le Devoir* est le seul quotidien indépendant et le plus intellectuel; *Le Journal de Montréal* se consacre aux faits divers, avec sports à la une. *The Gazette* est anglophone. À Québec, on trouve *Le Soleil* et *Le Journal de Québec*, frère jumeau du quotidien de Montréal.

À Sherbrooke, on lit *La Tribune* et *The Record*; à Granby, *La Voix de l'Est*; à Trois-Rivières, *Le Nouvelliste*; à Chicoutimi, *Le Quotidien*; à Hull-Ottawa, *Le Droit*. ❖

➤ **Radio et télévision.** Les Québécois s'informent essentiellement par la télévision et la radio, omniprésentes dans les foyers. À Montréal, le **câble** permet de recevoir une trentaine de chaînes différentes : anglophones et francophones de Radio-Canada, stations privées du pays ou des États-Unis tout proches, émetteurs communautaires. Les **chaînes de service** donnent la météo, l'état des routes ou les petites annonces. La chaîne **TV5** retransmet une partie des émissions belges, suisses et françaises. On peut y suivre les journaux télévisés de France 2, en direct et par satellite.

■ Parcs et réserves fauniques

Madeleine Renaud, de passage à Québec pour les extérieurs du film *Maria Chapdelaine* de Julien Duvivier (1934), demanda où se trouvait Chicoutimi, l'un des lieux de tournage. « À la sortie du parc » lui répondit-on. « À la sortie du parc ? Viens, dit-elle à l'un de ses camarades, nous irons à pied. » Elle ignorait que, en Amérique du Nord, un parc comme celui des Laurentides peut couvrir un million d'hectares !

La SÉPAQ *(encadré, p. 19)* gère toutes les réservations de camping, pêche à la journée, chalets de pêche, de chasse ou de villégiature dans les parcs et réserves fauniques du Québec. Depuis le printemps 2001, des frais d'entrée sont exigés dans tous les parcs et réserves fauniques.

➤ **Parcs.** Le Québec compte 3 parcs nationaux gérés par Parcs Canada et 20 parcs provinciaux. Voués à la protection du patrimoine naturel, ils offrent aux visiteurs des services pour mieux découvrir les richesses de la nature : guides naturalistes, installations de camping, aires de pique-nique, etc. Il est interdit, entre autres, d'y chasser.

➤ **Réserves fauniques.** La chasse réglementée et la pêche sont autorisées dans les 16 réserves fauniques. On peut y pratiquer, sous certaines conditions, des activités de plein air : randonnée, ski de fond, camping, canotage, pêche, observation de la nature, etc. **Tourisme Québec** publie des dépliants présentant les services offerts dans ses parcs et réserves fauniques *(p. 23)*.

■ Personnes handicapées

Keroul *(p. 143)* est un organisme spécialisé qui propose divers services aux personnes handicapées désirant visiter le Québec : organisation complète du séjour, listes d'hôtels et de restaurants, réservations, circuits, etc.

■ Poids et mesures

Le Québec est entré, pas à pas avec le continent nord-américain, dans l'ère du **système métrique**. Les médias donnent la température, les hauteurs de pluie et de neige en degrés Celsius (°C) et en centimètres. Sur les panneaux routiers, les distances sont indiquées en kilomètres, et l'essence se vend au litre... mais les habitudes sont fortement ancrées. Il est donc utile de savoir ce qu'au Québec signifie un mille, surtout si vous demandez des informations routières dans un garage. Voici quelques équivalences.

➤ **Distance.** 1 mille = 1 609,3 m ; 1 pouce = 2,54 cm ; 1 pied = 3,048 dm ; 1 yard ou verge au Québec = 0,9144 m.

➤ **Poids.** 1 once = 28,35 g ; 1 livre = 0,45 kg.

➤ **Surface.** 1 acre = 0,404 ha.

➤ **Volume.** 1 chopine = 0,567 l ; 1 pinte = 1,135 l ; 1 gallon = 4,534 l.

■ Politesse et usages

➤ **Tutoiement.** Fréquent au Québec, il s'établit tacitement, en fonction de l'âge. Les personnes de moins de 30 ans sont presque toujours tutoyées. Dans une rencontre sociale, les gens de même génération se tutoient sans autre préambule. Il n'est pas rare que, au téléphone, un employé de service public tutoie spontanément son interlocuteur.

FEMMES							
VÊTEMENTS							
Europe	36	38	40	42	44	46	48
Canada	6	8	10	12	14	16	18
CHAUSSURES							
Europe	36	37	38	39	40	41	
Canada	5	6	7	8	9	10	
HOMMES							
VESTES ET COSTUMES							
Europe	44	46	48	49,5	51	54	55,5	57
Canada	34	35	36	37	38	40	41	42
CHEMISES							
Europe	37	38	39	41	42	43	44	45
Canada	14,5	15	15,5	16	16,5	17	17,5	18
CHAUSSURES							
Europe	39	39,5	41	42	43	44,5	46	
Canada	6	7	8	9	10	11	12	

TAILLES ET POINTURES

➤ **MOTS D'USAGE.** «Bonjour» se dit non seulement à l'arrivée mais aussi au départ. Le terme «bienvenue» est utilisé en réponse à un remerciement, comme un équivalent à «je vous en prie». Notez que le mot «tantôt» peut signifier «il y a peu de temps», ou «dans peu de temps». Si vous êtes invité à «souper», il est bon d'apporter du vin, des fleurs ou du chocolat.

■ Pourboire et taxes

➤ **POURBOIRE.** Il est d'usage, pour les chauffeurs de taxis, coiffeurs ou serveurs de restaurant. Le montant est laissé à la discrétion du client, mais il convient d'offrir une **gratification** de 12 à 15% du prix hors taxe.

➤ **TAXES.** À l'exception des produits alimentaires, tout achat et tout service sont affectés d'une **taxe provinciale** (TVQ) et d'une **taxe fédérale** (TPS). Attention, elles ne sont pas affichées et n'apparaissent qu'à la caisse, où l'addition grimpe de 10 à 15%, selon le cas. Les étrangers peuvent se faire rembourser la taxe fédérale (7%): achats de consommation courante et logements provisoires (hôtels, B & B, etc.), pour autant que la facture minimale soit de 50 $ (32 €) avant taxes.

Conservez soigneusement vos factures et procurez-vous le formulaire contenu dans le livret *Remboursement de taxes aux visiteurs,* disponible à la douane, dans les offices du tourisme, les grands magasins, les hôtels et les aéroports internationaux.

■ Santé

Au Canada, les frais de santé sont élevés pour les touristes étrangers. Pour une **consultation**, les praticiens demandent environ 50 $ (32 €) au patient non muni de la carte de la Régie provinciale d'assurance maladie, dite «carte soleil». D'ailleurs, les médecins visitent rarement leur clientèle à domicile. La solution la plus simple et la plus économique est donc de faire comme les Québécois: se rendre dans une clinique médicale, ou au service des urgences d'un **hôpital**.

Si vous devez être hospitalisé, on vous demandera, dès l'admission, un chèque couvrant une semaine de séjour au prix de plusieurs centaines de dollars par jour. En outre, vous devrez rétribuer médecin, anesthésiste et chirurgien. Il est donc **indispensable** de contracter avant le départ une **assurance voyage intégrale** *(p. 21).*

■ Sécurité

Selon les services de statistiques du Canada, l'indice de criminalité du Québec est le plus bas de toutes les provinces canadiennes et même d'Amérique du Nord. Le métro est généralement sûr, même le soir. Pour autant, n'oubliez pas les précautions élémentaires qui doivent être prises dans toute grande ville, y compris à Montréal : verrouillez votre voiture, et ne laissez jamais vos vitres ouvertes.

■ Shopping

L'une des joies du Québec, c'est le « magasinage ». Voici quelques spécialités que vous ne trouverez qu'au Québec ou à meilleur prix qu'en Europe.

➤ **ALIMENTATION.** Les gourmands rapporteront un panier rempli : un **saumon fumé**, du **cidre mousseux** de la Montérégie, des **bières** artisanales dans les microbrasseries, du **sirop** et du **sucre d'érable**, de la **soupe aux pois** en conserve, un **cheddar** doux et des alcools locaux *(encadré ci-dessous).*

➤ **ARTISANAT AMÉRINDIEN.** On choisira des objets en **vannerie** ou en **écorce de bouleau**, des **mocassins en peau perlés**, des **vestes frangées**. Les plus belles pièces s'achètent dans les réserves amérindiennes.

➤ **ARTISANAT INUIT.** Les **sculptures** en « pierre à savon » ou stéatite sont magnifiques mais coûteuses. Vous préférerez peut-être les **gravures**, également très prisées (une étiquette garantit l'authenticité de l'objet d'art).

➤ **ARTISANAT TRADITIONNEL.** Le choix est vaste : une **courtepointe** piquée à la main, chez les brocanteurs des grandes villes ou à la campagne ; un **tissage de coton** du Bas-Saint-Laurent ; une **sculpture sur bois** de Saint-Jean-Port-Joli ; un **appelant**, canard en bois qui sert de leurre ; une **ceinture fléchée** ; des **pantoufles** en peau de phoque ou encore une paire de **raquettes à neige**. La raquette traditionnelle est une pièce de collection de plus en plus rare. Elle est taillée à la main et tressée de babiche (lanière de peau crue) de caribou ou d'orignal.

Liqueurs du terroir

Au Québec, le livre de recettes familiales a toujours fait bonne place aux boissons alcoolisées. On y transmettait tout l'art de mettre en bouteille l'esprit délicat du pissenlit, de l'atoca, du bleuet, de la framboise, de la cerise. Régaler l'hôte d'un de ces vins, c'était lui offrir à boire le terroir et ses saisons. Le vin de pissenlit évoquerait à coup sûr les champs ensoleillés de juin, celui de l'atoca la tourbière sous les gelées de novembre. C'est cette tradition que poursuivent maints artisans aux quatre coins du Québec, et que consacre la Société des alcools du Québec en offrant dans ses succursales sept de ces produits originaux : **Airelle du Nord**, une liqueur à base d'airelle, baie sauvage rouge abondant en Basse-Côte-Nord, au Lac-Saint-Jean et au Saguenay ; **Amour en cage**, un produit de macération de la cerise de terre cultivée à Saint-Athanase-d'Iberville (Richelieu) ; **Cassis de l'Île d'Orléans**, une crème du cassis de l'île qui avait charmé Champlain par la richesse de sa végétation ; **Chicoutai**, une liqueur de mûre des marais (chicouté) des tourbières de la Côte-Nord ; **Maniki** (algonquin : « terre des bleuets », un apéritif de bleuet ou myrtille ; **Fine Sève**, un alcool obtenu de la distillation d'un vin de sirop d'érable ; et **Sortilège**, un alcool dont le charme tient à l'équilibre entre la finesse de la saveur du sirop d'érable et la puissance du whisky canadien. ❖

➤ **CARTES SUR SOIE**. De fabrication québécoise, elles sont à la fois pratiques en voyage et originales à offrir : ces reproductions fidèles de cartes géographiques de Montréal, de Québec, des différentes régions et de plusieurs destinations internationales sont imprimées sur un carré de soie ultraléger et compact, format pochette ou foulard, et vendues à prix modique notamment dans les grandes librairies de Montréal *(p. 140)*.

➤ **VÊTEMENTS**. Les **vêtements de plein air** et **de sport** (ainsi que les **articles de golf**) sont une aubaine : d'excellentes marques canadiennes sont spécialisées dans ce type de produits.

Pour la **fourrure**, vous aurez l'embarras du choix, depuis le manteau jusqu'aux petits accessoires, dans le quartier de la fourrure à Montréal délimité par les rues Bleury, Sainte-Catherine, City Councellors et bd de Maisonneuve.

➤ **PRIX RÉDUITS**. Certaines marchandises sont moins chères au Québec qu'en Europe, depuis les appareils électroniques jusqu'aux jeans, en passant par les disques compacts et les bottes western.

■ Sports et loisirs

➤ **CANOË ET KAYAK**. Les milliers de lacs, les rivières bondissantes et le Saint-Laurent se prêtent aux sports de pagaie. Informations, guides et organisations d'expéditions : **Fédération québécoise de canoë-camping** et **Fédération québécoise de canoë-kayak d'eau vive** *(encadré, p. 36)*.

➤ **CYCLISME**. Il gagne chaque année en popularité. On se procure publications et cartes à **Vélo Québec** *(p. 141)*. On peut aussi se renseigner à la **Fédération québécoise des sports cyclistes** et à **Regroupement Loisirs Québec** *(encadré, p. 36)*.

➤ **MOTONEIGE**. En hiver, le Québec déploie 34 000 km de pistes balisées. On peut louer sur place les équipements nécessaires (vêtements et motoneige). Un permis de conduire

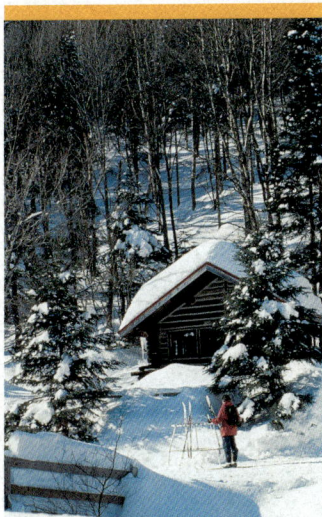

Les forêts, les lacs et les vastes étendues du Québec se prêtent au ski de fond.

est suffisant. Pour plus d'informations, s'adresser aux associations touristiques régionales, à **Tourisme Québec** *(p. 23)* ou à la **Fédération des clubs de motoneigistes du Québec** *(encadré, p. 36)*.

➤ **RANDONNÉE PÉDESTRE**. La **Fédération québécoise de la marche** *(encadré, p. 36)* public un *Répertoire des lieux de marche au Québec* et les dépliants *Kino-Québec* pour chaque région.

➤ **SKI DE FOND**. Il se pratique sur des milliers de kilomètres, dans les parcs gouvernementaux ou les centres spécialisés. On trouve des pistes damées (accès gratuit). Pour des cartes et des informations : **Association des centres de ski de fond du Québec** *(encadré, p. 36)*.

➤ **SKI DE PISTE**. Les domaines skiables de Tremblant, Gray Rocks et Mont-Saint-Sauveur comptent parmi les plus réputés de la région des **Laurentides**. Dans la région des Cantons-de-l'Est, les meilleures stations se trouvent sur les **versants appalachiens** : les monts Orford, Sutton et Owl's Head ; dans la **région de Québec**, ce sont Mont-Sainte-Anne et Stoneham.

Tout savoir sur les sports

➤ **REGROUPEMENT LOISIRS QUÉBEC**. 4545, Pierre-de-Coubertin, CP 1000, Succ. M, Montréal (Québec), H1V 3R2 Canada ☎ (514) 252.30.00. Cet organisme rassemble plus d'une cinquantaine d'associations sportives : canoë-camping, spéléologie, escalade, plongée, équitation, vol libre, marche, voile, escrime, etc.

➤ **CANOË ET KAYAK**. **Fédération québécoise de canot et du kayak**, à l'adresse de Regroupement Loisirs ☎ (514) 252.30.01, fax (514) 252.30.91. Pour le kayak d'eau vive ou de mer, il est préférable d'être accompagné d'un guide : **Fédération québécoise de canoë-kayak d'eau vive** ☎ (514) 252.30.99, fax (514) 252.30.94.

➤ **CYCLISME**. **Vélo Québec**, 1251 Rachel E, Montréal (Québec), H2J 2J9 Canada ☎ (514) 521.83.56, fax (514) 521.57.11. Un site Internet est consacré aux groupes vélos du Québec : www.velo.qc.ca.

➤ **MOTONEIGE**. **Fédération des clubs de motoneigistes du Québec**, à l'adresse de Regroupement Loisirs ☎ (514) 252.30.76, fax (514) 254.20.66.

➤ **RANDONNÉE PÉDESTRE**. La **Fédération québécoise de la marche** publie un vaste Répertoire des lieux de marche au Québec. Rens. ☎ (514) 252.31.57, à l'adresse de Regroupement Loisirs. ❖

■ Téléphone

On trouve un peu partout des **cabines publiques**. Attention, il n'y a pas de téléphone à la poste. La communication locale coûte 25 cents (0,16 €), sans limitation de durée. En revanche, le prix d'un appel interurbain est élevé : il varie selon la distance qui vous sépare de votre interlocuteur. Plutôt qu'un monceau de pièces de monnaie, utilisez une **carte téléphonique**, que l'on peut acheter chez les «dépanneurs», dans les pharmacies et les supermarchés. Enfin, des cabines acceptent les **cartes de paiement**.

Pour une communication locale, vous pouvez demander à un **commerçant** d'utiliser son téléphone. C'est un service qui ne se refuse pas, d'autant plus que, au Canada, chacun paie un abonnement mensuel qui donne droit à des communications en nombre et en durée illimités, à l'intérieur de circonscriptions téléphoniques assez larges.

➤ **APPELS INTERURBAINS**. Les localités du Québec se partagent 4 **indicatifs** régionaux. Pour Montréal : 514 ; pour les zones voisines de Montréal : 450 ; pour le nord et l'est proches : 819 et 450 ; pour Québec ainsi que le nord et l'est lointains : 418. **Pour effectuer un appel**, composez le 1, puis l'indicatif régional – même si c'est le même que l'endroit d'où vous appelez. Ainsi, de Montréal à Berthierville, composez le 1 puis le 450. Composez ensuite le numéro de votre correspondant. Plusieurs hôtels et grandes compagnies proposent des lignes 1.800, 1.877 et 1.888. Elles permettent de téléphoner **sans frais d'interurbain** dans certaines régions, ou partout au Québec, ou pour le Canada et les États-Unis.

➤ **APPELS LOCAUX**. Il est inutile de composer l'indicatif de la région.

➤ **APPELS EN EUROPE**. Après le 011, composez le 33 pour la France ; le 32 pour la Belgique ; le 41 pour la Suisse.

➤ **SERVICES TÉLÉPHONIQUES**. En composant le 0, on obtient une standardiste ou un système informatique qui permet de charger les frais d'appel à un autre numéro. Le 411 donne accès

Un autobus scolaire sur les routes québécoises.

à l'Assistance annuaire, un service payant, à moins que le numéro ne figure pas encore dans les pages du bottin téléphonique. Les Pages jaunes, généralement fournies dans les cabines publiques, sont très utiles pour le shopping : elles répertorient aussi bien les services (tels que dentistes ou restaurants) que les marchandises.

◼ Transports intérieurs

➤ **EN AUTOCAR**. Appelés « autobus », ils sont rapides, confortables et ponctuels. La compagnie **Orléans** assure de nombreuses liaisons quotidiennes entre les différentes villes. En été, elle propose un billet « Rout pass » (tarif : 250 $, 160 €) valide pour 2 semaines : il permet de voyager à volonté sur le territoire du Québec et sur plusieurs lignes de l'Ontario. Tarif réduit pour les enfants de moins de 12 ans. Rens. aux principales gares routières : à Montréal *(p. 135)* et à Québec *(p. 256)*.

➤ **EN AVION**. Le Québec est doté de nombreux aéroports locaux, fréquemment desservis. Compagnies nationales et provinciales assurent les grandes distances, tandis que les compagnies locales offrent des tarifs préfé-

rentiels pour des endroits plus isolés. Attention, les tarifs sont généralement élevés, à moins de prendre son billet très à l'avance. **Air Canada**, **Canadien International**, **Air Nova** et **Air Alliance** desservent Montréal, Québec, Ottawa, Bagotville, Gaspé, Mont-Joli, Rouyn-Noranda, Val-d'Or, Baie-Comeau, Sept-Îles. Rens. à Montréal *(p. 143)* et à Québec *(p. 255)*.

Deux compagnies sont spécialistes du Grand Nord : **Air Creebec**, **Air Inuit** et sa filiale **First Air** *(p. 143)*.

➤ **EN TRAIN**. Les chemins de fer du Canada, concurrencés par l'avion et l'automobile, sont en perte de vitesse. Pourtant, **Via Rail** *(p. 135)* offre encore des trains confortables et panoramiques (non fumeurs). Ils desservent notamment Hull-Ottawa, Québec, la Mauricie, le Lac-Saint-Jean et la Gaspésie.

Trois forfaits permettent d'économiser : « **Canrailpass** » donne droit à 12 jours de voyage à travers le Canada sur une période de 30 jours ; « **Corridorpass** » octroie 10 jours de voyage dans le Sud du Québec et de l'Ontario ; enfin « **Amérique du Nord** » prévoit 30 jours de voyage au Canada et aux États-Unis. Aînés (65 ans et plus), étudiants, jeunes (12 à 17 ans) et

Sur les routes

➤ **CODE DE LA ROUTE**. La **vitesse** est limitée sur les autoroutes à 100 km/h, sur les routes à 90 km/h et dans les villages à 50 km/h. La ceinture de sécurité est obligatoire pour le conducteur et les passagers. Le taux d'alcoolémie au volant est limité à 0,08 g : cela équivaut à un verre de bière, de vin ou d'alcool. La loi est particulièrement sévère à ce sujet et peut se traduire par la saisie *ipso facto* du véhicule et du permis de conduire. La signalisation routière est internationale avec des adaptations locales : panneaux de déneigement, traversée de chevreuils. Enfin, au Québec, l'indication « chemin » n'a pas de connotation pédestre : ils sont praticables en voiture.

➤ **EN HIVER**. Le Québec possède un bon réseau routier, si l'on tient compte des périodes de gel et de dégel qui maltraitent les meilleures voies. En cas de neige sur le sol, il convient d'adopter une autre technique de conduite : freinez par petits coups.

➤ **INFORMATIONS ROUTIÈRES ET MÉTÉO** ☎ (514) 283.30.10 ou (418) 643.68.30 (informations sur l'état des routes). ❖

Le panneau Arrêt (ou Arrêt/Stop dans sa version bilingue) exige l'immobilisation complète du véhicule. Un « stop à l'américaine », c'est-à-dire un simple ralentissement, sera sévèrement puni par une contravention.

enfants (11 ans et moins) bénéficient également de réductions. La compagnie **Amtrak** assure les liaisons entre le Québec et les États-Unis (p. 135).

➤ **EN VOITURE DE LOCATION**. Les grandes compagnies nord-américaines ont des comptoirs dans les aéroports de Québec et de Montréal, et dans le centre des principales villes. Quant aux petites compagnies locales, elles proposent souvent des tarifs très avantageux. L'âge minimal requis est en général de 21 ans. Le règlement s'effectue uniquement par carte de paiement. Si vous détenez un abonnement au CAA (Association automobile canadienne) ou à un club automobiliste européen affilié, vous bénéficierez de tarifs intéressants. Notez que les compagnies font payer d'importants frais d'abandon pour les voitures qui ne sont pas restituées à l'endroit où elles ont été louées. Dernier conseil : l'hiver, exigez des véhicules équipés de pneus-neige. Vous pouvez contacter directement les grandes compagnies telles **Avis**, **Budget**, **Discount**, **Hertz**, **Thrifty-Québec**, **Car Rental Canada** (p. 143) ou votre agence de voyages qui peut se charger de la location et qui a bien souvent des tarifs plus intéressants.

➤ **EN AUTO-STOP**. Au Québec, cela s'appelle « faire du pouce » ou « voyager sur le pouce ». Les jeunes ont souvent recours à cette pratique, bien qu'elle soit théoriquement interdite sur les autoroutes. Pour accueillir un passager dans sa voiture ou trouver un conducteur hospitalier tout en partageant les frais, on peut faire appel à **Allo-stop** (p. 140).

En bordure du lac Massawippi, le village de North Hatley est l'un des plus attachants des Cantons-de-l'Est.

◼ Urgences

Dans les grands centres, composez le ☎ 911 pour toute urgence. Ailleurs, faites le ☎ 0.

Urgences routières ☎ (418) 643.67.17.

◼ Vins et alcools

Depuis les années 1920, le commerce des vins et spiritueux est un monopole d'État. La Société des alcools du Québec (SAQ) détient l'exclusivité sur le marché des boissons alcoolisées. Dans ses succursales, elle distribue à prix fixe des produits provenant de 55 pays différents.

◼ Voltage

Au Québec, il est de 110 volts, pour une fréquence de 60 Hz. Les ampoules sont à vis, et les prises de courant à fiches plates. Transformateurs ou appareils bitension et adaptateurs sont indispensables: on les trouve dans les quincailleries. ◼

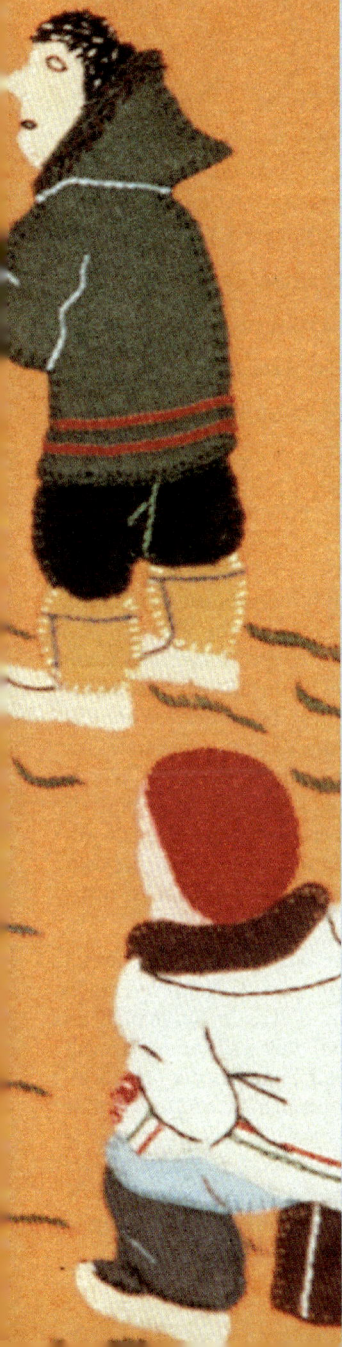

L'artisanat inuit charme
par son sens aigu de la couleur
et par l'expressivité de ses scènes
évoquant la vie nordique.
Le mouvement coopératif
a joué un rôle de premier plan
pour les artistes et artisans
du Nunavik, en lui ouvrant
la porte du marché international.
Tous les villages ont aujourd'hui
leurs magasins coopératifs.

HÉRITAGE

Il est une phrase historique qui a beaucoup peiné les Canadiens français mais qui a galvanisé leur nationalisme. Elle a été prononcée en 1840 par l'homme d'État anglais lord Durham : « Ce peuple est sans histoire. » Expression paradoxale et profondément injuste. Le Québec a son histoire. Il en a même plusieurs... Mais où et quand commence cette histoire ? À la prise de Québec par les Anglais, le 18 septembre 1759 ? Cela ferait débuter le destin du pays par une défaite. Autre version, longuement transmise par les manuels scolaires : « Le 24 juillet 1534, le Malouin Jacques Cartier plantait au nom du roi de France une croix sur la côte de Gaspé. Le Canada venait de naître. » Mais avant ? Dès 1497, Jean Cabot (Giovanni Caboto)

aurait pris possession du territoire au nom du roi d'Angleterre Henri VII. Avant encore, il y aurait eu des Normands, des Bretons, des Basques, des Celtes... Vers l'an mil, des Vikings, commandés par un nommé Leif, fils d'Erik le Rouge, auraient vogué à bord de leurs drakkars, dans les eaux nord-américaines, pour s'installer dans ce qui est aujourd'hui l'Est maritime du Québec *(p. 258)*.

Chose certaine, le Québec fut un jour un pays, la Nouvelle-France, avant d'être le berceau d'un Canada dont il allait modestement devenir l'une des dix provinces. Pays ou province ? Depuis plus d'un siècle, le Québec se pose la question – et, depuis 1980, sous la forme de référendums – afin de faire un choix qui sera le sien et non celui de l'Histoire.

La Nouvelle-France

Au début du XVe s., des navigateurs longent les rives de l'actuel Canada, à la recherche du passage qui, par l'ouest, les mènerait vers les richesses asiatiques. En 1524, le navigateur florentin Verrazzano, qui vogue sous pavillon français, donne le nom de Nouvelle-France au littoral nord-américain exploré. Dix ans plus tard, **Jacques Cartier**, qui cherche lui aussi cet itinéraire nouveau vers l'Orient, jette l'ancre à Gaspé, après 20 jours de traversée, et y plante sa croix au nom de François Ier. Le roi de France, qui espère des monceaux d'or du Nouveau Monde, renvoie en Amérique l'explorateur qui s'engage, le 10 août 1535, jour de la Saint-Laurent, dans le grand fleuve.

Il fait escale au village indien de Stadaconé, site de l'actuelle ville de Québec, puis s'arrête à Hochelaga, autre bourgade « sauvage », site de la future Montréal. On plante des croix, on hiverne. On fait la douloureuse expérience du froid et du scorbut. Retour en France, troisième départ… Cette fois, Jacques Cartier découvre la présence d'or et de diamants près de Stadaconé. Mais on s'aperçoit, de retour à Paris, que les pépites d'or ne sont que des sulfures métalliques, et les brillants d'humbles cristaux de quartz. La Nouvelle-France tombe alors dans l'oubli.

Samuel de Champlain, natif de Brouage, en Saintonge, poursuit l'aventure. En 1608, il fonde Québec autour de l'« habitation », un gros fort en bois. Champlain veut appuyer sa mission d'évangélisation et de colonisation sur un commerce rémunérateur, celui de la pelleterie, troquée avec les Hurons et les Algonquins. Peu à peu, l'Acadie – c'est-à-dire l'actuelle Nouvelle-Écosse – se peuple. Le poste de Trois-Rivières est fondé à l'ouest. Samuel de Champlain aura jeté les bases d'une présence française en Amérique du Nord.

La trahison de Jacques Cartier

Jacques Cartier (1491-1557).

Le Malouin est considéré comme le découvreur du Canada, bien qu'il ne fût pas le premier à s'y être aventuré. Envoyé par François Ier, il entre dans la baie de Gaspé le 14 juillet 1534 et prend possession du territoire au nom du roi devant les Iroquois et leur chef Donnacona. Il reviendra l'année suivante, ramenant en France dix Iroquois, dont Donnacona qui y mourra. À son retour en 1541, Cartier ne ramena pas les autres comme il l'avait promis, et cette trahison fut en partie à l'origine de l'hostilité des Iroquois envers les Français. ❖

La croix et le castor

La région du Saint-Laurent n'est pas la seule à se peupler de colons désireux de faire souche en Amérique. En 1621, un groupe de «pèlerins» puritains part de Plymouth. Ils voguent sur le *Mayflower* pour aller fonder outre-Atlantique la **Nouvelle-Angleterre**. Dès ce moment, tout ce qui se passe dans la colonie anglaise du Sud va commander le destin de la Nouvelle-France.

Ici, on poursuit de plus belle l'épopée conçue par Champlain, consolidée par le négoce des peaux de castor. Un petit groupe de dévots catholiques, dirigés par une sorte de moine laïc et militaire, **Paul Chomedey de Maisonneuve**, et une pieuse infirmière, **Jeanne Mance**, crée au pied du mont Royal le poste de Ville-Marie, qui deviendra en 1642 la ville de Montréal.

Le Canada compte alors moins de 200 habitants blancs : missionnaires, colons, aventuriers qui parcourent le pays pour offrir aux Indiens, en échange des précieuses pelleteries, de l'«eau-de-feu» et des arquebuses. Les «bons sauvages» acceptent de commercer et parfois de recevoir le baptême, administré par les «robes noires» jésuites. Ce sont les **Hurons**. Ils ont pour ennemis les **Iroquois**, alliés aux Anglais. À cause des Iroquois, très belliqueux, la vie dans la jeune colonie devient intenable.

Avec la nomination de **Colbert** comme ministre (1661) par Louis XIV, le développement de la colonie prend son essor. En 1663, le roi annexe la Nouvelle-France (qui compte alors 2 500 âmes) à la Couronne, mettant fin aux privilèges de la Compagnie des Cent-Associés qui avait la propriété du territoire de la Nouvelle-France depuis 1627. Il dote la nouvelle province d'un **gouverneur**, d'un **évêque**, d'un **intendant** et d'un **conseil**, crée la **Compagnie des Indes occidentales**, qui détiendra le monopole du commerce canadien, et transforme le **régime seigneurial**. Les terres sont concédées à des seigneurs qui ont l'obligation de la peupler. Habitants et seigneurs ont des droits et des devoirs dont l'État se réserve la surveillance.

Fondation de Québec en 1608 par Samuel de Champlain *(peinture de Garneray, Paris, musée des Arts africains et océaniens).*

Les Acadiens du Québec

Dès le début du XVIIe s., des colons français se sont établis en Acadie, dans l'actuelle province de la Nouvelle-Écosse, sur des terres occupées par des Micmacs.

C'est sous le nom de Larcadia qu'apparaît sur une carte de Berteli (1563) le territoire où des colons français venus du Poitou, du Berry et de Touraine s'établissent à partir de 1604. Au XVIIe s., le nom Larcadia devient Acadie.

Par le traité d'Utrecht, qu'elle signe en 1713, la France cède ses droits sur ce territoire aux Anglais, qui le baptisent Nova-Scotia ou Nouvelle-Écosse. Mais les Acadiens refusent de prêter serment d'allégeance à la Couronne anglaise : on leur accorde alors le statut de « Français neutres ».

En 1755, le gouverneur anglais Charles Lawrence juge qu'il faut se débarrasser de ces « ennemis secrets » qui possèdent « les meilleures terres du monde ». Entre 1755 et 1763, plus de 12 000 Acadiens sont traqués et emprisonnés à bord de bateaux insalubres qui doivent les ramener en France. La moitié d'entre eux meurent au cours de cette déportation. D'autres réussissent à fuir, se dispersant partout en Amérique et dans le monde : cette déportation est appelée par euphémisme « le Grand Dérangement ». Une importante population de « Cajuns » s'implante ainsi en Louisiane. Au Québec se multiplient les « petites Cadies » où les Acadiens trouvent un havre.

Aujourd'hui, on compte en Amérique quatre millions de personnes de descendance acadienne. Le quart vit au Québec. Les Acadiens québécois sont implantés dans une trentaine de lieux, dans les régions des Îles-de-la-Madeleine, de la Côte-Nord et de la baie des Chaleurs, en Gaspésie. Antonine Maillet, originaire du Nouveau-Brunswick, est sans doute l'Acadienne la plus connue des Européens de langue française. Elle a été la première Canadienne à recevoir le prix Goncourt, avec *Pélagie la Charrette* (1979). ❖

La défaite du général Montcalm, en 1759 sur les plaines d'Abraham, serait due à une fatale erreur de jugement. Sous-estimant le danger, il engagea le combat sans attendre les renforts. Il sera mortellement blessé, et Wolfe perdra aussi la vie sur le champ de bataille.

Coureurs des bois et « filles du Roy »

Le premier intendant, **Jean Talon**, arrive en 1665 et planifie l'économie du domaine colonial qui connaît un essor considérable. Afin de procurer des épouses aux colons, le pouvoir monarchique organise au départ de La Rochelle des convois de « **filles du Roy** », nanties d'une dot royale. La colonie progresse pour atteindre 6 700 âmes en 1672. En cette période de grand dynamisme, l'agriculture prospère. C'est aussi la grande époque des coureurs des bois, ces européens vivant de façon nomade de la traite des pelleteries et notamment des peaux de castor. Au commerce de la **fourrure** s'ajoutent les **pêcheries**, l'extraction du minerai de **fer**, l'ouverture de **forges**, l'exploitation du **bois**. L'intendant Talon favorise l'exploration du territoire par «des gens de résolution qui permettent de percer plus avant qu'on n'a jamais fait », écrit-il au roi. En 1670, il envoie Robert Cavelier de La Salle à la découverte d'un passage vers le sud, bientôt suivi par Louis Jolliet qui découvrira le Mississippi. La même année, le père Charles Albalnel et Paul Denys de Saint-Simon reconnaissent le territoire jusqu'à la baie de James en passant par le lac Saint-Jean. Mais en 1670 aussi, la suprématie française sur le commerce des fourrures est menacée par deux aventuriers canadiens, **Pierre-Esprit Radisson** et son compagnon **Médard Chouart des Groseillers**. Après s'être dispensés de mandat pour explorer le Nord-Ouest, ils fondent à Londres la Compagnie des Aventuriers d'Angleterre, plus connue sous le nom de **Hudson's Bay Company**, et se font concéder la baie d'Hudson.

L'Angleterre joue et gagne

À Londres, les marchands anglais exigent le monopole absolu sur le commerce des fourrures, exercé par la puissante Compagnie de la baie d'Hudson, et sur celui de la morue dans les eaux poissonneuses de Terre-Neuve. Ils souhaitent que l'Angleterre obtienne la maîtrise stratégique des eaux et des ports de l'Amérique du Nord, pour freiner les velléités d'indépendance des colons vis-à-vis de l'Angleterre.

En même temps, ils veulent se débarrasser de ces Français qui contrecarrent l'expansion vers l'ouest des colons de la Nouvelle-Angleterre. En 1697, à l'issue de la première guerre franco-anglaise en Amérique du Nord, qui a débuté en 1686, la baie d'Hudson est attribuée à la France. Ces rivalités incessantes vont refléter la situation politique européenne : guerre de Succession d'Espagne (1701-1713) ; guerre de Succession d'Autriche (1740-1748) ; guerre de Sept Ans (1756-1763) ; paix d'Aix-la-Chapelle (octobre 1748).

La France perd le Nouveau Monde

Dans la colonie, les exactions, les expéditions navales et les campagnes militaires se multiplient. En 1713, le **traité d'Utrecht** clôt la seconde guerre franco-anglaise : la France perd définitivement **Terre-Neuve**, l'**Acadie** et la **baie d'Hudson**. En 1744, la perte du fort de Louisbourg marque « le commencement de la fin ». La défaite était inscrite dans la disproportion des forces : un million et demi d'Anglo-Saxons, solidement implantés dans l'Est américain, s'opposent à 80 000 Français, postés à travers le continent, du Saint-Laurent au golfe du Mexique.

Au printemps de 1759, le Canada français, assiégé par eau et par terre, est durement affecté par la disette des vivres. Québec capitule le 18 septembre après la « **bataille des plaines d'Abraham** » : le général anglais Wolfe et Montcalm de Saint-Véran, le général français, meurent tous les deux sur le site, où la France est vaincue au cours d'un engagement bref et meurtrier. Un an plus tard, elle perd Montréal.

Les Canadiens français sont désemparés : 4 000 d'entre eux, dont la moitié sont militaires, demandent à retourner dans leur patrie d'origine. Les autres s'accrochent au sol qu'ils ont fécondé. En 1763, le **traité de Paris** consacre la défaite française : tout l'est de l'Amérique du Nord devient britannique. L'Angleterre, qui possède déjà treize colonies en Amérique du Nord, en obtient une quatorzième, « Province of Quebec ».

Le régime anglais

Désormais, les Canadiens sont sujets du roi d'Angleterre. Avec les fonctionnaires dépêchés par Londres arrivent les « marchands », *carpet-baggers* aux dents longues, bien décidés à prendre en main le destin économique du territoire. On impose aux *Frenchmen* de nouveaux systèmes fiscaux, juridiques, politiques et administratifs, le tout dans une langue étrangère.

Dans le même temps, ce qui devait arriver dans le Sud arrive. Les colons de la Nouvelle-Angleterre, débarrassés de leurs concurrents de souche française, réclament l'indépendance. Pour que ses possessions du Canada échappent à cette insurrection coloniale, l'Angleterre doit

En 1774, les Américains exhortent les Canadiens à se rallier à eux. L'année suivante, George Washington prend le commandement de l'armée des « rebelles américains » et dépêche des troupes au Québec.

donner quelques gages à la population francophone vaincue.

En 1774, l'**Acte de Québec** rétablit le droit civil français et la religion catholique. Mais les colons anglais du Canada s'y opposent : ils souhaitent que lois et coutumes britanniques soient obligatoires, notamment l'institution d'assemblées élues parmi les contribuables et l'usage de la langue anglaise. Vue d'Angleterre, la situation est délicate. Qui favoriser ? Les Canadiens français qu'il faut ménager ou la minorité *White Anglo-Saxon Protestant* qui pourrait se ranger du côté des insurgés ?

La menace américaine

Au printemps 1775, **George Washington** devient commandant de l'armée des « rebelles américains ». Il lance celle-ci vers le Canada afin d'offrir aux colons les bienfaits de la liberté. À la fin de l'été, deux colonnes sont formées. Commandée par le **général Montgomery**, l'une marche sur Montréal et réussit à s'en emparer. La seconde, que mène le général Benedict Arnold, fonce vers Québec mais manque son coup.

Menacées par un corps expéditionnaire britannique, les troupes américaines doivent se retirer le 18 juin 1776. L'Acte de Québec s'avère donc une habile stratégie. Face à la rébellion américaine, il fallait gagner la sympathie des Canadiens français à la cause britannique : opération réussie, puisque ceux-ci sont restés neutres.

Les deux Canadas

En 1783, par le traité de Versailles, l'Angleterre reconnaît l'**indépendance des États-Unis d'Amérique** et leur cède la totalité du territoire situé au sud du Canada. Première conséquence de cette indépendance : une partie des loyalistes, ces colons qui habitaient les territoires américains en révolte décident d'aller s'installer là où flotte encore l'Union Jack. Leur présence renforce la position anglaise au Québec. En 1791, l'**Acte constitutionnel** crée deux Canadas. Le **Haut-Canada**, centré autour de la presqu'île de l'Ontario, est peuplé en majorité d'anglophones, soumis aux institutions britanniques. Le **Bas-Canada** est concentré dans la vallée laurentienne, et les lois civiles françaises s'y intègrent pour partie aux institutions anglaises.

La crise économique qui sévit au Royaume-Uni, conséquence des guerres napoléoniennes, accroît l'immigration britannique au Canada. Contre cet afflux, les Canadiens français n'ont pour eux que «la revanche des berceaux». Les naissances sont nombreuses, et on manque bientôt de bonnes terres à donner aux enfants : on développe de nouvelles régions agricoles, mais un grand nombre d'habitants émigrent vers les États américains de l'Est, nouvellement industrialisés.

La révolte des Patriotes

À l'Assemblée du Bas-Canada, une petite bourgeoisie franco-phone, qui a remplacé les anciens seigneurs, se montre volontiers libérale et nationaliste. Le Parti canadien en émerge, qui deviendra bientôt le parti des Patriotes. Sous la houlette de **Louis-Joseph Papineau**, il demande pour les Canadiens français la souveraineté politique. En 1837 et 1838, il lance à deux reprises une rébellion, qu'écrase l'armée anglaise. À Montréal, 12 «Patriotes» sont pendus. Les principaux chefs parviennent à fuir aux États-Unis.

Une seule colonie

Pragmatique, le gouvernement anglais essaie une autre formule en 1840. Par l'**Acte d'Union**, qui entrera en vigueur en 1841, les deux Canadas sont unis en une seule province. Il n'y aura qu'un Parlement, où la minorité anglophone sera représentée à égalité avec la majorité francophone. Les Canadiens français doivent reprendre la bataille pour les libertés constitutionnelles. Une petite élite va s'en charger : dès 1841, elle s'allie avec les réformistes du Haut-Canada dirigés par Robert Baldwin. Il s'agit d'obtenir que les ministres de l'exécutif, nommés par la Couronne britannique, rendent compte de leur administration à l'Assemblée législative, qu'ils soient choisis parmi le parti dominant et soient représentatifs de la majorité en Chambre : bref, un «gouvernement responsable». En 1848, Baldwin et Louis-Hippolyte Lafontaine obtiennent de former le nouveau Conseil exécutif. C'est l'avènement d'un système politique pleinement démocratique.

La fédération canadienne

En 1867, une nouvelle réforme donne naissance au quatrième acte, l'**Acte de l'Amérique britannique du Nord**. Les deux provinces dites «du Canada» deviennent l'**Ontario** et le **Québec**. Elles vont contracter une union fédérale avec la Nouvelle-Écosse et le Nouveau-Brunswick et former un «Dominion of Canada» assujetti à la Couronne du Royaume-Uni. D'autres provinces entreront ensuite dans cette confédération. Au sein de ce système, les Québécois obtiennent la garantie de leur droit de représentation à l'Assemblée législative, la pleine maîtrise de leur administration scolaire et un Parlement local bilingue. L'acte définit les juridictions respectives du gouvernement fédéral et des gouvernements provinciaux.

Non à la conscription

Les deux guerres mondiales consolident une prospérité et un développement industriel sans précédent sur les rives du Saint-Laurent. Mais à chaque fois naît une révolte. Les Québécois rechi-

Une terre à découvrir

*L*e Québec a la forme d'une tulipe épanouie, et sa géographie est simple. On y trouve, du nord au sud, trois grandes régions naturelles : le Bouclier canadien, la plaine du Saint-Laurent et la chaîne des Appalaches.

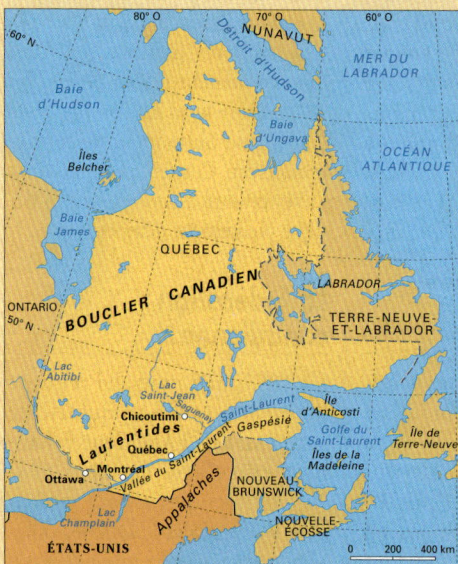

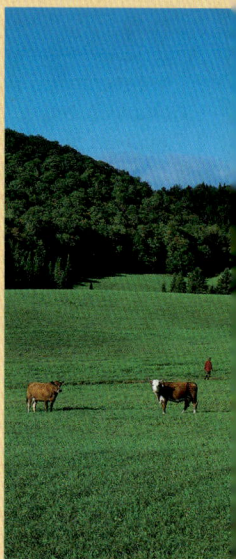

Élevage bovin en Outaouais.

La plus grande des provinces

Le Québec occupe 16 % du territoire canadien. Sa superficie de 1,7 million de km^2 pourrait accueillir la France, la Belgique, la Suisse, le Portugal, l'Espagne et l'Allemagne. Avec le Saint-Laurent et ses 400 000 lacs, les eaux intérieures représentent plus du cinquième de la province.

Le **Bouclier canadien** occupe 4/5e du Québec. Formé des roches les plus anciennes du globe, c'est un coffre-fort bondé de ressources naturelles, encore peu exploitées. Son histoire commence à l'ère primaire par l'émergence d'immenses massifs, très plissés, formés de granites, de gneiss et de schistes. Une longue érosion rabote peu à peu ces montagnes jusqu'à la racine. Il en résulte une longue série de plateaux ondulés, de vallées creuses, de dépressions s'abaissant parfois au-dessous du niveau de la mer. Plus tard, les glaciations successives achèvent le travail en creusant des centaines de milliers de lacs, en polissant les collines et en entaillant les vallées.

Macareux moines que l'on peut observer sur la Côte-Nord.

La « ligne des arbres »

La partie nordique du bouclier, autour de la baie d'Hudson et de la baie d'Ungava, présente deux types de végétation qui définissent approximativement le

**Le pavot bleu
de l'Himalaya**
est la fleur emblème
des jardins de Métis,
en Gaspésie.

L'épervière orangée
fleurit en juillet
le long des routes
et dans les champs secs.

Pêche au saumon
dans la rivière Cascapédia
en Gaspésie.

territoire respectif des Amérindiens cris et des Inuit. Ces derniers habitent au-delà de ce qu'on appelle « la ligne des arbres ». Dans la toundra, de grands plateaux nus se creusent de vallées où l'on trouve quelques arbres rabougris. Au-delà du 60e parallèle, seuls subsistent mousses et lichens sur un sol gelé en permanence, parfois jusqu'à une profondeur de 275 m. Au sud du 55e parallèle, le territoire habité par les Cris est constitué d'une taïga aux arbres clairsemés qui s'épaissit peu à peu et se transforme en forêt coniférienne.

De l'Abitibi jusqu'à la Côte-Nord, la partie méridionale du bouclier est ourlée par le massif des Laurentides. Sa forêt boréale, composée de résineux, fournit l'essentiel de la pâte à papier et du bois d'œuvre québécois.

La plaine fertile

Au sud du Saint-Laurent, un long triangle relie Montréal, Québec et le lac de Champlain. C'est la **plaine du Saint-Laurent**, formée par le retrait de la mer de Champlain. Les premiers Amérindiens ont sans doute connu cette mer qui fit place, il y a quelque 6 000 ans, à une vallée de terres basses et fertiles, nappées de dépôts d'argile et de sable, où coule le fleuve majestueux. C'est ici que se concentre la majorité de la population du Québec.

Mines et paillettes d'or

Au sud du Québec, adossée aux États-Unis, s'étend la région des **Appalaches**. Cette chaîne de montagnes érodées débute près d'Atlanta, au nord du golfe du Mexique, et se termine dans les parages de l'île de Terre-Neuve, où elle disparaît dans l'Atlantique. Des Cantons-de-l'Est à la Gaspésie, les Appalaches du Québec, faites de calcaire, de grès et de schistes mêlés de roches ignées, se présentent sous forme de terrasses discontinues ponctuées de quelques sommets. Leur sous-sol est riche de gisements miniers, comme à Asbestos ou à Murdochville, et plusieurs ruisseaux des Cantons-de-l'Est et de Beauce regorgent même de petites paillettes d'or. ■

La grande noirceur

Maurice Duplessis, chef du parti de l'Union nationale, demeure à la tête du Québec de 1936 à 1959, avec un retrait de 1939 à 1944. Attaché aux valeurs traditionnelles, nationaliste de cœur, il ose doter le Québec d'un drapeau bien à lui, à l'époque où le drapeau du Canada est encore calqué sur celui de la Grande-Bretagne. Mais il maintient fermement le Québec sous le joug de l'Église, étouffe les révoltes ouvrières, brime les libertés d'expression par une « loi du cadenas » se justifiant d'une chasse aux communistes. L'époque est dite de la « grande noirceur » en raison de ce conservatisme. ❖

gnent à défendre une cause qui reste celle de l'Angleterre. Après le vote, en 1917, de la loi qui enrôle tous les Canadiens, des **émeutes** à Québec font morts et blessés. En avril 1942, lors d'un plébiscite, 71,2 % des Québécois disent non à la conscription. La mesure n'en est pas moins adoptée à Ottawa. Ces épisodes, parmi bien d'autres, attisent le sentiment nationaliste des Québécois. On finit par s'apercevoir que le Canada est composé non pas de dix provinces mais de deux « nations ».

La Révolution tranquille

Après la Seconde Guerre mondiale, une bonne partie de l'histoire politique québécoise est faite de luttes engendrées par l'interprétation de la charte de la Constitution de 1867. Constamment, le Québec tente d'empêcher le gouvernement fédéral d'Ottawa de se saisir des pouvoirs de taxation reconnus aux provinces. Il tente d'obtenir une équitable répartition des compétences respectives, de conquérir la plus grande autodétermination possible. Les Premiers ministres,

chacun à leur façon, cherchent à tirer le meilleur parti du fédéralisme. Chacun a son mot d'ordre : « L'autonomie provinciale » pour Maurice Duplessis, « Maîtres chez nous » pour Jean Lesage, « Égalité ou indépendance » pour Daniel Lesage.

En 1960, le Parti libéral supplante le parti de l'Union nationale. Le nouveau Premier ministre, **Jean Lesage**, amorce la « Révolution tranquille ». Des réformes politiques et sociales attendues sont adoptées : assurance-hospitalisation gratuite, nationalisation des compagnies d'électricité, refonte du système scolaire, création d'un ministère de l'Éducation, création de liens entre l'État du Québec et des gouvernements étrangers.

Avec les années 1960, le Québec entre dans la modernité. Une explosion artistique se manifeste dans tous les domaines : art pictural, poésie, chanson, littérature. Lors de l'Exposition universelle de 1967, à Montréal, le monde découvre alors un Québec au summum de sa vitalité artistique, de sa force économique et de sa fierté nationale. ■

ACTUALITÉ

« L'argent soude. Le sang mêle. Le Québécois est soudé à l'Américain mais mêlé au Français » écrivait Félix Leclerc dans son recueil de poèmes *Rêves à vendre* (1978). Et que dire de ses liens avec le Canada anglais ? Impossible de comprendre le Québec d'aujourd'hui si l'on ne connaît pas les enjeux complexes de la question nationale. Elle fait l'objet de polarisations sans cesse fluctuantes, qui s'expriment dans les salons comme dans les journaux, dans la vie économique aussi bien que sur la scène culturelle. Elle est au cœur de la vie quotidienne des Québécois, qui suivent comme un palpitant feuilleton les rebondissements, les coups de Jarnac et les alliances furtives qui caractérisent les relations tendues entre les gouvernements fédéral et provincial… sans oublier que les dirigeants des autres provinces canadiennes viennent parfois jeter de l'huile sur le feu.

Culturellement et politiquement, le Québec est donc déchiré entre son besoin d'affirmation, nécessaire pour sauvegarder sa différence, et son attachement envers le Canada, fondé sur des siècles de cohabitation et sur un étroit partenariat économique.

La crise d'octobre 1970

Face aux partis politiques qui cherchent, par la voie électorale, l'accession à l'indépendance, des groupes peu nombreux mais actifs estiment que seule l'action révolutionnaire donnera «le Québec aux Québécois». Parmi eux, quelques-uns ont opté pour le terrorisme. En 1963, le Front de libération du Québec (FLQ) fait exploser à Montréal les premières bombes.

En octobre 1970, quelques guérilleros exaltés improvisent le rapt d'un diplomate britannique, James Cross, et du ministre du Travail du cabinet Bourassa, Pierre Laporte. Le premier est libéré, le second retrouvé étranglé. Tandis que toutes les polices recherchent les ravisseurs et leurs otages, les gouvernements de Québec et d'Ottawa optent pour la ligne dure. Ils affirment que la province canadienne française est sous le coup d'une «insurrection appréhendée». Ils obtiennent que soit votée d'urgence une «loi des mesures de guerre». Les libertés fondamentales sont suspendues. L'armée d'Ottawa occupe Montréal. Les polices organisent des rafles, perquisitionnent, emprisonnent des artistes, sans découvrir la moindre trace du prétendu complot. Cette crise renforce l'idée, chez beaucoup d'indépendantistes, que le mal dont souffre le Québec réside dans les structures mêmes du pays. ❖

La question nationale

L'idée d'indépendance a fait beaucoup de chemin depuis 1957, date de la fondation du mouvement de l'Alliance laurentienne. En 1963, une autre formation «souverainiste» se constitue en parti politique : le Rassemblement pour l'indépendance nationale (RIN). Le parti de l'Union nationale, dont le slogan est : «Égalité ou indépendance», revient au pouvoir en 1966 : **Daniel Johnson** (père) devient Premier ministre. En juillet 1967, de passage au Québec pour l'Exposition universelle, le **général de Gaulle** lance au balcon de l'hôtel de ville de Montréal son célèbre «Vive le Québec libre !» Acclamé par une foule exultante, il légitime un mouvement qui avait pris une ampleur jusque-là insoupçonnée.

En 1968, **René Lévesque**, député et ministre des Richesses naturelles, après avoir rompu avec le Parti libéral, fonde le **Parti québécois**, issu de la fusion des mouvements Souveraineté-Association et Ralliement national. En avril 1970, sa formation remporte près du quart des suffrages aux élections provinciales, mais c'est **Robert Bourassa**, un libéral, qui devient Premier ministre. Il choisit une formule de «fédéralisme souple et rentable», tentant d'obtenir d'Ottawa les attributs de la «souveraineté culturelle».

Au-delà de la souveraineté, les Québécois veulent un changement radical de l'ordre économique, social et politique. Le 15 novembre 1976, le **Parti québécois** (PQ) de René Lévesque est porté au pouvoir pour mettre en pratique ses deux grandes idées: un gouvernement social-démocrate et la souveraineté pour la province, assortie d'une association avec le reste du Canada. Réussite pour la première: le gouvernement fait voter des lois

Carte d'identité

➤ **SITUATION ET FRONTIÈRES** : entre le 45e et le 62e degré de latitude N, la plus grande des dix provinces du Canada est traversée d'O en E par le Saint-Laurent, dont le golfe débouche dans l'Atlantique. Le Québec est bordé à l'O par l'Ontario, à l'E par le Labrador, au S par les États-Unis et le Nouveau-Brunswick.

➤ **SUPERFICIE** : 1,7 million de km^2 (plus de 3 fois la France).

➤ **POINT CULMINANT** : le mont Iberville (1 622 m) au Nunavik.

➤ **CLIMAT** : dans la vallée du Saint-Laurent, climat tempéré de type continental avec d'importants écarts de température entre les saisons. Été humide et chaud, hiver neigeux et froid, automne et printemps humides et frais. Dans l'estuaire et le golfe, climat tempéré de type maritime. Climat arctique dans le Grand Nord.

➤ **DÉCOUPAGE RÉGIONAL**. Montréal, Laval, Montérégie, Cantons-de-l'Est, Outaouais, Abitibi-Témiscamingue, Nord-du-Québec (Nunavik–Baie-James), Laurentides, Lanaudière, Mauricie, Centre-du-Québec, Chaudière-Appalaches, Québec, Saguenay–Lac-Saint-Jean, Charlevoix, Duplessis, Manicouagan, Bas-Saint-Laurent, Gaspésie, Îles-de-la-Madeleine.

➤ **PRINCIPALES VILLES** : Montréal (3,5 millions d'hab.) et Québec (696 000 hab.).

➤ **LANGUES PRINCIPALES** : français (80 %), anglais (8,8 %), italien (2 %).

➤ **DRAPEAU ET DEVISE** : croix blanche sur fond d'azur, avec quatre fleurs de lis. Devise des armoiries : « Je me souviens ».

➤ **RÉGIME POLITIQUE** : démocratie parlementaire, fédérée à neuf autres provinces (Ontario, Nouvelle-Écosse, Îles-du-Prince-Édouard, Nouveau-Brunswick, Terre-Neuve, Manitoba, Saskatchewan, Alberta, Colombie-Britannique) et à trois territoires (Yukon, Territoires du Nord-Ouest et Nunavut). Chaque province, dotée d'un gouvernement, est autonome dans les sphères d'influence que lui reconnaît la Constitution canadienne. Aux 10 gouvernements provinciaux s'ajoute un gouvernement fédéral, élu par le peuple canadien. Le Québec est donc dirigé par deux gouvernements qui peuvent être de formations politiques différentes.

➤ **PAYSAGE POLITIQUE** : chef du gouvernement provincial, Jean Charest du Parti libéral (parti fédéraliste) ; chef du gouvernement fédéral, Paul Martin du Parti libéral. Victoire du Parti libéral de Jean Charest aux dernières élections provinciales de 2003.

➤ **SECTEURS D'ACTIVITÉS** : services socioculturels, commerciaux et professionnels (26 %), industries manufacturières (23 %), commerce (16,6 %). Taux de chômage : autour de 8 % en 2004.

➤ **PRINCIPALES RESSOURCES** : eau, forêts et sous-sol convertis en énergie hydroélectrique, pâtes et papiers, bois d'œuvre et produits miniers.

➤ **IMPORTATIONS** : Automobile, tubes électroniques et semi-conducteurs, pétrole, ordinateurs, télécommunication, avions et pièces, produits chimiques, médicaments et produits pharmaceutiques, matières plastiques, vêtements.

➤ **EXPORTATIONS** : Avions et pièces, télécommunication, papier et pâte à papier, aluminium, pièces et composants électroniques, automobile, scieries et ateliers de rabotage, fonte et affinage de métaux non ferreux. ❖

sociales, assure une amélioration de la situation économique, assainit la vie politique. L'autre n'aboutit pas : le 20 mai 1980, René Lévesque perd le référendum portant sur la souveraineté-association avec 41 % de « oui ».

L'abstention du Québec

Lévesque et le Parti québécois, réélus en 1981, se dissocient du rapatriement de Londres de la Constitution canadienne. Les discussions achoppent sur la formule d'amendement à la Constitution, où le Québec veut être assuré de sa représentativité, et sur la question du partage des pouvoirs. Huit provinces anglophones se rallient au Québec, s'opposant au projet de **Pierre Elliott Trudeau**, Premier ministre du Canada.

En 1982, durant la « nuit des longs couteaux », le ministre fédéral de la Justice **Jean Chrétien** mène des tractations secrètes auprès des huit Premiers ministres provinciaux, laissant le Québec à l'écart, et gagne leur adhésion. Convaincu de son bon droit, puisqu'un amendement fait du français et de l'anglais les deux langues officielles du pays, Pierre Elliott Trudeau « rapatrie » l'Acte de 1867, qui fait office de Constitution canadienne, et se passe de la signature du Québec à la Loi constitutionnelle de 1982. Ce geste aura des conséquences considérables sur l'histoire politique du Canada : le Québec est la seule province à n'avoir pas signé la Constitution régissant le pays. Si le fait n'a pas de valeur juridique, il a une lourde portée symbolique.

La saga constitutionnelle

En 1985, aux élections provinciales, les libéraux de **Robert Bourassa** battent facilement le Parti québécois, affaibli par des querelles internes. René Lévesque quitte la scène politique et meurt en 1987, laissant un vide immense. L'équipe Bourassa se rapproche du gouvernement fédéral dirigé par le conservateur Brian Mulroney. En 1987, ils signent l'**accord de principe du lac Meech**, lequel prévoit la réintégration du Québec dans la nouvelle Constitution canadienne, moyennant certains amendements, et la reconnaissance du Québec comme « société distincte ». Les Premiers ministres des autres provinces donnent leur assentiment. Il ne reste qu'à faire entériner l'accord par leur cabinet, avant l'échéance de 1990.

Dans le même temps, les **Amérindiens** revendiquent eux aussi un statut privilégié dans les amendements à la Constitution, lesquels doivent être approuvés avant 1990. Par de spectaculaires manifestations, ils proclament cette volonté et brouillent ainsi le paysage politique du Canada. Dans le débat national, la position des Amérindiens et des Inuit se radicalisera au fil des ans : refusant le projet souverainiste du Québec, ils revendiquent le droit de demeurer au sein du Canada au cas où le Québec ferait sécession, ou de proclamer leur autonomie comme le Québec.

En 1990, certains Premiers ministres, qui avaient conclu trois ans plus tôt l'accord du lac Meech, ont perdu le pouvoir et leurs remplaçants s'opposent aux demandes du Québec. L'échéance venue, deux provinces, Manitoba et Terre-Neuve, refusent d'entériner l'accord du lac Meech. Ce nouvel échec met le feu aux poudres et exacerbe la fibre nationaliste des Québécois. En 1992, un référen-

Les populations autochtones

Les Inuit ont longtemps vécu du commerce des fourrures avec les Britanniques, représentés par la Compagnie de la Baie d'Hudson.

Avant toute colonisation, le Québec était habité depuis des milliers d'années par une population autochtone, composée d'Amérindiens et d'Inuit. Aujourd'hui, les dix nations amérindiennes et la nation inuit représentent 1 % de la population québécoise, soit environ 72 000 personnes. Les Inuit (autrefois Esquimaux) vivent presque tous au nord du 55e parallèle, dans le territoire du Nunavik. Les nations amérindiennes se divisent en deux grandes familles, iroquoienne et algonquienne : elles se répartissent un peu partout dans le Québec, avec une importante population de Cris dans le territoire de la Baie-James. La majorité de ces nations ont conservé leur langue. ❖

dum pancanadien demande aux Canadiens de se prononcer sur l'**accord de Charlottetown**, version édulcorée de l'accord du lac Meech, assorti de nouvelles clauses concernant les autochtones *(encadré ci-dessus)*. Pour des raisons opposées, les anglophones et les francophones du pays refusent l'accord.

Un référendum serré

Aux élections fédérales de 1993, le gouvernement conservateur de **Brian Mulroney** est défait, et l'opposition élue se trouve formée par le Bloc québécois, un parti fédéral paradoxalement voué à la promotion de l'indépendance du Québec. L'option souverainiste reprend de la vigueur, et le Parti québécois remonte la pente. Robert Bourassa quitte son poste de Premier ministre du Québec et passe le flambeau, bien vacillant, à **Daniel Johnson** (fils). Les élections de 1994 portent au pouvoir **Jacques Parizeau** et le Parti québécois. En 1995, celui-ci propose un nouveau **référendum** québécois sur l'indépendance : la population refuse à 50,6 % le projet souverainiste. Parizeau démissionne, remplacé par le charismatique **Lucien Bouchard**, l'ancien chef du Bloc québécois.

Une sécession légitime ?

Le gouvernement fédéral, alarmé par les résultats serrés du référendum de 1995, a demandé à la Cour suprême de se prononcer sur la légitimité pour le Québec de déclarer unilatéralement sa sécession du Canada, s'il obtenait une majorité par voie référendaire. En août 1998, la Cour rend un avis juridique qui, bizarrement, rallie tous les camps : non, le Québec ne pourrait se séparer du Canada sans négociations avec ses partenaires constitutionnels, mais le gouvernement fédéral ne pourrait ignorer une volonté de séparation clairement et démocratiquement exprimée par la population. Il serait constitutionnellement obligé de négocier avec le gouvernement du Québec. Mais quelle serait la majorité nécessaire au référendum pour que cette volonté soit clairement exprimée ? Pour le Parti québécois, un vote de 50 % + 1 constitue une majorité légitime, mais les fédéralistes considèrent que ce serait nettement insuffisant. ✧

Vers un apaisement de la question nationale ?

Le Canada tout entier a eu chaud. Pour apaiser la fièvre nationaliste du Québec, les Premiers ministres des autres provinces canadiennes tentent de trouver un substitut à la reconnaissance du peuple québécois comme « société distincte », qui menace tant le Canada anglais. Par l'**accord de Calgary**, ils s'entendent en 1997 pour reconnaître « le caractère unique du Québec », reconnaissance qui n'a pas de portée constitutionnelle et qui évite les mots tabous de peuple et de société. Le Québec fait la fine bouche devant cette demi-portion.

En 1998, le Parti québécois défait de justesse le Parti libéral de **Jean Charest** et remporte les élections. **Lucien Bouchard** est reconduit à son poste. Mais en 2001, se disant incapable de réunir les « conditions gagnantes » pour la séparation du Québec, Bouchard démissionne et est remplacé par **Bernard Landry**.

En avril 2001, le Sommet des Amériques révèle aux Québécois les enjeux d'une intégration économique continentale avec le lancement de la **ZLÉA** (Zone de libre-échange des Amériques visant à intégrer toutes les économies du continent), aidée par le gouvernement nationaliste québécois. L'aile gauche avait rompu les rangs le mois précédent pour soutenir la naissance d'une coalition progressiste, suscitant une nouvelle conscience politique québécoise : une nouvelle génération en quête d'un projet de société remet en question le nationalisme et s'ouvre à l'**internationalisme**. Les élections qui ont eu lieu en 2003 ont marqué la victoire du Parti libéral. Le Premier ministre élu Jean Charest a remplacé le chef du Parti québecois Bernard Landry.

Gens du pays

La majorité des Québécois sont de langue française et descendent des quelque 10 000 Français qui ont émigré, entre 1608 et 1760, de l'ouest de la France pour s'installer au Canada. Lorsque la Nouvelle-France devient « Province of

Quebec » en 1763, sa population est d'environ 60 000 habitants. Aujourd'hui, elle atteint 7,3 millions. Hormis la population d'origine française (75 %) et britannique (5 %), c'est la population d'origine italienne qui constitue le troisième groupe ethnique du Québec (2,6 %).

La politique d'immigration

L'ensemble de la population québécoise est peu nombreuse, en regard de l'immensité du territoire qu'elle occupe. À mesure que l'on monte vers le nord, les régions sont de moins en moins habitées: 80 % de la population se concentre dans la vallée du Saint-Laurent.

Depuis 1961, le **taux de natalité** au Québec est inférieur à la moyenne canadienne: l'accroissement démographique annuel est de moins de 1 %. Le Québec compense en partie cette baisse de natalité par une politique d'immigration. Le gouvernement provincial cherche à encourager l'apprentissage de la langue française par les immigrants. En 1977, il s'est doté d'une **Charte de la langue française** qui fait de celle-ci la langue du travail, des communications, du commerce et des affaires. Pourtant, la majorité des Néo-Québécois se dissocient du projet souverainiste et s'identifient au pays canadien qu'ils ont choisi comme nouvelle patrie.

Un savoir-faire économique

La force de l'économie québécoise réside dans sa grande diversification. C'est une économie moderne, ouverte sur le monde, avec un taux d'exportation élevé: près de 41,1 % du PIB, soit 10 % de plus que la France et deux fois plus que les États-Unis.

Les partenaires du Québec

Les échanges commerciaux sont en augmentation constante depuis les 25 dernières années. Parmi les partenaires du Québec, les **États-Unis** arrivent bon premier, avec plus de 85,3 % du commerce international pratiqué par la province. Il n'en demeure pas moins que le taux de **chômage** est parti-

La forêt constitue l'une des principales ressources naturelles du pays. On trouve trois types de forêt : feuillue, mélangée et boréale (ici dans la région du Saguenay).

Un accord historique avec les autochtones

Dans les années 1970, le début des travaux titanesques d'Hydro-Québec dans la Baie-James a coïncidé avec l'éveil d'une prise de conscience collective pour la protection de l'environnement. Des spécialistes ont été chargés d'analyser et de reconstituer la faune et la flore perturbées. Mais c'est d'abord sur le plan humain que la société Hydro-Québec a dû agir. La population autochtone de la Baie-James et du Nord, environ 11 000 Amérindiens cris et 7 000 Inuit, a fait valoir des revendications politiques et territoriales datant du début du XXᵉ s.

En 1975, la Convention de la Baie-James et du Nord québécois est signée par les autorités autochtones, Hydro-Québec et les gouvernements fédéral et provincial, au terme d'un long débat juridique. Elle accorde aux communautés autochtones le paiement de 225 millions de dollars sur une période de vingt ans, ainsi qu'un régime de terres à droits exclusifs. Des dispositions sont adoptées pour protéger l'environnement et favoriser le mode de vie traditionnel et le développement des communautés autochtones, ainsi que des droits d'autogestion en certains domaines (santé, éducation). Cette convention est la première entente canadienne conclue sur des revendications foncières autochtones. Elle marque un grand pas dans la reconnaissance des droits des Premières Nations (p. 98). Au fil des ans, depuis la signature de l'accord, des montants additionnels ont été négociés, portant la somme à 550 millions de dollars (en 1998). ❖

culièrement élevé au Québec (entre 10 et 12 % durant la dernière décennie). Certains secteurs exigeant une nombreuse main-d'œuvre ont été fortement affectés par la concurrence des pays à main-d'œuvre bon marché.

Les Québécois exportent leurs services et produits, favorisés en cela par l'accord canado-américain de libre-échange (ALÉ) signé en 1989, et surtout par l'accord conclu depuis janvier 1994 entre le Canada, les États-Unis et le Mexique (ALÉNA) qui leur donne accès à un vaste marché.

Les secteurs de pointe

L'**industrie aérospatiale**, qui investit beaucoup dans la recherche, compte 200 entreprises, et Montréal est l'un des rares endroits au monde où l'on peut fabriquer un avion en entier. La métropole est aussi un important centre de recherche en **biotechnologie**. L'**industrie pharmaceutique** connaît une vraie croissance exponentielle. L'**ingénierie-conseil** rayonne sur les marchés internationaux, après avoir été fortement stimulée par les grands travaux hydroélectriques. En matière de **transports**, la renommée de Bombardier, société qui exerce ses activités dans les domaines de l'aéronautique, du matériel de transport sur rail et des produits récréatifs (inventeur de la motoneige), dépasse largement les frontières canadiennes. Autres secteurs en plein essor : l'**informatique** et le

multimédia. Et le Québec se situe à la pointe de la technologie dans le domaine des télécommunications, des communications par satellite et de la télédistribution.

La forêt et l'« or bleu »

Bien que l'importance du secteur primaire tende à décroître, le sol et le sous-sol québécois regorgent de **ressources naturelles**, dont une partie demeure inexploitée. La province compte parmi les dix principaux producteurs miniers au monde. La forêt susceptible d'être exploitée représente 700 000 km^2 de la superficie du Québec. L'industrie du bois d'œuvre et de la pâte à papier est le plus important secteur manufacturier et constitue près du quart des exportations. Le Québec fournit 12 % de la production mondiale de **papier journal**.

Privée de sites exploitables d'hydrocarbures, le Québec fait venir par pipeline de l'Ouest canadien le pétrole qu'elle raffine et le gaz naturel. Mais le Québec a de l'**eau** : plus de 95 % de l'électricité produite au Québec est d'origine hydraulique. Cet « or bleu » qui bouillonne dans les centrales électriques est une richesse, car l'électricité a été étatisée en 1963 par René Lévesque, alors ministre des Richesses naturelles. Jouissant des tarifs d'électricité parmi les plus bas au monde, les Québécois paient leur électricité presque deux fois moins cher que les Français. Aujourd'hui, les activités de la société d'État Hydro-Québec, qui exporte environ 11 % de sa production, représentent 14,4 % de la production mondiale d'électricité. Cela suffit-il à donner au Québec une force économique et une autonomie suffisantes pour devenir un pays ? C'est le talon d'Achille de l'option souverainiste, qui a fort à faire pour rassurer électeurs et investisseurs, bien nerveux devant l'incertitude de l'avenir politique du Québec.

Une culture en effervescence

Avec sa langue française pour étendard, la culture est le cheval de Troie de l'affirmation québécoise. C'est par elle que le Québec fait valoir sa différence et son droit à un traitement particulier au sein du Canada. C'est par elle qu'il a défini son identité et qu'il en assure l'évolution. Noyé dans l'anglophonie de l'Amérique du Nord, réduit à un public de 6 millions de francophones, le Québec fait pourtant preuve d'une vitalité culturelle exceptionnelle. La lutte pour la sauvegarde de la langue explique en partie la vigueur de sa production artistique, mais on ne peut négliger l'apport de communautés culturelles autres que francophones. La pluralité ethnique du Québec, surtout concentrée à Montréal, favorise l'affirmation d'autres expressions.

Gens de parole

La littérature québécoise a fait ses premiers pas avec une **littérature du terroir** et assumé sa crise d'adolescence par la revendication du **joual**, sorte d'argot québécois (*p. 58*). Aujourd'hui, elle a atteint son âge adulte. En dépit d'un lectorat restreint et de la difficulté à pénétrer le marché de la francophonie, des écrivains persistent et signent, bon an mal an, une production littéraire qui rayonne dans tous les domaines. La plupart des auteurs qui ont participé à la

L'âge de la parole

*E*n deux décennies, de 1948 à 1968, le Québec connaît sa révolution culturelle. Inspiré par le surréalisme, le groupe du Refus global porte dans sa peinture un souffle de libération qui rejaillit dans toutes les autres formes d'art.

L'inspiration surréaliste

Dans les années 1930, le peintre québécois Alfred Pellan, installé à Paris, communique à ses amis montréalais les échos de la révolution surréaliste. L'idée d'« automatisme psychique » fait son chemin chez Paul Émile Borduas. Au début des années 1940, Pellan est revenu à Montréal, et le peintre Fernand Leduc se lie à son tour au mouvement surréaliste. En 1945 se tient la première exposition du groupe baptisé, l'année suivante, les Automatistes. Ce mouvement affirme sa singularité : là où la peinture surréaliste demeurait figurative, l'automatisme poursuit plutôt la démarche du cubisme et rejette la représentation traditionnelle au profit de « l'abstraction lyrique ».

Refus global et liberté entière

En 1947, Jean-Paul Riopelle rapporte d'Europe le manifeste surréaliste *Rupture inaugurale* dont il est l'un des signataires. Autour de lui et de Paul Émile Borduas, un groupe de 16 artistes signe en 1948 un manifeste intitulé *Refus global*, pamphlet esthétique et politique, accompa-

Claude Gauvreau (1925-1971), signataire du manifeste du Refus global.

Extrait du manifeste du Refus global

« Petit peuple issu d'une colonie janséniste, isolé, vaincu, sans défense contre l'invasion de toutes les congrégations de France et de Navarre.[...] Petit peuple qui malgré tout se multiplie dans la générosité de la chair sinon dans celle de l'esprit, au nord de l'immense Amérique au cœur sémillant de la jeunesse d'or, mais à la morale simiesque, envoûtée par le prestige annihilant du souvenir des chefs-d'œuvre d'Europe, dédaigneuse des authentiques créations de ses classes opprimées.[...] Notre devoir est simple. Rompre définitivement avec toutes les habitudes de la société, se désolidariser de son esprit utilitaire. Refus d'être sciemment au-dessous de nos possibilités psychiques. [...] Refus de toute INTENTION, arme néfaste de la RAISON. À bas toutes deux, au second rang ! Place à la magie ! Place aux mystères objectifs ! Place à l'amour ! Place aux nécessités ! Au Refus global nous opposons la responsabilité entière. » ❖

gné d'articles, de reproductions et d'œuvres littéraires. Les signataires viennent de tous les milieux artistiques : la peinture mais aussi la danse (Françoise Sullivan), la littérature (Claude Gauvreau), la photographie et la psychiatrie. Le but de Refus global est d'étendre à tous les arts, et même à la société, la liberté que les surréalistes avaient apportée à la littérature.

Le grand dégel

Refus global vient légitimer des voix qui se cherchaient isolément. Le poète Paul-Marie Lapointe, qui publie *Le Vierge incendié* en 1948, adhère au groupe automatiste après le manifeste. Son écriture plastique, hachurée par les échos du jazz, se dégage radicalement de l'emprise du vers régulier. Claude Gauvreau, poète, dramaturge et essayiste, ouvre les écluses de l'écriture aux crues de l'inconscient. Son œuvre avant-gardiste fut reconnue en 1970 avec sa pièce *La Charge de l'original épormyable,* suivie de *Les Oranges sont vertes,* succès qui précéda de quelques mois son suicide. Les premiers poèmes de Roland Giguère, également peintre, posent les jalons d'une conscience sociale qui atteint à sa «poéticité» par le recours au mythe collectif: *L'Âge de la parole* devient le nom d'une page d'histoire pour la poésie québécoise, qui connaît une efflorescence sans précédent de 1949 à 1960. Créée en 1953, la maison d'édition L'Hexagone est son nouveau creuset. Ce lieu de rencontres et d'échanges est animé par Gaston Miron, dit «le Magnifique». L'Hexagone, puis la revue *Liberté,* qu'elle édite à partir de 1959, poursuivent dans le domaine poétique la libération picturale amorcée par Refus global.

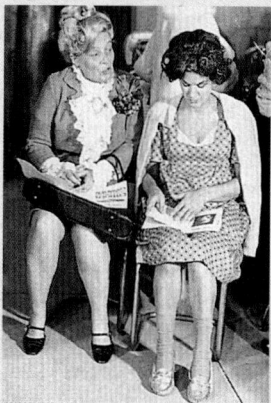

Une histoire racontée

En 1960, tandis que le gouvernement Lesage amorce la «Révolution tranquille», le Québec passe du nationalisme de conservation au nationalisme de libération. La revue *Parti pris* dénonce l'«aliénation» trop longtemps acceptée du Québec et engage la lutte pour qu'il devienne rapidement «libre, laïc et socialiste». Ses écrivains – Claude Jasmin, Jacques Renaud, André Major – utilisent le «joual», ce parler des gens ordinaires du centre-est de Montréal, qui n'a encore jamais été écrit.

Jacques Godbout, Hubert Aquin, Marie-Claire Blais et Réjean Ducharme donnent au roman une audience internationale. Et lorsqu'en 1968 le dramaturge Michel Tremblay fait jouer *Les Belles-sœurs,* la pièce écrite en joual suscite une immense polémique. La révolution culturelle atteint son apogée et toutes les montres marquent la même heure: celle de la libération. ∎

Romans québécois

L'œuvre littéraire canadienne française la plus connue a longtemps été le roman *Maria Chapdelaine*. Son auteur, le Français Louis Hémon, l'a écrit durant un long séjour au Canada, où il meurt en 1913. Mais le premier roman écrit par un Canadien de langue française date de 1837 : *L'Influence d'un livre*, de Philippe-Aubert de Gaspé fils, est un curieux récit tissé d'aventures rocambolesques et de magie rurale. Il a donné lieu à une nouvelle publication en version expurgée sous le titre du *Chercheur de trésors*.

La génération née après 1900 porte le roman québécois à maturité : en 1945, Gabrielle Roy, née au Manitoba, publie son grand succès, *Bonheur d'occasion*, et Germaine Guèvremont signe *Le Survenant*. Avec *Le Libraire*, en 1960, Gérard Bessette amorce une évolution radicale vers une littérature socialement et politiquement engagée, qui coïncide avec la montée du nationalisme et la « Révolution tranquille » des années Lesage. Avec Jacques Godbout, Hubert Aquin, Jacques Ferron et André Langevin, les années 1960 sont l'âge d'or du roman québécois. Lorsqu'en 1966 Marie-Claire Blais remporte le prix Médicis avec *Une Saison dans la vie d'Emmanuel* aux éditions du Seuil, et que Réjean Ducharme publie *L'Avalée des avalés* chez Gallimard, la littérature québécoise prend sa place officielle parmi les grandes littératures de la francophonie. ❖

grande mutation des années 1960 sont encore productifs aujourd'hui (Anne Hébert, Marie-Claire Blais, Jacques Godbout). Chez les **romanciers**, de nouvelles voix se sont élevées avec Robert Lalonde, Monique Proulx, Gaétan Soucy, réconciliant leur francité et leur américanité, et même leur multiculturalisme comme Ying Chen, Dany Laferrière et Sergio Kokis. La **littérature de jeunesse**, particulièrement dynamique, s'exporte dans le monde entier.

Même si la **poésie** n'a plus la ferveur qu'elle connut entre 1945 et 1965, les écrivains associés à la maison d'édition L'Hexagone et à la revue *Liberté* continuent de faire entendre leurs voix. C'est le jeune Émile Nelligan, prématurément brisé par la folie qui, à l'aube du XXᵉ s., libère en quatre ans la poésie québécoise de son pen-

chant séculaire pour le terroir. Dans son sillage, à la fin des années 1930, s'inscrivent ceux qu'on appelle « les quatre aînés », Saint-Denys Garneau, Anne Hébert, Alain Grandbois et Rina Lasnier, fondateurs d'une tradition qui trouve encore de vibrants échos dans la poésie contemporaine. En témoignent les Gaston Miron, Roland Giguère, Jacques Brault, Fernand Ouellette, qui produisent depuis la fin des années 1950 des œuvres fortes et essentielles. Dans les années 1970, des **femmes** contribuent à la libération d'une autre parole, proche du corps, comme Nicole Brossard et Madeleine Gagnon. Par la suite, après des années marquées par des expériences sur le langage, inspirées tantôt par l'avant-garde française, tantôt par la contre-culture américaine, un nouveau lyrisme se

Avec sa poésie engagée et sa langue haute en couleur, Gilles Vigneault a contribué à forger la conscience nationale et à faire connaître le Québec dans le monde.

fait jour, comme dans les œuvres de François Charron, Louise Dupré et Denise Desautels.

Rockers et troubadours

Peut-on parler de poésie au Québec sans évoquer les auteurs-interprètes de chansons ? Depuis la Bolduc (*encadré ci-contre*), la **chanson populaire** exprime les cris de la conscience collective, la chronique quotidienne du peuple, ses révoltes, ses aspirations. Félix Leclerc, Gilles Vigneault, Jean-Pierre Ferland et Claude Léveillé ont pavé le chemin d'une identité qui se découvrait. Robert Charlebois a électrisé la langue et la jeunesse, et la fougueuse Diane Dufresne a fait éclater le talent du parolier **Luc Plamondon**, bien avant *Starmania* et *Notre-Dame de Paris*. Une pléthore d'auteurs-compositeurs et d'interprètes leur ont emboîté le pas, politiquement engagés ou non, de Roch Voisine à Bruno Pelletier en passant par

Dan Bigras, Kevin Parent et Richard Desjardins.

La **radio** favorise l'éclosion de nouveaux talents et soutient la chanson francophone, en lui octroyant 65 % de son contenu. La **chanson folklorique** et la **musique traditionnelle** ont même repris du galon après des années de purgatoire. Et depuis que **Céline Dion** poursuit son ascension sur la scène internationale, la chanson québécoise s'est reprise à rêver de franchir la barrière de la langue pour conquérir une audience élargie.

Jazz et musique classique

Dans la foulée d'**Oscar Peterson**, le jazz de Lorraine Desmarais, Karen Young, Michel Donato et Oliver Jones s'impose auprès des amateurs avertis. Le bassiste Alain Caron a été nommé parmi les 10 plus grands musiciens mondiaux par la revue *Bass Player*. Parallèlement, le Québec a pris sa place

La Bolduc

S'inspirant du folklore irlandais et acadien de ses ascendances, Mary Travers (1894-1941) connut le succès avec des chansons comiques à saveur réaliste, qui peignaient avec verve le contexte socio-économique de l'après-crise. Chantant en français, elle avait mis au point une méthode de roulement de la langue qui lui valut le surnom de « la Turluteuse ». Mary Travers composa quelque 300 chansons. À Montréal, un circuit en autocar lui est consacré dans le quartier Hochelaga-Maisonneuve *(p. 141)*. ❖

Vers une signature plastique

Paysage à Parc Laval *(Musée d'art de Joliette) de Marc-Aurèle Fortin.*

Jusqu'au XIXe s., la peinture québécoise se voue essentiellement au genre religieux et à l'évocation historique. Première signature d'importance, Antoine Plamondon (1804-1895) renouvelle l'art du portrait et la peinture religieuse. Ses œuvres décorent plusieurs églises du Québec. Le tableau de genre se révèle sous le pinceau de Cornelius Krieghoff (1815-1872), peintre d'origine hollandaise qui capte avec pittoresque les visages du terroir et les facettes de l'hiver canadien.

Héritiers de l'impressionnisme, trois artistes marquent le tournant du XXe s. : Maurice Cullen (1866-1934), Clarence Gagnon (1881-1942) et surtout Marc-Aurèle de Foy Suzor-Coté (1869-1937), également sculpteur de génie. Adaptant le regard symboliste aux réalités ouvrières, Ozias Leduc (1864-1955) se révèle un important peintre d'église ; c'est aussi le maître de Paul Émile Borduas (1905-1960), qui fera basculer la peinture québécoise dans l'abstraction.

Un élan est donné par James Wilson Morrice (1865-1924), marqué par Matisse et le fauvisme. La peinture québécoise entre dans la modernité avec le paysagiste Marc-Aurèle Fortin (1888-1970), ainsi que John Lyman (1886-1967) et Goodridge Roberts (1904-1974) qui vont ouvrir la voie au Refus global des automatistes, en 1948 *(p. 67)*. ❖

dans le monde de la musique classique. Sous la houlette de Charles Dutoit, l'**Orchestre symphonique de Montréal** a acquis une renommée internationale, tout comme la violoniste Angèle Dubeau et les pianistes Louis Lortie, Marc-André Hamelin et Alain Lefèbvre.

Sur les planches

En 1958, la création par Ludmilla Chiriaeff des **Grands Ballets canadiens** à Montréal a donné une nouvelle impulsion à la **danse** par l'exigeante recherche d'expressions.

Montréal est un foyer de création pour la danse contemporaine. La troupe de La La La Human Steps (avec le chorégraphe Édouard Lock), la troupe O Vertigo, la soliste Margie Gillis et la compagnie Marie Chouinard produisent des œuvres puissantes et modernes.

Au **théâtre**, il y eut Gratien Gélinas et son *Ti-Coq*, Marcel Dubé, mais c'est avec Michel Tremblay que la dramaturgie québécoise a acquis sa maturité. Depuis le coup d'éclat des *Belles-sœurs* en 1968, cet écrivain a donné naissance à un théâtre sans complexe. Qu'il soit engagé, réaliste, populaire, dénonciateur, lyrique, poétique ou avant-gardiste, le théâtre est un fleuron de la culture québécoise.

L'**écriture dramatique** compte de grands noms comme Normand Chaurette (joué à Avignon et à la Comédie-Française), Marie Laberge, René-Daniel Dubois, Michel-Marc Bouchard, traduits dans plusieurs langues. Pour la **mise en scène**, André Brassard, Alice Ronfart, René-Richard Cyr, Gilles Maheu et Denis Marleau ont fait valoir leur vision jusqu'en Europe. Robert Lepage est à la fois auteur, interprète, metteur en scène et réalisateur. Les joutes théâtrales de la **ligue nationale d'improvisation** ont fait boule de neige dans les pays francophones.

En été, la tradition nord-américaine du *barn theater* est vivace : sur scènes les meilleurs artistes présentent des comédies légères. Les Québécois s'entendent à rire, et surtout d'eux-mêmes. L'**industrie du rire** est florissante et populaire. On lui a même consacré à Montréal le festival Juste pour rire.

Enfin, le **Cirque du soleil**, est à l'origine d'un nouveau savoir-faire artistique : un cirque sans animaux, théâtralisé et axé sur les prouesses acrobatiques.

Un certain regard

À la fin des années 1950, des cinéastes (Pierre Perreault, Gilles Groulx et Michel Brault) se lancent dans le « **cinéma direct** » tandis que Claude Jutra pratique un cinéma d'auteur et d'expérimentation qui fera date. L'influence de l'Office national du film a contribué à la polyvalence des cinéastes, qui passent avec aisance du cinéma documentaire à l'œuvre de fiction.

Avec Gilles Carle, Anne-Claire Poirier, Jean Beaudin et Pierre Falardeau, le **cinéma d'auteur** s'est réconcilié avec le public, comme en témoigne la reconnaissance internationale de Denys Arcand (*Le Déclin de l'Empire américain, Jésus de Montréal, Les Invasions barbares*) et de François Girard (*Trente-deux Films brefs sur Glenn Gould, Le Violon rouge*). Depuis Norman McLaren, le Québec est présent dans le **film d'animation**, de Frédéric Back à Jacques Drouin.

Mais, le cinéma québécois reste fragile, en raison de son **marché restreint**. Les sociétés de distribution étrangères contrôlent le circuit des salles, favorisant les films américains : la production francophone a du mal à se faire une place.

Les arts plastiques

Après la génération des **plasticiens** où se distingue Guido Molinari, l'**abstraction** géométrique ou lyrique domine jusqu'au milieu des années 1970. Jean-Paul Riopelle se tourne vers la **peinture figurative**, une voie où Jean-Paul Lemieux impose sa vision poétique. L'art éclate à travers diverses techniques, comme chez Betty Goodwin ou Irene Whittome. En **sculpture**, où la modernité apparaît sous l'empreinte d'Armand Vaillancourt et de Charles Daudelin, les recherches se sont déplacées vers l'**installation** et l'**assemblage**. L'art s'ouvre au public, comme à Montréal avec Michel Goulet (*Les Chaises* au parc Lafontaine) ou Melvin Charney (le jardin urbain devant le centre canadien d'Architecture). Ces différentes facettes de l'art québécois sont exposées au musée de Montréal (*p. 116 et p. 118*) et de Québec (*p. 241*). ∎

Les repères de l'histoire

Au Québec	Dates	Dans le monde

Au Québec

1534 : première exploration de Jacques Cartier en Amérique du Nord.

1604 : première exploration de Champlain sur le Saint-Laurent.

1608 : Champlain fonde le comptoir de « Kébec ».

1629-1632 : les Anglais occupent Québec.

1663 : création de la province de Nouvelle-France, constituée de deux colonies : le Canada et l'Acadie.

1713 : la France cède l'Acadie à l'Angleterre par le traité d'Utrecht.

1759 : défaite de Montcalm dans les plaines d'Abraham – capitulation de Québec.

1763 : le traité de Paris cède le Canada à l'Angleterre.

1774 : l'Acte de Québec agrandit le territoire de la colonie de Québec.

1791 : la loi constitutionnelle promulguée à Londres divise le Canada en deux provinces dont chacune a sa Chambre.

1837-1838 : révolte des Patriotes.

1840 : Acte d'Union ; il n'y a plus qu'un seul Canada.

1848 : avènement du gouvernement responsable, avec Baldwin et Lafontaine.

1867 : l'Acte de l'Amérique britannique du Nord crée la Confédération du Canada. Ottawa est capitale. Québec est capitale provinciale.

1917 : émeutes contre la conscription à Québec.

1936 : victoire du parti de l'Union nationale. Maurice Duplessis devient Premier ministre et garde le pouvoir (sauf pendant la guerre) jusqu'en 1959.

1960 : début de la « Révolution tranquille ». Le libéral Jean Lesage, Premier ministre.

1966 : Daniel Johnson (Union nationale) est Premier ministre.

Dates

XVIe s.

XVIIe s.

XVIIIe s.

XIXe s.

1900-1970

Dans le monde

1531-1535 : conquête de l'Empire inca par Pizarro (1475-1541).

1595-1616 : découverte de la Polynésie.

1605 : Kepler montre que l'orbite des planètes est une ellipse.

1630 : « journée des Dupes » où Richelieu se maintient au pouvoir.

1659 : le traité des Pyrénées donne l'Artois et le Roussillon à la France. Lorraine, Alsace, Savoie et Franche-Comté ne sont pas encore françaises.

1713 : le traité d'Utrecht met fin à la guerre de Succession d'Espagne.

1759 : parution de *Candide*, où Voltaire méprise les « quelques arpents de neige » du Canada.

1763 : fin de la guerre de Sept Ans, la France abandonne les Indes à l'influence anglaise.

1773 : *Boston Tea Party* ; début de la révolution américaine.

1791 : vote de la première Constitution de la France (monarchie constitutionnelle).

1837 : Victoria reine d'Angleterre.

1840 : Bugeaud, gouverneur général de l'Algérie.

1848 : le « printemps des peuples » ; révolutions en Europe.

1866 : victoire de la Prusse sur l'Autriche à Sadowa. Le royaume d'Italie, allié à la Prusse, obtient Venise.

1917 : révolution russe.

1936 : début de la guerre civile en Espagne ; le général Franco conquiert le pouvoir et le garde jusqu'à sa mort en 1975.

1960 : John Kennedy est élu président des États-Unis.

1966 : la France se retire du commandement intégré de l'OTAN.

1967 : exposition universelle de Montréal. Visite du général de Gaulle : « Vive le Québec libre ! »

1968 : René Lévesque crée le Parti québécois (indépendantiste). Jean-Jacques Bertrand, de l'Union nationale, devient Premier ministre.

1970 : Robert Bourassa, Premier ministre, doit faire face à la « crise d'octobre ». Le gouvernement fédéral de Pierre-Elliott Trudeau décrète l'application de mesures de guerre.

1976 : René Lévesque, Premier ministre souverainiste.

1980 : la séparation du Québec est refusée par voie de référendum.

1981 : malgré l'échec du référendum, le Parti québécois est reconduit au pouvoir.

1982 : le Canada procède au rapatriement de Londres de la Constitution canadienne et en actualise les dispositions. Aucun gouvernement québécois, même fédéraliste, n'y a encore apposé sa signature.

1987 : accord du lac Meech pour une nouvelle constitution canadienne.

1989 : élections générales – Robert Bourassa (Parti libéral) est élu. Entrée en vigueur de l'ALÉ, accord de libre-échange avec les USA.

1990 : les provinces de Terre-Neuve et du Manitoba refusent d'entériner l'accord du lac Meech.

1992 : référendum national et rejet des nouvelles propositions constitutionnelles établies à Charlottetown.

1993 : naissance d'un parti fédéral séparatiste, le Bloc québécois.

1994 : Jacques Parizeau (Parti québécois) élu Premier ministre. Entrée en vigueur de l'ALÉNA.

1995 : nouveau référendum sur l'indépendance, refusée à 50,6 %. Jacques Parizeau démissionne et est remplacé par Lucien Bouchard.

1998 : le Parti québécois et Lucien Bouchard reconduits au pouvoir.

2001 : L. Bouchard démissionne, remplacé par Bernard Landry.

2003 : élection du Parti libéral de Jean Charest.

1970-1990

1990-2000

1967 : la sécession du Biafra déclenche une guerre interethnique au Nigeria.

1968 : « Printemps de Prague » en Tchécoslovaquie.

1970 : premiers troubles en Irlande du Nord entre catholiques et protestants.

1976 : Raymond Barre, Premier ministre français.

1980 : Ronald Reagan est élu président des États-Unis.

1981 : la gauche au pouvoir en France. François Mitterrand élu Président.

1982 : la guerre des Malouines. L'Argentine tente en vain de récupérer ces territoires appartenant à la Grande-Bretagne.

1987 : première visite d'un chef d'État est-allemand en Allemagne de l'Ouest.

1989 : chutes des démocraties populaires en Europe centrale.

1990 : réunification de l'Allemagne.

1992 : les Français adoptent par référendum le traité de Maastricht.

1993 : marché unique européen.

1994 : signature des accords du GATT.

1995 : Jacques Chirac, président de la République française.

1999 : création du Nunavut, territoire autogouverné des Inuit.

2001 : attentats aux États-Unis.
2002 : conflit israélo-palestinien.
2004 : Georges W. Bush réélu à la présidence des États-Unis. ■

Ci-dessus : l'élan d'Amérique,
qu'on appelle ici orignal, est le plus
gros des cervidés : il peut atteindre
2 m au garrot et peser 600 kg.
C'est un excellent nageur, capable de
plonger jusqu'à 5,5 m pour dénicher
les plantes aquatiques dont il est friand.

Ci-contre : le parc des Champs-
de-Bataille à Québec est aménagé
sur les plaines d'Abraham,
où eut lieu la défaite qui coûta
le Canada à la France en 1759.

S U R   P L A C E

TERRITOIRES DE L'OUEST

MER DU LABRADOR

NORD-DU-QUÉBEC

Baie James

ABITIBI-TÉMISCAMINGUE

OUTAOUAIS

Québec

Montréal

ÉTATS-UNIS

La route longeant la rivière des Outaouais mène à Hull et à la capitale canadienne, Ottawa, toutes deux riches en musées. La région outaouaise est bordée au nord-ouest par l'Abitibi-Témiscamingue, vaste région forestière, minière et rurale qui s'ouvre sur le territoire des Amérindiens cris de la Baie-James. À l'extrême nord du Québec habite le peuple inuit du Nunavik. Le Nunavik est accessible uniquement par avion.

La rive des Outaouais

Au XVIIe s., Samuel de Champlain remonte la rivière des Outaouais à la recherche d'un passage vers l'océan Pacifique. La rivière au flot puissant le mène plutôt vers les riches territoires à pelleteries de l'Abitibi-Témiscamingue et de la Baie-James. Aujourd'hui encore, l'ouest de la province demeure un vaste réservoir de ressources naturelles, ouvert sur le Moyen et le Grand Nord.

De Montréal en direction de l'Ontario, la route suit le cours de la rivière des Outaouais, affluent du Saint-Laurent que les coureurs des bois remontaient en canoë jusqu'à la pointe des Grands Lacs, pour troquer leurs marchandises contre les précieuses pelleteries des trappeurs indiens. Cette ancienne route de «voyagement» devint ensuite une voie industrielle destinée au transport des grands troncs de bois.

Aujourd'hui, c'est un trajet jalonné de fières maisons patrimoniales qui mène de Montréal à Hull et à sa ville jumelle, la capitale canadienne Ottawa.

La région de l'Outaouais possède les plus belles rivières canotables du Québec, ainsi qu'un grand parc national et trois réserves fauniques. C'est également une porte d'entrée pour les immenses territoires qui s'étendent au nord de l'Outaouais, dans les régions de l'Abitibi-Témiscamingue et de la Baie-James. Le début du circuit, qui mène à Hull et à Ottawa, s'effectue sur le territoire de la région touristique des Laurentides. À partir de Montebello commence celle de l'Outaouais proprement dite.

➤ *Carte, p. 74.* **Bonnes adresses,** *p. 100.*

Oka et ses environs

➤ *À env. 50 km S de Montréal, par le bd Saint-Laurent (A 40). Emprunter l'A 40 O, puis l'A 13 N et enfin la rte 344 O qui longe la rivière des Mille-Îles et le lac des Deux-Montagnes. De l'A 13 N, on peut aussi poursuivre jusqu'à l'A 640 O qui conduit rapidement jusqu'à l'entrée du parc d'Oka.*

➤ **L'ABBAYE CISTERCIENNE.** *1600, chemin d'Oka* ☎ *(450) 479.83.61. F. le midi et dim.* Une communauté de pères trappistes y est établie depuis 1893. Un service d'hôtellerie est aujourd'hui assuré pour les personnes désireuses d'y faire une retraite. On peut aussi visiter la chapelle, les jardins et la boutique gourmande.

➤ **LE PARC D'OKA*.** *2020, chemin d'Oka* ☎ *(450) 479.83.65. Ouv. de 8 h 30 à la tombée du jour. Entrée payante.* Il déroule 70 km de sentiers de randonnée pour la marche

L'Outaouais compte plus de 20 000 lacs et des dizaines de rivières.

et le ski de fond. Situé dans le secteur nord, le **sentier historique du calvaire**** (5,5 km) grimpe au sommet de la colline, d'où l'on jouit d'un magnifique point de vue sur le lac et les environs. Le sentier suit le chemin de croix aménagé en 1742 par les sulpiciens, venus évangéliser les Amérindiens : on y voit quatre oratoires et trois chapelles datant de 1740, dont les bas-reliefs en bois polychrome de François Guernon sont conservés à l'église d'Oka. Dans le secteur sud qui borde le lac se trouvent une plage naturelle et un camping *(ouv. de juin à sept.).*

➤ **OKA.** *À 2 km O de la sortie du parc, par la rte 344 O.* Cette petite ville jouit d'un beau site en bordure du lac des Deux-Montagnes, sur le flanc boisé de l'une des montagnes Montérégiennes. Son **église*** *(181, rue des Anges ; ouv. t.l.j. sf lun. du 24 juin au 15 oct. de 10 h à 17 h, t.l.j. le reste de l'année de 10 h à 17 h 30)* abrite d'intéressants

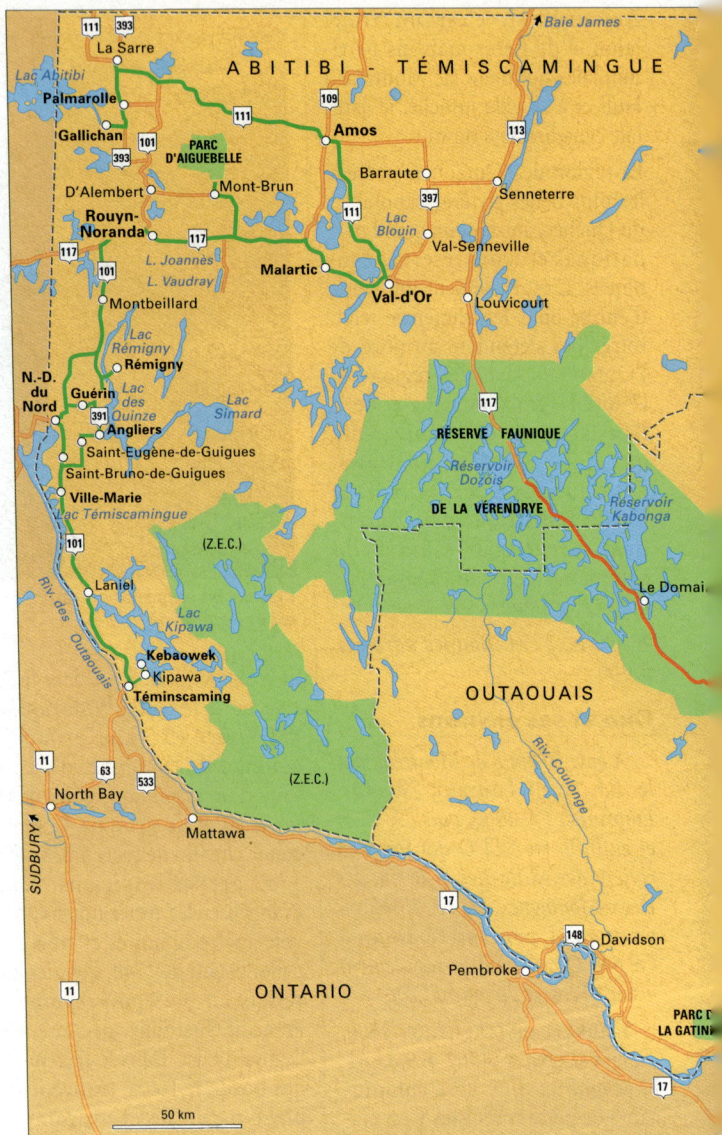

LA RIVE DES OUTAOUAIS ET L'ABITIBI-TÉMISCAMINGUE

bas-reliefs du calvaire d'Oka. Un traversier conduit en 10 minutes à **Hudson***, dans le Suroît (*p. 149*).

▶ **KANESATAKE**. *À 4 km O d'Oka par la rte 344 O.* La localité mohawk compte 1 800 habitants, connus pour leur détermination à préserver leur identité et leur ter-

ritoire. À la mi-juillet s'y déroule un traditionnel *pow wow* (*encadré, p. 134*) : une fête à ne pas manquer, placée sous le signe de la danse, de la musique et des arts amérindiens. Vous y trouverez aussi des boutiques d'artisanat (*ouv. toute l'année*).

	Abitibi-Témiscamingue
	La rive des Outaouais
20	Autoroute
158	Route

MAURICIE

La Tuque

LAURENTIDES

LANAUDIÈRE

Réservoir Baskatong

RÉSERVE FAUNIQUE ROUGE MATAWIN

Saint-Michel-des-Saints

Ferme Neuve

Mont-Laurier

Saint-Zénon

PARC PROVINCIAL DU MONT-TREMBLANT

L'Annonciation

Sainte-Emélie-de-l'Energie

Maniwaki

RÉSERVE FAUNIQUE

Labelle

Saint-Donat

Mont-Tremblant

Saint-Jean-de-Matha

DE

Rawdon

Joliette

PAPINEAU-

Saint-Jovite

Sainte-Agathe-des-Monts

Val-David

Berthierville

LABELLE

Montpellier

Chénéville

Saint-Sauveur-des-Monts

Saint-André-Avellin

Saint-Jérôme

Wakefield

Papineauville

PARC OMÉGA

Val-des-Monts

Plaisance

Lachute

Laval

Chelsea

Montebello

Carillon

Saint-Eustache

Hull

Kanesatake

Oka

MONTRÉAL

Ottawa

Imer

TORONTO

KINGSTON

BURLINGTON

Riv. Gatineau

Riv. du Lièvre

Riv. des Outaouais

L. Saint-Pierre

Lac Saint-Jean

QUÉBEC

SHERBROOKE

Carillon

▶ *À 30 km O d'Oka par la rte 344 O.*

Le canal de Carillon est muni d'une formidable écluse qui permet aux bateaux de franchir en 20 mn un dénivelé de 20 m. Il est jumelé à la **centrale hydroélec-**trique de Carillon (☎ *1.800.365. 52.29; ouv. du lun. au ven. de mimai à déb. sept.; visite guidée de 1 h 15*), la plus puissante sur la rivière des Outaouais, qui produit 654 000 kW. Aménagé dans une caserne, le sympathique petit **musée d'Argenteuil*** (*50, rue*

Principale; ouv. du mar. au dim. de juin à août de 10 h 30 à 16 h 30) rassemble des objets domestiques du XIXe s. victorien, des souvenirs militaires et des animaux naturalisés. Par bonheur, son charme vieillot a échappé à la standardisation de la nouvelle muséologie.

Montebello*

➤ À 56 km O de Carillon par la rte 148 O. **Bonnes adresses**, p. 102. **Restauration** à Papineauville, p. 102.

Dans cette élégante petite localité vécut Louis-Joseph Papineau, député de Montréal entre 1808 et 1837 et chef de la rébellion des Patriotes en 1837-1838 (p. 49).

On peut visiter le **lieu historique national du Manoir-Papineau*** (ouv. du mer. au dim. de mi-mai à déb. sept. de 10 h à 17 h, sam. et dim. seulement de sept. à déb. oct.), demeure bourgeoise de 20 pièces meublées à l'ancienne. Sur le terrain mitoyen, le **château Montebello** est un immense hôtel entièrement construit en rondins de cèdre rouge. L'ancienne gare abrite le bureau d'informations touristiques et un petit centre d'interprétation (p. 102).

Le parc Oméga

➤ À 3 km N de Montebello par la rte 323 N ☎ (819) 423.54.87 ou 1.888.423.54.87. Ouv. t.l.j. à 10 h, f. 1 h avant le crépuscule.

Les amoureux de la faune apprécieront ce parc animalier où un circuit de 10 km s'effectue en voiture parmi des bisons, des wapitis, des mouflons de Corse, des ours noirs, des cerfs que l'on nourrit soi-même aux carottes. Soyez patient, il n'y a qu'une seule voie… souvent encombrée.

Plaisance

➤ À 25 km O de Montebello par la rte 148 O.

Les marais que l'on remarque en bordure de la rivière des Outaouais sont fréquentés par un grand nombre de canards et d'outardes (ou bernaches du Canada). Une **réserve faunique*** (☎ (819) 454. 20.11 poste 33; ouv. t.l.j. de fin avr. à mi-oct.) où serpentent deux sentiers assure la protection de la faune ailée et de son habitat. Au **centre d'interprétation du patrimoine de Plaisance** (☎ (819) 427.64.00; ouv. t.l.j. en été de 10 h à 18 h, le reste de l'année horaires variables), on a reconstitué les étapes de l'histoire du village, depuis sa fondation par les Amérindiens, avant l'arrivée des Européens. À 5 km au nord, par le rang Malo, dégringolent de belles **chutes*** environnées de dalles rocheuses. Une aire de pique-nique a été aménagée.

Hull**

➤ À 60 km O de Plaisance par la rte 148 O, puis l'A 50 O; à env. 204 km O de Montréal par l'A 40, puis l'A 417 N et la rte 17 N en Ontario. **Bonnes adresses** à Hull, p. 101. **Hébergement-restauration** à Aylmer et **restauration** à Chelsea, p. 101.

Hull et Ottawa sont deux villes siamoises, soudées par la rivière des Outaouais : Hull la francophone est située au Québec, tandis que la capitale canadienne, sise en face, se trouve en Ontario. Les deux cités sont reliées par des ponts.

Au parc Oméga et au zoo de Saint-Félicien, on peut voir des spécimens de la faune canadienne vivant en semi-liberté. De haut en bas et de gauche à droite : wapiti, ours noir, raton laveur, bison d'Amérique, cerf de Virginie.

Ottawa**

➤ *Face à Hull, sur la rive S de la rivière des Outaouais.*

En territoire ontarien, donc anglophone, la **capitale canadienne** est une cité parlementaire, mais également une ville riche en musées de bonne qualité et qui ne manque pas de cachet. Cafés, restaurants et boutiques abondent autour du **marché Byward** et sur le mail de la **rue Sparks**, la première rue piétonne créée au Canada.

➤ **LE CANAL RIDEAU**. Creusé entre 1823 et 1832, il niche ses écluses, qui le font communiquer avec la rivière des Outaouais, au bas d'un profond ravin. L'hiver, il se transforme en patinoire, longue de 7 km. Au printemps, des millions de crocus et de tulipes éclosent sur ses rives.

➤ **LE MUSÉE DES BEAUX-ARTS***. *380, promenade Sussex ☎ (613) 990.19.85 ou 1.800.319.27.87. Ouv. t.l.j. en été de 9 h à 18 h et jusqu'à 21 h le jeu. F. lun. en basse saison. Visite guidée à 14 h.* Le plus beau et le plus riche musée du Canada jouit d'une architecture postmoderniste, qui favorise un éclairage naturel et permet une mise en valeur exceptionnelle des objets qui sont exposés. L'architecte Moishe Safdie a conçu le bâtiment (1988) en parfaite harmonie avec la cathédrale et le Parlement, tout proches. Il recèle l'admirable collection de l'ancienne Galerie nationale : des œuvres de l'**école canadienne**, dont les paysagistes du Groupe des Sept (*p. 117*), des **œuvres d'art amérindiennes et inuit**, ainsi que de riches collections de **peinture européenne** (quelque 900 tableaux de toutes les écoles, du XIVe au XXe s.).

En voiture !

Voici une agréable excursion d'une demi-journée à effectuer depuis Hull : un train à vapeur, dont la locomotive date de 1907, parcourt 32 km le long de la rivière Gatineau jusqu'à Wakefield. Des guides et des musiciens accompagnent les voyageurs. À l'arrivée, on découvre une charmante petite ville, loyaliste et très « canadienne », avec son pont couvert, son quartier historique, ses cafés, brocanteurs et librairies.

Train à vapeur Hull-Chelsea-Wakefield, 165, rue Deveault, Hull ☎ (819) 778.72.46 ou 1.800.871.72.46. De mi-mai à mi-oct. ❖

➤ **LA COLLINE PARLEMENTAIRE***. *Rue Wellington ☎ (613) 239.50.50 ou 1.800.465.18.67. Programme de visites gratuites t.l.j.* C'est ici, au milieu d'un parc, qu'ont été bâtis les édifices du gouvernement fédéral dominés par la **tour du Parlement**, haute de 89 m et dotée de quatre grandes horloges et d'un carillon. Son porche néogothique sert d'entrée à la **Chambre des communes** et au **Sénat**. Devant le parlement brûle la **flamme du Centenaire**, installée en 1967. Sur les pelouses, la cérémonie de la **relève de la garde** (*t.l.j. en été à 10 h*) est un spectacle très apprécié.

Le parc de la Gatineau**

➤ *À 11 km N-O du centre-ville de Hull. Par l'A 5 N, sortie 12 pour le chemin Old Chelsea ☎ (819) 827. 20.20. Ouv. toute l'année.*

Ce magnifique parc regorge d'attraits, en dépit de sa taille relativement modeste (356 km²). Au

Les ponts couverts

C'est en Abitibi-Témiscamingue que l'on trouve le plus de ponts couverts.

Les ponts couverts sont aussi appelés «ponts de colonisation» ou «ponts de la crise». Le gouvernement finançait en effet leur construction pour donner du travail aux chômeurs et ouvrir de nouvelles routes. Le plus long pont couvert du Québec se trouve à Notre-Dame-des-Pins, dans la Beauce (Chaudière-Appalaches), et le deuxième à Fort-Coulonge, dans l'Outaouais.

Le bois étant abondant et peu coûteux, la plupart des ponts d'Amérique du Nord ont été construits avec ce matériau jusqu'à la fin du XIXe s. Certains furent recouverts d'un toit qui les protégeait des intempéries. En hiver, on couvrait simplement le tablier avec un peu de neige pour faciliter la circulation des traîneaux. En certains endroits, il fallait débourser quelques cents pour atteindre l'autre rive. Avec l'église du village, ces ponts constituaient souvent le plus vaste lieu couvert des environs... et servaient à l'occasion de salle d'assemblée, de halle et, bien sûr, de refuge pour les amoureux. ❖

cœur d'une région au relief accidenté, il recèle des sentiers de randonnée, une quarantaine de lacs, des aires de pique-nique, des terrains de camping et des zones où l'on pratique en hiver le ski de piste et de fond. Depuis le lac Philippe, et plus précisément de la plage Parent (entièrement aménagée), on accède à une caverne de marbre, formée il y a 12 500 ans et d'une longueur de 150 m : la **caverne Lusk**.

En bordure du lac Kingsmere, le **domaine MacKenzie-King** (*ouv. t.l.j. de mi-mai à mi-oct. de 11 h à 17 h*) fut un lieu de villégiature pour le Premier ministre canadien du même nom. Les résidences qu'il fit construire vers 1900 sont aujourd'hui transformées en musée et en salon de thé. Elles sont entourées d'une étonnante collection de ruines dans le goût romantique.

Histoire d'une capitale

En 1799, sur la rive nord de la rivière des Outaouais, on ne trouve encore qu'un sentier de portage, tracé par les Indiens de la tribu des Outaouaks (nom amérindien pour Outaouais). L'année suivante, un homme d'affaires américain, Philemon Wright, décide d'y fonder Wrightstown – aujourd'hui Hull – pour établir une pulperie et une usine de papier et d'allumettes. Des chutes sont aménagées pour produire de l'électricité. En 1823, le gouvernement envoie sur place un détachement militaire commandé par l'ingénieur John By: il s'agit de créer une voie navigable pour doubler le Saint-Laurent, trop vulnérable en cas d'invasion des forces américaines. Pour cela, on creuse un canal jusqu'à la rivière des Outaouaks. De ce chantier naît un village, Bytown, qui devient Ottawa lorsqu'une ligne de chemin de fer y est créée en 1855. Bientôt choisie par la reine Victoria comme capitale des deux Canadas, elle finit par devenir le siège de la nouvelle Confédération canadienne. ❖

La réserve faunique de La Vérendrye**

➤ *À env. 250 km N de Hull par la rte 105 N jusqu'à Maniwaki, puis rte 117 N. Plusieurs entrées et postes d'accueil: entrée S ☎ (819) 438.20.17; Le Domaine (à 56 km N de l'entrée S) ☎ (819) 435.25.41; entrée N ☎ (819) 736.74.31. Location d'équipement sur place (canoë et matériel de camping), provisions et guide ☎ 1.800.665.65.27.*

La route 117 traverse sur tout son axe nord-sud cette réserve faunique dont elle ne livre pourtant qu'un aperçu. Ses 13 615 km² occupent une portion du Bouclier canadien (*p. 50*) caractérisée par un relief plat, littéralement transformé en gruyère par quelque 4 000 lacs. C'est le paradis du **canoë** en lac ou en rivière: 2 000 km de circuit continu, balisé selon le degré de difficulté. On peut obtenir un droit de **pêche** aux différents postes d'accueil et un droit de **chasse** à celui du Domaine. Des emplacements pour le **camping sauvage** sont prévus, ainsi que la location de chalets. Deux terrains de camping sont situés à proximité de la route 117 aux abords des lacs La Vieille et Savary.

Ne manquez pas la **halte des Chutes Roland**, à 40 km de l'entrée sud: des aires de pique-nique et de courts sentiers pédestres y sont aménagés.

L'Abitibi–Témiscamingue

L'Abitibi-Témiscamingue occupe un territoire de 65 143 km², presque vaste comme la Belgique et la Suisse réunies. Boisé et sillonné par des milliers de lacs, il a été parcouru par les trappeurs, les chercheurs d'or et les bûcherons, avant de s'ouvrir tardivement à la colonisation. C'est un pays jeune, dont les villes les plus anciennes ont à peine cent ans. C'est aussi une région mixte qui se compose de deux sous-régions très différentes: l'**Abitibi** minière et nordique, le **Témiscamingue** rural et verdoyant; une région-frontière qui jouxte l'Ontario anglophone, et dont par ailleurs 2 % de la population est amérindienne. Le développement de cette région s'est effectué par le sud. Long de 108 km, le grand lac Témiscamingue fut en effet un maillon central pour la route des fourrures entre le Saint-Laurent et la baie James, puis pour la route du flottage du bois. L'Abitibi rattrapa vite son retard en s'imposant comme le Klondike québécois dans les années 1930 (région du Canada qui connut une expansion avec la découverte d'or en 1896).

De nombreuses villes minières, des *boom towns*, sont nées dans la foulée de cette formidable ruée vers l'or, puis vers le cuivre et l'argent. Aujourd'hui encore, une quinzaine de mines sont exploitées en Abitibi. La chasse et la pêche furent longtemps les principaux attraits touristiques de la région témiscabitibienne, particulièrement attirante pour les Ontariens et les Américains.

➤ *Carte, p. 74. Bonnes adresses, p. 102.*

Le plateau témiscamien

➤ *À partir de Hull/Ottawa, vous pouvez atteindre le Témiscamingue en poursuivant le long de la rivière des Outaouais. Par la rive S, dans l'Ontario depuis Ottawa suivre la rte 17 qui conduit jusqu'à Mattawa. De là, prendre la rte 533 (chemin étroit et sinueux, à éviter en hiver) ou poursuivre sur la rte 17 jusqu'à North Bay. On rejoint dans les deux cas la rte 63, au bout de laquelle on atteint Témiscaming. Par la rive N, depuis Hull poursuivre la rte 148, puis traverser la rivière pour rejoindre Pembroke où l'on rejoint la rte 17. Suivre ensuite les mêmes indications.*

Avec son relief doux, ses terres agricoles et ses forêts, le Témiscamingue est riche en paysages bucoliques, et ses 6 000 lacs en font une destination de choix pour les amateurs de paradis secrets. Grâce au lac Témiscamingue, la région jouit d'un microclimat qui la rend propice à l'agriculture et à la villégiature. En toutes saisons, l'air y est plus sec et

L'Abitibi-Témiscamingue est une région privilégiée pour faire un séjour dans une pourvoirie. Ces établissements, traditionnellement destinés à accueillir les amateurs de chasse et de pêche, s'ouvrent de plus en plus aux vacanciers.

l'ensoleillement plus long que dans la vallée laurentienne. La forêt occupe 72 % du territoire, faisant du Témiscamingue le premier pourvoyeur de bois d'œuvre du Québec. C'est également la plus importante réserve de terres cultivables de la province.

TÉMISCAMING

➤ *À env. 600 km N-O de Montréal et à env. 400 km N-O de Hull.* **Bonnes adresses**, *p. 105.*

Témiscaming (prononcez comme pour la dynastie chinoise Ming) est à un jet de pierre de la frontière ontarienne, et une partie de la population y parle anglais. La ville fut développée vers 1920 par une compagnie de pâtes et papiers, la Riordon, qui fut ensuite achetée par la Canadian International Paper. Elle s'enorgueillit de ses **curiosités importées d'Italie** dans les années 1930 : une fontaine de Venise, un puits à souhaits et un bronze de David. À partir de la rue Murer, un sentier mène à une passerelle surplombant les **chutes Gordon**. À proximité, l'ancienne gare ferroviaire loge le bureau d'informations touristiques et présente des expositions à caractère historique et artistique.

♥ KEBAOWEK*

➤ *À 8 km N-E de Témiscaming.*

Ce village amérindien, au bord du lac Kipawa, est particulièrement beau et pittoresque. Quais et hangars à chaloupes occupent les replis des multiples baies du lac Kipawa. 500 Algonquins y vivent principalement de piégeage et de pêche. On y trouve plusieurs pourvoiries *(p. 103)*.

LE LAC KIPAWA**

➤ *Pourvoiries, p. 103 et* **Bonnes adresses**, *à Laniel, p. 104.*

L'immense lac Kipawa est le joyau du Témiscamingue : 1 600 km de circonférence, sur une longueur qui va du nord de Témiscaming jusqu'à **Laniel**. Ses eaux limpides aux plages sablonneuses accueillent un millier d'îles, et ses rives sont découpées en d'innombrables baies. *Kipawa* signifie « sans issue » en algonquin, tant il est facile de s'y égarer. Le lac est presque entièrement sauvage, à l'exception de la communauté algonquine et de la quinzaine de pourvoiries.

Ne manquez pas d'explorer le lac en bateau pour découvrir les falaises de granite rose de la **baie du Canal** et de vous arrêter pour une nuit et un repas de cuisine régionale aux **chalets Pointe-aux-Pins**. Il s'agit d'une ancienne station d'entomologie, où travailla le père de la romancière canadienne Margaret Atwood, laquelle possède un chalet sur une des îles du lac.

VILLE-MARIE*

➤ *À 85 km N de Témiscaming par la rte 101 N.* **Bonnes adresses**, *p. 105.*

Chef-lieu du Témiscamingue, la paroisse fut fondée en 1887 sous le nom de Baie-des-Pères en bordure du lac Témiscamingue. Ce lac (qui signifie « eaux profondes » en algonquin) est long de 108 km et, par endroits, sa profondeur atteint 365 m.

➤ **LA MAISON DU COLON***. *7, rue Notre-Dame-de-Lourdes* ☎ *(819) 629.35.33. Ouv. t.l.j. en été de 10 h à 18 h.* Cette humble masure (1881) abrite, au rez-de-chaussée, divers objets domestiques du temps de la colonisation. À l'étage, une chambre rend hommage au premier habitant de la maison, le père Moffet, qui découvrit le potentiel agricole des terres témiscamiennes. En face, le **parc du Centenaire** offre une agréable promenade au bord du lac et mène au quai de la **marina** municipale.

➤ **LE LIEU HISTORIQUE NATIONAL DU FORT-TÉMISCAMINGUE****. *830, chemin du Vieux-Fort, Secteur Duhamel O ☎ (819) 629.32.22. À 7 km env. de Ville-Marie, sur la rte 101. Ouv. de mi-juin à mi-sept., horaires variables.* Dans ce site enchanteur, en bordure du lac, fut établi le premier poste de traite français de l'Abitibi-Témiscamingue (1720-1880). De récents travaux de réaménagement ont mis au jour un riche patrimoine archéologique : 10 000 **artefacts algonquins**, plusieurs datant de 4 000 ans av. J.-C., ainsi que de nombreuses **sépultures amérin**

Au champ d'honneur

Abitibi et Témiscamingue sont des noms d'origine amérindienne, comme plusieurs autres toponymes de la région (Kipawa, Kekeko, Abijévis, etc.). Toutefois, une centaine de toponymes régionaux rendent hommage à l'armée de Montcalm, qui a combattu sur les plaines d'Abraham, à Québec, en 1759 *(p. 47)*. En effet, lors du découpage territorial de l'Abitibi en 1908, le ministre des Terres et Forêts du Québec accorda le nom des régiments de Montcalm à certains cantons et villages : La Sarre, Guyenne, Languedoc-Roussillon, Béarn… D'autres portent le nom d'officiers comme La Motte, Duparquet ou Roquemaure. ❖

diennes. Le centre d'interprétation présente une exposition évoquant les premiers échanges avec les autochtones. À l'extérieur, les décors à ciel ouvert évoquent la vie du poste : hangar, atelier de réparation, forge, magasin, etc.

La **plage** du site est très fréquentée, et un camping se trouve à proximité.

ANGLIERS*

➤ *À 71 km N de Ville-Marie par les rtes 101 N et 391 N. Visite guidée des trois sites 11, rue du T.E. Draper ☎ (819) 949.44.31. Ouv. t.l.j. en été de 10h à 18h.*

Au bord du lac des Quinze, le **remorqueur «T. E. Draper»*** est accosté en cale sèche : il servait au flottage du bois de 1929 à 1973. Sur ce qu'on appelait «la prison de la Canadian International Paper», sept personnes vivaient dans les conditions les plus rudimentaires du printemps jusqu'aux glaces, ne descendant que pour trois jours à la Saint-Jean-Baptiste (la fête nationale du Québec).

Le **centre d'interprétation de l'Exploitation forestière et du Flottage du bois** est aménagé dans l'entrepôt de la CIP. Il présente les diverses facettes de cette industrie. La visite est jumelée avec celle du **chantier de Gédéon****, qui reconstitue fidèlement un camp de bûcherons et ses bâtiments dans les années 1930-1940.

GUÉRIN

➤ *À 12 km N d'Angliers par la rte 391 N, puis à dr., la route de Nédelec-Guérin.*

Ce petit village un peu oublié charme par l'accueil de ses habitants, qui ont su conserver un patrimoine menacé. Le ♥ **musée de Guérin*** *(☎ (819) 784.70.14;*

ouv. t.l.j. en été de 10h à 18h) est constitué de trois bâtiments : l'église, le presbytère et une maison. Humble et exiguë, la **maison Verrette** (1917) abrita les 27 enfants de cette famille. L'**ancien presbytère** (1911) réunit de belles pièces du patrimoine religieux régional.

RÉMIGNY

➤ *À 20 km N de Guérin, par la rte 391 N.*

Le petit village de Rémigny, bâti sur une presqu'île, compte trois plages sur son lac du même nom. Ce lac communique à un territoire de pêche quasi illimité, le **lac des Quinze**, ce qui explique l'animation qui y règne en été. Dans un film présenté à l'église, les pionniers racontent leur arrivée en 1935 et la construction de leur église en pierre de taille.

NOTRE-DAME-DU-NORD

➤ *À 15 km S-O de Guérin par la rte 101 S.*

Juchée à la tête du lac Témiscamingue, cette petite localité est sillonnée par des poids lourds qui transitent entre l'Ontario et le Témiscamingue. Motels et établissements de restauration rapide accueillent les camionneurs, héros en août du **Rodéo du camion**, où paradent leurs tonitruants mastodontes, rivalisant de puissance. Lors de cette foire très pittoresque pour laquelle un vaste camping gratuit est aménagé, la population du «Nord» – comme on appelle familièrement le village – passe de 1 200 âmes à 50 000 !

Le **Centre thématique fossilifère**** *(5, rue Principale ☎ (819) 723.25.00.* www.rlcst.qc.ca *; ouv. t.l.j. en été de 10h à 18h)* recèle une centaine de pièces. Certaines, qui datent d'entre 420 et 480 millions d'années, comptent parmi

La «forêt enchantée» du Fort-Témiscamingue est composée de thuyas tortueux qui ont environ 130 ans.

les plus anciens fossiles au monde (2 milliards d'années). En été, le centre organise des visites de sites fossilifères.

L'Abitibi des prospecteurs

➤ *Pour rejoindre cette région depuis Hull/Ottawa, emprunter la rte 105 N passant par Maniwaki, puis la 117 N qui passe par la réserve faunique de La Vérendrye. Depuis Montréal, par l'A 15 puis la rte 117. Depuis le Témiscamingue, poursuivre la rte 101 vers le N.*

L'Abitibi est un «pays qui a un ventre en or», comme l'écrit son poète Raoul Duguay. Les richesses du sous-sol proviennent de la faille de Cadillac, qui s'étend sur 160 km du lac Simon à l'Ontario. Entre 1925 et 1960, une soixantaine de mines d'or, d'argent et de cuivre furent exploitées le long de cette faille, particulièrement dans l'axe de Rouyn-Noranda à Val-d'Or. Depuis la fin des années 1950, les activités minières ont ralenti autour de cette zone et se sont peu à peu déplacées vers le nord, autour de Joutel et de Matagami.

L'Abitibi est un paradis naturel pour la chasse et la pêche. Ses pistes de motoneige comptent parmi les meilleures au Québec. Le tourisme d'aventure a le vent en poupe, avec une implication croissante des Amérindiens.

♥ ROUYN-NORANDA*

➤ *À 116 km N de Notre-Dame-du-Nord par les rtes 101 N puis 117 S. Bonnes adresses, p. 105.*

Bordant le lac Osisko, ou Trémoy, la capitale canadienne du cuivre est née de la fusion en 1986 de Rouyn et de Noranda, «ville de compagnie» *(encadré, p. 206)* dont le nom provient de la contraction de Nord et de Canada.

La ville est dominée par les hautes cheminées de l'usine de métallurgie du cuivre **Noranda-fonderie Horne** *(101, av. Portelance ☎ (819) 762.77.64; ouv. t.l.j. de juin à août de 8h15 à 16h; tenue vestimentaire requise: pantalon, manches longues et chaussures fermées)* que l'on peut visiter, avec son petit **Musée minier**. En dépit de cette forte présence industrielle, cette ville de quelque 30 000 habitants reste plaisante, en raison de son site et de la qualité de vie qu'elle cultive.

Le point de départ pour la visiter est la **maison Dumulon*** *(191, av. du Lac ☎ (819) 797.71.25; ouv. t.l.j. en été de 9h à 20h, en sem. seulement le reste de l'année de 9h à 17h, f. le midi)*, une maison de pionnier en rondins, qui abrite le bureau d'informations touristiques. Elle jouxte un magasin général où des panneaux explicatifs et des animations évoquent l'histoire locale.

Vous pouvez emprunter le sentier pédestre ou la piste cyclable qui ceinturent le lac jusqu'au **parc Trémoy**. Du **lac Osisko**, vous rejoignez rapidement le centre-ville et ses rues commerçantes, Perreault et Principale. À l'extrémité de cette dernière, le jardin botanique et géologique, **À fleur d'eau**, est une belle réalisation communautaire, avec son sentier pédestre sur trottoir en bois.

LE PARC D'AIGUEBELLE**

➤ *Depuis Rouyn-Noranda par la rte 101 N, puis la route en direction de Mont-Brun. De là, suivre les indications routières ☎ (819) 637.73.22 ou 1.877.637.73.44. www.sepaq.com. Location de canoës et kayaks.*

Dans ce parc de 243 km², les **collines Abijévis** constituent les sommets dominants de la région abiti-

Le temps des Fros

Durant le boom minier, les villes d'Abitibi étaient peuplées par nombre de *fros*: les *foreigners* («étrangers») chassés d'Europe par la Première puis la Seconde Guerre mondiale. Polonais, Ukrainiens, Russes, Autrichiens, Finlandais ou Italiens étaient employés comme mineurs de fond, dans les conditions les plus difficiles et pour des salaires inférieurs à ceux des Canadiens. En 1934 éclata la «grève de Fros» dont l'effet boule de neige obligea les grandes compagnies à améliorer le sort de tous les mineurs. Mais elle eut aussi pour conséquence le remplacement des travailleurs étrangers, dont les derniers quittèrent le pays vers le milieu du XXe s. ❖

bienne. Plus de 60 km de sentiers balisés vous permettront d'accéder à de beaux points de vue. Sur ses nombreux lacs, on peut pratiquer le canotage et le kayak. Une longue **passerelle** de 64 m est suspendue à plus de 22 m au-dessus du lac Lahaie. Des refuges, des aires de pique-nique, des campings et un centre d'interprétation complètent la gamme des services.

MALARTIC

➤ *À 62 km S-E du parc d'Aiguebelle et à 80 km E de Rouyn-Noranda par la rte 117 S.* **Bonnes adresses**, *p. 104.*

Ville aurifère aux allures de *boom town*, Malartic a pour principal attrait le **Musée minéralogique**** *(650, rue de la Paix ☎ (819) 757. 46.77.* www.museemalartic.qc.ca*; ouv. t.l.j. en été de 9h à 17h, le reste de l'année f. le midi et le w.-e.).* Présentées avec des techniques muséologiques pointues, ses riches collections de pierres et de minéraux se répartissent dans plusieurs salles où l'on découvre une foule d'informations sur le sous-sol abitibien, mais aussi sur la formation géologique de la Terre. Malartic possède un important **camping régional**.

VAL-D'OR*

➤ *À 26 km E de Malartic par la rte 117 S.* **Bonnes adresses**, *p. 105.*

En 1934, on ne voyait à Val-d'Or que quelques cabanes en rondins habitées par des prospecteurs qui venaient exploiter l'une des riches mines d'or de l'Abitibi. Val-d'Or compte aujourd'hui 24 700 habitants, et aux mines d'or se sont ajoutées celles de cuivre et de zinc. La vie commerçante se concentre sur la 3e Avenue. Pour embrasser d'un coup d'œil la ville entourée de trois lacs et de forêts d'épi-

La voix d'or d'Abitibi

Dans la 8e Rue à Rouyn-Noranda, les fans du chanteur Richard Desjardins reconnaîtront le Café de la Dernière Chance, qu'évoque l'une de ses chansons. Natif de Rouyn-Noranda, ce poète engagé est sans doute l'un des meilleurs chansonniers québécois contemporains. Dans une langue savoureuse, avec une poésie aussi inspirée que décapante, il s'est fait l'ambassadeur des voix opprimées par l'histoire et l'industrialisation, celle des Amérindiens, des bûcherons et des mineurs, et celle aussi d'une nature saccagée par l'homme. Avec Robert Monderie, il a ainsi réalisé en 1999 un documentaire choc, *L'Erreur boréale*, qui dénonce vigoureusement la surexploitation forestière au Québec. ❖

nettes, montez les 95 marches de la tour Rotary au **parc Belvédère** *(par le bd Sabourin)*, équipé de sentiers pédestres et d'un golf.

Le hameau des pionniers a été conservé au **village minier de Bourlamaque****, dont les 65 maisons en rondins sont toujours habitées. L'intérieur de la maison du 123, av. Perreault a été reconstitué et donne une image fidèle du logis d'un mineur et de sa famille lorsque la mine Lamaque commença à être exploitée, en 1935. Située dans les anciens locaux de celle-ci, la **cité de l'Or***** *(visite pour les deux sites 90, av. Perreault ☎ (819) 825.76.16.* www.citedelor. qc.ca*; ouv. t.l.j. en été de 8h30 à 17h30, le reste de l'année sur rés.; prévoir des vêtements chauds)* per-

Le village minier de Bourlamaque.

met de comprendre les opérations de transformation du métal précieux. Les visiteurs sont invités à descendre à 90 m sous terre, en habits de mineur, dans une galerie de 1,7 km où sont présentés des objets liés au travail de la mine.

Val-d'Or étant habitée par une communauté crie et algonquine, on y trouve de bonnes boutiques d'**artisanat**. Excellente program-

mation d'art visuel au **centre d'exposition de Val-d'Or**★★ *(600, 7e Rue; ouv. t.l.j. l'après-midi, entrée libre)*. Plage publique au **lac Blouin** *(chemin de la Plage, rte 397)*.

AMOS★

➤ *À 58 km N de Val-d'Or par la rte 111 N. **Bonnes adresses**, p. 104.*

La ville est construite en bordure de la rivière Harricana. Le centre d'exposition de la maison de la Culture propose une intéressante programmation, tout comme le théâtre des Eskers. Entièrement en béton pour résister au feu, la **cathédrale Sainte-Thérèse-d'Avila**★ a été construite en 1922 dans un curieux style romano-byzantin. Elle possède des mosaïques importées d'Italie en 1963, et son dôme imposant lui a valu le surnom irrévérencieux de «téton d'Amos».

➤ ♥ **LE REFUGE PAGEAU**★★. *À 8 km E d'Amos par la rte 111 S, puis à g. par le chemin Croteau. 3991, chemin Croteau ☎ (819) 732.89.99. Ouv. du mar. au dim. du 24 juin à août, horaires variables.* Depuis plus de 20 ans, un ancien trappeur, Michel Pageau, recueille dans ce centre de soins des ani-

L'eau des eskers

La fonte des glaciers, il y a 6 000 ans, a provoqué la formation de remblais morainiques de sable et de gravier : des eskers, que l'on peut facilement observer en Abitibi. Ces collines peuvent s'élever à des dizaines de mètres au-dessus de la plaine argileuse et sont couvertes d'une végétation particulière, constituée de pinède grise.

La source jaillissant de l'esker Saint-Mathieu-Lac-Berry, à l'ouest d'Amos, est très pure et faiblement minéralisée. Commercialisée sous le nom de Périgny, elle alimente également la ville, coulant du robinet sans aucun traitement. Cette eau approvisionne les bassins de pisciculture où l'on élève la délicate truite Saint-Mathieu, une spécialité régionale. On peut visiter le puits municipal en s'adressant au bureau de tourisme Harricana à Amos *(p. 104)*, qui présente aussi une intéressante exposition sur l'eau des eskers. ❖

Près d'Amos, Michel Pageau a aménagé un refuge où il héberge les animaux blessés durant leur convalescence en leur donnant toutes les chances de pouvoir réintégrer leur habitat naturel.

maux blessés, malades ou handi-capés. Le grand domaine boisé permet de voir des **ours noirs**, des **élans d'Amérique** ou orignaux, des **cerfs**, des **renards**, des **aigles**, des **castors** et d'autres animaux, tantôt en pension, tantôt en rési-dence permanente. Michel Pageau fait chanter les loups à volonté. C'est un extraordinaire conteur que vous aurez la chance d'avoir pour guide si vous êtes en groupe.

♥ **L'ABITIBI-OUEST***

➤ *Depuis Amos, par la rte 111 N jusqu'à La Sarre, puis la rte 393 S vers Palmarolle.*

Entre la frontière ontarienne, Rouyn-Noranda et La Sarre se trouve une région agricole au joli paysage vallonné qui tranche radi-calement avec l'Abitibi minière et ses paysages de banlieue. Le grand **lac Abitibi**, jalon important de la route des fourrures, marque de son empreinte cet espace géogra-phique.

➤ **PALMAROLLE.** *À 13 km S de La Sarre par la rte 393 S.* La rivière Dagenais traverse la petite ville : au départ de la marina, des bateaux proposent de longues excursions, jusqu'aux îles de la baie de La Sarre, sur le lac Abitibi.

➤ **GALLICHAN.** *À 18 km S-O de Palmarolle par la rte 393 S et che-min des 2e et 3e rangs.* La **biblio-thèque municipale** conserve une belle collection d'artefacts amérin-diens recueillis sur les rives du lac Abitibi. Un captivant diaporama

La ligne de partage des eaux

En langue algonquine, Abitibi signifie « là où l'eau se ren-contre à mi-chemin » : en effet, la ligne de partage des eaux entre le bassin hydrogra-phique de l'Hudson et celui du Saint-Laurent-Atlantique s'effectue sur le territoire de l'Abitibi. Cette ligne traverse notamment les collines Abijé-vis et le parc d'Aiguebelle où, d'un côté, les eaux coulent en direction du sud, et de l'autre en direction du nord. ❖

retrace l'histoire du poste de traite de la Pointe-aux-Indiens, qui fut habité par une communauté algonquine jusqu'à la fin des années 1950. À la **Boutique de l'Atelier** *(556, chemin de la Rivière E; ouv. t.l.j. l'après-midi sf lun.)*, deux artistes présentent leurs œuvres: Liliane Gagnon réalise de petits tableaux figuratifs avec des concrétions calcaires du lac Abitibi, et le sculpteur Jacques Baril travaille, en grand format, le fer, le bois et la glace.

La Baie-James

Le territoire de la Baie-James ou Jamésie est situé entre les 49e et 55e parallèles. Avec ses 350 000 km², il contiendrait aisément l'Italie. Pourtant, il n'est peuplé que de 30 000 habitants: plus du tiers sont des Amérindiens cris, regroupés en huit communautés pour la plupart établies le long de la côte. Les «allochtones» (c'est-à-dire les non-Amérindiens) se sont installés dans cette région pour travailler dans les villes minières et forestières, puis dans les grandes centrales hydro-électriques qui fournissent la moitié de la production d'Hydro-Québec *(p. 61)*.

La Baie-James est une plaine subarctique où la taïga déploie à l'infini des paysages grandioses de collines rocailleuses, de lichens, de tourbières réticulées, de lacs et de rivières, d'arbustes et d'épinettes malingres. Une nature à couper le souffle attend les visiteurs, au point le plus nordique que l'on puisse atteindre en voiture. Il faut avoir l'esprit d'aventure, car, hormis l'accueil développé par Hydro-Québec, les infrastructures touristiques sont limitées.

Les autochtones détiennent des droits exclusifs de chasse et de pêche en vertu de la Convention de la Baie-James et du Nord québécois, signée en 1975 dans le cadre des grands travaux hydro-électriques *(encadré, p. 60)*.

Fascinante, parfois difficile en raison de barrières linguistiques, la découverte de la culture et du mode de vie amérindiens ébranlera bien des idées reçues, surtout pour le visiteur européen.

➤ *Carte, p. 92. Bonnes adresses, p. 106.*

La route de la Baie-James

➤ *Depuis Amos, par la 109 N, on rejoint en 184 km la localité de Matagami: ici débute la route de la Baie-James, longue de 620 km, qui se termine à Radisson.*

Cette route large et sinueuse, la seule au monde à pouvoir supporter des charges de 500 tonnes, traverse forêts et tourbières. Elle franchit plus d'une douzaine de ponts qui enjambent lacs et rivières. Tout au long, vous croiserez des routes qui partent vers la baie James. Sur la côte, des villages cris sont installés, dont le plus important est Chisasibi *(p. 94)*.

La route débute à **Matagami**, où vous ferez le plein d'essence. Après 6 km, vous trouverez un kiosque d'informations touristiques *(p. 106)*.

À 274 km de Matagami part sur la dr. une première route sur gravier, la **route du Nord**, qui mène en 437 km à Chibougamau.

En poursuivant sur la route de la Baie-James, vous arrivez à la hauteur du village de **Waskaganish**, que vous laisserez sur votre g. *(aucune route n'y mène sf l'hiver; fort péage)*. En revanche, vous

Les capteurs de rêve

Certaines boutiques d'artisanat amérindien proposent des objets très prisés, comme les capteurs de rêve. On les accroche à la fenêtre afin que les beaux rêves entrent par le cerceau en bois et pénètrent dans la vie du dormeur. Les mauvais rêves seront emprisonnés dans la toile d'araignée, faite en lanières de cuir, où le premier rayon du soleil se chargera de les détruire…

Les Cris fabriquent également de ravissants appelants en mélèze, des oiseaux stylisés qu'ils confectionnent avec des brindilles de conifères. On les utilisait jadis comme leurres durant la chasse à l'outarde. Fabriqués surtout à Waskaganish, ils ont des tailles diverses – certains collectionnent même les «familles» –, et leurs ailes sont ouvertes ou fermées. Lorsqu'on les vaporise d'eau, leur parfum résineux se ravive. ❖

pouvez rejoindre le village cri d'**Eastmain** : 350 km après Matagami une route de gravier, longue de 103 km, y conduit.

Retrouvez la route de la Baie-James où à 381 km de Matagami, vous pourrez faire une pause au **Relais Routier** (essence, restauration et hébergement). À 518 km de Matagami part sur votre g. une route de gravier (96 km) qui mène à **Wemindji**, un autre village cri. Enfin, après 544 km, débute sur votre dr. la **route Transtaïga** (656 km sur gravier) qui conduit au lac de barrage de Caniapiscau, à l'est. La route de la Baie-James s'achève peu après, à Radisson.

RADISSON**
ET LE COMPLEXE DE LA GRANDE***

➤ *À 620 km N de Matagami par la route de la Baie-James. À env. 1 400 km N de Montréal. **Bonnes adresses**, p. 108.*

De Radisson il vous sera loisible de partir à la découverte de la nature environnante : à pied, en canoë, en traîneau à chiens ou en motoneige, selon la saison. Sur place, vous pouvez louer une motomarine, pêcher, camper et survoler la région en hélicoptère *(rens. bureau d'informations touristiques, p. 106)*. Faites une halte à la boutique **Arts et Trésors Inouis**. Mais ce sont surtout les installations de La Grande qui méritent la visite. Le village allochtone le plus nordique du Québec a été créé pour le personnel des installations hydroélectriques de la vallée de la rivière La Grande, longue de 800 km, et de ses affluents. Le gigantesque bassin hydrographique de La Grande se trouve à plus de 1 000 km au nord de Montréal, dans un territoire de taïga, de lacs et de tourbières.

Les travaux de la Baie-James ont commencé en 1972 : sur les chantiers, à l'aide de machines colossales, on a bâti des digues, foré des tunnels, détourné trois importants cours d'eau. Pour la création des réservoirs, il a fallu inonder 11 505 km^2 de terres. Celui qui a été créé dans la vallée de Caniapiscau contient près de 54 milliards de m^3 d'eau : avec ses 4 275 km^2, il est devenu le plus grand lac du Québec. Le complexe La Grande, composé de huit centrales, offre une puissance de 15 500 MW.

➤ **LE CENTRE D'INFORMATION DE LA CENTRALE ROBERT-BOURASSA***. *Complexe Pierre-Radisson, rue des Groseillers ☎ (819) 638.84.86 ou 1.800.291.84.86.* www.hydroque bec.com/visitez. *Ouv. toute l'année sur rés.* Créé par Hydro-Québec, il présente une exposition captivante sur l'histoire, la faune, la flore, la géologie et l'occupation du territoire. C'est également le centre d'interprétation du complexe hydroélectrique La Grande, le poste d'accueil et le point de départ des visites guidées et gratuites des centrales Robert-Bourassa et La Grande-1.

➤ **LA CENTRALE ROBERT-BOURASSA***. *Départ du complexe Pierre-Radisson. Ouv. t.l.j. du 15 juin au 1er sept. à 13h, le reste de l'année les mer., ven. et dim. à 13h ou selon les disponibilités; rés. 48h à l'avance; visite de 4h.* Cette centrale était autrefois connue sous le nom de **La Grande-2**. Du barrage, et de nombreux belvédères, vous aurez un panorama saisissant sur les paysages et les moyens techniques mis en place pour domestiquer les forces de la nature. Vous verrez le colossal évacuateur de crues surnommé « l'escalier du géant », et vous descendrez à 137 m sous terre, dans la plus grande centrale souterraine au monde, taillée à même le roc du Bouclier canadien.

➤ **LA CENTRALE LA GRANDE-1**. *Départ du complexe Pierre-Radisson. Ouv. t.l.j. sf mar. du 15 juin au 1er sept. à 8h, le reste de l'année les lun., jeu. et sam. à 8h ou selon les disponibilités; rés. 48h à l'avance; visite de 4h.* La centrale est située entre Radisson et Chisasibi. Dernier ouvrage du complexe (1995), cette centrale installée « au fil de l'eau » profite d'un débit de 3 300 m³/s sortant de la centrale

LA BAIE-JAMES ET LE NUNAVIK

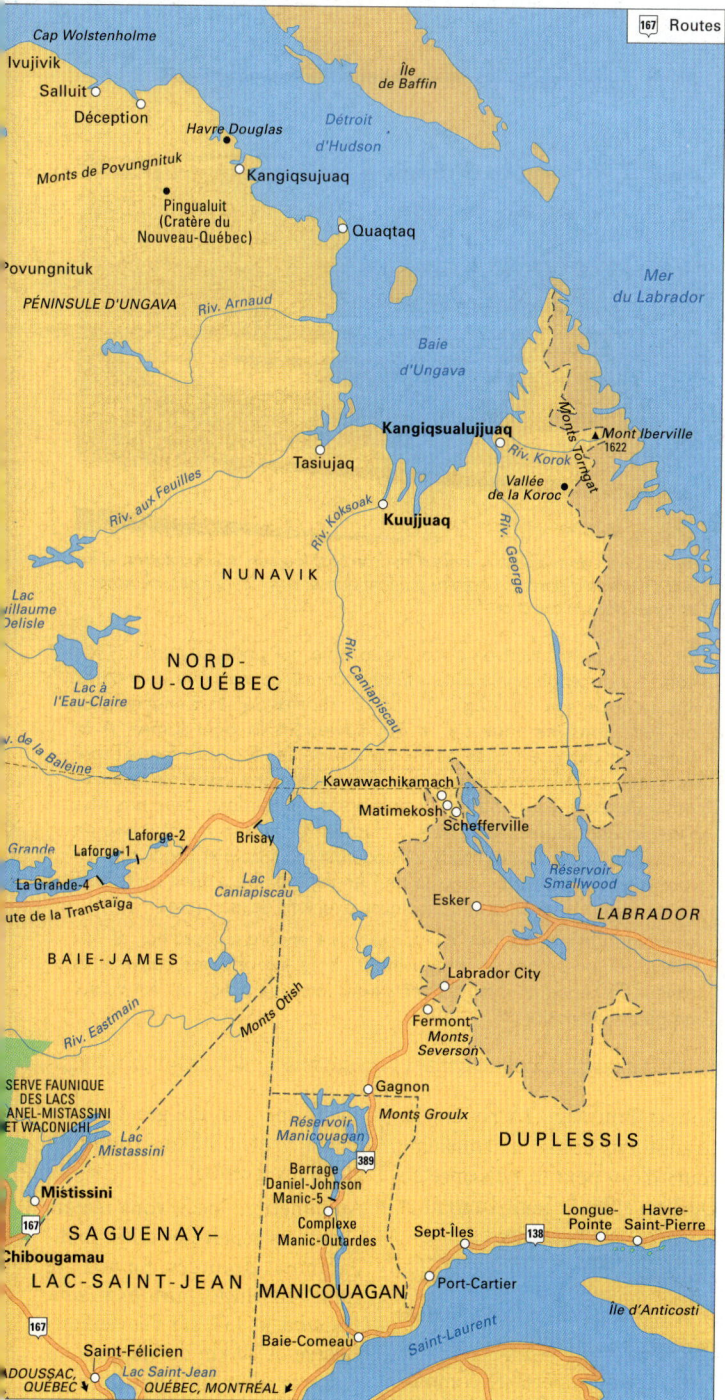

167 Routes

Cap Wolstenholme
Ivujivik
Salluit
Déception
Havre Douglas
Monts de Povungnituk
Kangiqsujuaq
Pingualuit
(Cratère du
Nouveau-Québec)
Quaqtaq
Povungnituk

Île
de Baffin

Détroit
d'Hudson

PÉNINSULE D'UNGAVA
Riv. Arnaud

Baie
d'Ungava

Mer
du Labrador

Kangiqsualujjuaq

Tasiujaq
Riv. Korok
Mont Iberville
1622

Monts Torngat

Vallée
de la Koroc
Riv. Koksoak
Kuujjuaq

Riv. aux Feuilles
Riv. George

NUNAVIK

Lac
Guillaume
Delisle

NORD-
DU-QUÉBEC
Lac à
l'Eau-Claire
Riv. Caniapiscau

Riv. de la Baleine

Kawawachikamach
Matimekosh
Schefferville

Grande
Laforge-2
Laforge-1
Brisay
Lac
Caniapiscau

La Grande-4
Route de la Transtaïga

Réservoir
Smallwood

Esker

LABRADOR

BAIE-JAMES

Riv. Eastmain
Monts Otish

Labrador City

Fermont
Monts
Severson

RÉSERVE FAUNIQUE
DES LACS
ALBANEL-MISTASSINI
ET WACONICHI
Lac
Mistassini

Gagnon
Monts Groulx

DUPLESSIS

Réservoir
Manicouagan

Barrage
Daniel-Johnson
Manic-5

389

Mistissini

167
SAGUENAY–
Chibougamau
LAC-SAINT-JEAN

Complexe
Manic-Outardes

Sept-Îles

138

Longue-
Pointe

Havre-
Saint-Pierre

MANICOUAGAN
Port-Cartier
Île d'Anticosti

167
Saint-Félicien

TADOUSSAC,
QUÉBEC

Lac Saint-Jean
QUÉBEC, MONTRÉAL

Baie-Comeau
Saint-Laurent

Les premiers explorateurs

Les couchers de soleil sur la baie d'Hudson sont toujours spectaculaires, et la nuit s'illumine d'aurores boréales qui font danser des lueurs roses, blanches et vertes dans le ciel cristallin.

En 1610, Henry Hudson découvre la baie qui porte aujourd'hui son nom. Il y disparaît après avoir été abandonné en mer, à la suite d'une mutinerie de son équipage. En 1632, Thomas James s'engage plus au sud, dans les eaux de ce qui deviendra la baie James. À la recherche des précieuses peaux de castor, les Français Pierre-Esprit Radisson et Médard Chouart des Groseillers établissent un premier poste de traite en 1668 sur la baie James et fondent, deux ans plus tard, la Compagnie de la baie d'Hudson. La France ayant refusé de s'impliquer dans leurs projets, ces coureurs des bois et négociants en fourrure se sont tournés du côté de l'Angleterre ; c'est donc à l'Empire britannique que profitera la fabuleuse aventure des fourrures.

La Compagnie de la baie d'Hudson existe encore aujourd'hui, et l'on trouve toujours dans les magasins La Baie les célèbres couvertures rayées de l'époque, avec les petits traits latéraux indiquant leur valeur en peaux de castor. ❖

Robert-Bourassa. La rivière La Grande est, de fait, le troisième cours d'eau pour sa puissance au Québec, après le Saint-Laurent et la rivière des Outaouais.

Chisasibi

➤ *À 100 km O de Radisson.* **Bonnes adresses**, *p. 107.*

C'est la plus importante communauté crie (3 251 hab.) de la Baie-James. Son centre communautaire a la forme d'un tipi géant, visible de partout, où l'on trouve un grand foyer central.

Au cimetière local, vous remarquerez les **sépultures cries**, abondamment décorées. En août se tient un important *pow wow* (encadré, p. 134) sur l'île de Fort-George. À 10 km du village, vous pourrez aller tremper la main dans les eaux glacées de la baie James.

Le sud-est de la Jamésie

➤ *L'itinéraire le plus rapide part* **de Val-d'Or**: *400 km par la rte 117 puis la rte 113.* **Depuis Radisson**: *790 km par la route du Nord (p. 90) jusqu'à Oujé-Bougoumou.*

Venant de l'Abitibi par la route 113, on rencontre des villes minières et le village cri Waswanipi, avant d'arriver à Chapais.

Oujé-Bougoumou**

➤ *À 30 km N de Chapais par une petite route. Des visites guidées sont organisées par Tourisme Oujé-Bougoumou.* **Bonnes adresses**, *p. 108.*

Oujé-Bougoumou est l'un des 50 villages reconnus par l'ONU pour leur intégration dans l'environnement. Ce village récent a été conçu par Douglas Cardinal, l'architecte du musée canadien des Civilisations à Hull *(p. 78)*. C'est une réussite exceptionnelle, sur les plans de l'architecture et de l'urbanisme.

Les maisons allient harmonieusement des éléments traditionnels et modernes et sont toutes orientées au sud-est pour faire face au lac Opemiska. Le village utilise un système de chauffage central par cogénération (énergie produite à partir de la combustion de carburant). Un petit **village culturel**** a été aménagé: on peut y participer à des festins traditionnels, découvrir les légendes amérindiennes et dormir dans un *astchiiugamikw* fait de branches, de troncs et de sapinage.

Chibougamau

➤ *À 57 km E d'Oujé-Bougoumou par les rtes 113 puis 167. À 250 km N-O de Saint-Félicien au lac Saint-Jean.* **Bonnes adresses**, *p. 107.*

Cette ville forestière et minière occupe toujours un lieu straté-

---

Toponymes cris

Chisasibi: «la grande rivière». **Mistissini**: «la grosse roche». **Nemiscau**: «là où le poisson abonde». **Oujé-Bougoumou**: «le lac traversé par une rivière». **Waskaganish**: «la petite maison». **Waswanipi**: «le lac où l'on pêche au flambeau» ou «reflets sur l'eau». **Wemindji**: «les montagnes peintes» (d'ocre). **Whapmagoostui**: «là ou il y a des marsouins» (bélugas). ❖

---

gique, au carrefour des grands axes routiers venant de la Baie-James, de l'Abitibi et du Lac-Saint-Jean. En langue montagnaise, son nom signifie «lieu de rencontre».

Les Cris y possèdent leur halte: le **Centre indien cri** *(☎ (819) 748. 60.60; boutique d'artisanat au 2e étage)* où l'on découvrira, présentés dans ses corridors, des ornements traditionnels et d'autres artefacts.

Aménagé dans une mine désaffectée, un **Centre d'intérêt minier**** *(à 10 km par la rte 167 N ☎ (819) 748.60.60; ouv. d'avr. à oct.; prévoir des vêtements chauds et des chaussures fermées)* propose l'exploration d'une galerie où, en tenue de mineur, on découvrira une exposition relatant l'histoire de la mine depuis l'Antiquité, avec un spectacle son et lumière.

Mistissini

➤ *À 89 km N-E de Chibougamau par la rte 167.* **Bonnes adresses**, *p. 107.*

Cette importante réserve est située en bordure de l'immense lac Mistassini, qui s'étire sur 161 km et qu'entourent deux réserves fauniques. On peut séjourner dans un campement traditionnel cri, avec des guides autochtones *(p. 106)*.

Il faut prévoir une expédition à la **Colline blanche**. On y a retrouvé, comme partout en Amérique, des morceaux de quartzite blanc que les Amérindiens employaient dans la fabrication d'outils et d'armes. Une caverne chamanique est creusée dans son flanc : l'**Antre de marbre**, ainsi nommée dès 1730 par le père Laure et classée site archéologique en 1976 *(visite en été seulement et autorisation à obtenir du Conseil de bande de Mistissini, p. 106)*.

Terres arctiques du Nunavik

Inaccessible par la route, le territoire des Inuit s'étend du nord du 53e parallèle jusqu'au détroit d'Hudson. Il couvre plus de 550 000 km², soit environ le tiers du Québec. Quelque 8 700 Inuit, parlant principalement l'inuktitut et l'anglais, vivent dans 14 villages côtiers, que ne relie aucune route à l'exception des pistes de motoneige en hiver.

En raison de leur éloignement géographique, ces destinations sont encore peu ouvertes au tourisme, à l'exception d'onéreuses expéditions de chasse et de pêche. Les déplacements d'un village à l'autre doivent s'effectuer par voie aérienne, ce qui est très coûteux. Toutefois, les villages siamois de Whapmagoostui et de Kuujjuarapik, dans le sud du Nunavik, sont facilement accessibles de Montréal ou de Radisson, par gros transporteur et à tarif raisonnable lors des promotions estivales.

➤ *Carte, p. 92. Bonnes adresses, p. 108.*

♥ **WHAPMAGOOSTUI ET KUUJJUARAPIK****

➤ *Bonnes adresses, p. 108.*

Occupant un site à couper le souffle, cette agglomération biculturelle est nichée dans les dunes de sable qui bordent les rives de la baie d'Hudson et l'embouchure de la rivière Baleine. Whapmagoostui est habitée par les Cris, et Kuujjuarapik par les Inuit. Tous circulent en véhicule tout terrain ou en motoneige, selon la saison, sur les pistes qui tiennent lieu de rues. La température moyenne y est de 10 °C en été et de - 23 °C en hiver.

Le chant des femmes

Le *katajjak* était à l'origine le langage des Tunnituarruit, esprits mi-humains mi-oiseaux, qui l'ont transmis aux Inuit. Ce sont les femmes qui pratiquent ce chant, entre jeu et duel vocal, pour lequel il faut une grande complicité et des années d'expérience. Se tenant face à face, presque nez à nez, deux femmes s'échangent des mots ou des syllabes de manière à ce que le son de l'une se répercute dans la gorge de l'autre. Les voix s'entrelacent, formant entre l'aigu et la basse un tourbillon de halètements mélodiques. Les chanteuses, suroxygénées, atteignent une sorte de transe. Le jeu consiste à tenir le plus longtemps possible sans que les voix se superposent, ou que l'une manque de souffle ou de répartie. Alors le *katajjak* se termine dans un éclat de rire. ❖

Inukshuk « *qui agit à la place de l'homme* », dans la toundra face à la baie d'Hudson. Cet assemblage de pierres est une représentation anthropomorphique inuit qui marque un repère géographique, un passage de chasse ou un lieu commémoratif.

Devant les villages s'étale la mer où les îles Manitounuk élèvent leurs abruptes cuestas. Tout autour s'étend la **toundra**, terre de rocs entrelardés de cuvettes d'eau, royaume du lichen et de la végétation naine où vous marcherez avec bonheur. Dans la nuit polaire d'octobre à mars, le ciel, d'une pureté cristalline, s'illumine d'**aurores boréales** vertes et roses. Avec une bonne dose de débrouillardise, vous pourrez faire une balade en canot à moteur et visiter l'ancienne chapelle. Vous trouverez des pièces d'artisanat à la coopérative et au magasin Northern Store ; une belle collection de sculptures inuit est présentée dans les vitrines de l'école inuit.

KUUJJUAQ*

➤ *Bonnes adresses, p. 108.*

Avec ses 2 055 habitants, Kuujjuaq est la plus grande communauté inuit du Québec. C'est aussi la plaque tournante du transport aérien du Nunavik, et restaurants, hôtels, magasins s'y sont implan-

tés. La route migratoire des caribous passe aussi par là ; et c'est par milliers (la population totale est évaluée à un million) qu'on les voit défiler *(août et septembre)*.

KANGIQSUALUJJUAQ

Comme Kuujjuaq, cette communauté est sur la baie d'Ungava, mais plus à l'est, à l'embouchure de la rivière George, que les Inuit nomment Akilasakalluq. Ses eaux regorgent de truites, de saumons de l'Atlantique et d'ombles-chevaliers dont certains spécimens peuvent atteindre 8 kilos. L'endroit compte parmi les sites choisis par les femelles caribous pour mettre bas. Randonneurs, canoteurs et kayakistes en font aussi leur point de chute avant de partir à la rencontre des célèbres **monts Torngat**** à moins de 100 km à l'est, à la frontière du Labrador. La **rivière Koroc*** s'alimente au **mont Iberville**** (1622 m), le plus haut sommet de la chaîne et du Québec, et vient se jeter à moins de 20 km de Kangiqsualujjuaq. ▪

Les Inuit du Nunavik

*P*lutôt qu'Esquimaux, un mot algonquin
signifiant « mangeur de viande crue »,
on les appelle désormais Inuit, forme
plurielle du mot inuk, « homme ». Ce peuple
attachant, aux profondes valeurs spirituelles,
renoue avec ses traditions et développe de nouveaux modes d'expression.

Dans un désert glacé

Le cinquième de la population inuit du Canada vit au
Nunavik (ou Nouveau-Québec). Ce territoire culturel
s'étend approximativement du 55e parallèle au
62,6^e parallèle et couvre près du tiers du Québec. Les Inuit
sont environ 8 700 dans les 14 villages côtiers de la baie
d'Hudson, du détroit d'Hudson et de la baie d'Ungava,
parmi un désert glacé d'une rigueur sans pareille mais
d'une incomparable beauté.

Un peuple venu d'Asie

Il y a 5 000 ans, une population en provenance de la Sibérie
traverse le détroit de Bering en direction de l'Alaska. Les
chasseurs se déplacent vers l'est, fondant la culture prédor-
sétienne, puis celle du Dorset, et enfin de Thulé, vers l'an
1400, dans l'actuel Nunavik. Ces Thuléens sont les ancêtres
directs des Inuit. Hormis quelques rencontres sporadiques
avec des explorateurs, ils restent presque sans contact avec
les Blancs jusqu'à l'arrivée des baleiniers européens.

Vers 1760, la Compagnie britannique de la baie d'Hudson
ouvre un premier poste de traite sur le site de l'actuel
Kuujjuarapik (anciennement Poste-à-la-Baleine). De 1903
à 1936, elle est concurrencée par la compagnie française
Revillon Frères, qui doit se retirer après que ses partenaires américains furent passés dans le camp adverse.

La motoneige
a peu à peu remplacé
le traîneau à chiens
dans le Nunavik.
C'est un moyen de
locomotion indispensable
sur ce territoire où aucune
route ne relie les villages
entre eux.

À l'aide de son couteau
(le *pana*), un Inuit peut
construire un igloo
en moins d'une heure.
Encore occasionnellement
utilisée en saison de pêche
et de chasse, l'habitation
de neige est aménagée
sur deux niveaux : une trappe
à froid abaissée et un banc
surélevé pour dormir.

**Les Inuit ne tannent
pas les peaux**
qui se conservent fort bien
sous le climat nordique.
La peau est d'abord
écharnée, puis étirée
et assouplie avant d'être
séchée. Certaines aînées
mâchent encore les peaux
pour en faire les semelles
des *kamik*, robustes bottes
en caribou.

Des traîneaux aux motoneiges

Avec le commerce de la fourrure, les mœurs des Inuit subissent de profondes mutations. L'usage des armes à feu modifie leurs habitudes de chasse et leur habitat, traditionnellement liés au cycle des saisons. Ils se sédentarisent progressivement. Les traîneaux à chiens sont remplacés par les motoneiges qui facilitent les communications mais coûtent cher en combustible.

L'effondrement du marché de la fourrure de piégeage et du phoque a radicalement privé de travail ce peuple de chasseurs ; l'aide gouvernementale est devenue la principale source de revenus des habitants du Nunavik. Mais avec les 90 millions de dollars qui ont été accordés aux Inuit en échange de leurs terres par la Convention de la Baie-James et du Nord québécois en 1975 *(encadré, p. 60)*, la société de gérance autochtone Makivik s'emploie à développer l'autonomie économique des Inuit. Ses filiales, les compagnies aériennes Air Inuit et First Air, en sont de beaux exemples, de même que le développement d'une firme commercialisant la viande de caribou.

Le renouveau des traditions

Le peuple inuit affirme sa conscience politique, en même temps qu'il renoue avec ses traditions et les développe par de nouvelles expressions. Les graveurs et les sculpteurs de stéatite se taillent une réputation internationale. Les chants *katajjak* des femmes *(encadré p. 96)* sont maintenant enregistrés sur disques. Des films comme *Kabloonak* de Claude Massot et *Atanarjuat* de Zacharias Kunuk ont ouvert les fenêtres de l'Occident sur cette culture méconnue. Les Inuit ont transmis leur histoire par oral, jusqu'au développement d'une écriture en caractères syllabiques au XIXe s. par le père Evans. Aujourd'hui, la langue inuktitut est enseignée dans toutes les écoles, et les Inuit pourront bientôt écrire leur histoire.

Attirés à la fois par la nature vierge de l'Arctique et par ce peuple attachant, aux profondes valeurs spirituelles, les visiteurs découvrent peu à peu le Nunavik. Lorsque l'été éclate, le jour dure plus de 20 heures, éclairant l'aride toundra où fleurissent rhododendrons, épilobes, campanules et saxifrages. Au printemps et à l'automne, les aurores boréales viennent presque chaque soir illuminer le ciel, et l'âme – dont il est difficile de douter devant un tel paysage d'éternité. ■

La rive des Outaouais

Carte, p. 74.

Indicatif téléphonique : 819 sauf indication contraire.

❶ **Association touristique de l'Outaouais**, 103, rue Laurier, Hull, J8X 3V8 ☎ 778.22.22 ou 1.800.265.78.22, fax 778.77.58. www.tourisme-outaouais.org.

❶ **Ottawa : Infocentre de la capitale**, 90, rue Wellington ☎ (613) 239.50.00 ou 1.800.465.18.67. www.capitaledu canada.qc.ca. Pour découvrir les ressources de la ville, le guide *Where* est disponible sur place.

Arrivée

➤ **EN AVION**. L'aéroport régional de **Gatineau** (☎ 663.07.37), près de Hull, est desservi par plusieurs vols depuis Québec ou Montréal. L'aéroport international d'**Ottawa** (☎ (613) 248. 21.25) assure des liaisons avec les grandes villes canadiennes et le reste du monde.

➤ **EN BUS**. Par **Voyageur**, depuis la gare routière **de Montréal** ☎ (514) 842.22.81. À Hull ☎ 595.70.70.

➤ **EN TRAIN**. De Montréal, Via Rail ☎ 1.888.842.72.45. www.viarail.ca. Dessert la gare d'Ottawa (200, rue Tremblay ☎ (613) 244.82.89).

➤ **EN VOITURE**. Hull est à env. 204 km O de Montréal par l'A 40 O, puis l'A 417 N et la rte 17 N en Ontario. Le trajet par la pittoresque rte 148 O, qui longe la rive N des Outaouais, est très agréable jusqu'à Masson-Angers, où il est préférable d'emprunter l'A 50 pour éviter un tronçon très urbanisé.

Manifestations

➤ **DÉBUT FÉVRIER**. **Bal de Neige** à Ottawa et Hull. Festivités, sports d'hiver et spectacles autour de la longue patinoire.

➤ **FIN AVRIL**. **Le retour des bernaches** à Plaisance. Observations des oiseaux organisées à la réserve faunique.

➤ **DÉBUT MAI**. **Festival canadien des tulipes** à Ottawa et Hull. Spectacles, expositions florales, parade fluviale sur le canal Rideau.

➤ **JUIN-JUILLET**. **Cultures Canada** à Ottawa et Hull. Grand événement musical révélant la diversité culturelle canadienne.

➤ **FIN JUIN**. **Festival franco-ontarien** à Ottawa. Festival de la chanson francophone. **Concerts du crépuscule**, pop francophone sur la place Aubry à Hull.

➤ **FIN JUIN-MI-AOÛT**. **Concerts de pop et de jazz** gratuits au parc de l'Imaginaire à Aylmer.

➤ **MI-JUILLET**. *Pow wow* de Kanesatake.

➤ **DÉBUT SEPTEMBRE**. **Festival de montgolfières** de Gatineau. ❖

Sports et loisirs

➤ **Canoë-kayak. Canoë-camping La Vérendrye** ☎ 435.23.31. Expéditions de 3 à 10 jours à la réserve faunique de La Vérendrye. **Excursions en Eau Vive Laqs inc.** ☎ 827.44.67. Départ du musée canadien des Civilisations de Hull.

➤ **Rafting. Aventure Outaouais** ☎ 648.52.00 ou 1.800.690.72.38. Expéditions sur la rivière des Outaouais. **Esprit Rafting Adventures**, Davidson ☎ 683.32.41 ou 1.800.596.38. Expéditions sur la rivière des Outaouais.

➤ **Spéléologie. Caverne Laflèche**, Val-des-Monts (40 km N-O de Hull) ☎ 447.40.33. *Ouv. en sem. toute l'année de 9 h à 17 h. Sur rés.*

➤ **Traîneau à chiens. Les Randonnées chez Marcel**, Saint-André-Avellin ☎ (819) 983.29.86.

◼ Aylmer

Hébergement-restauration

▲▲▲ **Le Château Cartier**, 1170, chemin Aylmer, Aylmer (env. 10 km S-O de Hull) ☎ 778.00.00 ou 1.800.807. 10.88. *129 ch.* Dans une charmante ville, au bor de la rivière et du lac Deschênes. Centre de villégiature et de santé. Golf, tennis, traîneau à chiens.

◼ Chelsea

Restauration

♦♦♦ **Les Fougères**, 783, rte 105, Chelsea (env. 10 km N de Hull) ☎ 827. 89.42. Fine cuisine française dans un décor champêtre. Terrasse.

♦♦♦ **L'Orée du Bois**, 15, chemin Kingsmere, dans le parc de la Gatineau ☎ 827.03.32. Excellente nouvelle cuisine française et régionale. Très fréquenté. *F. dim. (sf en été) et lun.*

♦♦♦ **Salon de thé Moorside**, 33, chemin Barnes ☎ 827.34.05, fax 827.82.56. Plus qu'un salon de thé, cet établissement de luxe propose une carte internationale. Il est situé dans les jardins de l'ancien domaine de William Lyon Mackenzie King (*p. 80*).

♦ **L'Agaric**, 254, chemin Old Chelsea ☎ 827.30.30. Ambiance sympathique, très populaire auprès des skieurs et des cyclistes.

◼ Hull

🛈 **Maison du tourisme**, 103, rue Laurier ☎ 778.22.22 ou 1.800.265.78.22. Permis de stationnement gratuit offert aux visiteurs.

Hébergement-restauration

▲▲▲▲ **Holiday Inn Plaza de la Chaudière**, 2, rue Montcalm ☎ 778.38.80 ou 1.800.567.19.62, fax 778.33.09. *238 ch.* Vue panoramique sur la rivière et Ottawa. Bonne table.

▲▲▲▲ **Sheraton Four Points**, 35, rue Laurier ☎ 778.61.11 ou 1.800.567. 96.07, fax 778.85.48. *201 ch.* Au cœur de la Hull touristique. Belle vue sur le Parlement et le musée canadien des Civilisations, situé juste en face.

▲▲▲ **Best Western Hôtel Jacques-Cartier**, 131, rue Laurier ☎ 770.85.50 ou 1.800.265.85.50, fax 770.97.05. *144 ch.* spacieuses. Confortable avec toutes les commodités.

▲▲ **Auberge de la Gare**, 205, bd Saint-Joseph ☎ 778.80.85 ou 1.800.361. 61.62, fax 595.20.21. *42 ch.* Auberge confortable, située au cœur de Hull.

Restauration

♦♦♦♦ **Baccara**, 1, bd du Casino. ☎ 772.62.10. Situé dans le casino. Fine gastronomie. Son chef Philippe Wattel est connu pour être un as de la nouvelle cuisine.

♦♦♦♦ **Café Henry-Burger**, 69, rue Laurier ☎ 777.56.46. Maison de tradition au charme cossu. Le café-terrasse sert une cuisine de bistro raffinée, et le restaurant de la cuisine française. *Thé anglais t.l.j. de 16 h à 17 h. F. le midi les w.-e.*

♦♦♦ **Laurier sur Montcalm**, 199, rue Montcalm ☎ 775.50.30. Dans l'ancienne gare du train à vapeur, ce restaurant vaut le détour. Cuisine française. Présentation des plats remarquable. *F. du dim. au mar.*

♦♦♦ **Le Pied de Cochon**, 242, rue Montcalm ☎777.58.08. Reconnu pour sa cuisine française traditionnelle. *F. dim. et lun.*

♦♦♦ **Le Tartuffe ♥**, 133, rue Notre-Dame ☎776.64.24. Excellente table de fine cuisine régionale et française, agréable terrasse. *F. dim. et sam. midi.*

♦♦ **Café Jean-Sébastien-Bar**, 49, rue Saint-Jacques ☎771.29.34. Charmant bistro. Cuisine du marché servie sur fond de musique classique.

♦♦ **Les Muses**, musée canadien des Civilisations, 100, rue Laurier ☎776.70.09. Vue panoramique sur la rivière. Cuisine française dans un décor épuré et lumineux. *En été dîner seulement, f. dim. Hors saison déjeuner seulement, f. lun.*

♦♦ **Oncle Tom**, 138, rue Wellington ☎771.16.89. Dans une maison victorienne, fine cuisine et bonne cave, avec sélection de vins au verre. *F. dim.*

♦ **Le Twist**, 88, rue Montcalm ☎777.88.86. Hamburgers et moules-frites dans une ambiance jeune et animée. Terrasse.

Sports et loisirs

➤ **EXCURSIONS NAUTIQUES**. De la marina de Hull, près du pont Alexandra: **Croisières M/S Jacques-Cartier** ☎375.30.00 ou 1.800.567.37.37; **Paul's Boat Line** ☎(613) 225.67.81. Des écluses du canal Rideau: **The Ottawa River Boat** ☎(613) 562.48.88.

➤ **VISITES GUIDÉES**. **Capital Trolley Tour & Double Decker Tours** ☎(613) 749.36.66 ou 1.800.823.61.47: tour de ville et du parc de la Gatineau avec le trolleybus *Théophile.*

◼ Montebello

❶ Dans l'ancienne gare ☎423.56.02. *Ouv. t.l.j. en été.*

Hébergement-restauration

▲▲▲▲ **Château Montebello**, 392, rue Notre-Dame ☎441.14.14 ou 1.800.268.94.11, fax 423.52.83. *214 ch.* décorées dans un style rustique. Une imposante construction en rondins.

Bonne table et copieux buffet le midi: il mérite un coup d'œil. La salle à manger donne sur la rivière.

▲▲▲ **Auberge Suisse Montevilla**, 970, chemin Montevilla ☎423.66.92 ou 1.800.363.00.61, fax 423.54.20. *18 ch.* Dans un grand domaine avec deux lacs, un centre de villégiature comprenant auberge et chalets de luxe où vous pouvez pratiquer toute l'année des activités de plein air. Les propriétaires sont suisses, et la raclette est au menu.

Restauration

♦♦ **Le Pot au Feu**, 489, rue Notre-Dame ☎423.69.01. Cuisine variée, servie l'été en terrasse. *F. lun.*

◼ Papineauville

Restauration

♦♦♦ **La Table de Pierre Delahaye**, 247, rue Papineau, Papineauville (env. 10 km O de Montebello) ☎427.50.27. Bonne cuisine normande. *F. lun. et mar.*

L'Abitibi-Témiscamingue

Carte, p. 74.

Indicatif téléphonique: 819 sauf indication contraire.

❶ **Association touristique régionale de l'Abitibi-Témiscamingue**, 170, av. Principale, bureau 103, Rouyn-Noranda, J9X 4P7 ☎762.81.81 ou 1.800.808.07.06, fax 762.52.12. www.48nord.qc.ca.

Arrivée

EN AVION

➤ **ROUYN-NORANDA** est desservie depuis Montréal et Québec par **Air Nova** *(p. 143 et p. 257).*

➤ **VAL-D'OR** est desservie par **Air Nova** au départ de Montréal et de Québec; et par **Air Creebec** depuis Montréal, la Baie-James et la Côte-Nord *(p. 143).*

EN BUS

De Montréal, par **Autobus Maheux** ☎(514) 842.22.81. Terminus à Rouyn-Noranda ☎762.22.00.

EN TRAIN

De Montréal, **Via Rail** dessert Senneterre, *via* la Mauricie ☎1.800.361.53.90. www.viarail.ca.

EN VOITURE

➤ **ABITIBI**. **De Montréal**, par l'A 15 N et la rte 117 N. **D'Hull/Ottawa**, la rte 105 N permet de rejoindre la rte 117 dans les Hautes-Laurentides. **Du Témiscamingue**, prenez la rte 101 N.

➤ **TÉMISCAMINGUE**. **De Montréal**, par la rte 17 ou la rte 148 O jusqu'à Pembroke en Ontario. La rte 17 conduit jusqu'à Mattawa où la rte 533 rejoint la rte 63 (à éviter l'hiver : dans ce cas poursuivre sur la rte 17 jusqu'à North Bay, puis prendre la rte 63), au bout de laquelle on atteint Témiscaming.

Sports et loisirs

➤ **TOURISME AUTOCHTONE**. **Corporation de développement Kitcisakik**, Louvicourt ☎736.30.01, fax 736.30.12. **Société de développement économique Amik Pikogan**, Pikogan ☎732.33.50, fax 732.15.69. Expédition avec guides algonquins sur l'Harricana. Coucher sous le tipi, cuisine traditionnelle. Initiation aux plantes et racines médicinales. **Wawatè**, Val-d'Or ☎824.76.52, fax 824.76.53.

Canoë, motoneige, raquette, traîneau à chiens. Cet organisme propose également des séjours de contact avec des guides amérindiens.

➤ **TOURISME D'AVENTURE**. **Amarok**, Val-Senneville (Val-d'Or) ☎825.64.87. Pêche blanche, traîneau à chiens, expédition et campement amérindien, trappe. **Les Aventures du Chien-loup**, Saint-Marc-de-Figuery (Amos) ☎727.38.31. Traîneau à chiens, nuitée sous le tipi, repas amérindiens. **Les Conquérants du Nord**, La Sarre ☎339.33.00. Raid de ski, de vélo et camping d'hiver. **Zec Kipawa**, Ville-Marie ☎629.20.02. Canoë-camping.

Pourvoiries

Pourvoirie Le Balbuzard Sauvage, CP 1387, lac Trévet ☎et fax 737.86.81. À 128 km de Senneterre. Pourvoirie tenue par des Français, avec *auberge* et 4 *chalets* en rondins comportant 2 chambres Grand confort, excellente restauration, 60 lacs exclusifs. Quad, chasse et pêche, motoneige, ski de fond, pêche blanche, initiation à la trappe.

Pourvoirie du lac Faillon, CP 95 ☎et fax 737.44.29. À 51 km de Senneterre. *8 ch.* modernes et *16 chalets* tout équipés pour 2 à 8 personnes. Randonnées-séjours et location de motoneige, chasse et pêche. Forfaits à la journée ou à la semaine.

Saveurs locales

Pomme de terre bleue, nandou, œuf de corrégone (un poisson d'eau douce de la famille des salmonidés), champignon *borealis* dit sarcodon, truite de Saint-Mathieu : autant de produits régionaux qui commencent à trouver place dans la cuisine témiscabitibienne. À Laniel et dans les épiceries de la région, découvrez l'exquis **caviar de corrégone** préparé par Susie Trudel, laquelle exporte en Belgique les deux tiers de sa production d'œufs dorés au goût fin et peu salé *(p.104)*.

Autre délice, facile à rapporter : le **riz sauvage**, Abitibi Wild Rice, que les Algonquins du lac Simon cultivent dans les lacs naturels peu profonds de la région. Ce grain au goût de noisette provient d'une plante aquatique, indigène que les Européens ont découverte lors de leur arrivée : la *manomin*, en langue algonquine. ❖

Manifestations

➤ **FIN FÉVRIER. Fête d'hiver** de Rouyn-Noranda. Sports d'hiver, sculpture sur glace et spectacles.

➤ **FIN JUILLET-DÉBUT AOÛT. La Sarre en fête. Rodéo du camion** à Notre-Dame-du-Nord.

➤ **MI-AOÛT. Festival western** à Saint-Bruno-de-Guigues.

➤ **OCTOBRE. Biennale internationale d'art miniature** à Ville-Marie (les années paires).

➤ **FIN OCTOBRE. Festival du cinéma international en Abitibi-Témiscamingue**, à Rouyn-Noranda. ❖

La **Réserve Beauchêne**, CP 910, à 20 km de Témiscaming, par la rte 101 en direction de Kipawa ☎627.38.65 ou 1.888.627.38.65, fax 627.30.43. *8 chalets, 3 camps.* Classée comme l'une des meilleures au Canada, une pourvoirie haut de gamme avec auberge. Cuisine américaine. Chasse et pêche. Camping.

Shopping

➤ **ARTICLES DE FOURRURE ET SPÉCIALITÉS. Boutique Vieux-West**, 117, chemin de l'Hydro, Saint-Marc-de-Figuery. Bottes western Boulet et accessoires d'équitation. **Les Fourrures Grenier**, 730, 1ʳᵉ Rue O, Barraute, près d'Amos.

➤ **ARTISANAT AMÉRINDIEN. Centre d'Amitié Autochtone**, 1272, 7ᵉ Rue, Val-d'Or ☎ 825.68.57. **Isaac Ooh-Moo-Coo-Daa-Gun**, 640, 10ᵉ Av., Senneterre ☎737.41.77. Atelier et boutique d'art et d'artisanat autochtone, objets anciens et photos d'archives, visite commentée *(rés. 2 j. à l'avance).* **Mâkonigan**, 103, av. Principale, Rouyn-Noranda ☎764.94.97. Artisanat, mocassins perlés, appelants en mélèze, parures, vêtements de peaux, exposition photos.

➤ **PRODUITS GOURMANDS. Caviar de corrégone chez la productrice Susie Trudel**, Laniel ☎634.26.29 et dans les magasins d'alimentation de la région. **Chocolats Martine**, 22, rue Sainte-Anne, Ville-Marie. **La Fromagerie Chèvrerie Dion**, 128, rte 101, Montbeillard ☎797.26.17. Cheddar et parmesan.

Amos

ℹ️ **Tourisme Harricana**, 892, rte 111 E ☎727.12.42 ou 1.800.670.04.99. *Ouv. t.l.j. en été de 8 h à 20 h, le reste de l'année du lun. au ven. de 8 h 30 à 16 h 30, les sam. et dim. de 10 h à 16 h.*

Hébergement-restauration

▲▲▲ **Hôtel des Eskers**, 201, av. Authier ☎ 732.53.86 ou 1.888.666.53.86, fax 732.04.55. *46 ch.* Confortable, avec un agréable bar-restaurant décoré d'objets des années 1950 et 1960. Carte diversifiée.

Restauration

♦♦ **Au Moulin**, 100, 1ʳᵉ Av. O ☎732.82.71. Grillades et poissons, dont la truite Saint-Mathieu. La meilleure table d'Amos.

♦ **Café Folie**, 11, 1ʳᵉ Av. O ☎727.28.48. On y sert le café expresso, des *bagels* et des gaufres.

Laniel

Hébergement-restauration

▲▲ **Chalets Pointe-aux-Pins** ♥, 1955, chemin du Ski, Laniel (env. 40 km N de Kebaowek) ☎634.52.11. *3 chalets de 2 ch. et salon,* équipés. Salle à manger avec vue sur le lac et fine cuisine régionale. *Ouv. de mi-mai à mi-oct.*

Malartic

Camping

Camping régional, 101, chemin du Camping ☎ 757.42.37 en été et ☎757.36.88 en hiver. Ceinturé de sentiers pédestres et agrémenté de piscines. *Rés. longtemps à l'avance.*

◼ Rouyn-Noranda

❶ **Société de développement économique, maison Dumulon**, 191, av. du Lac ☎ 797.31.95. On y délivre un permis de stationnement gratuit de 3 jours dans la ville.

Hébergement-restauration

▲▲▲▲ **Hôtel Gouverneur**, 41, 6e Rue ☎ 762.23.41 ou 1.888.910.11.11, fax 762.89.91. *72 ch.* agréables, belles suites. Offre toutes les commodités, dont une piscine intérieure et un étage réservé aux non-fumeurs. Bon rapport qualité-prix. Buffet le midi.

▲▲▲ **Albert**, 84, av. Principale ☎ 762. 35.45 ou 1.888.725.23.78, fax 762. 71.57. *51 ch.* spacieuses et agréables. Parfaitement situé au cœur de la ville, avec restauration complète.

▲▲▲ **Comfort Inn par Journey's End**, 1295, av. Larivière ☎ 797.13.13 ou 1.800.465.61.16, fax 797.96.83. *80 ch.* spacieuses. Petit déjeuner seulement.

Restauration

◆◆◆ **La Renaissance**, 199, av. Principale ☎ 764.44.22. L'une des meilleures tables en Abitibi. Bonne place à la cuisine régionale. Salon, scotch et cigare.

◆◆ **Meule et Caquelon**, 169, av. Murdoch ☎ 762.69.62. Dans un cadre suisse, raclettes, fondues et grillades. *Le soir seulement.*

◆ **Café-bar L'Abstracto** ♥, 144, rue Perreault E ☎ 762.88.40. Bon choix de bières importées, café torréfié sur place, jeux de table.

◆ **La Muse Gueule**, 140, rue Perreault E ☎ 797.96.86. Un chaleureux bistro qui sert des plats légers et un intéressant menu végétarien. Bon choix musical. *F. après 21h et le midi les w.-e.*

◆ **Pizzédélic**, 122, av. Principale ☎ 797.44.61. Clientèle jeune, atmosphère animée. Bonnes pizzas à croûte fine.

◼ Témiscaming

❶ **Bureau saisonnier d'informations touristiques**, 15, rue Humphrey ☎ 627.18.46.

Hébergement-restauration

▲▲ **Auberge Témiscaming**, 1431, chemin Kipawa ☎ 627.34.76 ou 1.800.304. 94.69, fax 627.13.87. *32 ch.* avec baignoire à remous. Établissement bien tenu. Terrasse.

◼ Val-d'Or

❶ **Office du tourisme et des congrès**, 1070, 3e Av. E ☎ 824.96.46.

Hébergement-restauration

▲▲▲▲ **L'Escale**, 1100, rue de l'Escale ☎ 824.27.11 ou 1.800.567.65.72, fax 825.21.45. *70 ch.* confortables, unités motel et suites de luxe. Bonne table de cuisine régionale.

▲▲▲ **Comfortel**, 1001, 3e Av. E ☎ 825.56.60 ou 1.800.567.65.99, fax 825.88.49. *92 ch.* Établissement agréable et de bon accueil. Table de qualité, cuisine régionale.

▲ **L'Orpailleur** ♥, village minier de Bourlamaque, 104, av. Perreault ☎ 825.95.18, fax 825.82.75. *7 ch.* simples. Petite auberge tenue par une sympathique ethnologue française. Avec l'organisme Wawatè, elle propose des forfaits de tourisme d'aventure en compagnie des Algonquins *(p. 103).* Petit déjeuner seulement.

Restauration

◆◆ **L'Amadeus**, 166, av. Perreault ☎ 825.72.04. Un bistro animé qui sert la truite Saint-Mathieu. Terrasse. *Le soir seulement.*

◆ **Pizzédélic**, 810, 3e Av. ☎ 824.79.20. Ambiance jeune et sympathique, pizzas originales et à croûte fine.

◼ Ville-Marie

Camping

Camping de Ville-Marie, 862, chemin du Vieux-Fort ☎ 622.22.00.

Restauration

◆ **La Bannick**, 862, chemin du Vieux-Fort ☎ 622.09.22. Cuisine traditionnelle et steaks. De la terrasse, belle vue sur le lac Témiscamingue.

La Baie-James

Carte, p. 92.

❶ **Municipalité de la Baie-James**, bureau d'informations touristiques, 198, rue Jolliett, JOY 2XO, Radisson ☎(819) 638.86.87, fax (819) 638.35.50 ou (819) 638.77.88. www.municipa lite.baie-james.qc.ca. *Ouv. t.l.j. de mi-juin à déb. sept. de 9h à 20h, du lun. au ven., le reste de l'année de 9h à 17h.* **Bureau d'informations touristiques du km 6**, route de la Baie-James ☎(819) 739.44.73, fax (819) 739.20.88. *Ouv. 24h sur 24.*

❶ **Tourisme Baie-James**, 166, bd Springer, Chapais, G0W 1H0 ☎(418) 745.39.69 ou 1.888.745.39.69, fax (418) 745.39.70.

❶ **Tourisme Québec**, Direction des projets, Grand Nord, Nunavik, Baie-James, 900, bd René-Lévesque E, Québec, G1R 2B5 ☎(418) 643.68.20 ou 1.800.463.50.09.

Arrivée

➤ **En avion. À Radisson,** l'aéroport La Grande-Rivière ☎(819) 638.88.47 est desservi par **Air Creebec** à Val-d'Or ☎(819) 825.83.55 ou 1.800.567. 65.67. www.aircreebec.ca.

➤ **En bus. De Montréal, Autobus Maheux** ☎(514) 842.22.81. Dessert Chibougamau. **De Saint-Félicien, Intercar** ☎(418) 679.38.59. Du lac Saint-Jean à Chibougamau.

➤ **En voiture. De Hull,** rejoignez la rte 117 par la rte 105 N. **De Montréal** par l'A 15 N (qui traverse les Laurentides) et la 117 N jusqu'à Val-d'Or, puis les rtes 111 et 109 N jusqu'à Matagami, et la rte de la Baie-James. **De Québec** par les rtes 175 N, puis 169 (au niveau du lac Saint-Jean), 167 N (jusqu'à Chibougamau) et la route du Nord.

Sports et loisirs

➤ **Chasse et pêche. Service des pourvoiries et du tourisme cri,** Grand Conseil des Cris, 2, chemin Lakeshore, Nemiscau, Baie-James, J0Y 3B0 ☎(819) 673.26.00, fax (819) 673.26.06. Délivrance de permis, séjours spécialisés.

➤ **Organisation de séjours.** En Baie-James : **Voyages jamésiens** ☎(819) 638.66.73, fax (819) 638.70.80. Transport, hébergement et activités pour un w.-e. ou plus.

➤ **Tourisme autochtone. Agence Chisasibi Mandow,** Chisasibi ☎(819) 855.33.73 ou 1.800.771.27.33, fax (819) 855.33.74. **Conseil de bande,** Mistissini

À la Baie-James, les installations hydroélectriques ont des proportions titanesques. L'évacuateur de crues du complexe La Grande est surnommé « l'escalier du géant ».

Bon à savoir

➤ **ALCOOL INTERDIT**. La vente d'alcool est interdite dans plusieurs localités autochtones, qu'on appelle alors des « villages secs ». Vous ne trouverez ni vin ni bière dans les restaurants. À l'entrée du village ou à l'aéroport, vos bagages peuvent être fouillés.

➤ **LIQUIDITÉS INDISPENSABLES**. Tous les services coûtent plus cher dans le Nord que dans le Sud. Les cartes de paiement ne sont pas toujours acceptées, surtout au Nunavik. Munissez-vous d'argent liquide.

➤ **ORGANISATION DU SÉJOUR**. Il serait sage de vous adresser au préalable au Conseil de bande *(p. 106)*, qui agit comme autorité municipale.

➤ **PARLEZ ANGLAIS**. Cris et Inuit parlent leur langue maternelle et, comme langue seconde, l'anglais. Sur les boîtes vocales des guides touristiques, les messages sont enregistrés en anglais. Il est donc indispensable de se débrouiller dans cette langue pour entreprendre un séjour d'aventure dans les régions nordiques.

➤ **SE RESTAURER**. Dans tous les villages cris de la côte, on trouve des possibilités d'hébergement et des comptoirs d'artisanat, mais il n'y a pas toujours de restaurants : lorsqu'il y en a, ce sont plutôt des *fastfoods*, et les heures d'ouverture sont aléatoires. ❖

☎ (418) 923.34.61 ou 923.32.53, fax (418) 923.31.15. **Conseil de bande**, Waskaganish ☎ (819) 895.88.43. Tous offrent des séjours en campement traditionnel, au contact de la population amérindienne. **Tourisme Oujé-Bougoumou** ☎ (418) 745.39.05 ou 1.888. 745.39.05, fax (418) 745.35.44, www. ouje.ca/tourism.

➤ **TOURISME D'AVENTURE**. Les Aventures Boréales, Chibougamau ☎ (418) 748.74.47. Motoneige. **Les Expéditions Rupert**, Radisson ☎ (819) 637. 74.90. Canot, camping. **Pourvoirie Radisson**, Radisson ☎ (819) 638.54.00 ou 638.70.80. Agence spécialisée dans l'écotourisme. **Ungava 49e Parallèle**, Chapais ☎ (418) 745.32.41. Traîneau à chiens.

■ Chibougamau

Indicatif téléphonique : 418

Hébergement

▲▲▲ **Motel Harricana**, 1000, 3e Rue ☎ 748.77.71, fax 748.28.87. *100 ch.* Suites avec baignoires à remous.

▲▲ **Hôtel Chibougamau**, 473, 3e Rue ☎ 748.26.69, fax 748.21.07. *59 ch.* Le plus ancien hôtel de la ville, entièrement rénové.

Restauration

♦♦ **Le Dalot**, 160, rue Lafontaine ☎ 748.39.70. Le restaurant le plus animé est ce *steak house*, où l'on prépare soi-même ses grillades.

■ Chisasibi

Indicatif téléphonique : 819

Restauration

♦♦ **Mitchuap**, centre communautaire ☎ 855.33.36. Cuisine familiale, continentale et autochtone.

■ Mistissini

Indicatif téléphonique : 418

Hébergement

Réserves fauniques du lac Mistassini : hébergement géré par la SÉPAQ ☎ 748.77.48. Camping et chalets.

■ Oujé-Bougoumou

Indicatif téléphonique : 418

Hébergement

▲▲ **Auberge Capissisit**, 1, Wastawsh-kootaw ☎ 745.39.44, fax 745.34.69. *12 ch.* lumineuses et simples. Établissement autochtone tout à fait confortable, à l'architecture rustique inspirée d'éléments traditionnels. Accueil agréable.

■ Radisson

Indicatif téléphonique : 819

Hébergement-restauration

▲▲▲ **Auberge Radisson**, 66, rue des Groseillers ☎ 638.72.01 ou 1.888. 638.72.01, fax 638.77.85. *44 ch.* L'établissement le plus important de la Radissonie, moderne et très confortable, avec restauration.

▲ **Motel Carrefour La Grande**, 53, rue des Groseillers ☎ 638.60.05, fax 638.74.97. *25 ch.* avec cuisinette. Un établissement modeste, le plus économique de la région. Le confort est rudimentaire, mais le motel est bien tenu.

Restauration

♦ **Radisson** ☎ 638.73.87. Restauration rapide. Les plats sont assez variés. Pratique. *Ouv. toute l'année matin, midi et soir.*

Shopping

♥ **Arts et Trésors Inouis**, 45, rue des Groseillers ☎ 638.69.69. Sélection d'objets d'art et d'artisanat amérindiens et inuit.

Le Nunavik

Carte, p. 92.

❶ **Association touristique du Nunavik**, Kuujjuaq, CP 779, JOM 1CO ☎ (819) 964.28.76 ou 1.888.594.34.24. www.nunavik-tourism.com.

➤ **ARRIVÉE.** Il n'y a pas de routes pour le Nunavik : on y accède par **avion**, depuis Montréal et Radisson. Contactez **Air Inuit** et sa filiale **First Air** à Montréal *(p. 143)* ou **Air Creebec** à Val-d'Or *(p. 106)*.

➤ **SPORTS ET LOISIRS.** Écotours Qimutsik, Kuujjuaq ☎ (514) 694.82.64. www.qimutsiktours.com. Expéditions en traîneau à chiens, forfaits tourisme culturel de janvier à avril. **Pourvoirie du lac Rapid**, Kangiqsualujjuaq ☎ (819) 337.52.14, www.rapidlake.com. Randonnées, safari photo et safari aérien de juillet à septembre.

■ Kuujjuaq

Hébergement

▲▲ **Auberge Kuujjuaq** ☎ (819) 964. 29.03, fax (819) 964.20.31. *22 ch.* Confort. Restaurant.

■ Kuujjuarapik

Hébergement

▲▲ **Hôtels de fédération des coopératives du Nouveau-Québec** (à Kuujjuarapik et dans 10 villages inuit). Rés. à Montréal ☎ (514) 457.93.71 ou 1.800.465.94.74, fax (514) 457.46.26. Pas de restauration sur place, mais cuisine communautaire. ■

Températures dans le Nunavik

	Hiver	Juin	Juillet	Août	Septembre
Inukjuak	-24,5	4,2	9,1	8,9	5,1
Kangirsuk	-22	1,9	6,2	6,3	3,3
Kuujjuaq	-23,6	6,8	11	10,4	5,3
Kuujjuarapik	-22,9	6,3	10,2	10,6	7,2

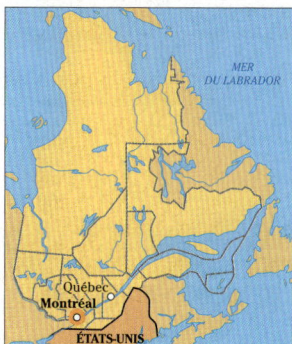

MER
DU LABRADOR

Québec
Montréal
ÉTATS-UNIS

Plus de trois millions d'habitants, une conurbation typiquement nord-américaine avec des rues en damier, un centre-ville aux gratte-ciel nombreux, des quartiers trépidants d'animation, de vastes espaces verts : voilà Montréal, née il y a quelque 350 ans sur une île du Saint-Laurent. La ville occupe à présent tout un archipel, dans l'un des plus grands deltas intérieurs du monde.

Avec toutes les caractéristiques d'une métropole, Montréal est une ville chaleureuse et attachante. La qualité de vie se laisse apprécier dans les mille et un détails du quotidien : des gens ouverts et souriants, une abondance de petits restaurants sympathiques, des loisirs à la carte… La métropole québécoise est une ville tonique, entourée d'une verte campagne dont la proximité favorise les escapades improvisées.

Montréal se classe au premier rang sur le continent américain pour la qualité de vie. Dotée d'une activité culturelle intense, elle compte quatre universités et de nombreuses grandes écoles. C'est un foyer de création ouvert à tous les courants, à toutes les recherches. Le paysage urbain reflète cette diversité : cachet français du Vieux-Montréal, centre-ville de type américain, tandis que, à l'ouest, l'archi-

M O N T R É A L

tecture est fortement marquée par l'influence britannique. Longtemps présentée comme la deuxième ville du monde francophone après Paris, Montréal est aujourd'hui la métropole francophone la plus cosmopolite. Elle concentre des groupes de population d'origines très diverses, en une multitude d'îlots où les Français sont largement majoritaires, suivis des Britanniques, des Italiens et des Grecs. Outre le français et l'anglais, les autres principales langues parlées sont, par ordre décroissant: l'italien, l'espagnol, le grec, l'arabe, le chinois et le portugais.

➤ *Plan d'ensemble*, p. 110. *Plan I: le centre*, p. 114. *Plan II: autour du square Dorchester*, p. 119. *Plan III: le Vieux Montréal*, p. 122. *Plan du métro*, p. 113. *Bonnes adresses*, p. 135.

Le pouls du centre-ville

➤ **Plan I** *Comptez une journée.*

Cette promenade vous fera découvrir la vie urbaine et commerçante de Montréal. Dans le centre-ville se trouvent les grands magasins, les sièges sociaux des multinationales, les hôtels de prestige, les boutiques et les restaurants chic.

Le centre-ville ouest*

➤ **I-BC3** *Dans le quadrilatère situé entre les **M°** Guy-Concordia et Place-des-Arts et les rues Sherbrooke et Sainte-Catherine.*

Vers 1900, une cinquantaine de familles se partageaient les trois quarts de la fortune de tout le Canada, héritage des Anglais et Écossais enrichis par la pelleterie, les chemins de fer et la banque. Leurs somptueuses résidences de style néogothique ou victorien,

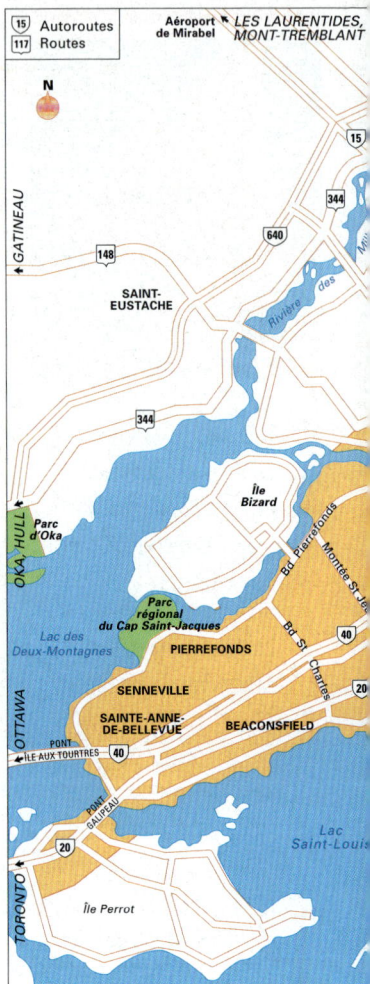

PLAN D'ENSEMBLE DE MONTRÉAL

bâties sur les pentes boisées du mont Royal, ont formé autour de la rue Sherbrooke O un élégant quartier qu'on appelait alors le **Golden Square Mile** (le «millecarré doré», en mesure anglaise). Ces demeures cossues sont devenues des clubs privés, des sièges sociaux ou les bâtiments annexes de l'**université McGill I-C3**, établissement anglophone fondé en 1821. D'autres abritent maintenant des commerces de luxe.

S'ORIENTER

L'île de Montréal est délimitée par le Saint-Laurent au S et la rivière des Prairies au N. Ne vous fiez pas au soleil pour vous orienter : Montréal a pris quelque liberté avec les points cardinaux pour les adapter à sa propre géographie. Le **Saint-Laurent** coule d'O en E jusqu'au centre-ville où il fait un crochet vers le N, ce qui a pour effet de modifier sa trajectoire. Les **artères parallèles** au Saint-Laurent sont considérées E-O et les **artères perpendiculaires** N-S. La

ville est divisée en deux **secteurs E et O**, situés de part et d'autre du bd Saint-Laurent, de sorte qu'une même rue se dénomme E ou O. Aussi, prêtez bien attention aux indications des points cardinaux pour éviter les détours : plusieurs kilomètres séparent le 1000, rue Sherbrooke E du 1000, rue Sherbrooke O. **Du S au N**, les choses sont moins complexes, tous les numéros partent du fleuve. Néanmoins, **les adresses** de rues sont assez uniformes, et il suffit d'un numéro, accompagné d'un axe E-O, pour que vous vous y retrouviez.

Montréal par quartiers

➤ **LE CENTRE-VILLE OUEST I-BC3**. Avec ses gratte-ciel à l'américaine, le « bas de la ville » est le cœur économique de Montréal. Hôtels luxueux, restaurants chic, grands magasins, musées d'envergure occupent ce territoire circonscrit par la rue Sherbrooke, le bd René-Lévesque, le bd Saint-Laurent et l'av. Atwater. On découvre, en prime, une ville sous la terre *(encadré p. 120)*.

➤ **LE VIEUX-MONTRÉAL plan III**. En bordure du fleuve, ce quartier recèle les plus anciens bâtiments de Montréal, dont plusieurs sont devenus des musées historiques. Le Vieux-Port est un espace récréatif très animé en été. Le quartier s'étend au sud de la rue Saint-Antoine entre les rues Berri et McGill *(p. 121)*.

➤ **LE QUARTIER LATIN I-BC2-3**. Cafés-terrasses, restaurants et vie estudiantine de l'université du Québec donnent le ton à ce carrefour où abondent cinémas et salles de spectacles. La principale gare routière du Québec borde ce quartier qui rayonne autour de la rue Saint-Denis entre les rues Sainte-Catherine et Sherbrooke *(p. 129)*.

➤ **LE PLATEAU MONT-ROYAL I-BC2**. Plus qu'un quartier, c'est un esprit : jeune et branché. Ses coquettes rues résidentielles sont traversées par la rue Saint-Denis, le bd Saint-Laurent et l'av. du Mont-Royal, où se concentre la vie nocturne, commerciale et culturelle. Il est délimité par la rue Sherbrooke, l'av. du Parc, le bd Saint-Joseph et le parc Lafontaine *(p. 130)*.

➤ **LE VILLAGE I-C2**. La vitrine de la vie homosexuelle à Montréal, qu'on surnomme le « San Francisco du Canada ». Boîtes de nuit, bars et boutiques affichent leur différence le long de la rue Sainte-Catherine, entre les rues Beaudry et Papineau.

➤ **HOCHELAGA-MAISONNEUVE I-CD1-2**. Ce quartier populaire de l'est a connu une vocation industrielle.

➤ **OUTREMONT I-B2**. Ce quartier bon chic bon genre égrène des résidences cossues, des boutiques et des restaurants qui se concentrent dans la rue Bernard et l'av. Laurier, tandis que la pittoresque av. du Parc reflète sa diversité multiculturelle.

➤ **CÔTE-DES-NEIGES I-AB3**. On y parle pas moins de 110 langues. S'y dressent l'université de Montréal et l'oratoire Saint-Joseph *(p. 131)*.

➤ **WESTMOUNT I-B3-4**. Riche et anglophone, ce quartier présente une intéressante architecture résidentielle. On trouve une vie commerciale animée sur la rue Sherbrooke, à la hauteur de la rue Victoria et de l'av. Greene.

➤ **LE CHINATOWN I-C2-3 ET plan II**. Aujourd'hui un peu à l'étroit, le quartier regroupe ses restaurants et ses marchés d'alimentation dans un quadrilatère bordé par le bd René-Lévesque, la rue Saint-Urbain, l'av. Viger et le bd Saint-Laurent *(p. 127)*.

➤ **LA PETITE ITALIE I-B1-2**. Autour des halles du marché Jean-Talon, de bons restaurants et des cafés sportifs qui servent un café bien serré. Ce quartier est délimité par le bd Saint-Laurent entre les rues Bellechasse et Jean-Talon. ❖

Vue de l'île Sainte-Hélène, la ville de Montréal : au premier plan, les installations récréatives du Vieux-Port, parmi lesquelles la coupole du marché Bonsecours, à l'arrière-plan s'élèvent les gratte-ciel du centre-ville ouest.

PLAN DU MÉTRO DE MONTRÉAL

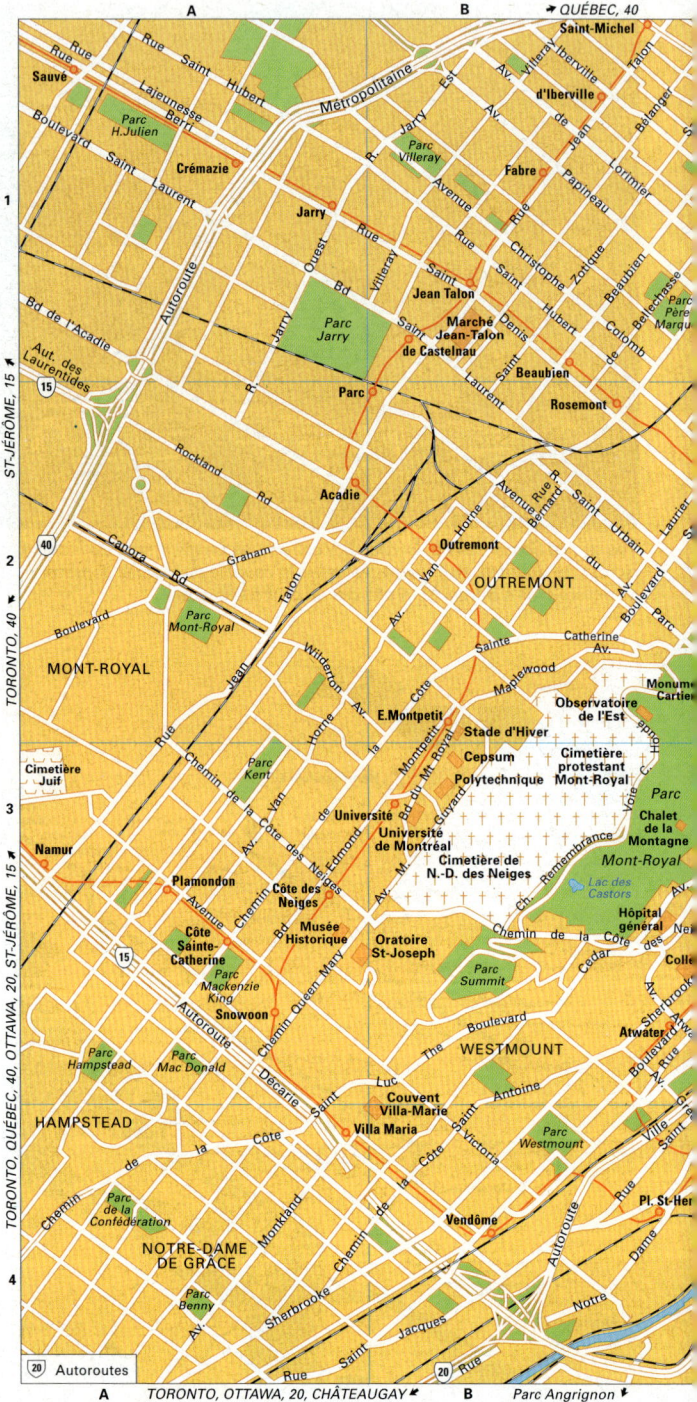

MONTRÉAL I: LE CENTRE

QUÉBEC, 20, SOREL →

Parc E.
Desmarteau
16e

Parc
Maisonneuve

Arena M. Richard
Piscine   Viau
Biodôme

Boulevard Beaubien

Boulevard
Rosemont

Jardin
Botanique

Stade
Olympique

Bennett
Ontario

N

Boulevard
de Bellechasse

Av. Pie IX

Pie IX
Bd

Bourbonnière

Château
Dufresne

Masson

Dandurand

Parc
Lafond

Saint Joseph

Michel

Rachel

Hochelaga

Joliette

Rue

Davidson

Rue

Iberville

Boulevard

Préfontaine

Moreau

Notre

Dame

1

Av. Royal

de

Iberville

Frontenac

Laurier

Laurier
Mont-Royal

Parc
Lafontaine

du

Papineau

Lorimier

Rachel

Cartier

Papineau

Sainte Catherine

Papineau

Aquarium
La Ronde

PONT

Longueuil

LONGUEUIL

20

2

Sherbrooke

Beaudry

Maison de
Radio
Canada

Musée M.
Stewart

Vieux
Fort

Théâtre

JACQUES CARTIER

Saint Charles

Hôtel-Dieu

Berri-UQAM
Université
du Québec

Saint
Laurent

Île
Sainte-Hélène

Biosphère

Jean-Drapeau

Circuit
Gilles-Villeneuve

Parc
de
la voie
maritime

Parc
Mance

Champ-de-Mars

Q. de
l'Horloge

Place
des Arts

Musée d'Art cont.
Complexe Desjardins

Univ.
McGill

Musée
McCord Pl. d'Armes

McGill

Square
Victoria

Q.J.
Cartier
K.Edward

Q.
Alexandra

PT DE LA
CONCORDE

PL DES
NATIONS

Casino

Basin Olympique

3

Musée des
eaux-Arts

Peel

Gare centrale
Bonaventure

Guy-
Concordia

Gare
Windsor

Lucien L'Allier

Centre
Marguerite
d'Youville

G. Vanier

Autoroute

Quai Bickerdyke

Quai Mark Drouin

Av. Pierre Dupuy

Fleuve

Parc
Floral
Île
Notre-Dame
Plage

Riverside

Bonaventure

R. Bridge

PONT
VICTORIA

Groulx

Canal de Lachine

Wellington

Charlevoix

POINTE
ST-CHARLES

10

Saint-Laurent

NEW YORK, 15 →

4

Maison
Saint-
Gabriel

Parc
Leber

Parc
Bourgeois

Lasalle

Bd Lasalle

15 20

Île des
Sœurs

PONT
CHAMPLAIN

0   500   1000 m

VERDUN

Parc
Thérrien

➤ **LE CENTRE MARGUERITE D'YOU-VILLE I-C3**. *1185, rue Saint-Mathieu* ☎ *(514) 932.77.24. Au S du* **M°** *Guy-Concordia, sortie rue Saint-Mathieu. Ouv. du mer. au dim. de 13 h 30 à 16 h 30.* Conçu par l'architecte Victor Bourgeau, le couvent des Sœurs de la Charité est un édifice néoclassique qui abrite une chapelle où repose la fondatrice de l'ordre, Marguerite d'Youville, béatifiée en 1990, ainsi que des expositions temporaires d'art et d'objets religieux amassés depuis trois siècles par cette congrégation, que l'on nomme aussi les « Sœurs grises ».

➤ **LE CENTRE CANADIEN D'ARCHITECTURE* (CCA) I-C3**. *1920, rue Baile* ☎ *(514) 939.70.26. www.cca.qc.ca. À l'O de la rue Saint-Mathieu, entre la rue Sainte-Catherine O et le bd René-Lévesque O.* **M°** *Guy-Concordia. Ouv. t.l.j. sf lun. en été de 11 h à 18 h, du mer. au dim. en hiver de 11 h à 17 h.* Intégrant le manoir Shaughnessy (1874) dans une construction récente, le CCA est à la fois un musée et un centre de recherche voué à l'architecture. Fondé en 1989 par Phyllis Lambert, architecte et mécène, il a acquis une réputation internationale tant par ses activités que par sa collection d'œuvres et de documents. Des **expositions** sont présentées aux visiteurs, qui peuvent aussi voir le **jardin d'hiver** et les salles de réception de la maison victorienne.

En face, bordant l'autoroute Ville-Marie, le **jardin de sculptures**** du CCA, inauguré en 1990, est une œuvre de l'artiste contemporain Melvin Charney.

➤ **LE MUSÉE DES BEAUX-ARTS*** I-C3**. *1380, rue Sherbrooke O* ☎ *(514) 285.20.00. www.mbam.qc.ca.* **M°** *Guy-Concordia. Bus 24. Ouv. t.l.j. sf lun. de 11 h à 18 h. Entrée gratuite aux collections permanentes.* Ce prestigieux musée, fondé en 1860 par un cercle d'amateurs d'art anglophones et le peintre canadien-français Napoléon Bourassa, abrite de riches

L'édifice du centre canadien d'Architecture a été conçu par Peter Rose et Phyllis Lambert. Ce centre de recherche et d'étude de l'architecture possède des collections comptant parmi les plus importantes au monde sur ce sujet.

collections réparties dans deux pavillons, situés de part et d'autre de la rue Sherbrooke et dans la galerie souterraine qui les relie.

Le **pavillon Benaiah Gibb**, dessiné par Moishe Safdie, constitue l'aile sud du musée. Réservé à l'**art des Amériques**, il offre notamment un riche panorama de l'**art canadien** jusqu'à 1960. On remarquera les œuvres du Groupe des Sept qui annoncent la modernité picturale au Canada, et celles de leur pendant québécois, les signataires du Refus global (p. 62), artistes québécois fortement influencés par les surréalistes européens : Paul Émile Borduas (1905-1960) est le plus important d'entre eux, et une salle lui est consacrée. L'**art inuit** et l'**art amérindien** occupent également un espace privilégié, qu'ils partagent avec l'**art précolombien** du Mexique, du Costa Rica et du Pérou.

Le **pavillon Jean-Noël Desmarais**, situé dans l'aile nord du musée, présente les peintures, sculptures et arts décoratifs européens et américains du Moyen Âge à nos jours. S'y concentrent de grands noms de l'aventure artistique occidentale : Mantegna, Le Greco, Rembrandt, Gainsborough, Daumier, Renoir, Monet, Picasso, Giacometti, Calder. Du côté des artistes canadiens contemporains, des œuvres de Betty Goodwin, Geneviève Cadieux, Michael Snow sont présentées.

Les **galeries des Cultures anciennes** présentent des objets d'art décoratifs de l'Antiquité, du monde arabe, d'Asie, d'Afrique et d'Océanie.

➤ **Le musée des Arts décoratifs de Montréal* I-C3**. *2200, rue Crescent* ☎ *(514) 284.12.52. Ouv. t.l.j. sf lun. de 11h à 18h.* Adjacent au MBA, ce petit musée abrite une collection de mobilier et d'objets de design postérieurs à 1935.

➤ **Le quartier du musée des Beaux-Arts I-C3**. Le long de la rue Sherbrooke, entre la rue Saint-Mathieu et l'avenue McGill College, vous aurez une idée de la splendeur de Montréal au début du XXe s. Parmi les anciens hôtels particuliers, signalons la **maison Corby**, au n°1201 de la rue Sherbrooke ouest ; la **maison Forget**, au n°1195. Au n°1440 de la rue Drummond se trouve l'ancien **hôtel particulier** construit de 1880 à 1883 pour George Stephen, président fondateur du Canadien Pacifique et de la Banque de Montréal : c'est aujourd'hui un club privé pour hommes d'affaires, le **Mount Stephen Club** (☎ *(514) 849.73.38)*, une merveille d'architecture intérieure que l'on peut découvrir lors des brunchs musicaux le dimanche.

Dans le quartier du musée, les galeries d'art abondent. La **rue Crescent** et la **rue de la Montagne I-C3** abritent des boutiques de créateurs de mode québécois (p. 140). Au sud du bd de Maisonneuve la rue Crescent est animée d'une vie trépidante où se succèdent cafés-terrasses et boîtes de nuit.

➤ **Le musée Redpath I-C3**. *859, rue Sherbrooke O* ☎ *(514) 398. 40.86.* **M°** *McGill. Entrée libre.* Le musée d'Histoire naturelle de la plus ancienne université canadienne, McGill, occupe l'un des 80 bâtiments du campus érigé sur le flanc du mont Royal. Ayant échappé à la modernisation, il distribue sur trois étages, à la manière des cabinets de curiosités d'autrefois, l'ensemble de sa collection : ossature de dinosaures ; lion blanc

Le musée d'Art contemporain permet de découvrir les grands artistes québécois et canadiens. Il jouxte la place des Arts, un important centre de spectacles.

et oiseaux naturalisés ; collection de roches ; momie et papyrus ; coiffures ; masques et tambours africains ; fragments de météorites. Les enfants ne s'en lasseront pas.

➤ **Le musée McCord d'Histoire canadienne**** **I-C3**. *690, rue Sherbrooke O ☎ (514) 398.71.00.* www. musee-mccord.qc.ca. **M°** *McGill, sortie University. Ouv. du mar. au ven. de 10h à 18h ; lun. fériés, sam. et dim. de 10h à 17h.* Ce musée a été fondé en 1921 par un collectionneur passionné, David Ross McCord qui a réuni ici une magnifique collection amérindienne et inuit de costumes, bijoux et objets utilitaires finement décorés. L'institution fonde aussi sa notoriété sur le **fonds photographique Notman**. Ce grand photographe montréalais et son studio ont produit 700 000 photos sur plus d'un demi-siècle. L'exposition, centrée sur Montréal, ne rend pas bien compte de l'ampleur du travail de mémoire et de l'œuvre de ces deux hommes, dont la vision embrassait le Canada tout entier.

➤ **L'avenue McGill College I-C3** ou **plan II**. Par cette artère, descendez vers la **rue Sainte-Catherine** en croisant le bd de Maisonneuve. Ce quartier rassemble plusieurs **gratte-ciel**, et des **galeries commerciales** se prolongent dans le Montréal souterrain, auquel on peut accéder par le métro McGill, entre autres entrées.

➤ **La rue Sainte-Catherine I-C3** ou **plan II**. Les grands magasins *(p. 140)* ont pignon sur cette rue, la plus importante artère commerçante de Montréal. En poursuivant dans la rue Sainte-Catherine, vers l'est, vous arrivez à la **place des Arts** : un important centre de concerts en tout genre et de spectacles de danse qui communique par souterrain avec les galeries marchandes du **complexe Desjardins**, situé juste en face. La place des Arts jouxte le musée d'Art contemporain.

➤ **Le musée d'Art contemporain de Montréal**** **(MAC) I-C3** ou **plan II**. *185, rue Sainte-Catherine O ☎ (514) 847.62.26.* www.macm.

qc.ca. **M°** *Place-des-Arts. Ouv. t.l.j. sf lun. de 11h à 18h, mer. jusqu'à 21h.* Créé en 1964, le MAC occupe ces lieux depuis 1992. Il abrite près de 5000 œuvres, représentatives des principaux courants de l'art depuis 1939. Sa visite constitue une solide introduction à l'**art contemporain québécois** et **canadien**. On y trouve notamment 100 œuvres de **Paul Émile Borduas**, chef de file du groupe « automatiste ». Figurent aussi Jean-Paul Riopelle, Alfred Pellan, les plasticiens Guido Molinari et Serge Tousignant, les sculptures de Charles Daudelin, de Pierre Grange et d'Armand Vaillancourt, les gravures d'Albert Dumouchel et de Roland Giguère. Des artistes contemporaines telles que Jana Sterbak, Raymonde April, Irene Witthome et Betty Goodwin sont représentées au musée par leurs œuvres fortes.

L'**art international** est aussi présent avec les Américains Andy Warhol, Robert Mapplethorpe et Bill Violat, les Canadiens Emily Carr, Michael Snow et Jannis Kounellis et les Européens Jean Dubuffet, Pierre Soulages, Antoni Tapiès et Giulio Paolini.

Autour du square Dorchester*

➤ **I-C3** ou **plan II** *Entre les rues Sainte-Catherine, University, Saint-Antoine et de la Montagne.* **M°** *Peel, McGill ou Bonaventure.* **Centre Infotouriste**, *1001, rue du Square-Dorchester (p. 135).*

Ce quartier, d'où partent des bus d'excursions et des calèches, est le cœur touristique de la ville.

➤ **LE SQUARE DORCHESTER.** De majestueux bâtiments bordent ce petit parc du centre-ville. Au nord, le **Dominion Square Building** a été érigé en 1927 dans le goût néoflorentin. À l'ouest, la **tour CIBC** (à sa porte, une sculpture de Henry Moore) côtoie l'ancien **hôtel Windsor**, de style Napoléon III. À l'est se dresse l'édifice de la **Sun Life,** datant de 1914 et ultérieurement surélevé. Au sud-est, la **cathédrale Marie-Reine-du-Monde*** *(ouv. du lun. au ven. de 7h à 19h30, le w.-e. ouv. à 8h30),* construite en 1875, est une réplique en réduction de Saint-Pierre-de-Rome.

➤ **VERS LA PLACE BONAVENTURE.** En descendant la rue Peel jusqu'à la rue de La Gauchetière, vous

MONTRÉAL II: AUTOUR DU SQUARE DORCHESTER

Une ville sous la ville

*La place Montréal Trust est l'un des maillons du Montréal souterrain.
Des kilomètres de galeries se déploient autour des stations de métro
du centre, permettant aux Montréalais de « magasiner » et de se divertir
à l'abri des rigueurs de l'hiver comme des canicules estivales.*

L'urbanisme souterrain, bien adapté au climat, est typique de Mont-réal. Il a fait son apparition en 1957 lors de la construction de la place Ville-Marie, un complexe monumental bâti au-dessus d'un couloir ferroviaire souterrain dépendant de la gare centrale. L'architecte sino-américain Leoh Ming Pei, auteur de la pyramide du Louvre à Paris, avait imaginé d'établir, sous cette tour en forme de croix, de vastes galeries marchandes bien éclairées et parfaitement climatisées, pour-vues de restaurants, d'agences bancaires et de salles de cinéma. Elles ont été reliées aux couloirs du métro, inauguré en 1966, et à d'autres galeries marchandes aux alentours. Ce territoire souterrain couvre plus de 30 km où quelque 500 000 personnes circulent chaque jour. On y trouve sept grands hôtels, 30 salles de cinéma, 200 restaurants, deux gares routières, 10 stations de métro et 1 600 boutiques. ❖

longez la **place du Canada**, un espace vert qui fait face au square Dorchester. Sur votre dr., l'**église anglicane Saint-George** (1870) est réputée pour la beauté de ses boi-series. En face, la **gare Windsor** a été construite en 1889 dans un style néoroman; elle est aujourd'hui réservée aux trains de banlieue. Faisant face à la place du Canada, rue de La Gauchetière, s'élève la tour moderne de l'hôtel **Château Champlain,** dont l'architecture

particulière lui a valu le surnom de «la râpe à fromage». Elle voi-sine avec le plus haut édifice de Montréal: la tour du **1000 de La Gauchetière** *(1000, rue de La Gau-chetière O ☎ (514) 385.05.55; ouv. t.l.j. dès 11 h 30, nocturne du jeu. au dim.; location de patins),* qui com-porte 51 étages et dont l'**amphi-théâtre Bell** abrite une patinoire intérieure où l'on évolue sous une verrière *(p. 141).* Vous êtes alors à quelques pas de la **place Bonaven-**

ture. Ce complexe, le plus vaste du genre au Canada, concentre des halls d'exposition, des galeries commerciales, des bureaux, des restaurants et des cinémas. Il est en relation souterraine avec la gare centrale et la place Ville-Marie *(encadré ci-contre)*.

En empruntant la rue Saint-Antoine E, vous atteindrez le **square Victoria** autour duquel sont établis de prestigieuses places d'affaires et les bureaux d'organismes internationaux comme l'**OACI** (Organisation de l'aviation civile internationale) et le **centre de Commerce mondial de Montréal**.

Au **n°747** du Square Victoria, une verrière de 300 mètres de long couvre la ruelle des Fortifications dont le tracé épouse celui des **remparts** de la ville fortifiée du XVIII e s. L'entrée du métro du square est ornée d'une grille du métro parisien. L'ouvrage réalisé par **Hector Grimard** en 1900 a été offert par la France à l'ouverture du métro, lors de l'Exposition universelle de 1967.

Le Vieux-Montréal**

➤ *Départ au* **M°** *Champ-de-Mars* **I-C3** *ou* **plan III**. *Une journée de visite.*

La partie la plus ancienne de la ville se trouve au bord du Saint-Laurent, où elle fut fondée en 1642 *(p. 44)*. Il ne reste aucune demeure de cette époque, mais le quartier a gardé ses rues étroites, ses pavés d'origine et plusieurs de ses plus beaux fleurons architecturaux. Durant la belle saison, c'est un carrefour touristique très fréquenté, non seulement pour son cachet «vieille France» mais aussi pour ses nombreuses animations de rue et toutes les activités du Vieux-Port.

Autour de la place Jacques-Cartier*

➤**I-C3** *ou* **plan III**. *Du* **M°** *Champ-de-Mars, dirigez-vous vers le Saint-Laurent pour rejoindre la rue Notre-Dame, à l'angle de la rue Bonsecours. La promenade s'effectue en direction O. À l'angle de la rue Notre-Dame se trouve un bureau de renseignements touristiques (p. 135).*

Le square Victoria est le centre économique de Montréal.

En bordure du parapet du pont Jacques-Cartier s'élève le buste du navigateur, offert par la France le 1er septembre 1934 pour commémorer le 4e centenaire de la découverte du Canada.

LA RUE NOTRE-DAME

▶ **L'HÔTEL DE VILLE**. *275, rue Notre-Dame E. Hall. Ouv. au public.* C'est du balcon de cet édifice de style Napoléon III que, le 24 juillet 1967, le général de Gaulle a lancé son célèbre «Vive le Québec libre! ».

À l'ouest de la mairie, sur la **place Vauquelin**, se dresse la statue du lieutenant de vaisseau Jean Vauquelin, natif de Dieppe, défenseur naval de Québec en 1760.

▶ **LA PLACE JACQUES-CARTIER**. Bordée de terrasses, cette place est animée en été. À son extrémité sud, la sculpture interactive de Gilbert Boyer intitulée *Mémoire ardente* a été érigée pour les fêtes du 350e anniversaire de la fondation de Montréal, en 1992. Au **n°400** de la place Jacques-Cartier, la **maison Del Vecchio** (1800). Au **n°407**, voyez la **maison Cartier** (1812) et plus haut, au **n°435**, la **maison Vandelac** (1802).

▶ **LES TROIS PALAIS DE JUSTICE**. *1, 100 et 155, rue Notre-Dame E, **M°** Champ-de-Mars.* Le «vieux» palais (1849) sert d'annexe à l'hôtel de ville. Le «nouveau», bâti en face et doté d'une colonnade, a été conçu en 1926 dans le style néoclassique : s'y trouvent les conservatoires de théâtre et de musique. Le siège actuel des tribunaux est l'immeuble de verre édifié au coin du bd Saint-Laurent.

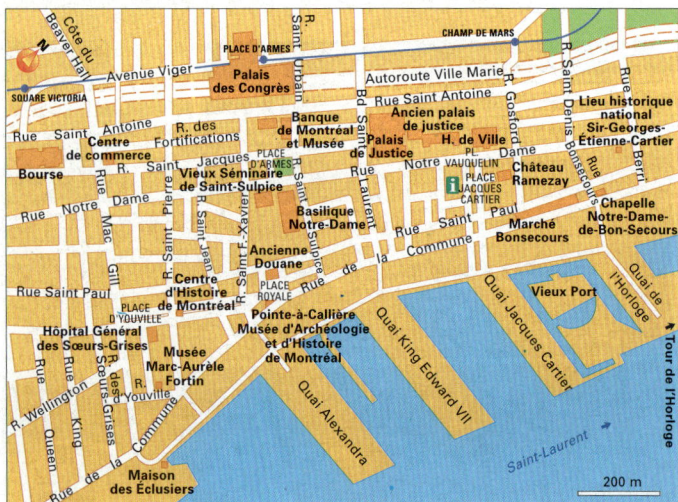

MONTRÉAL III : LE VIEUX-MONTRÉAL

Un port de mer loin de l'Atlantique

Si le port de Montréal fonctionne tous les jours de l'année, certains navires ne font que passer et s'engagent dans la voie maritime du Saint-Laurent, longue de 2 400 km, qui relie l'Océan aux ports américains des Grands Lacs.

Depuis 1840, le port de Montréal offre, au cours d'une cérémonie, une canne à pommeau d'or au commandant du premier navire de l'année à entrer dans le port. Jadis, cette fête signifiait, après six mois d'inactivité en hiver, le retour au labeur et à la prospérité. La construction de navires à coque renforcée et l'utilisation de brise-glace sur le Saint-Laurent ont permis l'ouverture constante du port. Depuis 1964, c'est au premier navire arrivant après le 31 décembre à minuit qu'est remise la prestigieuse canne à pommeau d'or.

Quelque 2 600 navires commerciaux s'amarrent chaque année au long des 24 km de quais, près des hangars spécialisés, des gigantesques silos à grains, des terminaux à conteneurs, des voies de chemins de fer, qui forment le plus grand port intérieur du monde. ❖

▶ **LE CHÂTEAU RAMEZAY***. *280, rue Notre-Dame E* ☎ *(514) 861.37.08.* **M°** *Champ-de-Mars. Ouv. t.l.j. du 1er juin au 30 sept. de 10 h à 18 h, du mar. au dim. du 1er oct. au 31 mai de 10 h à 16 h 30.* Ce manoir rustique a été construit en 1705 par Claude de Ramezay, gouverneur du Canada, puis racheté en 1745 par la Compagnie des Indes occidentales. Il abrite un **musée** qui évoque le Montréal de la Nouvelle-France. Au **rez-de-chaussée** se déroule l'histoire de la colonie depuis les premiers échanges avec

les Amérindiens jusqu'au XIXe s. Dans la **salle de Nantes**, contemplez les panneaux en acajou Louis XV qui ornaient le siège de la Compagnie à Nantes. Au **sous-sol**, des pièces meublées évoquent la vie et les arts domestiques des colons du XVIIIe s.

▶ **LE LIEU HISTORIQUE NATIONAL DE SIR-GEORGE-ÉTIENNE-CARTIER***. *458, rue Notre-Dame E* ☎ *(514) 283.22.82. Ouv. t.l.j. en été, du mer. au dim. en basse saison, f. de janv. à mars.* Ici vécut George-Étienne Cartier, l'un des pères de la Confé-

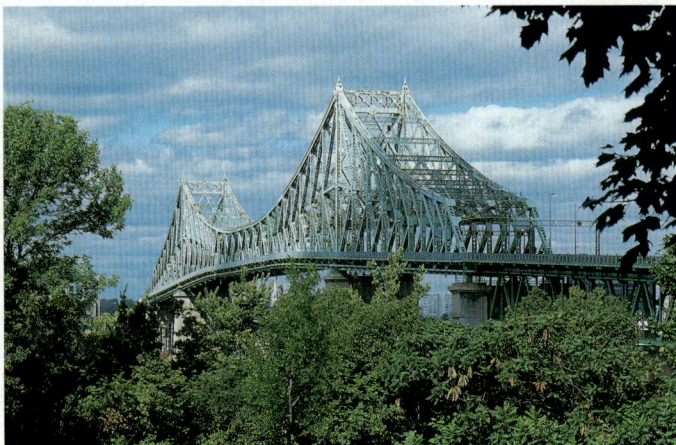

Inauguré en 1930, le pont Jacques-Cartier enjambe le fleuve Saint-Laurent pour relier Montréal à l'île Sainte-Hélène et à Longueuil.

dération créée en 1867. La maison située à l'est évoque la carrière du personnage et son époque. Celle à l'ouest est une reconstitution de la demeure victorienne où vivait la famille Cartier.

LE VIEUX-PORT**

➤ *Rens.* ☎ *(514) 496.76.78 ou 1.800.971.76.78.* www.vieuxportde montreal.com. **M°** *Champ-de-Mars.*

Inauguré en 1992, le Vieux-Port est un vaste espace où s'ouvrent de grandes pelouses, très animé durant la belle saison. À pied, en vélo ou en patins, la foule s'y presse pour prendre le soleil, voir des expositions, faire une balade fluviale sur le Saint-Laurent : la gare maritime se trouve sur le quai Alexandra tout proche, mais c'est du quai Jacques-Cartier, plus à l'est, que partent les **bateaux d'excursions** *(p. 141)*. Sur le quai King Edward VII s'est installé le **centre des Sciences de Montréal** (☎ *(514) 496.47.24; ouv. du mar. au dim. et les lun. fériés de 9h30 à 17h)*, un complexe interactif soutenu par les entreprises de hautes technologies. Il présente des expositions scientifiques et abrite un ciné-jeu Immersion, un cinéma Imax (projection de films en 3D sur écran géant), des restaurants et des boutiques. Sur le quai de l'Horloge, plus à l'est, se trouve la **tour de l'Horloge** (☎ *(514) 283. 76.78; entrée libre)*. Ce monument (1922) rappelle le sacrifice des marins disparus lors de la Première Guerre mondiale. Une exposition historique et un superbe **panorama*** récompensent la montée de ses 192 marches.

LA RUE SAINT-PAUL**

➤ ♥ **LA CHAPELLE NOTRE-DAME-DE-BON-SECOURS***. *400, rue Saint-Paul E* ☎ *(514) 282.86.70.* **M°** *Champ-de-Mars. Horaires variables, rens. par téléphone.*

Elle fut créée en 1657 par **Marguerite Bourgeoys**, venue de Troyes en Champagne, pour fonder à Ville-Marie la congrégation Notre-Dame. La chapelle, plusieurs fois reconstruite après des incendies, a été remaniée en 1888, mais elle garde son allure d'église de campagne. Depuis toujours,

Un carrefour stratégique

Jacques Cartier découvre le Saint-Laurent en 1535 (par Théodore Gudin, musée des Arts africains et océaniens, Paris).

En 1535, lorsqu'il explora la région à la recherche de mines d'or et d'une route vers l'Inde, Jacques Cartier dut mettre pied à terre : de forts courants et des hauts-fonds empêchaient la navigation des navires de haute mer vers l'amont du Saint-Laurent. L'île où il débarqua, et qui abritait le village iroquois de Hochelaga, était un lieu stratégique où les canoës devaient être échoués et portés au-delà des rapides. Aujourd'hui, ceux-ci ne sont plus un obstacle : la voie maritime du Saint-Laurent (1959) permet aux cargos d'atteindre les Grands Lacs, au cœur du continent nord-américain.

Au centre de l'île se trouve un massif de collines verdoyantes dont la plus haute porte, depuis quatre siècles et demi, le nom de mont Royal. En 1603, lorsqu'il y vint pour la première fois, Champlain comprit que ce site était idéal pour bâtir une cité commerciale. Pourtant, les Français ne s'y établirent réellement qu'en 1642, pour des raisons religieuses : Paul Chomedey, sieur de Maisonneuve, y fonda une mission d'évangélisation des Indiens appelée Ville-Marie. Très vite, la ville devint un carrefour pour la traite des fourrures, sous le nom de Montréal. Depuis, la ville a toujours vécu du commerce. Les conquérants anglo-saxons y ont ajouté la banque et la grande finance. Le développement des moyens de communication a fait de Montréal une métropole industrielle, bien située au carrefour d'échanges de l'Amérique du Nord. ❖

c'est le lieu de pèlerinage des navigateurs, qui y ont laissé de touchants **ex-voto** (navires en bois et cœurs en métal). Au-dessus du gisant de Marguerite Bourgeoys, on peut voir une **statuette miraculeuse** offerte à la religieuse en 1672 et demeurée intacte après avoir subi trois incendies. Au sommet du chevet, une **grande Vierge** en bronze tend ses bras vers le port.

En 1994, des travaux de rénovation ont permis la découverte de **fresques** (1888) réalisées par Édouard Meloche, qui avaient disparu depuis 1908 sous la toile marouflée d'un autre artiste. Une autre série de travaux de restauration et des fouilles archéologiques entreprises en 1996 ont mis au jour les fondations de la première chapelle, divers objets usuels et sacrés, ainsi que des vestiges de campement amérindien. Outre la chapelle et la crypte, on peut visiter plusieurs salles consacrées à la fondatrice et à sa congrégation. La « **salle du vrai portrait** » révèle le visage authentique de Marguerite Bourgeoys, tel qu'il fut saisi en 1700 par le pinceau étonnamment moderne de Le Ber, puis plusieurs fois repeint jusqu'à en devenir méconnaissable et récemment redécouvert à la suite d'une radiographie de l'œuvre. Une salle présente 58 charmantes vitrines où des **figurines** dans des décors miniatures reconstituent la vie de la religieuse, canonisée en 1982. Un escalier conduit à la terrasse d'où l'on jouit d'une très belle **vue*** sur le fleuve, le parc Jean-Drapeau et le monumental **pont Jacques-Cartier I-D2**.

➤ **LE MARCHÉ BONSECOURS**. *350, rue Saint-Paul E.* **M°** *Champ-de-Mars. Ouv. t.l.j.* Édifié en 1845, cet élégant bâtiment néoclassique abrite des expositions d'art, d'attrayantes boutiques et de populaires terrasses.

Tout le long de la rue Saint-Paul, à l'ouest de la place Jacques-Cartier, se succèdent des boutiques établies dans d'anciens entrepôts et des édifices commerciaux de belle architecture.

Autour de la place d'Youville

➤ **I-C3** *ou* **plan III** *Du marché Bonsecours, par la rue de la Commune vers l'O. Du* **M°** *Place-d'Armes, emprunter la rue Saint-Sulpice, puis à dr. la rue de la Commune.*

➤ **POINTE-À-CALLIÈRE, MUSÉE D'ARCHÉOLOGIE ET D'HISTOIRE DE MONTRÉAL****. *350, pl. Royale, Pointe-à-Callière* ☎ *(514) 872.91.50.* www.musee-pointe-a-calliere.qc.ca.

M° *Place-d'Armes. Ouv. t.l.j. de 11 h à 17 h. F. lun. en hiver.* Véritable monument dédié à Montréal, ce bâtiment moderne conçu par Dan S. Hanganu (1992) occupe le site même où Maisonneuve fonda Ville-Marie en mai 1642 (*p. 44*). La construction de l'édifice a donné lieu à des **fouilles archéologiques**. Les découvertes (sépultures, pierres, terrasses anciennes, remparts et circuit d'égouts) intégrées à l'architecture forment un site au-dessus duquel l'édifice agit comme une voûte de protection. Le visiteur circule dans les caves et découvre ainsi les anciens vestiges et l'histoire de Montréal. Un procédé multimédia projette silhouettes et paysages en 3D sur les ruines conservées dans les soubassements de l'édifice Éperon. La salle du 2e étage accueille des expositions archéologiques d'envergure internationale. Le musée intègre également, au nord de la place Royale, l'**Ancienne-Douane**, dont le bâtiment, datant de 1838, a été dessiné par John Ostell, l'architecte du vieux palais de justice, et la **maison de la Pompe**, une station de pompage électrique qui fonctionna des années 1920 aux années 1990.

➤ **LE CENTRE D'HISTOIRE DE MONTRÉAL**. *335, pl. d'Youville* ☎ *(514) 872.32.07.* **M°** *Square-Victoria. Ouv. t.l.j. de 10 h à 17 h. F. lun. en hiver.* Ce singulier bâtiment, d'inspiration flamande, était autrefois une caserne de pompiers (1903) surmontée de la tour de séchage des tuyaux d'incendie. On y présente des expositions sur l'histoire de la ville.

➤ ♥ **LE MUSÉE MARC-AURÈLE FORTIN***. *118, rue Saint-Pierre* ☎ *(514) 845.61.08.* **M°** *Square-Victoria. Ouv. t.l.j. sf lun. de 11 h à 17 h.* Ce musée intimiste regroupe les œuvres du peintre paysagiste M.-A. Fortin (1888-1970), qui fut parmi les premiers peintres modernes québécois (*encadré, p. 66*). Souvent croqués dans les quartiers et banlieues de Montréal, ses paysages au mouvement délié se distinguent par l'application de la couleur sur fond noir, ce qui leur donne beaucoup d'intensité dramatique.

La place d'Armes**

➤ **I-C3** *ou* **plan III** *Remonter la rue Saint-Pierre jusqu'à la rue Notre-Dame à dr.* **M°** *Place-d'Armes.*

Jusqu'en 1804, alors que Montréal était encore une petite ville, cette paisible place était entourée par une enceinte fortifiée. La **Banque de Montréal**, qui s'y installa fut la première à être fondée au Canada (1817). Cet édifice de style néoclassique abrite un petit **musée de Numismatique** (*119, rue Saint-Jacques O; ouv. en sem. de 10 h à 16 h; entrée libre*). Au fil des ans, d'autres entreprises financières ont fait bâtir sur la place de prestigieux sièges sociaux, tel l'édifice néoroman conçu au **n° 511** pour la **New York Life Insurance** en 1888 – l'époque des premiers buildings à charpente en fer en Amérique du Nord. Au **n° 507**, l'**édifice Alfred** est de style Art déco (1929). Au centre de la place se dresse depuis 1895 le monument à la mémoire de Paul Chomedey, sieur de Maisonneuve (*p. 44*).

➤ **LA BASILIQUE NOTRE-DAME*****. *110, rue Notre-Dame O ☎ (514) 842.29.25. Ouv. t.l.j. de 7 h à 18 h, en été jusqu'à 20 h.* Premier édifice néogothique du continent nord-américain, Notre-Dame a été bâtie en 1829 par James O'Donnell, un New-Yorkais d'origine irlandaise. Encadrée par deux tours massives,

l'une appelée Persévérance, l'autre Tempérance, la façade paraît assez austère. En revanche, l'intérieur est richement décoré et peint. Des **verrières** multicolores, exécutées à la fin du XIXe s. à Limoges d'après les cartons du peintre J.-B. Lagacé, racontent la fondation de Ville-Marie. Les grands **panneaux en bois sculpté**, tout enluminés de couleurs, confèrent à la basilique une excellente acoustique qui permet d'y donner des concerts, souvent accompagnés par l'orgue Casavant (1891). Le **musée Notre-Dame** présente des objets historiques de culte et des œuvres d'art sacré. La **chapelle du Sacré-Cœur** a été détruite par un incendie et reconstruite en 1980. Elle abrite un grandiose retable de Charles Daudelin, sculpteur que les Parisiens connaissent par *L'Embâcle* occupant la place du Québec, à Saint-Germain-des-Prés.

➤ **LE VIEUX SÉMINAIRE DE SAINT-SULPICE**. *130, rue Notre-Dame O.* Le bâtiment le plus ancien de la ville (1685) jouxte la basilique. L'**horloge** qui orne sa façade est la plus vieille du genre en Amérique (1701). Son mouvement en bois d'origine a été modifié pour qu'elle puisse fonctionner à l'électricité. Depuis 300 ans, les sulpiciens occupent le bâtiment et profitent de ses jardins secrets, situés à l'arrière.

Le quartier chinois*

➤ **I-C2-3** *Depuis la pl. d'Armes, emprunter la rue Saint-Urbain pour rejoindre le Chinatown de Montréal, séparé du Vieux-Montréal par l'autoroute Ville-Marie.*

Les premiers occupants du quartier chinois furent des **Cantonais**, embauchés pour construire les premiers chemins de fer dans l'ouest du Canada. À leur arrivée à Montréal, vers 1860, ils s'établirent autour du terminus de la gare, ouvrant des blanchisseries ou travaillant comme domestiques. Ceux qui réussirent se dispersèrent dans toute la ville, tandis que les moins nantis s'établissaient le long de la rue de La Gauchetière. Ce petit quartier chinois donne un bon aperçu du Montréal cosmopolite. La ville a fait un effort vraiment particulier, en le décorant de portiques, de squares orientaux et de cabines téléphoniques en forme de pagode. Le quartier est assidûment fréquenté par les Asiatiques de la ville qui font leurs emplettes dans les épiceries-bazars.

Autre clientèle fidèle, les visiteurs du **palais des Congrès**, un monstre en béton qui fut construit en 1983 au-dessus de l'autoroute Ville-Marie. Le quartier chinois jouxte le petit Pigalle de Montréal, qui se déploie autour de l'angle du boulevard Saint-Laurent et de la rue Sainte-Catherine.

Le parc Jean-Drapeau*

➤ **I-D2-3** *Des navettes sont proposées toutes les heures pour l'île de Sainte-Hélène et l'île Notre-Dame à partir du Vieux-Port par Croisières AML ☎ (514) 842.38.71. Pour le parc ☎ (514) 872.45.37 ou 1.800.797.45.37.* www.parcjeandrapeau.com. *Une demi-journée de visite.*

En face du Vieux-Montréal, l'île Sainte-Hélène et l'île Notre-Dame ont été aménagées pour la grande Exposition universelle de 1967. Elles forment sur 268 hectares le **parc Jean-Drapeau**, un site champêtre et récréatif. En été, on peut s'y baigner et assister à la compétition de feux d'artifice. En hiver, et lors de la fête des Neiges en février, on s'y adonne à la raquette, à la luge ou au traîneau à chiens.

➤ **L'ÎLE SAINTE-HÉLÈNE**. *En voiture par le pont Jacques-Cartier.* **M**° *Jean-Drapeau puis bus 167 pour accéder aux sites.* Sur la rive nord se détache une sculpture d'Alexander Calder (1898-1976), *L'Homme.* **La Ronde**

La Biosphère de l'île Sainte-Hélène est une prouesse architecturale conçue par Richard Buckminster Fuller pour représenter les États-Unis lors de l'Exposition universelle de 1967.

(☎ (514) 872.45.37; *ouv. tout l'été*), situé à l'est, est le plus grand parc d'attractions du Québec. À l'ouest, une ancienne caserne abrite le **musée Stewart*** (☎ *(514) 861.67.01; ouv. t.l.j. de 10 h à 17 h, f. mar. en hiver)* consacré à l'histoire de la découverte et de l'exploration du Nouveau Monde. L'été, des jeunes gens en uniforme font revivre par des manœuvres deux unités cantonnées autrefois à Montréal, la compagnie franche de la Marine et les Fraser Highlanders. L'ancien pavillon américain de l'Expo 1967 abrite un centre d'observation environnementale, la **Biosphère*** (*160, chemin Tour-de-l'Île* ☎ *(514) 283. 30.00; ouv. t.l.j. de 10 h à 17 h, f. mar. en hiver).* Il est consacré à l'eau et aux écosystèmes du Saint-Laurent et des Grands Lacs, et fait appel aux technologies interactives: spectacles multimédia, films…

➤ **L'ÎLE NOTRE-DAME.** *Accès par le pont de la Concorde.* Le **parc floral** de l'île est sillonné de canaux, pour le bonheur des rameurs du dimanche et des amateurs de voile. Très fréquentée, la **plage Doré** est propice à la baignade: le lac jouit d'un système de filtration entièrement naturel, qui utilise les algues. Sur le **circuit Gilles-Villeneuve** a lieu chaque année le grand prix de Formule 1. Le **casino** (*p. 141*) – l'un des plus grands au monde – a été aménagé dans l'ancien pavillon français de l'Exposition universelle de 1967.

♥ Le centre-ville est*

➤ **I-BC2** *Départ à l'angle des rues Saint-Denis et Ontario.* **M°** *Berri-UQAM. Les bons marcheurs remonteront la rue Saint-Denis jusqu'à l'av. du Mont-Royal, qu'ils emprunteront à g. pour descendre le* bd Saint-Laurent. Pour un aperçu plus rapide, couper par le square Saint-Louis pour rejoindre le bd Saint-Laurent. Une demi-journée de visite.

Irriguant le quartier du **plateau Mont-Royal**, le bd Saint-Laurent et la rue Saint-Denis sont les veines du Montréal jeune, épicurien, artiste et intellectuel. Traversant toute l'île de Montréal du nord au sud, ces deux rues centrales et parallèles ont chacune une physionomie et une importance particulières. C'est là que se concentrent les boutiques branchées, les terrasses, les restaurants et les bars les plus fréquentés.

Le Quartier latin*

➤ **I-C2** Au sud de la rue Saint-Denis s'installe en 1895 l'établissement universitaire canadien français qui deviendra l'université de Montréal, suivie par de grandes écoles et une bibliothèque publique. En 1942, l'université est déplacée dans le nouveau quartier élégant, le flanc nord-ouest du mont Royal. Après une longue période grise, la rue Saint-Denis et ses alentours ont repris vie avec l'implantation en 1979 de l'**université du Québec à Montréal** (**UQAM**). Bizarrerie architecturale, cette institution intègre des éléments de l'ancienne cathédrale Saint-Jacques : le clocher (rue Saint-Denis) et une partie du transept (rue Sainte-Catherine).

La population étudiante envahit commerces, cinémas et terrasses. La vie nocturne y est intense.

Autour du square Saint-Louis

➤ **I-C2** *À l'angle des rues Saint-Denis et Rigaud, au N de la rue Sherbrooke.* **M°** *Sherbrooke.*

Les rues du plateau Mont-Royal sont bordées de coquettes maisons d'inspiration victorienne.

Ce petit parc est fréquenté par une faune urbaine très colorée, et plusieurs artistes québécois, comme Michel Tremblay, ont élu domicile dans les maisons qui l'entourent. Côté est se trouve l'**institut de Tourisme et d'Hôtellerie du Québec** *(3535, rue Saint-Denis)*, bâtiment sans grâce qui est à la fois une école, un hôtel et un rendez-vous des gourmets. À l'extrémité ouest du square débute la **rue Prince-Arthur***, piétonne jusqu'au bd Saint-Laurent ; elle est animée par des musiciens de rue, des jongleurs et des artistes de tout genre. Plus haut, sur la **rue Saint-Denis****, se succèdent les boutiques de décoration et de créateurs de mode québécois, les librairies, bars, restaurants, fréquentés continuellement. Si vous avez envie d'une pause-détente, prenez à dr. dans n'importe quelle rue entre Cherrier et Rachel pour trouver, quelques rues à l'est, le

grand **parc Lafontaine*** avec ses étangs, ses beaux espaces verts et ses scènes de spectacle.

Sur l'**avenue du Mont-Royal****, jadis rue des Libraires, à l'est de Saint-Denis, se trouvent épiceries fines, cafés et bistros de quartier pour jeunes et épicuriens. Côté ouest, l'avenue devient le royaume des **friperies** et conduit au boulevard Saint-Laurent.

♥ Le boulevard Saint-Laurent**

➤ **I-BC2 M°** *Saint-Laurent.*

Cette artère est surnommée la *main* (« principale » en anglais). Elle a longtemps marqué la frontière entre les quartiers anglophones et francophones. Habité traditionnellement par des « Néo-Montréalais » de toutes provenances, ce boulevard présente un sympathique melting-pot culturel qui se traduit par la diversité des commerces, des boutiques, des clubs et des restaurants. On y vend tout, on y entend des musiques du monde entier, et on y mange toutes sortes de cuisines.

Les sommets du mont Royal*

Celui qui n'a pas arpenté sa colline ne connaît pas Montréal. Le mont Royal, seule élévation sur l'île, est un espace boisé, à la fois paysager et sauvage, situé au cœur de la ville. C'est l'un des lieux de promenade favoris des Montréalais.

Le parc du Mont-Royal***

➤ **I-B2-3** *Pour le découvrir en voiture et accéder au belvédère, emprunter la voie Camilien-Houde. Elle est accessible par l'av. du Mont-Royal* **I-B2**, *ou par le chemin de la Côte-des-Neiges* **I-AB3**.

Été comme hiver, l'idéal est de parcourir cet immense parc à pied, en empruntant le chemin Olmsted qui le traverse.

Au pied du monument George-Étienne-Cartier – figurant l'ange de la Renommée – les dimanches d'été sont animés, et des flâneurs en liesse dansent au son des tam-tams. Sur les hauteurs du mont se trouvent le **chalet de la Montagne**, d'architecture pittoresque (1932), et son **belvédère**** qui permet d'embrasser le sud de l'île en un coup d'œil. Sur le **lac des Castors**, on fait du pédalo ou du patin selon la saison. Le parc est dominé par une gigantesque **croix**, visible à 60 km et illuminée tous les soirs depuis 1924 : elle commémore celle qui fut plantée le 6 janvier 1643 par Paul Chomedey de Maisonneuve, pour remercier Dieu d'avoir épargné la colonie lors d'une crue du Saint-Laurent.

Le flanc nord du parc est bordé par deux beaux **cimetières**, l'un protestant, l'autre catholique : Mont-Royal (1852) et Notre-Dame-des-Neiges (1854). On voit s'élever la tour du bâtiment central de l'**université de Montréal**, dessinée par Ernest Cormier (1926).

L'oratoire Saint-Joseph**

➤ **I-A3** *3800, chemin Queen Mary.* **M°** *Côte-des-Neiges. Ouv. t.l.j. de 6 h à 21 h 30. Entrée libre.*

C'était à l'origine une petite chapelle en bois, construite par un humble religieux, le frère André, un thaumaturge qui fut béatifié en 1982. Érigée à partir de 1924, la basilique est devenue un important lieu de pèlerinage en Amérique. Le dôme spectaculaire fut conçu par Dom Paul Bellot et Lucien Parent. Fidèles et curieux

La Montagne

Le mont Royal fait partie des neuf collines Montérégiennes qui ont émergé lors du retrait de la mer de Champlain, il y a 10 000 ans. Leur relief, formé par les roches les plus jeunes du Québec, se détache nettement sur le paysage plat des basses terres du Saint-Laurent. Les autres sommets des collines Montérégiennes sont Oka, Saint-Bruno, Saint-Hilaire, Rougemont, Rigaud, Yamaska, Brome et Shefford. Pour sa part, le mont Royal s'élève à 232 m et s'étend de l'avenue du Parc à l'est jusqu'aux confins de l'arrondissement de Westmount à l'ouest. Il couvre une superficie d'environ 10 km^2, dont le parc occupe à peine 15 %. Fierté des Montréalais qui l'appellent la « Montagne », le parc a été aménagé selon les plans de l'architecte paysagiste Frederick Law Olmsted (1822-1903), qui a aussi dessiné Central Park à New York. ❖

viennent nombreux pour visiter le **musée** consacré au fondateur et admirer les vitrines kitsch représentant, grandeur nature, des tableaux de l'Histoire sainte. Le dimanche matin, on peut entendre les chanteurs du Mont-Royal, le carillon de l'oratoire et les concerts d'orgue Beckerath.

Le Parc olympique*

➤ **I-CD1** **M°** *Pie-IX. Un service gratuit de navettes relie le Parc olympique et le Biodôme au Jardin botanique et à l'Insectarium. Une journée de visite.*

Aménagé autour du site des Jeux olympiques de 1976, le Parc olympique est situé dans l'est de la ville, assez loin des centres d'intérêt touristique. Mais la concentration des attractions offertes et leur qualité suffisent à justifier la visite. En sortant du métro, vous remarquerez l'élégant **château Dufresne** (*2929, rue Jeanne-d'Arc ☎ (514) 259.92.01.* **M°** *Pie-IX; ouv. du jeu. au dim. de 10h à 17h*) construit en 1916 et qui fut la résidence des frères Marius et Oscar Dufresne, respectivement ingénieur et industriel. Ils jouèrent de leur influence auprès de Maisonneuve pour la réalisation de projets d'envergure dont l'ancien hôtel de Ville (*4120, rue Ontario E* **I-D1**), le marché (*au n° 4375*) et la caserne de pompier (*au n° 4200*). Inspiré du petit Trianon de Versailles, le château est un joyau d'architecture et de décoration intérieure qui compte 44 pièces (expositions, collection de meubles et d'objets décoratifs).

Le Stade olympique**

➤ *3200, rue Viau ☎ (514) 252. 86.87.* **M°** *Viau ou Pie-IX.*

Héritage des Jeux olympiques de 1976, ce stade spectaculaire, dessiné par l'architecte français Roger Taillibert, peut accueillir plus de 55 000 spectateurs assis. Le mât, dit la **tour de Montréal**, recèle un funiculaire qui transporte en 2 mn les curieux à 169 m du sol : large vue sur l'est de la ville. Aujourd'hui, le stade est dévolu au baseball, aux foires commerciales et aux grands spectacles. Un bureau d'**informations touristiques** est ouvert en été (*p. 135*).

Le Biodôme**

➤ *4777, av. Pierre-de-Coubertin ☎ (514) 868.30.00.* **M°** *Viau. Ouv. t.l.j. de 9h à 17h.*

Dans l'ancien vélodrome a été aménagé un passionnant musée de l'Environnement qui reconstitue quatre des écosystèmes de l'Amérique. On découvre ainsi la forêt laurentienne, le Saint-Laurent marin, la forêt tropicale et le monde polaire avec leur faune, leur flore et leurs exactes conditions climatiques.

Le Jardin botanique**

➤ *4101, rue Sherbrooke E ☎ (514) 872.14.00.* **M°** *Pie-IX. Ouv. t.l.j. de 9h à 17h.*

Créé en 1931 par le frère Marie-Victorin, botaniste québécois, c'est le troisième parc le plus important au monde, après ceux de Londres et Berlin. Il contient 30 jardins extérieurs, plus de 20 000 espèces et variétés florales, une exceptionnelle collection de 1 200 variétés d'orchidées. Ne manquez pas de visiter le petit **Jardin japonais** pour sa collection de bonsaïs, ainsi que le ravissant **Jardin chinois du lac de Rêve**, fidèle reproduction d'un jardin classique de la dynastie Ming. Le Jardin botanique comprend également une **maison de l'Arbre** et un riche **Insectarium*** (250 000 spécimens d'une centaine de pays).

Aux environs de Montréal

➤ *Plan, p. 110.*

La maison Saint-Gabriel*

➤ **I-C4** *2146, Pl. Dublin, Pointe-Saint-Charles ☎ (514) 935.81.36. À 3,5 km du centre-ville de Montréal depuis l'angle de la rue University et du bd René-Lévesque* **I-C3***. Bus 57.* **M°** *Charlevoix. En voiture : par la rue Wellington* **I-C4***, qui passe au-dessus du canal Lachine*

(1,5 km), puis suivre les indications. F. le lun. Visites guidées de mai à sept. de 11h à 17h.

Située dans la périphérie sud-ouest de Montréal, au lieu-dit Pointe-Saint-Charles, cette maison est un bel exemple d'architecture traditionnelle en Nouvelle-France. Elle a été rebâtie en 1698 sur le plan de la première habitation que Marguerite Bourgeoys *(p. 124)* avait fait construire en 1668. La vénérable maison logeait les «filles du Roy», ces orphelines envoyées dans la colonie sous Louis XIV. Les religieuses de la congrégation Notre-Dame ont restauré la demeure en 1966. Le **musée** regroupe meubles et objets anciens (des XVIIIe et XIXe s.).

Lachine

➤ *À 16 km S du centre.* **M°** *Angrignon puis bus 195. Le plus agréable est de louer un vélo et d'emprunter la piste qui s'y rend depuis le Vieux-Port* **I-C3**. *En voiture: autoroute Ville-Marie (rte 720) vers O, puis rte 138 direction pont Mercier; la rue Saint-Patrick à dr. conduit directement au parc René-Lévesque.*

Ancien port d'embarquement des coureurs des bois, le nom de la ville rappelle leur vieux rêve: trouver la mer qui les mènerait à la Chine et à ses richesses. Le Saint-Laurent s'ouvre ici pour devenir le lac Saint-Louis. Le site est fort beau, particulièrement le **parc René-Lévesque*** qui fend les eaux de sa pointe où se dressent une cinquantaine de sculptures monumentales formant le **musée de plein air de Lachine**. En voiture ou en vélo, longez le bd Saint-Joseph, bordé par le fleuve et par des espaces verts.

➤ **LE LIEU HISTORIQUE NATIONAL DU COMMERCE-DE-LA-FOURRURE-À-LACHINE***. *1255, bd Saint-Joseph* ☎ *(514) 637.74.33.* Dans cette ancienne remise de pelleteries bâtie en 1803, une exposition permanente évoque l'épopée de la fourrure entre Français, Écossais et Amérindiens.

➤ **LE MUSÉE DE LACHINE.** *110, chemin de Lasalle* ☎ *(514) 634.34.71.* Cette demeure datant de 1669 abrite une riche collection d'objets domestiques de la Nouvelle-France.

Depuis 1977 le canal Lachine s'est refait une beauté. Les berges ont été aménagées en piste cyclable, et les bâtiments industriels ont été reconvertis en appartements huppés.

Partage d'un pow wow

Durant l'été, plusieurs communautés amérindiennes organisent des *pow wow*, grandes fêtes de musique et de danses traditionnelles. Le deuxième week-end de juillet, celui de Kahnawake près de Montréal attire quelque 15 000 Amérindiens des Plaines et visiteurs non autochtones. Événement social et spirituel, il est orienté vers le « renouveau de l'esprit par le pouvoir du tambour », dont le rythme représente le battement du cœur de la Terre Mère. Au début de la fête, les aînés rendent grâce aux éléments de la nature durant la cérémonie du *Ohenten Kariwehntekwate*. Après l'entrée des drapeaux et la procession des danseurs se déroulent les compétitions de danse où hommes et femmes revêtent leurs costumes traditionnels, superbement décorés. Puis toute l'audience est conviée à danser au son des chants et des tambours.

Pour connaître la liste et les dates des pow wow au Québec : centre d'Amitié autochtone ☎(514) 499.18.54. ❖

▶ **Le centre d'interprétation du canal Lachine**. *À l'angle de la 6ᵉ Av. et du bd Saint-Joseph* ☎ *(514) 767.74.33. Navette maritime au départ du Vieux-Port, à l'angle de la rue de la Commune et du pont Mills.* Il retrace l'histoire de ce canal qui permit longtemps de contourner les rapides du Saint-Laurent au débouché du lac Saint-Louis. Inauguré en 1825, le canal Lachine a été fermé à la navigation en 1959, après l'ouverture de la voie maritime du Saint-Laurent. En 2002, il trouve une nouvelle vocation, en s'ouvrant à la navigation de plaisance.

La réserve de Kahnawake*

▶ *À 12 km S de Montréal : par l'autoroute Ville-Marie (rte 720)* **I-B4** *direction O, puis la rte 138 vers le pont Mercier. Après le pont, 1ʳᵉ sortie pour la rue Old Malone. Rens.* ☎ *(450) 638.96.99. Pour visiter la réserve, l'anglais est utile.*

Sur le site où une mission jésuite s'était fixée en 1716 vinrent s'installer des Mohawks, descendants d'une tribu de la région de New York et appartenant à la nation iroquoise.

Dans l'**église Saint-François-Xavier** se trouvent le sanctuaire et le musée dédiés à Kateri Tekakwitha, première Amérindienne à être béatifiée par l'Église catholique (1980).

Vous verrez aussi les ruines du **fort Saint-Louis**, datant du XVIIIᵉ s. Le deuxième week-end de juillet, une fête traditionnelle *(pow wow)* se tient sur l'**île Tekakwitha**. Le **village iroquoien 5 Nations** (☎ *(450) 638.74.74)* propose la visite de trois « maisons longues » et d'une ferme (chevaux, bisons, chevreuils), ainsi qu'une initiation aux rituels, à la danse, au mode de vie et aux légendes de la nation mohawk. ■

Montréal, pratique

Plan d'ensemble, p. 110. Plan I: le centre, p. 114. Plan II: le square Dorchester, p. 119. Plan III: le Vieux-Montréal, p. 122. Plan du métro, p. 113.

Indicatif téléphonique: 514

❶ Montréal et l'ensemble du Québec: Centre Infotouriste, 1001, rue du Square-Dorchester M° Peel I-C3 ou plan II ☎ 873.20.15. N° gratuits depuis le Canada ☎ 1.877.266.56.87; depuis la France ☎ 0.800.90.77.77 et la Belgique ☎ 0.800.78.532. www.bonjourquebec.com. Nombreux services: rés. hôtels, tours guidés, croisières, change, cybercafés, location de voitures, etc. *Ouv. t.l.j. de 9h à 18h, en été jusqu'à 20h.*

❶ Vieux-Montréal, 174, rue Notre-Dame E. M° Champ-de-Mars. www.tourisme-montreal.org. *Ouv. de 9h à 17h, en été jusqu'à 19h.*

❶ Tourisme Hochelaga-Maisonneuve. 4375, rue Ontario E. M° Pie-IX et Viau ☎ 256.46.36. www.tourismemaisonneuve.qc.ca.

❶ Par écrit: Tourisme Montréal, 1555, rue Peel, bureau 600, Montréal, H3A 3L8.

Arrivée

EN AVION

➤ AÉROPORTS. Dorval (vols internationaux et intérieurs) à 22 km S-O et Mirabel (vols intérieurs sauf vols en provenance de Paris avec Air Transat) à 55 km N-O; pour les deux aéroports ☎ 394.73.77 ou 1.800.465.12.13.

➤ COMPAGNIES AÉRIENNES. Montréal est desservie par les principales compagnies internationales, ainsi que par **Air Canada/Canadien International**, **American Airlines** et **Delta Airlines** *(p. 143)*.

➤ NAVETTES. En autocar depuis les deux aéroports pour le centre-ville: **Autocar Connaisseur** ☎ 842.22.81. **Mirabel**: kiosque dans le hall d'arrivée. De 12h à 20h, départ toutes les 30 mn; avant 12h et après 20h, départ toutes les heures; pas de bus de 2h à 6h. Arrivée à l'aérogare Centre-Ville *(p. 143)*. **Dorval**: départ toutes les 20 mn en sem. de 7h à 23h (et toutes les 30 mn en fin de sem.); avant 8h et après 23h, toutes les 30 mn; pas de bus de 1h à 7h. **Entre les 2 aéroports**: navettes de 9h30 à 23h30.

EN BATEAU

Les Dauphins du Saint-Laurent, 430, rue Sainte-Hélène, bureau 202 M° Square-Victoria I-C3 ou **plan III** (au S de la rue Notre-Dame O, entre les rues McGill et Saint-Pierre) ☎ 288.44.79 ou 1.877.648.44.99. Navigation à haute vitesse entre Montréal, Trois-Rivières et Québec.

EN BUS

Gare routière **Station centrale d'Autobus Montréal**, 505, bd de Maisonneuve E M° Berri-UQAM I-C2 ☎ 842.22.81.

EN TRAIN

La **gare centrale I-C3** accueille les lignes internationales, canadiennes, québécoises et les trains de banlieue, sauf ceux de la banlieue ouest, qui arrivent à la **gare Windsor I-C3**.

Gare centrale, 895, rue de La Gauchetière O M° Bonaventure ☎989.26.26 et 1.800.361.53.90. **Rens. sur l'arrivée des trains** ☎ 1.800.835.30.37. **Réseau Amtrak** ☎ 1.800.872.72.45. Liaisons avec les États-Unis. **Réseau Via Rail** ☎989.26.26 ou 1.888.842.72.45. www.viarail.ca. Liaisons pour tout le Canada.

Circuler

EN MÉTRO ET EN BUS

Dans le centre-ville et le Vieux-Montréal, mieux vaut circuler à pied. Pour visiter les autres quartiers, utilisez le métro et le bus. La **Société des transports de la communauté urbaine de Montréal** (STCUM) ☎ 288.62.87 propose des **cartes touristiques** de 1 à 3 j., valables pour le métro et le bus (en vente uniquement au **M°** Berri-UQAM). Des **plans** sont disponibles aux guichets des stations de métro. Des **tickets de « correspondance »** permettent de passer des lignes de métro à celles des bus et *vice versa*.

➤ **LE MÉTRO** *(plan p. 113)*. Rapide et moderne, il circule du dim. au ven. de 5 h 30 à 0 h 58 et le sam. de 5 h 30 à 1 h 28. Certaines stations sont de véritables galeries d'art moderne.

➤ **LE BUS**. Rens. ☎ 288.62.87. Aux arrêts, un n° de téléphone figure sur le panneau : il permet de se renseigner sur l'heure précise de passage du bus.

EN TAXI

Dans toute la ville, vous trouverez des stations. Dans les quartiers centraux, vous pouvez héler un taxi : lorsque le voyant lumineux est allumé, c'est qu'il est disponible *(p. 143)*.

Hébergement

CENTRE-VILLE OUEST

▲▲▲▲▲ **Hilton Montréal Bonaventure**, 1, pl. Bonaventure **M°** Bonaventure **I-C3** ☎ 878.23.32 ou 1.800.445.86.67, fax 878.38.81. *395 ch.* Grand confort, restaurants. Accès à la ville souterraine. Jardin sur le toit avec piscine extérieure chauffée toute l'année.

▲▲▲▲▲ **Hôtel Omni**, 1050, rue Sherbrooke O **M°** Peel **I-C3** ☎ 284.11.10 ou 1.800.843.66.64, fax 845.30.25. *300 ch.* Luxueux et très bien situé. Un service exemplaire et une restauration de grande qualité à L'Opus II.

▲▲▲▲▲ **Lœws Hôtel Vogue**, 1425, rue de la Montagne **M°** Peel **I-C3** ☎ 285. 55.55 ou 1.800.465.66.54, fax 849. 89.03. *142 ch.* Décor élégant. Restaurant-terrasse (bonne carte des vins).

▲▲▲▲▲ **Ritz-Carlton Montréal**, 1228, rue Sherbrooke O **M°** Peel **I-C3** ☎ 842.42.12 ou 1.800.363.03.66, fax 842.49.07. *229 ch.* Confort cossu, décor de styles Louis XVI et Régence. La tradition Ritz est bien honorée.

▲▲▲▲ **Delta**, 475, av. Pdt-Kennedy O **M°** Place-des-Arts **I-C3** ou **plan II** ☎ 286.19.86 ou 1.877.286.19.86, fax 284.43.42. *453 ch.* Bon hôtel confortable au cœur du centre-ville. Nombreux services. Piscine, salle d'exercices, sauna.

▲▲▲ **Château Versailles**, 1659, rue Sherbrooke O **M°** Guy-Concordia **I-C3** ☎ 933.36.11 ou 1.888.93.81.11, fax 933.68.67. *172 ch.* Près du musée des Beaux-Arts. Une tour moderne et une aile ancienne aux chambres personnalisées. Bon restaurant de cuisine française, Les Champs-Élysées.

▲ **Casa Bella**, 264, rue Sherbrooke O **M°** Place-des-Arts **I-C3** ☎ 849.27.77, fax 849.36.50. *20 ch.* Un établissement accueillant et bien situé. Les chambres donnant sur la ruelle sont plus calmes.

VIEUX-MONTRÉAL

▲▲▲▲▲ **Inter-Continental**, 360, rue Saint-Antoine O **M°** Square-Victoria **I-C3** ☎ 987.99.00 ou 1.800.361.36.00, fax 847.87.30. *357 ch.* élégantes. Grand hôtel où se mêlent avec harmonie architectures moderne et ancienne.

▲▲▲▲ **Hôtel Delta Centre-Ville**, 777, rue University **M°** Square-Victoria **I-C3** ☎ 879.13.70 ou 1.800.268.11.33, fax 879.17.61. *575 ch.* Grand confort. Restaurant panoramique rotatif.

▲▲▲▲ **Hôtel Saint-Paul** ♥, 355, rue McGill **I-C3** ou **plan III** ☎ 380.22.22, fax 382.22.22. *120 ch.* Superbe édifice de 1908. Raffinement à l'européenne, aménagement design. Le restaurant Le Cube compte parmi les meilleures tables de Montréal et le Bar Cru très en vue.

▲▲▲ **Auberge du Vieux-Port** ♥, 97, rue de la Commune E **M°** Champ-de-Mars **I-C3** ou **plan III** ☎ 876.00.81, fax 876.89.23. *27 ch.* chaleureuses, dans un bel édifice de 1882. Cuisine française, terrasse sur le toit.

▲▲▲ **Les Passants du Sans-Soucy** ♥, 171, rue Saint-Paul O **M°** Place-d'Armes **I-C3** ou **plan III** ☎842.26.34, fax 842.29.12. *9 ch.* coquettes. Auberge de charme dans une maison du XVIIᵉ s.

CENTRE-VILLE EST

▲▲▲▲ **Hôtel de la Montagne**, 1430, rue de la Montagne **M°** Peel **I-C3** ☎288.56.56 ou 1.800.361.62.62, fax 288.96.58. *135 ch.* spacieuses, confortables et dotées d'un balcon. À proximité du mont Royal. Établissement animé.

▲▲▲ **Auberge de la Fontaine** ♥, 1301, rue Rachel E **M°** Mont-Royal **I-C2** ☎597.01.66 ou 1.800.597.05.97, fax 597.04.96. *21 ch.* accueillantes et lumineuses. Auberge de charme face au parc Lafontaine. Pas de restaurant mais cuisinette commune. Terrasse sur le toit.

▲▲ **Château de l'Argoat**, 524, rue Sherbrooke E **M°** Sherbrooke **I-C2** ☎842.20.46, fax 286.27.91. *26 ch.* À proximité des établissements nocturnes et du parc Lafontaine, un hôtel simple et propret.

▲▲ **Le Jardin d'Antoine**, 2024, rue Saint-Denis **M°** Berri-UQAM **I-C2** ☎843.45.06 ou 1.800.361.61.62, fax 281.14.91. *25 ch.* Petit hôtel situé au cœur du Quartier latin. Les meilleures chambres donnent sur le jardin.

Résidences universitaires et auberges de jeunesse

Auberge alternative du Vieux-Montréal, 358, rue Saint-Pierre **M°** Square-Victoria **I-C3** ou **plan III** ☎282.80.69. **Auberge de jeunesse de Montréal**, 1030, rue Mackay **M°** Lucien-L'Allier **I-C3** ☎843.33.17 ou 1.800.663.33.17, fax 934.32.51. **Tourisme Jeunesse**, 4545, av. Pierre-de-Coubertin H1V 3R2 ☎252.31.17, fax 252.31.19. **YMCA**, 144, rue Stanley H3A 1P7 **M°** Peel **I-C3** ou **plan II** ☎849.83.93, fax 849.78.21.

B & B et appartements

Bienvenue, 3950, av. Laval **M°** Sherbrooke **I-C2** ☎844.58.97 ou 1.800.227.58.97, fax 844.58.94. Un B & B de *12 ch.* simples et propres. **Gîte-Montréal**, 3458, av. Laval **M°** Sherbrooke **I-C2** ☎289.97.49 ou 1.800.267.51.80, fax 287.73.86. Réseau de chambres d'hôtes à louer (dans Montréal uniquement). Service en anglais. **Hébergement Montréal**, 1658, Saint-André . **M°** Berri-UQAM **I-C2** ☎524.83.44, fax 524.65.58. Location d'appartements ou de chambres meublés et équipés. **Relais Hospitalité Montréal**, 3977, av. Laval **M°** Sherbrooke **I-C2** ☎287.96.35 ou 1.800. 363.96.35, fax 287.10.07. Chambres et appartements meublés. Consultez aussi le guide d'**Agricotours** *(p. 19)* pour d'autres adresses de chambres, appartements et maisons.

Restauration

À Montréal, on trouve des restaurants de tous les pays. Les restaurants à la mode sont concentrés dans les rues Saint-Laurent et Saint-Denis **I-BC1-2**. Dans les rues Prince-Arthur **I-C2-3** et Duluth, on trouve des restaurants où l'on peut apporter son vin.

CENTRE-VILLE OUEST

♦♦♦♦ **Chez la Mère Michel**, 1209, rue Guy **M°** Guy-Concordia **I-C3** ☎934.04.73. Bon accueil et plats français de qualité. Agréable verrière. Bonne cave.

♦♦♦♦ **Les Halles**, 1450, rue Crescent **M°** Peel **I-C3** ☎844.23.28. Grande cuisine française classique, service stylé, cellier remarquable.

♦♦♦ **Les Chenets**, 2075, rue Bishop **M°** Guy-Concordia **I-C3** ☎844.18.42. Irréprochable cuisine française de tradition. Crêpes Suzette. Excellente cave et remarquable sélection de cognacs. *F. le midi les w.-e.*

♦♦♦ **Kaizen et Treehouse**, 4120, rue Sainte-Catherine O **M°** Atwater **I-B3** ☎932.56.54. Sushi Bar & restaurant. Une cuisine japonaise renouvelée. Concerts de jazz en semaine.

♦♦♦ **La Queue de Cheval**, 1221, bd René-Lévesque O (angle Drummond) **M°** Lucien-L'Allier **I-C3** ☎390.00.90. *Steak house* huppé et animé. Excellentes grillades de viandes vieillies sur place. Sélection de cigares dominicains et bonne carte des vins.

♦♦ **L'Entrecôte Saint-Jean**, 2022, rue Peel **M°** Peel **I-C3** ☎ 281.64.92. Bon steak-frites dans une ambiance de brasserie. *F. le midi les w.-e.*

♦♦ **Il Cortile**, 1442, rue Sherbrooke O **M°** Peel **I-C3** ☎ 843.82.30. Près du musée des Beaux-Arts. Restaurant italien dont la cour intérieure offre une oasis de fraîcheur.

♦♦ **Julien**, 1191, av. Union **M°** Square-Victoria **I-C3** ou **plan II** ☎ 871.15.81. Cuisine de brasserie. L'été, repas en terrasse, à l'abri des rumeurs du centre-ville.

♦ **Ben's**, 990, bd de Maisonneuve O **M°** Square-Victoria **I-C3** ☎ 844.10.00. Ce restaurant juif d'Europe centrale rassasie depuis 1908 les fringales des couche-tard.

VIEUX-MONTRÉAL

♦♦♦ **Le Bonaparte**, 443, rue Saint-François-Xavier **M°** Square-Victoria **I-C3** ou **plan III** ☎ 844.43.68. Atmosphère feutrée, service stylé, excellente cuisine française.

♦♦♦ **Médi Médi**, 479, rue Saint-Alexis **M°** Square-Victoria **I-C3** ou **plan II** ☎ 284.21.95. Cuisine libanaise inventive.

♦♦♦ **Les Remparts**, 93, rue de la Commune E **M°** Champ-de-Mars **I-C3** ☎ 392.16.49. Une bonne et copieuse cuisine du marché dans un décor de pierres séculaires. Terrasse sur le toit. Quelques chambres d'hôtes.

♦♦ **La Gargote**, 351, pl. d'Youville **M°** Square-Victoria **I-C3** ☎844.14.28. Sympathique restaurant de quartier qui sert une bonne cuisine française.

CENTRE-VILLE EST ET PLATEAU

Sur le bd Saint-Laurent, entre la rue Sherbrooke et l'av. des Pins, les restaurants branchés changent au fil des modes **I-C2**. Ils sont animés, décorés avec style… on y trouvera le Tout-Montréal.

♦♦♦ **Laloux** ♥, 250, av. des Pins E **M°** Sherbrooke **I-C2** ☎287.91.27. Fine cuisine de bistro, décor aéré, agréable terrasse et service impeccable. Vins au verre. *F. le midi les w.-e.*

♦♦♦ **Souvenirs d'Indochine**, 243, av. du Mont-Royal O **M°** Mont-Royal **I-B2** ☎ 848.03.36. Le chef puise son inspiration dans la tradition vietnamienne.

♦♦♦ **Toqué!** ♥, 3842, rue Saint-Denis **M°** Sherbrooke **I-C2** ☎ 499.20.84. Excellente adresse. La nouvelle cuisine québécoise et cuisines du monde. La présentation des plats est un sommet de raffinement. *Le soir seulement.*

♦♦ **Au Petit Extra**, 1690, rue Ontario E **M°** Papineau **I-C2** ☎527.55.52. Bistro convivial et chaleureux. Ragoûts, grillades et gibiers. Bonne table.

♦♦ **L'Express** ♥, 3927, rue Saint-Denis **M°** Sherbrooke **I-C2** ☎ 845.53.33. Impeccable cuisine de brasserie parisienne et atmosphère animée. Vins au verre, cellier intéressant.

Cuisine végétarienne

♦♦ **Chu Chai**, 4088, rue Saint-Denis **M°** Mont-Royal **I-C2** ☎843.41.94. Ce restaurant d'inspiration thaïlandaise propose des plats aux saveurs fines, où les équivalents végétariens des crevettes, du poulet ou du porc trompent l'œil aussi bien que les papilles.

♦♦ **Le Commensal**, 1720, rue Saint-Denis **M°** Sherbrooke **I-C2** ☎845.26.27 ; 1204, av. McGill **M°** McGill **I-C3** ☎871.14.80 ; 3715, chemin Queen Mary **M°** Côte-des-Neiges **I-A3** ☎733.97.55. Cuisine végétarienne variée, formule buffet et prix au kilo. ❖

Saveurs d'Europe centrale

Établis à Montréal depuis plus d'un siècle, les juifs ashkénazes, originaires d'Europe de l'Est, ont introduit la viande fumée dans le quotidien des Montréalais. Goûtez cette spécialité à la saveur relevée, qui se sert en sandwich ou sur assiette. Les portions sont toujours copieuses : pas moins de 10 cm de viande tranchée, accompagnée d'un gros cornichon, d'une salade de chou et de frites. Le *smoked meat* de Ben's et celui de Schwartz's comptent parmi les meilleurs.

Autre spécialité introduite par la communauté juive : le *bagel*, un petit pain en forme de beignet saupoudré de graines de pavot ou de sésame, que l'on accompagne de saumon fumé et de fromage crémeux. Les *bagels* les plus frais, cuits au four à bois, s'achètent dans les boulangeries à l'est d'Outremont : au 263, rue Saint-Viateur O **M°** Laurier **I-B2** et au 74, rue Fairmount O **M°** Laurier **I-B2**. On dégustera notamment au restaurant *Beauty's* le traditionnel *bagel*. ❖

♦♦ **Moishe's**, 3961, bd Saint-Laurent **M°** Saint-Laurent **I-C3** ☎ 845.35.09. Un restaurant juif ouvert en 1938. Le meilleur steak en ville servi en portion gargantuesque.

♦ **La Binerie Mont-Royal** ♥, 367, av. du Mont-Royal E **M°** Mont-Royal **I-C2** ☎ 285.90.78. Minuscule établissement, où l'on sert des plats traditionnels québécois. Ambiance sympathique. *Ouv. dès 6 h, f. dim.*

♦ **Casa Tapas**, 266, rue Rachel E **M°** Sherbrooke **I-C3** ☎ 845.53.33. Tapas catalans dignes de la meilleure tradition. Service avenant. Cave de vins espagnols exceptionnelle. *Ouv. t.l.j. le soir seulement. Rés. requise.*

♦ **La Paryse**, 302, rue Ontario E **M°** Sherbrooke **I-C2** ☎ 842.20.40. Le meilleur hamburger de Montréal et des frites « maison » imbattables. La salle est petite… et toujours pleine.

♦ **Schwartz's**, 3895, bd Saint-Laurent **M°** Sherbrooke **I-C2** ☎ 842.48.13. Pour découvrir le fameux *smoked meat* de Montréal *(encadré ci-dessus).*

Parc Jean-Drapeau

➤ **M°** Jean-Drapeau **I-D2-3**.

♦♦♦♦ **Hélène de Champlain**, 200, tour de l'Isle, île Sainte-Hélène ☎ 395.24.24. Fine cuisine française dans un très beau cadre. *F. le midi les w.-e.*

♦♦♦♦ **Nuances**, casino de Montréal, île Notre-Dame ☎ 392.27.08. Cuisine gastronomique dans un beau cadre. Vue sur le Saint-Laurent et la ville.

♦♦♦ **Festin du Gouverneur**, Vieux-Fort de l'île Sainte-Hélène ☎ 879.11.41. Des repas à l'ancienne : serveurs en costume du XVIIᵉ s., opérettes et ballades du terroir. *Le soir seulement.*

Autour du parc du Mont-Royal

♦♦♦♦ **Chez Milos** ♥, 5357, av. du Parc **M°** Place-des-Arts **I-C3** ☎ 272.35.22. Restaurant grec coté comme l'un des 10 meilleurs en Amérique du Nord. La variété et la fraîcheur des poissons grillés sont incomparables.

♦♦♦ **Mikado**, 368, av. Laurier O **M°** Laurier **I-C2** ☎ 279.48.09. Un excellent restaurant japonais : de l'avis des connaisseurs, les *sushis* et *sashimis* les plus frais et les plus créatifs en ville.

♦♦ **Alep**, 199, rue Jean-Talon E **M°** Jean-Talon **I-B1** ☎ 270.63.96. À proximité du marché Jean-Talon, une très bonne cuisine libanaise. Ambiance familiale.

♦♦ **Rôtisserie Laurier**, 381, av. Laurier O **M°** Laurier **I-C2** ☎ 273.36.71. Le poulet rôti se sert accompagné d'une sauce dont la recette est un secret d'État. On y sert aussi des spécialités québécoises.

♦ **Beauty's** ♥, 93, av. du Mont-Royal O **M°** Mont-Royal **I-C2** ☎ 849.88.83. Établissement juif servant le meilleur *bagel* accompagné de saumon fumé et de fromage crémeux. Bons petits déjeuners, avec l'inimitable « pain doré » au sirop d'érable et un jus d'orange frais. *Ouv. t.l.j. de 7h à 16 h.*

Shopping

➤ **BOUCHERIES-CHARCUTERIES. Boucherie Claude et Henri**, marché Atwater, étal 11, 138, av. Atwater **M°** Lionel-Groulx **I-B3**. **Boucherie Sélect**, 2587, rue Fleury E **M°** Crémazie **I-A1**. Charcuteries françaises maison. **Le Bucarest**, 4670, bd Décarie **M°** De la Savane. Spécialités roumaines. **La Queue de Cochon**, 1328, av. Laurier E **M°** Laurier **I-C2**.

➤ **BOUTIQUES DE LUXE ET CRÉATEURS.** Ils se concentrent dans le quartier du musée des Beaux-Arts **I-C3**. Arpentez la **rue Sherbrooke O** et ses alentours, ainsi que la **rue Crescent** et la **rue de la Montagne** où vous découvrirez les griffes québécoises : Chantale Lévesque pour Shan, Christian Chenail, Dénommé Vincent, Jean-Claude Poitras, Marie Saint-Pierre et Nadya Toto...

➤ **ÉPICERIES FINES. Les 5 Saisons**, 1250, av. Greene, Westmount **M°** Atwater **I-B3**. **Marché Thaï Hour**, 7130, rue Saint-Denis **M°** Jean-Talon **I-B1**. **Super Marché Andes**, 4357, rue Saint-Laurent **M°** Mont-Royal **I-C2** et 436, rue Bélanger **M°** Jean-Talon **I-B1**.

➤ **FRIPERIES.** L'av. du Mont-Royal **I-BC2** est le royaume des magasins de « seconde main ».

➤ **GALERIES D'ART ET ANTIQUAIRES.** Les grandes galeries d'art et quelques antiquaires cohabitent dans le quartier du musée. Les brocanteurs, petits et grands antiquaires se succèdent sur la rue Notre-Dame entre la rue Guy et l'av. Atwater **I-BC3**, ainsi que sur la rue Amherst au nord de Sainte-Catherine.

➤ **GRANDS MAGASINS ET PETITES BOUTIQUES.** La principale artère commerçante est la **rue Sainte-Catherine I-C3** entre la rue Guy et le bd Saint-Laurent : Eaton, Holt Renfrew, Alexis-Nihon et Ogilvy ont pignon sur rue. La **Plaza Saint-Hubert I-B1**, sur la rue du même nom (au nord de Jean-Talon), offre une multitude de boutiques populaires à petits prix.

➤ **LIBRAIRIES. Las Americas**, 10, rue Saint-Norbert **M°** Saint-Laurent **I-C2** ☎ 844.59.94. Ouvrages latino-américains. **Librairie Le Chercheur de Trésors**, 1239, rue Ontario E **M°** Beaudry **I-C2** ☎ 597.25.29. Librairie Canadiana, anciens ouvrages édités au Canada. **Librairie Gallimard**, 3700, bd Saint-Laurent **M°** Saint-Laurent **I-B3**. Ouvrages récents et rééditions de qualité. **Librairie Henri-Julien**, 4800, rue Henri-Julien **M°** Laurier **I-C2** ☎ 844.75.76. Livres rares et usagés, classiques. **Olivieri Librairie Bistro**, 5219, chemin de la Côte-des-Neiges **M°** Côte-des-Neiges **I-A3** ☎ 739.36.39. Dernières parutions en sciences humaines. Soirées débat.

Montréal en direct

Depuis 1997, plusieurs caméras sont braquées en permanence sur Montréal pour le grand plaisir des internautes du monde entier. Ces caméras captent toutes les 20 secondes des images provenant de points stratégiques de la Montréal urbaine et les acheminent en temps réel sur Internet. Rien de mieux pour prendre le pouls de la ville... De son côté, la FestiCam glane des images en direct des cinq festivals majeurs qui se déroulent à Montréal : un bain de foule virtuel, qui nous fait découvrir l'inimitable façon qu'ont les Québécois de s'amuser. www.montrealcam.com. ❖

➤ **Marchés**. Marché Jean-Talon, 7075, av. Casgrain, **M°** Jean-Talon **I-B1** ☎ 277.15.88. **Marché Atwater**, 138, av. Atwater **M°** Lionel-Groulx **I-B3** ☎ 937.77.54. **Marché Maisonneuve**, 4445, rue Ontario E **M°** Pie-IX **I-C2** ☎ 937.77.54. Ces trois marchés offrent, du printemps à l'automne, sur des étals extérieurs *(ouv. t.l.j. de 8 h à la tombée du jour)* une sélection de fruits et légumes de premier choix. Ils sont aussi dotés d'un espace couvert où poissonniers, bouchers, fromager et pâtissiers tiennent boutique à l'année.

➤ **Mode et design**. Les boutiques branchées se trouvent dans la **rue Saint-Denis I-BC2** et la rue **Saint-Laurent I-BC2-3**. Au 350 de la **rue Saint-Paul plan III**, le **marché Bonsecours** abrite des boutiques de design, de mode et de métiers d'art.

➤ **Produits du terroir**. **Marché des saveurs du Québec**, 280, Pl. du Marché-du-Nord, marché Jean-Talon **M°** Jean-Talon **I-B1** ☎ 271.38.11. **L'Escalier**, 3606, Ontario E **M°** Joliette **I-D1**☎ 529.59.74.

Sports et loisirs

➤ **Casino**. Île Notre-Dame **M°** Jean-Drapeau **I-D3** ☎ 392.27.46 ou 1.800. 665.22.74. Aménagé dans l'ancien pavillon français de l'Expo 1967, c'est l'un des plus grands au monde. *Ouv. t.l.j. 24 h sur 24. Tenue correcte exigée.*

➤ **Courses de trot attelé**. **Hippodrome de Montréal**, 7440, bd Décarie **M°** Namur **I-A3** ☎ 739.27.41, fax 340.20.25.

➤ **Excursions à pied**. **Amarrages** ☎ 288.85.05. Visite des quartiers ethniques. **L'Autre Montréal** ☎ 521. 78.02. Quartiers populaires, visites thématiques. **Guidatour** ☎ 844.40.21. Spécialiste du Vieux-Montréal. **Héritage Montréal** ☎ 286.26.62. Architecture, histoire, urbanisme *(le w.-e. seulement)*. **Tourisme Hochelaga-Maisonneuve** ☎ 256.46.36. Circuits dans la ville « Sur les traces de la Bolduc » (relatant la vie de la chanteuse, avec comédiens) et « Guido Nincheri » (à la découverte des églises décorées par le maître-verrier italien).

➤ **Excursions en autocar**. **Connaisseur Gray-Line** ☎ 934.12.22. Visite de Montréal ☎ 933.66.74.

➤ **Excursions en bateau**. **Bateau-mouche du Vieux-Montréal** ☎ 849. 99.52 ou 1.800.361.99.52. **Croisières AML du Vieux-Port de Montréal** ☎ 842.38.71 ou 1.800.667.31.31. Excursion de courte durée, dîner-excursion. Montréal-Québec *(8 h)* avec retour en autocar.

➤ **Hockey**. **Centre Molson**, 1260, rue de La Gauchetière O **M°** Bonaventure **I-C3** ☎ 932.25.82. Les joutes de la LNH (Ligue nationale de hockey) s'y tiennent d'octobre à avril.

➤ **Patin**. **Sur glace** : des patinoires publiques, d'accès gratuit, sont aménagées dans tous les parcs de la ville. Au Vieux-Port de Montréal, on peut louer l'équipement et patiner sur un bassin aménagé au pavillon Bonsecours, en bordure du fleuve. **Atrium**, 1000, rue de La Gauchetière **M°** Bonaventure **I-C3** ou **plan II** ☎ 395.05.55. La patinoire du **lac des Castors** dans le parc du Mont-Royal **M°** Mont-Royal **I-C2** ☎ 843.82.40. **Rollers** : **Montréal en ligne**, 55, rue de la Commune O ☎ 849.52.11. Location de vélos aussi.

➤ **Pédalo**. En été, dans le parc du Mont-Royal **I-C2** sur le **lac des Castors** ☎ 843.82.40.

➤ **Rafting et jet boating**. **Saute-Moutons**, Vieux-Port, quai de l'Horloge **M°** Champ-de-Mars **I-D3** ☎ 284. 96.07. **Sur les rapides de Lachine**, 8912, bd Lasalle, Lasalle **M°** Angrignon ☎ 767.22.30.

➤ **Spéléologie**. **Site cavernicole de Saint-Léonard**, 5200, bd Lavoisier, Saint-Léonard **M°** Pie-IX ☎ 252.33.23. Formations rocheuses de 2 000 à 10 000 ans. Visite commentée, diaporama, exploration. *Sur rés.*

➤ **Vélo**. **Vélo-Québec - La Maison des cyclistes**, 1251, rue Rachel E **M°** Mont-Royal **I-C2** ☎ 521.83.56. www.velo.qc.ca. Cartes, livres, informations. **Vélo Montréal**, 3870, rue Rachel E **M°** Mont-Royal **I-C2** ☎ 286.83.56. www.velomontreal.com. Location et réparation de vélos, tours guidés.

Manifestations

Plus de 40 festivals et grands événements internationaux ont lieu à Montréal chaque année.

➤ **FIN MAI-DÉBUT JUIN. Festival du théâtre des Amériques** (les années impaires).

➤ **DÉBUT JUIN. Grand prix de Formule 1**, sur le circuit Gilles-Villeneuve.

➤ **JUIN-JUILLET. Compétition de feux d'artifice**, au parc Jean-Drapeau.

➤ **JUILLET. Festival international de jazz**, l'un des plus importants au monde. **Festival nuits d'Afrique**, musique afro. **Festival juste pour rire**, les humoristes sur scène.

➤ **FIN JUILLET-DÉBUT AOÛT. Francofolies**, le rendez-vous de la chanson francophone. Près de 200 spectacles, en salle et en plein air durant 10 jours.

➤ **FIN AOÛT. Festival des films du monde.** ❖

Sorties culturelles

Montréal offre un large panel culturel. Pour choisir, consultez l'un des hebdomadaires culturels francophones gratuits : **Voir** et **ICI Montréal**.

➤ BILLETTERIES DE SPECTACLES. **Centre de réservations de Montréal** ☎ 284.22.77. **Réseau Admission** ☎ 790.12.45. **Voyage Astral** ☎ 866.10.01.

➤ CINÉMA D'AUTEUR (CINÉMA RÉPERTOIRE). **Cinémathèque québécoise**, 335, bd de Maisonneuve **M°** Berri-UQAM **I-C2** ☎ 842.97.68. Cette institution conserve la production audiovisuelle québécoise et programme aussi des œuvres étrangères. **Ex-centris**, 3536, bd Saint-Laurent **M°** Saint-Laurent **I-C2** ☎ 847.35.36. Cinéma indépendant. Films d'auteurs québécois et étrangers. **Cinéma ONF (Office national du film)**, 1564, rue Saint-Denis **M°** Berri-UQAM **I-C2** ☎ 496.68.95.

Grâce à son robot électronique, l'ONF rend accessible en poste d'écoute privé la production canadienne réalisée par ses studios renommés dans le monde pour les documentaires et films d'animation. *Ouv. t.l.j.*

➤ DANSE INTERNATIONALE ET D'AMÉRIQUE. **Agora de la danse**, 840, rue Cherrier **M°** Sherbrooke **I-C2** ☎ 525.15.00. Installé dans un ancien gymnase municipal, cet établissement contribue à l'essor d'une avant-garde locale et à la présence de troupes étrangères à Montréal. Prestations presque tous les soirs.

➤ ENFANTS. **Maison Théâtre**, 245, rue Ontario **M°** Berri-UQAM **I-C2** ☎ 288.72.11. Répertoire et théâtre de marionnettes de qualité.

Vie nocturne

La vie nocturne se concentre **rue Saint-Denis I-BC2**, entre la rue Sainte-Catherine et l'av. du Mont-Royal, ainsi que sur le **bd Saint-Laurent I-BC2**, entre Sherbrooke et Mont-Royal (particulièrement dans le secteur sud). Comme les bars et boîtes de nuit changent souvent, notre sélection ne retient que les établissements spécialisés.

➤ BARS DE QUARTIER. Ces bars, où l'on sort près de chez soi entre copains, connaissent une certaine vogue. **Backstore**, 311, rue Saint-Paul E **M°** Champ-de-Mars **I-C3** ☎ 878.22.32. Un troquet chic dans l'arrière-boutique d'un restaurant-épicerie. *Ouv. l'été.* **Le Canular**, 327, av. du Mont-Royal E **M°** Mont-Royal **I-C2**. Un secret bien gardé. Terrasse au milieu des plantes. Paisible. **Chez Roger Le Boudoir**, 850, av. du Mont-Royal E **M°** Mont-Royal **I-C2** ☎ 526.28.19. Scotch et bières de microbrasserie. **Le Pub l'Idiot**, 1718, bd Saint-Joseph, Lachine ☎ 634.34.00. Un bistro sympa, à côté, un restaurant tenu par le même propriétaire. **Taverne Monkland**, 555, av. Monkland **M°** Villa-Maria **I-A4** ☎ 486.57.68. Francophones et anglophones, jeunes et vieux se retrouvent autour d'un verre ou d'un repas.

➤ **Brasseries artisanales.** Cheval Blanc, 809, rue Ontario E **M°** Berri-UQAM **I-C2**. Doyenne des microbrasseries. *Ouv. de 15h à minuit. F. dim.* Sergent Recruteur, 4650, bd Saint-Laurent **M°** Laurier **I-B2** ☎287.14.12. Bière brassée et fromage du terroir.

➤ **Boîtes à chansons.** Butte Saint-Jacques, 50, rue Jacques ☎845.15.75; P'tit bar du Carré, 3451, rue Saint-Denis **I-BC2** ☎281. 91.24; Le Sarajevo, 2080, rue Clark ☎284.56.29.

➤ **Jazz live.** L'Air du Temps, 191, rue Saint-Paul O, Vieux-Montréal **plan III** ☎842. 20.03. Moderne. Chez Biddles, 2060, rue Aylmer ☎842.86.56. Bar-restaurant. Traditionnel.

➤ **Gay.** La vie nocturne gay se concentre dans « Le Village », rue Sainte-Catherine E, entre les rues Saint-Hubert et Papineau (**M°** Beaudry **I-C2**).

➤ **Multiculturel.** Balattou, 4372, bd Saint-Laurent **I-BC2** ☎845.54.47. Mérengué. Cactus, 4461, rue Saint-Denis **I-BC2** ☎849.03.49. Salsa. Tango argentin à la **Tangueria**, 5390, bd Saint-Laurent **I-BC2** ☎495.86.45 et à l'**Académie de tango argentin**, 4445, bd Saint-Laurent **I-BC2** ☎840.92.46.

Adresses utiles

➤ **Aérogare.** Centre-Ville, 1060, rue University **M°** Bonaventure **I-C3**.

➤ **Auto-stop.** Allo-stop ☎ 985.30.32. Contact entre conducteurs et passagers.

➤ **Banques.** American Express Bank, 2000, rue McGillCollege **M°** McGill **I-C3** ☎392.44.44. Banque de Montréal, 119, rue Saint-Jacques **M°** Place-d'Armes **I-C3** ☎877.73.73. BNP, 1981, rue McGillCollege **M°** McGill **I-C3** ☎285.60.00. Crédit commercial de France, 1155, bd René-Lévesque O **M°** McGill **I-C3** ☎861.47.46. Crédit lyonnais, 2000, rue Mansfield, 18e ét. **M°** McGill **I-C3** ☎288.48.48. Société générale, 1501, rue McGillCollege **M°** McGill **I-C3** ☎841.60.00.

➤ **Change.** Devises internationales, 1250, rue Peel **M°** Peel **I-C3** ☎ 392. 91.00. Échanges de devises de Montréal, 734, rue Sainte-Catherine O **M°** Peel **I-C3** ☎866.87.82. *Ouv. t.l.j.*

➤ **Compagnies aériennes.** Air Canada-Air Nova ☎393.33.33. www.aircanada.ca. Air France ☎847.11.06. www.air-france.fr. American Airlines ☎397.96.35 ou 1.800.433.73.00. www.im.aa.com. Canadien International ☎847.22.11. Delta Airlines ☎ 337.55.20. Spécialistes du Grand Nord : Air Creebec ☎(819) 825.83.55 ou 1.800.567.65.67. www.aircreebec.ca. Air Inuit et sa filiale First Air ☎ 636.94.45 ou 1.800.361.29.65 (rés. Air Inuit) et 1.800.267.12.47 (rés. First Air). www.airinuit.com et www.firstair.ca.

➤ **Consulats.** France, 1, pl. Ville-Marie, 26e ét. **M°** Square-Victoria **I-C3** ☎878.43.81 ou 749.58.02. Belgique, 999, bd de Maisonneuve O, suite 850 **M°** Beaudry **I-C2** ☎849.73.94. Suisse, 1572, rue du Dr-Penfield **M°** Guy-Concordia **I-C3** ☎932.71.81.

➤ **Location de voitures.** Avis ☎866. 79.06 ou 1.800.879.28.47. Budget ☎866.76.75 ou 1.800.268.89.70. Discount ☎286.15.54 ou 1.800.263.23.55. Hertz ☎842.85.37 ou 1.800.263.06.78. Thrifty-Québec ☎845.59.54 ou 1.800. 367.22.77. Tilden, Car Rental Canada ☎878.27.71 ou 1.800.387.47.47.

➤ **Personnes handicapées.** Association régionale pour le loisir des personnes handicapées, 525, rue Dominion, 3e ét. **M°** Lionel-Groulx **I-C4** ☎933.27.39. Keroul, 4545, av. Pierre-de-Coubertin, CP 1000, Succ. M, H1V 3R2 **M°** Viau **I-D1** ☎ 252.31.04, fax 254.07.66. www.keroul.qc.ca.

➤ **Pharmacie.** Pharmaprix, 5122, chemin Côte-des-Neiges **M°** Atwater **I-B3** ☎738.84.64. *Ouv. 24h sur 24.*

➤ **Poste.** Des comptoirs postaux sont dans des bureaux de tabac et pharmacies. Dépôt postal dans chaque quartier pour des services plus complets *(ouv. en sem.).* Rens. Postes Canada ☎344.88.22.

➤ **Taxis.** Air Taxi ☎840.95.95. Champlain ☎273.24.35. Co-Op ☎725.98.85. Diamond ☎273.63.31. Lasalle ☎277. 25.52. Vétérans ☎273.63.51.

➤ **Urgences.** ☎911. Centre antipoison du Québec ☎ 1.800.463.50.60. Police ☎280.22.22. ■

AU SUD DU SAINT-LAURENT

Ici se concentrent, dans les basses terres du Saint-Laurent, les plus importantes régions agricoles du Québec. Du côté sud du fleuve, en face de Montréal, la vallée du Richelieu est traversée par la rivière du même nom, une paisible voie navigable qui serpente parmi des terres riches en vergers cultivés. La Montérégie dont elle est le cœur jouxte les Cantons-de-l'Est, superbe région de villégiature qui doit son cachet anglo-saxon à la proximité de la frontière américaine. Les régions Centre-du-Québec et Chaudière-Appalaches déploient un arrière-pays composé de majestueux paysages ruraux, de rivières et de forêts qui se prêtent à l'exploitation de la sève d'érable, l'acériculture. Ce sont là des régions particulièrement belles en automne. Elles sont bordées par les villages riverains du Saint-Laurent, dont plusieurs gardent le souvenir des seigneuries d'antan; tous offrent un accès privilégié à la vie du fleuve.

La vallée du Richelieu

La rivière Richelieu, déversoir du lac Champlain, coule vers le Saint-Laurent, dans lequel elle se jette à Sorel. Voie d'eau agréable pour les plaisanciers, elle est reliée par un canal à l'Hudson qui mène jusqu'à New York. Cette plaisante région, qui fait partie de la Montérégie, réjouit les promeneurs et les gourmets en quête de tables champêtres et de produits régionaux, comme l'excellent cidre et le fromage doux. Toute proche de Montréal, elle peut être le but d'une excursion d'une journée (davantage si l'on veut passer la nuit dans un petit hôtel de charme après un bon repas).

➤ *Carte, p. 146. **Bonnes adresses,** p. 175.*

Saint-Jean-sur-Richelieu et ses environs

➤ *À 40 km S de Montréal par l'A 10 E (sortie 22), puis l'A 35 S. **Bonnes adresses,** p. 176.*

Dès 1840, la production de céramique au Bas-Canada s'est concen-trée vers Saint-Jean-sur-Richelieu. Le **musée du Haut-Richelieu** *(182, rue Jacques-Cartier N ☎ (450) 347.06.49 ; ouv. t.l.j. de 9 h 30 à 17 h),* dédié à l'histoire régionale, possède la plus importante collection de poteries, de faïences anciennes et de céramiques contemporaines au Québec.

L'été apporte beaucoup de fébrilité, et le cœur du Vieux-Saint-Jean devient soudain très animé ; des excursions nautiques sont proposées à partir du quai de la marina.

➤ **L'ACADIE.** *À 20 km O de Saint-Jean-sur-Richelieu par la rte 219 S.* Fondée en 1768 par les rares Acadiens à s'établir dans le Haut-Saint-Laurent à la suite de la déportation de 1755 *(encadré, p. 45),* l'Acadie recèle un patrimoine remarquable que l'on peut notamment découvrir à l'église, restaurée avec soin et au site d'interprétation de la Vie coloniale **Il était une fois… une petite colonie** *(☎ (450) 347.97.56 ; ouv. du mer. au dim. de mi-mai à mi-sept. de 10 h à 17 h),* qui regroupe maisons historiques et dépendances.

L'étroite rivière Richelieu traverse toute la Montérégie et se jette dans le fleuve à la hauteur de Sorel. Elle est sillonnée par des embarcations de plaisance de tout genre.

LA VALLÉE DU RICHELIEU

➤ **SAINT-PAUL-DE-L'ÎLE-AUX-NOIX**. À 20 km S de Saint-Jean-sur-Richelieu par la rte 223 S. Un traversier donne accès au **lieu historique national du Fort-Lennox** (1, 61e Av. ☎ (450) 291.57.00; ouv. de mi-mai à fin oct.; visite guidée et exposition historique) où se dressent de magnifiques fortifications militaires britanniques du XIXe s., parmi les mieux conservées en Amérique du Nord.

➤ **SAINT-BERNARD-DE-LACOLLE**. À 15 km S-O de Saint-Paul-de-l'Île-aux-Noix par la rte 223 S, puis 202 O, puis suivre les indications routières. L'**arche des Papillons** (20, chemin Noël ☎ (450) 246.25.52; ouv. t.l.j. de 10 h à 17 h) abrite des papillons tropicaux parmi lesquels les visiteurs se promènent. Au **parc safari d'Hemmingford** (850, rte 202 O ☎ 1.800.465.87.24; ouv.

de mai à sept. dès 10 h), les fauves vivent en semi-liberté. On les découvre en voiture ou à pied sur de hautes passerelles.

Chambly*

➤ À 15 km N de Saint-Jean-sur-Richelieu par la rte 223 N. **Restauration** à Carignan, p. 175.

Située sur un élargissement de la rivière Richelieu, la ville est riche en témoignages historiques. La **rue de Richelieu**, le long du cours d'eau, est bordée de belles maisons de styles géorgien et palladien, construites vers 1814.

➤ **LE LIEU HISTORIQUE NATIONAL DU FORT-CHAMBLY****. Rue du Fort ☎ (450) 658.15.85. Ouv. du mer. au dim. de mars au nov. de 10 h à 17 h et t.l.j. en été. Un premier fort en bois a été construit dès les premiers temps du régime français, en 1665.

Construit au début du XVIIIᵉ s. par les Français pour se protéger des Anglais, le fort Chambly est un ouvrage militaire remarquablement conservé, situé face à la rivière Richelieu.

Agrandi au cours des ans (l'actuel fort, en pierre, date de 1709), il est devenu un élégant bâtiment, transformé en musée de l'Histoire militaire et civile de la vallée.

Rougemont*

➤ *À 17 km E de Chambly par la rte 112 E.*

Au 245, rang de la Petite-Caroline, l'**atelier-résidence de Claude Gagnon** (☎ *(450) 469.11.48; ouv. du jeu. au dim. de 13 h à 17 h)* mérite un arrêt. Cette ancienne grange surprend par son architecture novatrice, ses mosaïques et ses fresques de facture symboliste, créées par l'artiste.

Non loin, la **cidrerie artisanale Michel Jodoin** (*sentier 1130, rang de la Petite-Caroline* ☎ *(450) 469.26.76; ouv. t.l.j. de 10h à 16h; visite de la cave, dégustations de gibiers, fromages et cidre)* poursuit une tradition familiale culminant dans la mise au point d'un cidre mousseux et dans l'élaboration d'une liqueur de type Calvados, grâce à sa microdistillerie, une première au Canada.

Saint-Hyacinthe et ses environs

➤ *À 26 km N-E de Rougemont par la rte 231 N et à 42 km E de Montréal par l'A 20 E, sortie 133.* **Bonnes adresses**, *p. 176.*

Cette ville paisible, située dans la vallée de la Yamaska, est la capitale agroalimentaire du Québec. La **rue Girouard** a conservé de nombreuses maisons de style victorien de la fin du XIXᵉ s. Aux halles du vieux marché vous trouverez des produits de la ferme et au premier étage une galerie d'art contemporain.

➤ **SAINT-JUDE**. *À 15 km N de Saint-Hyacinthe par la rte 235 N.* Dans la campagne de Saint-Jude, **Chouette à voir !** (*875, rang Salvail S* ☎ *(450) 345.85.21; ouv. du mer. au dim. en été de 10 h à 16 h)* procède à des démonstrations de vol avec sa vingtaine d'espèces d'oiseaux de proie en réadaptation.

➤ **UPTON**. *À env. 30 km E de Saint-Hyacinthe par la rte 116 (carte p. 150).* Vous y découvrirez le **théâtre de la Dame de Cœur**

(611, rang de la Carrière ☎ (450) 549.58.28; ouv. du mer. au dim. en été seulement), virtuose de la marionnette géante, qui livre tout l'été des spectacles nocturnes, dans un site bucolique comprenant également une table champêtre, une miniferme et un musée.

Mont-Saint-Hilaire**

➤ *À 24 km O de Saint-Hyacinthe par la rte 116 O.* **Bonnes adresses,** *p. 175.*

➤ **Le centre de la nature de Mont-Saint-Hilaire****. *422, chemin des Moulins ☎ (450) 467.17.55. Ouv. de 8 h au coucher du soleil.* Il fait partie de la réserve mondiale de la biosphère de l'Unesco et déploie 24 km de sentiers autour du lac Hertel, qui couvre 11 km². Refuge d'**oiseaux migrateurs**, il abrite 80 nicheurs (faucon pèlerin, bernache, urubu à tête rouge, etc.). Il recèle en outre 45 espèces de mammifères (dont 6 rares) et 600 plantes vasculaires (dont 40 rares ou menacées d'extinction).

➤ **L'église Saint-Hilaire****. Peintre natif de la région, **Ozias Leduc** (1864-1955) y a réalisé les 14 stations du chemin de croix, ainsi que 16 tableaux où l'on retrouve les paysages de Mont-Saint-Hilaire, et deux vitraux. Outre son œuvre laïque, il assura également la décoration de plusieurs églises québécoises.

➤ **Le musée d'Art****. *150, rue du Centre-Civique ☎ (450) 536.30.33. Ouv. du mar. au dim., horaires variables.* Le musée rend hommage à un trio d'artistes hilairemontais: **Ozias Leduc**, son élève, le peintre automatiste **Paul Émile Borduas** (1905-1960), l'un des initiateurs du Refus global en 1948 *(p. 62-63)*, et **Jordi Bonet**, peintre et sculpteur.

➤ **La maison des Cultures amérindiennes***. *510, montée des Trente ☎ (450) 464.25.00. Ouv. t.l.j. de 9 h à 17 h, le w.-e. seulement l'après-midi.* Ce musée, qui mise sur une alliance rare, celle de l'art culinaire traditionnel et de la production artistique contemporaine des nations autochtones du Québec, offre diverses aventures gustatives et possède une galerie d'art.

Saint-Charles-sur-Richelieu

➤ *À 26 km N de Mont-Saint-Hilaire par la rte 133 N.* **Bonnes adresses,** *p. 175.* **Hébergement-restauration** *à Saint-Marc-sur-Richelieu, p. 176.*

Cette ancienne seigneurie du XVIIᵉ s. fut célèbre pour l'assemblée qui s'y tint le 23 octobre 1837. On y proclama la république des Six Comtés qui signa le ralliement des Patriotes autour de Louis-Joseph Papineau *(p. 49)*.

De la marina partent des bacs qui traversent la rivière jusqu'à **Saint-Marc-sur-Richelieu**, un petit village qui doit beaucoup à la sympathique auberge Handfield, à sa marina et à son théâtre d'été.

Saint-Denis-sur-Richelieu

➤ *À 14 km N de Saint-Charles-sur-Richelieu par la rte 133 N.* **Bonnes adresses,** *p. 176.* **Restauration** *à Saint-Antoine-sur-Richelieu, p. 175.*

➤ **La maison nationale des Patriotes**. *610, chemin des Patriotes ☎ (450) 787.36.23. Ouv. t.l.j. sf lun. de 10 h à 17 h.* Le 23 novembre 1837, Saint-Denis fut le théâtre de la victoire des Patriotes contre le colonel Gore, à la tête d'une compagnie anglaise venue mater la rébellion: les panneaux explicatifs du musée reviennent sur cette page d'histoire (la visite guidée est aussi recommandée).

➤ **L'ÉGLISE.** Elle date de 1792 et possède d'intéressantes **toiles** religieuses rapportées de Paris avant la Révolution: l'une, de Jacques-Antoine Delaistre, provient de l'église Saint-Eustache; une autre est attribuée à Otto Van Veen, maître de Rubens.

De l'autre côté de la rive, **Saint-Antoine-sur-Richelieu** s'anime tous les dimanches d'été autour de son marché champêtre où abondent produits maraîchers, objets de brocante et d'artisanat. Des artisans proposent des démonstrations de métiers traditionnels (fileuse, tailleur de plumes d'oies, sourcier, dentellière, etc.).

Aux environs de la vallée du Richelieu

➤ *Hébergement-restauration à Sainte-Marthe, p. 176.*

Le secteur du **Suroît**, au sud-ouest de Montréal, appartient à la région de la Montérégie.

Cette petite région est baignée par les lacs Saint-François, Saint-Louis et des Deux-Montagnes, au sud-ouest de la pointe de l'île de Montréal. Les plages y sont nombreuses, les attraits naturels et historiques ne manquent pas, et les routes bucoliques se prêtent aux randonnées cyclistes.

➤ **HUDSON***. *À env. 40 km O de Montréal par l'A 40. Un traversier en été et un pont de glace en hiver relient en 15 mn Hudson à Oka (p. 73).* Sur la rive sud du lac des Deux-Montagnes, Hudson est un ravissant village au charme anglo-saxon où se tient un marché aux puces le samedi en belle saison.

➤ **LA RÉSERVE NATIONALE DE FAUNE DU LAC SAINT-FRANÇOIS****. *À 124 km S-O de Montréal par l'A 10 E puis la rte 132 O ☎ (450) 370.69.54. Ouv.* de mai à oct. Entrée libre. Classée par l'Unesco, elle abrite 220 espèces d'oiseaux (oie des neiges, morillon à tête rouge...) et une flore caractéristique des milieux humides, que l'on découvre en parcourant un sentier de 4 km.

➤ **LE PARC ARCHÉOLOGIQUE DE LA POINTE-DU-BUISSON**. *À env. 55 km S de Montréal par l'A 40 O et l'A 13 S pour le pont Mercier, et rte 132 O direction Valleyfield. 333, rue Émond, Melocheville ☎ (450) 429.78.57. Ouv. en été.* On y découvre des vestiges de l'occupation amérindienne datant de plus de cinq millénaires: traces de campement, poteries, outils. Supervisées par un archéologue, des journées d'initiation publique se tiennent tous les week-ends d'été.

Les Cantons-de-l'Est

➤ *Outre la carte p. 150, il est utile de se procurer une carte détaillée des Cantons-de-l'Est, où abondent les petites routes et les chemins de campagne. Au Québec, l'indication «chemin» n'a pas de connotation pédestre: ils sont praticables en voiture.*

➤ *Carte, p. 150. **Bonnes adresses**, p. 177.*

Ce pays de collines boisées et de lacs glaciaires se trouve au sud-est de Montréal. Longtemps habités par les seuls Amérindiens, plusieurs lieux en ont gardé les noms: Massawippi, Coaticook, Memphrémagog, Mégantic... Jouxtant la frontière américaine, la région est peuplée de familles d'origine anglo-saxonne. Elle possède un charme bien particulier, avec ses villages qui ressemblent beaucoup à ceux de la Nouvelle-Angleterre. Terre d'élevage et d'agriculture

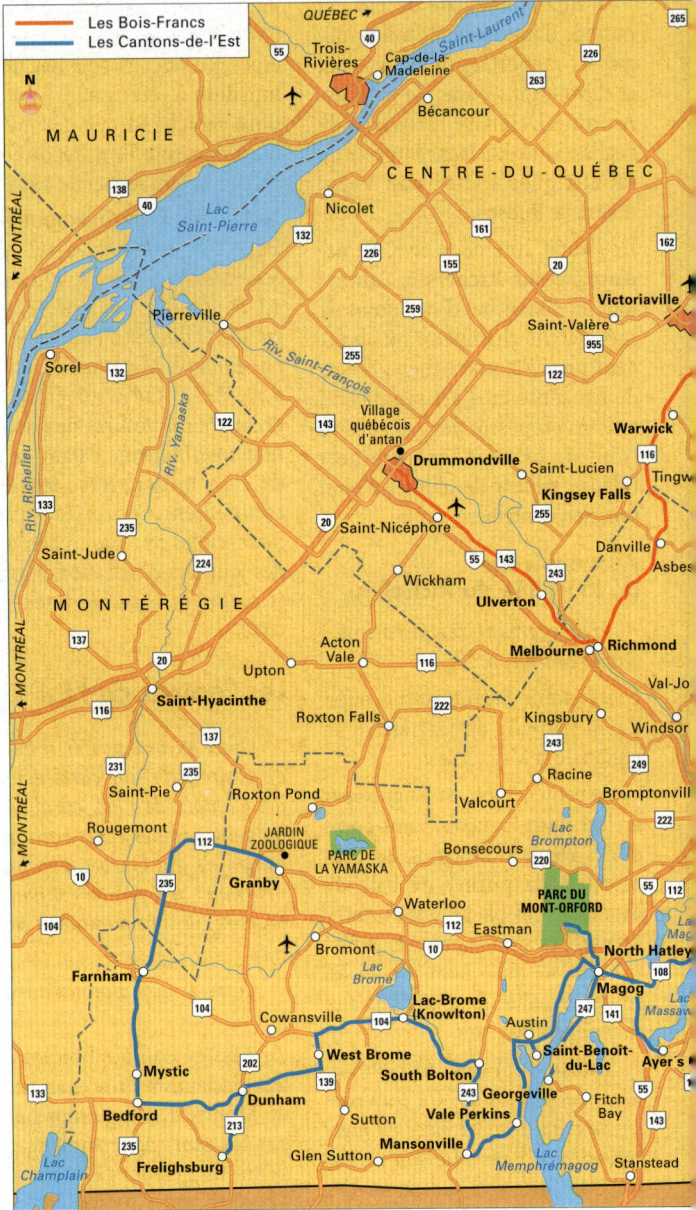

LES CANTONS-DE-L'EST ET LES BOIS-FRANCS

dans leur partie nord, les Cantons-de-l'Est sont hérissés au sud-est de hautes collines, reliées aux montagnes des Appalaches. Creusée de lacs d'origine glaciaire, la région offre des villégiatures estivales, qui se transforment en stations de ski en hiver *(p. 177)*. En automne, les forêts sont superbes dans cette zone relativement tempérée où les

arbres à feuillage caduc sont plus nombreux que les conifères. Les Cantons-de-l'Est sont riches aussi en bonnes tables, galeries d'art, théâtres d'été, ateliers d'artistes et d'artisans. En outre, la région s'enorgueillit de partager avec la Montérégie plusieurs vignobles, dont la production connaît au Québec un succès grandissant.

En contrée loyaliste

La plupart des villes et des bourgades des Cantons-de-l'Est ont été peuplées par les « loyalistes », immigrants venus des ex-colonies anglaises après la guerre d'Indépendance, de 1776 à 1782. Ils avaient refusé de devenir « américains » dans les États de la nouvelle République. À ces fidèles sujets de la Couronne de Londres, le gouvernement canadien de l'époque donna des terres. De ce fait, la colonisation s'est organisée sur le mode britannique traditionnel, et non sur celui de la classique seigneurie canadienne française. Ces terres ont pris le nom de Cantons-de-l'Est, traduction d'*Eastern Townships*. À la suite des loyalistes, des immigrants anglais s'y sont établis, puis des Irlandais catholiques, surtout à partir de 1820. Plus tard, la vitalité démographique des Canadiens français leur a donné la majorité dans cette région. ❖

Granby*

➤ *À 77 km E de Montréal, A 10 E, sortie 74.* **Bonnes adresses**, *p. 178.* **Hébergement-restauration** *à Bromont, p. 178.*

➤ **Le zoo****. *À la sortie de l'autoroute, suivre la signalisation* ☎ *(450) 372.91.13. Ouv. t.l.j. de mi-mai à fin août de 10h à 19h30, en automne le w.-e. seulement.* Ce célèbre zoo compte plus de 1 000 animaux de 23 espèces différentes, des plus exotiques aux plus communes (animaux de ferme).

➤ **Le centre d'interprétation de la nature du lac Boivin***. *700, rue Drummond* ☎ *(450) 375.38.61. Ouv. t.l.j. de 8h30 à 16h30. Entrée libre.* Des sentiers d'interprétation, une cache et deux tours permettent l'observation de la faune ailée qui fréquente le marécage (grand héron, bruant, sauvagine…).

➤ **Le pavillon faunique Canada****. *270, rue Denison E* ☎ *(450) 375. 65.25. Ouv. t.l.j. de mai à oct.* Il regroupe la plus importante collection d'animaux naturalisés du pays. Les habitats naturels des 400 spécimens y sont reconstitués avec beaucoup d'authenticité.

♥ Vers Dunham

➤ *Depuis Granby : par les rtes 112 E puis 235. Depuis Montréal : A 10 E, sortie 55, direction Farnham.* **Bonnes adresses**, *p. 177.*

De Granby, ou de l'autoroute 10 en venant de Montréal, vous emprunterez l'agréable route 235 qui descend vers la frontière du Vermont. Elle passe par **Farnham** *(20 km S-O de Granby)* et mène à **Bedford** par ♥ **Mystic** *(16 km S de Farnham)*, charmant village où vous verrez la remarquable **grange Walbridge**, peinte en rouge et à douze façades. De Bedford *(2 km S de Mystic)*, la route panoramique 202 conduit à **Dunham** *(19 km E de Bedford)*. On trouve dans les environs plusieurs vignobles dont **Les Blancs Côteaux** *(1046, chemin Bruce* ☎ *(450) 295.35.03)* et **L'Orpailleur** *(1086, rte 2020* ☎ *(450) 295.27.63)* où l'on peut se laisser tenter par une dégustation dans un cadre champêtre. Pour plonger dans le charme Nouvelle-Angleterre, n'hésitez pas à faire un détour à **Frelighsburg*** *(10 km S de Dunham par la rte 213 S)*, située à 5 km de la frontière américaine.

Les vins du Québec

À Iberville, Victor Dietrich et Christiane Joos produisent des vins rouges, rosés et blancs, primés lors de concours internationaux. Leur vin de glace a reçu la médaille d'or à Atlanta, en 1997.

Les premières vignes commerciales ont été plantées au Québec au début des années 1980. Aujourd'hui, 17 vignobles se concentrent dans une zone longeant la frontière américaine et chevauchant les régions de la Montérégie et des Cantons-de-l'Est. Avec une production annuelle d'environ 300 000 litres, la viticulture québécoise commence à se faire tranquillement une place au soleil, et plusieurs de ses vins ont été primés en compétition internationale.

Après de nombreux essais, les vignerons – plusieurs sont des Européens – ont pu sélectionner les plants et inventer un procédé d'hivernage : un appareil mobile, la butteuse, « renchausse » les ceps à l'automne, les protégeant jusqu'au printemps sous un tertre antifroid. Parmi la trentaine de cépages testés, on accorde une préférence au seyval, un plant rustique de raisins blancs dont la période de végétation est assez courte. En effet, pour déjouer l'hiver, les vignerons doivent faire en six mois ce qui, ailleurs, prendrait un an. Ils choisissent donc des cépages hybrides, qui arrivent à maturité en 120 jours plutôt qu'en 180 jours.

La fraîcheur des nuits et les conditions d'ensoleillement produisent des vins qui présentent un bon taux d'acidité, support de leur fruité et de leur finesse. Ils sont donc secs et dotés d'une complexe subtilité.

Tous les producteurs proposent des dégustations dans un cadre champêtre. Les associations touristiques de la Montérégie *(p. 175)* et des Cantons-de-l'Est *(p. 177)* vous remettront la carte de la route des Vins. ❖

Un sympathique café-terrasse loge dans l'ancien magasin général d'où l'on pourra planifier l'exploration du village et des vergers environnants.

♥ Lac-Brome*

➤ *À env. 30 km N-E de Dunham, par les rtes 139 puis 104 N. Hébergement-restauration à Knowlton, p. 178.*

Cette ville englobe sept villages, dont ceux de **West Brome*** (antiquaires et marché public), et de ♥ **Knowlton***. Dans cette ville, à l'architecture néovictorienne et à l'atmosphère anglo-saxonne, vous passerez la journée à musarder autour de la chute d'eau, dans les rues bordées de galeries d'art et de solderies. La **plage du lac Brome** est ouverte à la baignade.

Mon pays c'est l'hiver

*L'*hiver, au Québec, a deux gros défauts pour les gens du pays: il est trop long, et il revient chaque année. Mais il explique la légendaire chaleur des Québécois, leur goût pour la fête et leur sens de l'entraide. Et surtout, c'est à l'hiver que l'on doit la formidable explosion de vitalité qui salue le retour des beaux jours, de mai à octobre.

L'éternel retour

Jusqu'au jour de l'An, tout va bien. En novembre, c'est l'excitation de la première «bordée» de neige. En décembre, les préparatifs fébriles des fêtes, où les coutumes traditionnelles demeurent étonnamment vivaces: sapin de Noël abondamment décoré, échanges de cadeaux, messe de minuit, repas traditionnel composé de ragoût de pattes de porc et de tourtières.

Par la suite, les choses se corsent. Janvier est implacable, avec ses bises mordantes et ses froids sibériens. Février n'est guère plus commode; mars est interminable. Les pays tropicaux deviennent la Terre sainte de milliers de Québécois dont le moral tend à descendre avec le mercure du thermomètre. Si la marmotte voit son ombre en sortant de sa tanière, le 2 février, c'est la catastrophe: l'hiver ne finira pas de sitôt! Mais lorsqu'en mars les érables se mettent à couler et qu'arrive le «temps des sucres», il ne reste qu'un mois de giboulées et de «gadoue» avant que ne s'installe le vrai printemps.

Des sports ancestraux

Seule échappatoire pour tenir le coup: la pratique du sport. Chaussé de **raquettes**, on peut quitter les sentiers battus pour s'avancer dans n'importe quelle étendue vierge, sans risque de «caler» dans la neige. C'est aux Amérindiens que remonte leur technique de fabrication, tout comme celle du **toboggan** ou «traîne sauvage».

La rue du Petit-Champlain enneigée, à Québec.

La pêche blanche se pratique à partir de trous percés dans la glace, sur les lacs, les rivières ou le fleuve. C'est une activité populaire dans les villages le long de la rivière Saguenay.

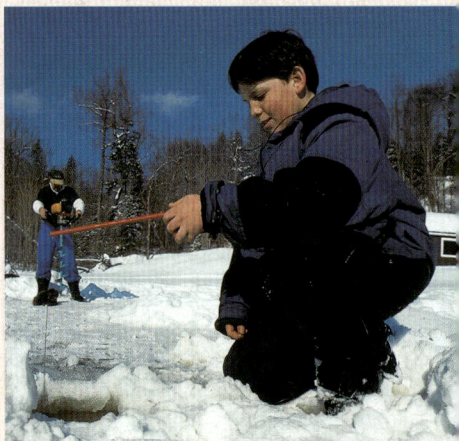

Le **traîneau à chiens** a longtemps été l'unique moyen de transport des Inuit, avec le kayak. Une meute de chiens huskies ou malamutes tire le véhicule, qui file à une vitesse moyenne de 10 km/h. Il est conduit par un *musher* – du mot *mush*, avec lequel le conducteur exhorte les bêtes – qui apprendra aux néophytes à tenir les rênes. On peut partir en excursion pour plusieurs jours, effectuer quotidiennement de 30 à 60 km, s'arrêter pour s'adonner à la **pêche blanche** et dormir sous la tente ou dans une cabane en rondins.

Plaisirs de glisse

La **motoneige**, inventée par le Québécois Joseph-Armand Bombardier, attire de plus en plus d'adeptes européens. Un réseau de 33 454 km de sentiers bien entretenus relie presque toutes les régions de la province. Pour le **ski de fond**, ou ski de randonnée, le Québec recèle des centaines de centres, sans compter les pistes spontanément tracées sur les lacs ou dans les sous-bois, les parcs et les réserves fauniques. Les Laurentides et les Appalaches abritent une centaine de stations de **ski alpin**, à proximité des grands centres urbains comme Montréal ou Québec, et souvent illuminées le soir. Les plus hauts sommets se trouvent au massif de Petite-Rivière-Saint-François (770 m), dans le Charlevoix, et au Mont-Tremblant (649 m), dans les Laurentides.

Comme on le sait, les Québécois sont nés chaussés de patins : on trouve donc des **patinoires** dans tous les parcs des villes et sur de nombreux cours d'eau, où ces patinoires naturelles sont aménagées et entretenues pour l'occasion. Enfin, une activité traditionnelle reprend du service : le canot sur glace. Il se pratique dans la région de Montmagny et donne lieu à une compétition au carnaval de Québec. ◼

Près de 34 000 km de pistes balisées sont à la disposition des motoneigistes. Certaines sont de véritables autoroutes de neige.

À Valcartier, dans la banlieue de Québec, le Village des Sports est le plus important centre récréatif de la province. Petits et grands dévalent les pentes en chambres à air, carpettes et rafting des neiges.

Les fêtes du lac Brome

Dans la campagne bordant le lac Brome, on élève en grand nombre des canards dits péki-nois, ce qui donne lieu chaque automne, dès la mi-septembre, à ce rendez-vous gourmand fort couru : les chefs d'une trentaine de restaurants et auberges proposent un menu avec le «canard du lac Brome». Les week-ends, Knowlton accueille la fête champêtre dans ses rues. ❖

Autour du lac Memphrémagog**

➤ *Hébergement-restauration à Knowlton-Landing, p. 178.*

La route 243 N mène à **South Bolton** *(à 15 km S-E de Lac-Brome)* d'où vous pourrez vous rendre à Saint-Benoît-du-Lac, ou faire un détour à **Mansonville** *(à 13 km S de South Bolton)*. Ce village abrite une grange ronde (1910) et un pont couvert. **Vale Perkins** *(à 8 km N-E de Mansonville par le chemin Vale Perkins)* donne sur l'immense **lac Memphrémagog**. Son nom provient d'une légende qui veut que ses eaux soient habi-tées par un monstre, le redoutable «Memphré». Le lac s'étend dans une cuvette glaciaire de 40 km de long, entourée de montagnes. Sa largeur varie entre 2 et 4 km, et sa pointe sud se trouve dans le Ver-mont. On peut le parcourir en bateau de croisière *(p. 179)*.

➤ **L'abbaye Saint-Benoît-du-Lac****. *À 20 km N de Vale Perkins par le chemin du Lac, la rte de la Baie à dr., puis à Austin par le che-min Fisher à dr. À 20 km S de* *Magog par la rte 112 E, puis le che-min Wright's qui devient chemin Bolton E jusqu'à Vale Perkins. Ouv. de 5h à 21h.* Surplombant le lac, cet imposant édifice néogothique fut conçu en 1912 par l'architecte Dom Paul Bellot. La chapelle est l'œuvre de l'architecte Dan S. Hanganu. Elle est ouverte au public *(chants grégoriens à 17h)*, ainsi qu'une modeste hôtellerie et une boutique où la communauté propose ses produits dont un excellent fromage bleu et un cidre de pomme méthode champenoise.

➤ **Magog***. *À 20 km N de Saint-Benoît-du-Lac par le chemin du Lac. À 115 km E de Montréal par l'A 10 E, sortie 118. **Bonnes adresses**, p. 179.* Cette station de villégiature, la plus courue des Cantons-de-l'Est, tire bénéfice de la longue et belle **plage** qui borde la partie nord du lac Memphré-magog. Dans la **rue Principale**, animée, s'alignent boutiques et restaurants et antiquaires.

Le lac Memphrémagog est un lieu de villégiature prisé où sont établis de vieilles familles et de nombreux artistes.

➤ **GEORGEVILLE***. *À env. 20 km S de Magog.* En redescendant par la route 247 sur l'autre rive du lac Memphrémagog, vous trouverez ce paisible village, où le temps semble s'être arrêté. Georgeville a servi de cadre à certaines scènes du *Déclin de l'Empire américain* (1986) de Denys Arcand.

Le parc du Mont-Orford*

➤ *À 7 km N de Magog par la rte 141 N. Rens. pour le parc ☎ (819) 843.98.55. Station touristique Mont-Orford ☎ (819) 843. 65.48.* **Bonnes adresses**, *p. 177.*

L'industrie du loisir y a multiplié les lieux de villégiature, tous proches de lacs et de pistes de ski. On y trouve le **centre d'arts Orford**, où des artistes du monde entier effectuent des stages de perfectionnement en musique et se produisent en été dans le cadre du Festival Orford consacré à la musique classique. Très boisé, le parc offre 50 km de sentiers pour la marche, le ski de fond et les courses de raquettes. Outre le parc, la **station touristique** du Mont-Orford comprend un golf, un sentier de randonnée de 11 km et 43 km de pistes de ski alpin.

Autour du lac Massawippi**

Ce lac connut son heure de gloire vers les années 1920, quand d'opulentes familles américaines y firent construire des villas luxueuses.

➤ ♥ **NORTH HATLEY****. *À 17 km E de Magog par la rte 108 E.* **Bonnes adresses**, *p. 179.* est un irrésistible village situé à l'extrémité du lac, où quelques-unes des riches demeures sont devenues des hôtels renommés, des pensions et des ateliers-boutiques. La beauté du panorama et l'excellence des tables vous

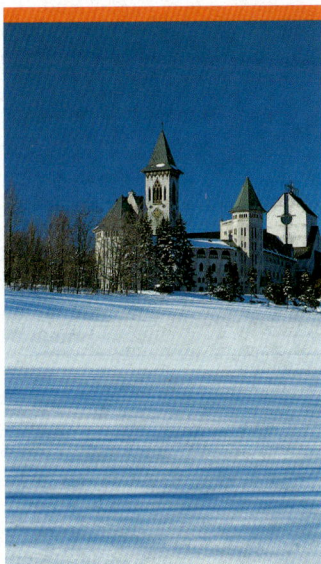

Fondée par des pères cisterciens, l'abbaye Saint-Benoît-du-Lac est un lieu paisible ouvert aux visiteurs.

retiendront sans doute quelques jours dans ce lieu dont on s'éprend toujours.

➤ **AYER'S CLIFF***. *À 14 km S-E de Magog, rte 141 S.* **Bonnes adresses**, *p. 178.* **Hébergement-restauration** *à Stanstead, p. 180.* À l'extrémité sud du lac, Ayer's Cliff est une bourgade au charme typiquement anglo-saxon. La décoration de son église a été réalisée par Jordi Bonet, le peintre-sculpteur et céramiste d'origine espagnole.

Sherbrooke*

➤ *Depuis Magog : à 35 km N-E par la rte 108 E. Depuis Montréal : à 147 km E par l'A 10 E.* **Bonnes adresses**, *p. 179.*

Longtemps marquée par ses origines britanniques et industrielles, la reine des Cantons-de-l'Est est un important centre commercial et, pour le visiteur, une base d'où rayonnent des routes vers des lieux de détente.

Le diable tourne en rond

Plusieurs loyalistes apparte-naient à la secte des shakers, congrégation religieuse issue des quakers, dont la doctrine consistait à «trembler devant Dieu» (de l'anglais *shake*: «trembler»). Pour éviter que le diable ne se cache dans les coins de leurs granges, dit-on, les shakers construisirent ces bâtiments sur un plan circu-laire, parfois brisé en douze angles. Mais l'origine de cette construction particulière est peut-être plus prosaïque: en effet, la forme arrondie des granges offre également une meilleure résistance aux vents violents qui soufflent sur les terres. En outre, elle permet une utilisation maximale de l'espace. On trouve encore dans les Cantons-de-l'Est plu-sieurs de ces granges rondes, comme à Mansonville *(p. 156)*, Mystic *(p. 152)*, West Brome *(p. 153)* et Barnston *(au S-E de Magog par la rte 141).* ❖

Le Vieux-Sherbrooke a conservé de fières demeures, notamment autour du parc Mitchel. Les plus remarquables ont été construites entre 1870 et 1930.

➤ ♥ **LE MUSÉE DU SÉMINAIRE***. *195, rue Marquette* ☎ *(819) 564. 32.00. F. lun. et le matin en hiver.* C'est l'un des plus vieux musées de sciences naturelles du Québec où l'on peut voir les oiseaux de la province, des minéraux et des objets amérindiens.

➤ **LE MUSÉE DES BEAUX-ARTS**. *241, rue Dufferin* ☎ *(819) 821.21.15. Ouv. t.l.j. sf. lun. de 13 h (en été dès 11 h) à 17 h, nocturne le mer.* Depuis plusieurs années, ce musée concentre tous ses efforts à mon-ter une collection d'œuvres régio-nales, anciennes et récentes. Les expositions offrent un portrait des Cantons-de-l'Est et de ses artistes, particulièrement vivifiant.

La région de Mégantic**

➤ *Depuis Sherbrooke par les rtes 143 S, 108 E puis 212 E.*

Dans l'arrière-pays des Cantons-de-l'Est, les routes traversent de vastes terres agricoles, parmi les sommets des Appalaches.

➤ **CHARTIERVILLE ET LA CÔTE MAGNÉTIQUE.** *À env. 60 km E de Sherbrooke par la rte 212 jusqu'à La Patrie, puis par la rte 257 vers le sud.*

À la sortie du village, près de la frontière américaine, vous décou-vrirez la mystérieuse côte magné-tique.

Lorsqu'vous vous trouvez en voi-ture au pied de cette côte, vous éteignez le moteur et vous vous mettez en roue libre. La voiture se met alors à grimper toute seule ! Par quel aimant est-elle donc atti-rée ? Aucun: il s'agit d'une pure **illusion d'optique**. En réalité, la pente ne monte pas mais elle des-cend. Pourtant, on a beau le savoir, se frotter les yeux, analyser toutes les courbes du paysage : rien n'y fait, l'œil se refuse bien à croire l'évidence. Pour s'en convaincre, il vous suffit de verser un peu d'eau sur le sol. Force est alors de constater que la route descend bel et bien, tout comme votre voiture.

En rebroussant chemin, vous retrouvez la route 212 menant à Notre-Dame-des-Bois, juchée en face du mont Mégantic.

Musées à la carte

À Valcourt, on peut visiter le musée consacré à l'inventeur de la motoneige, J.-A. Bombardier, et voir le garage où ce jeune mécanicien de génie mit au point divers véhicules adaptés à la neige.

➤ **ÉGLISE-MUSÉE SAINT-VENANT**. 8, chemin du Village, Saint-Venant-de-Paquette *(à env. 60 km S-E de Sherbrooke, près de la frontière américaine)* ☎ (819) 658.10.64. *Ouv. en saison.* L'ornementation de l'église (1887) est l'œuvre d'artisans ébénistes. Le musée évoque l'histoire du village et les coutumes religieuses.

➤ **LIEU HISTORIQUE NATIONAL DE LOUIS-S.-SAINT-LAURENT**. 6790, rte Louis-S.-Saint-Laurent, Compton *(à env. 20 km S de Sherbrooke)* ☎ (819) 835.54.48. L'histoire sociale et politique au tournant du XIXᵉ s. présentée dans la maison natale de cet ancien Premier ministre du Canada (1882-1973).

➤ **MAISON DU GRANITE**. Rte du Morne, Mont-Saint-Sébastien, Lac-Drolet *(à env. 20 km N de Lac-Mégantic)* ☎ (819) 549.25.66. Sur le site de l'ancienne carrière, à 640 m d'altitude, cette maison présente des expositions sur le travail de ce matériau, fréquemment utilisé dans la construction de bâtiments de cette région notamment des églises et des couvents.

➤ **MUSÉE DU CHOCOLAT**. 679, rue Shefford, Bromont *(à env. 20 km S de Granby)* ☎ (450) 534.38.93.

➤ **MUSÉE COLBY-CURTIS**. 535, rue Dufferin, Stanstead *(à env. 20 km S de Ayer's Cliff)* ☎ (819) 876.73.22. *Ouv. en saison.* Collection ethnohistorique de peintures et d'objets décoratifs dans une maison néo-Renaissance (1859).

➤ **PAVILLON DE LA FAUNE**. 856, chemin de Stratford, Stratford *(à 53 km N-O de Lac-Mégantic)* ☎ (418) 443.23.00. Intéressante collection d'animaux naturalisés d'Amérique du Nord.

➤ **MUSÉE JOSEPH-ARMAND-BOMBARDIER**. 1001, av. J.-A.-Bombardier, Valcourt *(à env. 30 km S-O de Melbourne)* ☎ (450) 532.53.00. La motoneige et bien d'autres véhicules sont nés ici grâce à l'ingéniosité de J.-A. Bombardier, fils de garagiste. Le musée présente ses inventions et retrace l'histoire de la motoneige.

➤ **MUSÉE MINÉRALOGIQUE ET D'HISTOIRE MINIÈRE**. 104, rue Letendre, Asbestos *(à env. 30 km N-E de Melbourne)* ☎ (819) 879.64.44. En 1970 et en 1975, le centre-ville d'Asbestos glissa (il y avait déjà eu deux effondrements) dans le cratère de la mine d'amiante dont le diamètre atteint 2 km. Ce petit musée raconte l'histoire minière et possède une riche collection minéralogique. ❖

Le temps des sucres

La Beauce est le haut lieu de la production artisanale acéricole du Québec. Les cabanes à sucre traditionnelles y sont légion.

Ce sont les Amérindiens qui, dès les débuts de la colonisation, ont appris aux Blancs le secret de la fabrication du précieux sirop d'érable. Si l'hiver a été froid et fort neigeux, si au printemps se succèdent journées ensoleillées et gels nocturnes, on est sûr que les arbres entaillés fourniront une sève abondante et que le « temps des sucres » sera une grande fête. Autrefois recueillie dans des récipients fixés à l'arbre, à présent aspirée par des tuyaux en plastique souple fixés à des sondes métalliques, l'« eau d'érable » est transformée, dans la cabane à sucre, par évaporation, en un épais liquide sucré et aromatique.

L'opération donne lieu à des réjouissances qui constituent un rite de passage entre l'hiver, qui se termine enfin, et le printemps revenu. On jette dans le sirop brûlant des œufs crus, on le verse sur des grillades de lard, du jambon de ferme ou des crêpes. On le fait couler en filets sur la neige où il se cristallise en arabesques poisseuses. Outre le sirop, les produits de l'érable sont nombreux : tire (sorte de sirop presque solide), sucre, beurre, bonbons, liqueur, dont la fabrication reste limitée et qu'il faut se procurer en saison. ❖

(à 9 km N de Kingsey Falls), un paisible village agricole célèbre pour son excellent fromage.

Victoriaville*

➤ *À 55 km N de Melbourne par la rte 116 E.* **Bonnes adresses**, *p. 181.*

Ce centre important des Bois-Francs, situé au cœur des terres,

est reconnu pour son **Festival international de musique actuelle** (p. 180).

➤ **LE MUSÉE LAURIER.** *Ouv. en sem. de 9h à 17h, sam. et dim. l'après-midi seulement, en hiver f. lun. et le midi.* Ce musée compte deux édifices : la **maison Sir-Wilfrid-Laurier** (*16, rue Laurier O* ☎ *(819)*

357.86.55), ancienne résidence de ce Premier ministre du Canada (1896-1911) transformée en musée à sa mémoire et le **pavillon Hôtel-des-Postes** *(949, bd Bois-Francs S ☎ (819) 357.21.85)*, qui abrite des œuvres d'importants artistes natifs de la région dont de Foy Suzor-Côté (1869-1937), Laliberté (1878-1953) et Louis-Philippe Hébert (1850-1917).

➤ **L'ÉCONOMUSÉE DU CUIR.** *857, bd Bois-Francs S ☎ (819) 357.31.38. Ouv. en sem. de 9h à 17h, sam. et dim. l'après-midi seulement, en hiver f. lun. et le midi.* Un maroquinier s'est installé dans cette ancienne cordonnerie transformée en économusée et située à proximité du pavillon Hôtel-des-Postes.

➤ **LE PARC LINÉAIRE DES BOIS-FRANCS.** Une piste cyclable de 77 km, aménagée sur l'ancienne voie ferrée, traverse la ville.

Plessisville

➤ *À 24 km N-E de Victoriaville par la rte 116 E.*

La capitale mondiale de l'acériculture est entourée d'érablières remarquables. Son **musée de l'Érable** *(1280, rue Trudelle ☎ (819) 362.92.92 ; ouv. t.l.j. de 9h à 17h)* est dédié à cet art culinaire printanier, la fabrication de sucre d'érable, que les Indiens enseignèrent aux Européens. On peut aussi s'y familiariser plus concrètement à la **Sucrerie d'antan** *(320, rte 116 ☎ (819) 362.38.82.)*, ouverte toute l'année. Le temps fort de la récolte de sève d'érable est néanmoins à la fonte des neiges *(encadré, p. 162).*

♥ Inverness*

➤ *À 27 km E de Plessisville par la rte 267 S.*

Surplombant les vallons agricoles qui caractérisent la Beauce, ce charmant village est le haut lieu du bronze au Québec, avec ses deux fonderies d'art. Installé dans l'ancien palais de justice, le **musée du Bronze*** *(☎ (418) 453.21.01 ; ouv. t.l.j. en été de 10 h à 17 h, en hiver sur rés.)* est un centre d'interprétation où sont exposées des œuvres de sculpteurs québécois majeurs dont Alfred Laliberté, Hébert et Armand Vaillancourt (né en 1929). Les portes monumentales de l'entrée principale sont signées Gérard Bélanger, un sculpteur contemporain.

Il ne faudra pas manquer de participer aux ♥ **soirées dansantes traditionnelles** de Chez Joffy *(☎ (418) 453.77.77)* et au Fort Inverness *(☎ (418) 453.24.00)*. Les petits chemins gravelés des environs offrent des panoramas spectaculaires.

Thetford Mines

➤ *À 29 km S-E d'Inverness par la rte 267 S. Bonnes adresses, p. 180.*

La capitale québécoise de l'amiante offre l'occasion de visiter, dans un site au gigantisme impressionnant, une **mine en exploitation*** *(Tourisme Amiante, 682, rue Monfette N ☎ (418) 335.71.41 ; visite de 2 h, t.l.j. en été à 13 h 30)*. On peut aussi découvrir l'intéressant **Musée minéralogique et minier*** *(711, bd Smith S ☎ (418) 335.21.23 ; ouv. t.l.j. en été de 9h30 à 18h ; en hiver f. lun.).*

La vallée de la Chaudière

Appartenant à la région Chaudière-Appalaches, la Beauce québécoise se visite à partir de Lévis, ville située en face de Québec sur la rive sud du Saint-Laurent. Rien à voir avec la Beauce céréalière chantée par Péguy : il s'agit de la pittoresque

vallée de la Chaudière*, rivière née dans les Appalaches, près de la frontière des États-Unis, et qui se jette dans le Saint-Laurent. C'est le pays de l'érable, également réputé pour «l'entrepreneurship» de ses habitants, comme on dit au Québec, et leur accent bien particulier. Le circuit longe constamment la rivière, sur les bords de laquelle sont établies les principales villes beauceronnes.

➤ *Carte, p. 165. Bonnes adresses, p. 181.*

Le parc des Chutes-de-la-rivière-Chaudière*

➤ *À 15 km S-O de Lévis par la rte 132 O jusqu'à Charny puis la rte 175 S. À 250 km N-E de Montréal par l'A 20 E. Entrée libre.*

Une chute de 35 m de haut et 121 m de large gronde sous la longue passerelle qui rejoint des sentiers pédestres. À proximité se trouvent cinq belvédères et des aires de pique-nique.

Sainte-Marie*

➤ *À 44 km S de Charny par la rte 175 S, puis à Saint-Lambert, rte 171 S sur la rive O jusqu'à Scott, et rte 173 S sur la rive E.*

Chaque année, les crues de la rivière Chaudière inondent le centre de la ville et particulièrement la **rue Notre-Dame** où se concentrent ses principaux attraits qui semblent s'accommoder tant bien que mal de ces assauts répétés.

➤ **Le manoir Taschereau**. *730, rue Notre-Dame N* ☎ *(418) 387. 36.71. Ouv. t.l.j. de juin à août de 10 h à 16 h.* On peut visiter le manoir et la chapelle, la troisième bâtie sur le domaine qu'avait reçu en 1736 Thomas-Jacques Taschereau, premier seigneur de la région. Le manoir (1809) est une maison néoclassique dont l'étage des chambres, aménagé en gîte, loge toujours les descendants Taschereau.

➤ **La maison Dupuis**. *640, rue Notre-Dame S* ☎ *(418) 387.72.21.* La société historique Nouvelle-Beauce occupe cette maison et y présente des expositions à caractère historique. Au printemps, elle installe, dans le bosquet d'érables adjacent, une minuscule cabane à sucre.

➤ **L'église Sainte-Marie***. *Rue Notre-Dame.* De style néogothique, elle fut dessinée (1858-1859) par Charles Baillairgé et possède une admirable décoration en trompe-l'œil, où s'intègrent tableaux et bas-reliefs.

➤ **La maison Pierre-Lacroix**. *552, rue Notre-Dame S.* Cette historique maison est une demeure rurale typique, où sont fabriqués et vendus des travaux de tissage et des plaids typiques de Sainte-Marie.

Vallée-Jonction

➤ *À 12 km S de Sainte-Marie par la rte 173 S. Bonnes adresses, p. 181.*

Sa gare désaffectée abrite le **centre d'interprétation ferroviaire** *(397, bd Rousseau* ☎ *(418) 253.64.49).* À travers l'histoire ferroviaire, ce centre raconte le destin de ce petit village qui, de simple station d'aiguillage, est devenu une station d'hiver courue avant de sombrer dans l'oubli.

La nouvelle vie de la gare s'accompagne de la reprise du service ferroviaire: les **Trains touristiques de Chaudière-Appalaches** *(*☎ *(418) 253.55.80 ou 1.877.642.55.80)* offrent plusieurs forfaits thématiques.

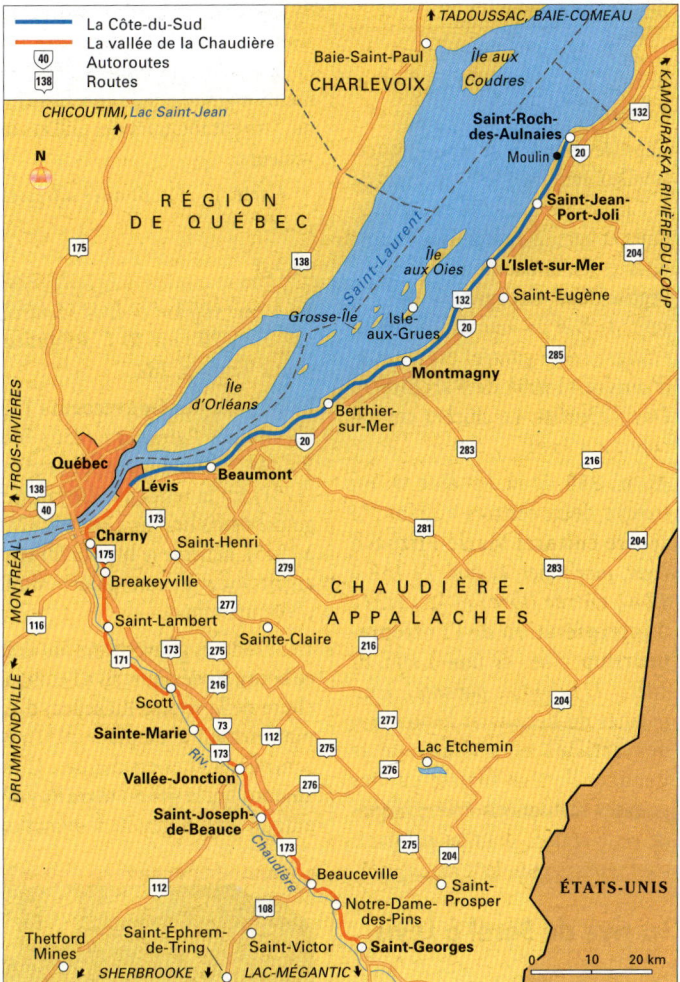

LA VALLÉE DE LA CHAUDIÈRE ET LA CÔTE-DU-SUD

Saint-Joseph-de-Beauce**

➤ *À 20 km S de Sainte-Marie par la rte 173 S.*

Les premiers colons s'y installèrent en 1640, et la ville connut dès lors une croissance régulière qui lui valut d'accueillir, en 1859, le siège des institutions judiciaires de la Beauce. De remarquables édifices forment un bel ensemble architectural sur le promontoire qui surplombe la rivière.

Le **musée Marius-Barbeau*** *(139, rue Sainte-Christine* ☎ *(418) 397.40.39; ouv. t.l.j. en été de 10h à 18h, en hiver du lun. au ven. de 9h à 16h et sam. de 13h à 16h)* est logé dans l'ancien couvent (1887) des sœurs de la Charité. Il porte le nom d'un ethnologue beauceron qui a laissé des ouvrages capitaux sur les arts populaires et les traditions régionales au Québec. Les salles présentent les Beaucerons, ainsi que des expositions d'art.

Saint-Georges

▶ *À 24 km S de Saint-Joseph-de-Beauce par la rte 173 S.* **Bonnes adresses**, *p. 181.*

Capitale industrielle de la Beauce, la ville s'étend sur les deux rives de la Chaudière. Du côté est, restaurants et bars se concentrent le long de la 2ᵉ Av. Située sur la rive ouest, l'**église Saint-Georges** *(ouv. t.l.j. sf sam. de juin au jour de l'Action de Grâces; visite guidée)* est le chef-d'œuvre (1900) de l'architecte David Ouellet. Le clocher central culmine à 75 m.

Au **n° 250** de la 18ᵉ Rue O, on trouve deux centres voisins: le **centre culturel Marie-Fitzbach** *(ouv. mar., mer. et dim. de 13 h à 17 h; entrée libre)* et le **centre d'interprétation de l'Entrepreneurship** *(ouv. de juin à sept. de 10 h à 17 h; entrée payante).* L'un permet de découvrir les œuvres des artistes et artisans de la Beauce, l'autre insiste sur les grandes réalisations économiques de cette région, dont les habitants sont réputés pour leur inventivité.

La rive de Sorel à Lévis

Depuis Montréal, l'ancienne route des Seigneuries (actuelle route 132) suit le fleuve Saint-Laurent qui s'ouvre soudain sur le grand **lac Saint-Pierre**** *(p. 190)*, après s'être fragmenté autour des nombreuses petites îles de Sorel. La vue du fleuve est dérobée par les arbres jusqu'à Gentilly, puis le panorama devient enchanteur, surtout lorsqu'on s'approche des rives aux caps escarpés.

Vaste mais peu profond, le lac Saint-Pierre est propice à la pêche, qui se pratique hiver comme été dans des villages pittoresques. Aire de repos privilégiée de la sauvagine, ses rives accueillent deux fois par an les impressionnants déploiements migratoires de l'oie blanche, qui attirent toujours des milliers de visiteurs.

▶ **Carte**, *p. 169.* **Bonnes adresses**, *p. 181.*

Sorel

▶ *À env. 100 km N-E de Montréal par les A 20 puis 30 E.* **Restauration** *à Tracy, p. 182.*

La **maison des Gouverneurs** *(92, chemin des Patriotes ☎ (450) 746. 94.41)*, dont le corps central (1781) fut la résidence estivale des gouverneurs britanniques (de 1781 à 1845), héberge le bureau du tourisme local et une galerie d'art contemporain.

Dès 1785, ces gouverneurs ont doté ce bourg stratégique, sis à l'embouchure de la rivière Richelieu, d'un plan urbain avec place d'Armes centrale et rues en damier. C'est aujourd'hui le site du **carré Royal***, autour duquel gravite l'animation

Les maisons typiques de Sainte-Anne-de-Sorel

Les survenants des îles de Sorel

En 1945, paraît *Le Survenant*, un roman de Germaine Guèvremont. L'action débute à l'automne 1909 par un soir pluvieux au Chenal-du-Moine. Un étranger, parlant avec un fort accent anglais frappe à la porte de la famille Beauchemin et demande logement, pitance et tabac en échange de son travail. Hébergé au titre d'« engagé », il ne tarde pas à bousculer les habitudes de la maison et de la petite société, imaginées par Mme Guèvremont.

Le roman, considéré comme une allégorie du Québec rural sous le régime Duplessis, connaît un grand succès et sera repris à la radio et à la télévision. Mais le roman de Germaine Guèvremont, qui avait son chalet à l'Îlette-au-Pé sur le chenal du Moine, recouvre une réalité historique moins connue : celle des marins déserteurs. L'étroit passage, dans lequel les îles contraignent les gros navires venus d'outre-mer à se frayer un chemin, offrait aux marins une belle occasion d'atteindre le rivage sans danger. Ils mettaient pied à terre sur les îles de Sorel et frappaient aux portes des cultivateurs des îles de Grâce, à la Pierre et du Moine, ces îles étant habitées jusqu'à l'arrivée des brise-glace.

Aujourd'hui, un seul habitant réside en permanence sur l'île de Grâce ; au printemps, les descendants des insulaires reviennent habiter les maisons ancestrales en guise de chalet d'été. Mais pour goûter la vie des îles, rien ne vaut les chalets sur pilotis, plantés ici et là dans ces bayous sorelois (certains sont proposés en location). ❖

du centre-ville. L'**église anglicane Christ Church**** (1843) s'y dresse et conserve des objets du premier temple protestant (1789). Durant l'été, l'**église catholique Saint-Pierre** de la rue George, ouvre ses portes aux visiteurs.

Le **centre d'interprétation du patrimoine de Sorel** *(6, rue Saint-Pierre* ☎ *(450) 780.57.40; ouv. t.l.j. sf lun. de 10 h à 17 h)*, près de la promenade du parc Regard-sur-le-Fleuve, récapitule l'histoire du territoire sorelois, depuis la première habitation iroquoienne (1500) jusqu'à l'actuelle domination industrielle sur les rives du fleuve.

Sainte-Anne-de-Sorel*

➤ *À 5 km N-E de Sorel par le chemin du Chenal-du-Moine.* **Bonnes adresses**, *p. 182*.

À Sainte-Anne-de-Sorel, les crues printanières du chenal du Moine donnèrent naissance à la maison sur pilotis. Mais, les habitants préférant avoir des maisons à plusieurs niveaux, on vit naître celle à trois étages. Le rez-de-chaussée était monté d'un étage durant le dégel ; les grandes galeries du premier étage permettaient de se dégourdir les jambes sans se mouiller.

Depuis ce pittoresque village, on pourra faire une excursion en bateau *(p. 182)* dans le lacis d'îles et de canaux du **lac Saint-Pierre**** *(p. 190)*: une Venise sauvage qui constitue un passionnant site d'observation ornithologique. Des visites du **marais de la Baie Lavallière****, en embarcation motorisée, sont aussi proposées à la maison des Marais *(3742, chemin du*

*Chenal-du-Moine ☎ (450) 742.31.
13; ouv. de juin à sept.; accès au
sentier en tout temps).* Un **sentier
pédestre*** *(accès gratuit)* permet
aussi de visiter cet immense
marais, répertorié comme site
d'importance par l'Unesco et la
convention de Ramsar sur la protection des zones humides.

Odanak*

➤ *À 30 km E de Sorel par la rte 132
jusqu'à Pierreville, puis rue Watanaki.*

Fondé en 1700, ce village habité
par 1 500 Amérindiens de la
nation des Abénakis occupe la rive
de l'un des affluents du lac Saint-
Pierre, la rivière Saint-François.
Durant la colonisation et les
guerres franco-anglaises, ce peuple
amérindien a toujours été l'allié
des Français, dont ils parlent
d'ailleurs la langue. Vous les
découvrirez dans le plus ancien
musée autochtone au Québec, le
musée des Abénakis** *(108, rue
Waban-Aki ☎ (514) 568.26.00;*

*Masque de fertilité amérindien, musée
des Abénakis à Odanak.*

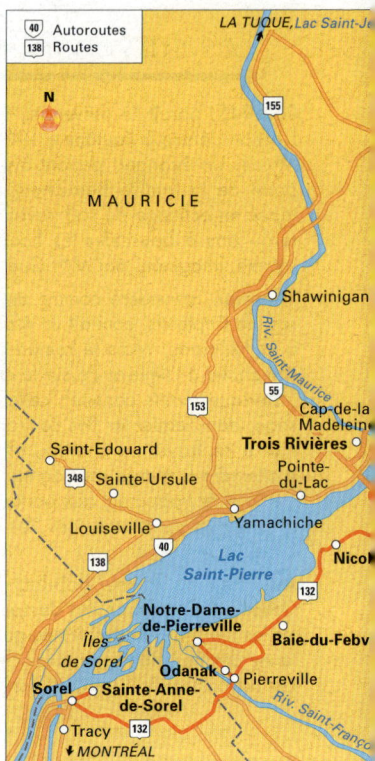

L̲a̲ rive de S̲o̲rel à L̲é̲vis

*ouv. en sem. de mai à oct. de 10h à
17h, le w.-e. de 13h à 17h).* La collection se compose de pièces de
vannerie et d'objets archéologiques. La chapelle est décorée de
sculptures autochtones. Spectacles
et repas traditionnels peuvent être
organisés sur réservation.

À 5 km vers le nord-ouest, par la
rue Watanaki, se trouve **Notre-
Dame-de-Pierreville***, un pittoresque village de pêcheurs.

Baie-du-Febvre

➤ *À 13 km N-E d'Odanak par la
rte 132 E.*

Comme Montmagny, c'est un site
de passage de quelque 500 000 oies
des neiges, 100 000 bernaches du
Canada et autres oiseaux migra-

teurs ; au printemps et à l'automne, le spectacle est mémorable. Mais, en toutes saisons, Baie-du-Febvre est un paradis **ornithologique**, car ses plaines sont régulièrement inondées par les eaux du lac Saint-Pierre et offrent des habitats privilégiés à la sauvagine, la gallinule, au busard et au grand héron... **Cinq sites d'observation** jalonnent la route 132. Le **centre d'interprétation de Baie-du-Febvre***(420, bd Marie-Victorin ☎ (450) 783.69.96; ouv. t.l.j. de 10 h à 17 h) permet aussi d'observer la faune.

Comme les villages qui l'environnent, Baie-du-Febvre est fréquentée par les amateurs de **pêche blanche** en hiver (p. 182).

Nicolet

➤ À 14 km N-E de Baie-du-Febvre par la rte 132 E.

Ce fut une ville importante, riche en églises, chapelles et couvents, jusqu'à ce qu'un glissement de terrain ne la détruise en partie en 1955. Le **musée des Religions*** (900, bd Louis-Fréchette; ouv. t.l.j.; de 10 h à 17 h, en hiver f. lun., mar. et sam. après-midi) évoque les diverses traditions religieuses du monde. La **maison Rodolphe-Duguay*** (195, rang Saint-Alexis ☎ (819) 293.41.03; ouv. du mar. au dim. de mi-mai à mi-oct. de 10 h à 17 h), où naquit ce peintre paysagiste et graveur (1891-1973), permet d'apprécier ses œuvres. On visite sa demeure et son atelier.

Trouvailles rurales

Une vingtaine d'antiquaires, brocanteurs et encanteurs (commissaires-priseurs) se concentrent le long de l'A 20 (la Transcanadienne), entre Sainte-Eulalie (sortie 215) et Laurier-Station (sortie 278). Mobilier, vaisselle et bibelots des XVIIIe et XIXe s. s'accumulent dans ces vastes granges où s'approvisionnent les antiquaires des grandes villes, et où l'on peut faire de belles trouvailles à des prix intéressants. ❖

Bécancour

➤ *À 22 km N-E de Nicolet par la rte 132 E. Bonnes adresses, p. 182.*

Centre industriel important, cette municipalité régionale regroupe 11 anciennes paroisses rurales, dont Sainte-Angèle-de-Laval où se trouve le **centre de la Biodiversité faunique et floristique québécoise** *(800, av. des Jasmins ☎ (819) 22.56.65; ouv. t.l.j. en été de 10h à 17h)* avec expositions, laboratoire en plein air, jardin de plantes rares, sentiers traversant huit écosystèmes, verger et miniferme.

À 5 km par la route 132 E, le **moulin Michel** *(675, bd Bécancour ☎ (819) 298.28.82; ouv. de mai à oct.)*, en activité depuis 1739, abrite un centre d'interprétation du Moulin et une microbrasserie (vente de farine et de galettes de sarrasin biologique).

♥ ➤ Autour de Lotbinière**

➤ *À 60 km N-E de Bécancour par la rte 132.*

Depuis Les Becquets jusqu'à Saint-Antoine-de-Tilly, la route, environnée par un paysage bucolique où se niche un patrimoine intéressant, longe le Saint-Laurent.

➤ LE MOULIN DU PORTAGE*. *2 km après Leclercville, rte 132 E au bout du chemin du Vieux-Moulin ☎ (418) 796.31.34. Accès au site à l'année. Visite guidée du 23 juin au 2 sept. sur rés.* Dans un méandre de la rivière du Chêne et au pied de la falaise, ce moulin bâti en 1860 s'élève sur deux étages, avec un centre d'interprétation sur son histoire. Le site est équipé d'une aire de pique-nique et d'une salle de spectacle.

➤ LOTBINIÈRE**. Ce village protégé par la loi des Biens culturels comporte de belles demeures des XVIIIe et XIXe s., identifiées par des plaques. L'**église Saint-Louis**** (1818-1845) recèle un spectaculaire retable de Thomas Baillairgé, et trois toiles du début du XVIIIe s.

➤ LE DOMAINE JOLY-DE-LOTBINIÈRE*. *À 20 km E, rte Pointe-Platon, Sainte-Croix ☎ (418) 926.24.62. Ouv. de mai à oct. de 10h à 17h.* Le domaine s'étend autour d'un manoir de 1851. Le jardin est un exemple du mouvement romantique au milieu du XIXe s. Son café-terrasse et ses concerts en soirée en font une halte agréable. Un sentier mène aux berges du Saint-Laurent.

Occupant un site bucolique en bordure du Saint-Laurent, le manoir du domaine Joly-de-Lotbinière.

Saint-Antoine-de-Tilly*

▶ *À 41 km E de Lotbinière par la rte 132 E.* **Bonnes adresses**, *p. 182.*

L'**église*** de 1788 abrite des peintures apportées par un prêtre français au moment de la Révolution, dont l'une provient de l'abbaye de Saint-Germain-des-Prés, à Paris. Le **manoir de Tilly** (1788) est aujourd'hui une auberge réputée *(p. 182).* Les **ateliers ApArt** forment la galerie du sculpteur et fondeur Jean-Paul Garneau, logée dans une ancienne grange. Les œuvres de sculpteurs québécois y sont exposées.

La Côte-du-Sud

Si la région de Charlevoix, sur la rive nord, boude un peu le fleuve, celle de la côte sud lui faisant face, et s'étirant jusqu'à Saint-Roch-des-Aulnaies, vit en constante symbiose avec lui. Il faut dire qu'elle a le privilège de jouir de magnifiques couchers de soleil, et que ses terres se glissent en douceur dans une plaine fertile qui se boise peu à peu et s'étend jusqu'au Nouveau-Brunswick et aux États-Unis. La villégiature prend ses aises dans cette région côtière qui fait partie de la région touristique Chaudière-Appalaches.

▶ **Carte**, *p. 165.* **Bonnes adresses**, *p. 182.*

Lévis*

▶ **Depuis Québec**: *sur l'autre rive du Saint-Laurent par le traversier ou les ponts de Québec ou Pierre-Laporte.* **Depuis Montréal**: *env. 260 km N-E par l'A 20 E, sortie 325.*

La ville doit son nom au chevalier François-Gaston de Lévis, second du marquis de Montcalm et héros de la bataille de Sainte-Foy (1759). Depuis la **terrasse** située rue William-Tremblay, on découvre une très belle vue sur Québec.

L'**église Notre-Dame-de-la-Victoire*** (1851) a été conçue par Thomas Baillairgé. Le quartier historique du Vieux-Lauzon possède deux chapelles de procession (1789 et 1822). On peut visiter le **fort de La Marinière** *(9805, bd de la Rive-Sud)* et surtout le **Fort-Numéro-Un*** *(41, chemin du Gouvernement; ouv. t.l.j. de mai à août de 10 h à 17 h)* datant de 1872 et où sont organisées des expositions. Du sommet de la muraille, vous découvrirez une belle vue panoramique. Logé dans une maison victorienne, l'**économusée de l'Enseignerie** *(10965, bd de la Rive-Sud ☎ (418) 838.08.71; f. le w.-e. en hiver; entrée libre)* abrite la boutique et l'atelier d'un artisan qui réalise des enseignes sur bois sculptées, peintes et décorées de feuilles d'or.

Beaumont

➤ *À 16 km E de Lévis par la rte 132 E.* **Bonnes adresses**, *p. 183.*

Le XVIIIᵉ s. a laissé son empreinte dans ce joli village où le chemin du Domaine et la rue du Fleuve égrènent des maisons d'inspiration française. L'**église Saint-Étienne*** date de 1733 (☎ *(418) 837.26.58; visite guidée en été, à la bibliothèque municipale dans l'ancien presbytère).* Deux chapelles de procession ont été construites en 1738 et 1740. Le **moulin Beaumont*** *(2, rue du Fleuve* ☎ *(418) 833.18.67; ouv. de mai à oct., horaires variables),* construit en 1821, est encore en fonction aujourd'hui.

Montmagny**

➤ *À 42 km N-E de Beaumont par la rte 132 E.* **Bonnes adresses**, *p. 183.*

Cette petite localité animée est réputée pour son **Festival de l'oie blanche** à la mi-octobre. Au printemps et à l'automne, elles passent ici par milliers, offrant un spectacle féerique.

➤ **LE CENTRE ÉDUCATIF DES MIGRATIONS***. *53, rue du Bassin N* ☎ *(418) 248.45.65. Ouv. t.l.j. de juin à nov. de 10 h à 17 h.* Il permet de se familiariser avec le phénomène migratoire de l'oie des neiges et présente un film intéressant sur Grosse-Île.

➤ **LE MANOIR DE L'ACCORDÉON.** *301, bd Taché E* ☎ *(418) 248.79.27. Ouv. t.l.j. en été de 10h à 16h, du mar. au ven. en hiver de 9h à 17 h.* Il loge sa collection d'instruments et de disques dans l'ancienne demeure seigneuriale Couillard-Dupuis, construite à la fin du XVIIIᵉ s.

➤ ♥ **GROSSE-ÎLE****. Depuis Montmagny, des excursions fluviales mènent à cette île. Ce **lieu historique national** (☎ *(418) 248.88.88 ou 1.800.463.67.69; ouv. t.l.j. de mai à oct. dès 9h30),* que l'on peut visiter fut une station de quarantaine pour des milliers d'immigrants qui arrivaient par bateaux entiers au Canada *(encadré ci-contre).* On peut y voir une cinquantaine de bâtiments, dont le lazaret, les hôtels et un local de désinfection datant de 1892.

Montmagny accueille près d'un million d'oies des neiges en période de migration. La chasse est permise à l'automne, exceptionnellement au printemps.

L'île de la quarantaine

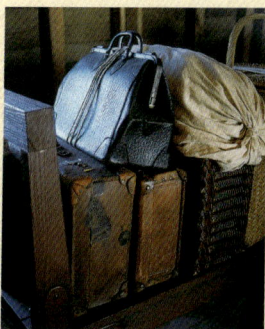

Sur l'île de la quarantaine, bagages et voyageurs étaient désinfectés… au mercure.

Grosse-Île fait partie de l'archipel de l'Isle-aux-Grues qui compte 21 îles et îlots. Entre 1832 et 1937, ce fut la principale station de quarantaine du Canada, quand le flot d'immigration européenne devint trop important. Des millions d'immigrants, venus de 42 pays, y firent halte dans l'attente de la terre promise. Au milieu du XIXe s., la communauté irlandaise y subit de lourdes pertes : plus de 5 500 personnes succombèrent au choléra, au typhus ou aux suites de la Grande Famine, qui sévissaient alors dans leur pays. L'île garde la mémoire de ces disparus et rappelle le mode de vie qui s'était organisé pour accueillir et soigner les nouveaux arrivants. ❖

➤ **L'île aux Grues***. *Bonnes adresses*, *p. 183.* Un bac partant de Montmagny permet de découvrir ce lieu paisible où près de 200 personnes vivent : longue de 10 km, l'île est un lieu propice au vélo et idéal pour un séjour bucolique.

L'Islet-sur-Mer

➤ *À 22 km N-E de Montmagny par la rte 132 E.* **Bonnes adresses**, *p. 183.*

➤ **L'église Notre-Dame-de-Bon-secours***. Elle a été bâtie entre 1770 et 1882. Le chœur, exécuté entre 1782 et 1787, est l'œuvre de Jean Baillairgé et de son fils François. Sa particularité est le recouvrement décoratif de ses murs : il s'agit d'une nouveauté au Canada, dont l'initiative revient à François qui en a ramené l'idée d'un voyage en France. Les retables des chapelles latérales sont l'œuvre de son frère, Pierre-Florent. Tous deux ont également réalisé plusieurs sculptures. Le tabernacle du maître-autel, créé par Pierre-Noël Levasseur, servira de modèle pour d'autres églises. Six toiles d'Antoine Plamondon se trouvent dans la nef.

➤ **Le musée maritime du Québec****. *55, chemin des Pionniers E* ☎ *(418) 247.50.01. Ouv. t.l.j. de mi-mai à mi-oct. de 10 h à 17 h, du mar. au ven. en hiver, f. entre 12 h et 12 h 30.* Il retrace l'histoire du Saint-Laurent et possède une intéressante collection de maquettes, de peintures et d'objets nautiques, dont une bouée du *Titanic*.

Faites un détour dans l'arrière-pays, champêtre, et s'élevant en contreforts d'où l'on embrasse la mer et les terres cultivées.

Saint-Jean-Port-Joli**

➤ *À 17 km N-E de L'Islet-sur-Mer par la rte 132 E.* **Bonnes adresses**, *p. 183.*

Le village de l'ancienne seigneurie de Philippe-Aubert de Gaspé (1786-1871) est aujourd'hui la capitale de la **sculpture sur bois**,

Les Mémoires du seigneur

Né à Québec en 1786, l'écrivain Philippe-Aubert de Gaspé passe son enfance à Saint-Jean-Port-Joli. Il est brièvement shérif à Québec, puis se fixe à nouveau dans son manoir seigneurial. Personnage aussi flambeur que flamboyant, il purge en 1838 quatre ans de prison pour dettes. Ruiné, il conserve toutefois son manoir, légué à titre de bien inaliénable. À partir de 1841, il fréquente les cercles littéraires de Québec. Père de 13 enfants, il s'éteint en 1871 à Québec, mais c'est à Saint-Jean-Port-Joli qu'il est inhumé, dans la crypte de l'église où se trouve encore son banc seigneurial.

Son premier roman, *Les Anciens Canadiens*, connut un succès retentissant dès sa parution, en 1863. Le lecteur d'aujourd'hui préférera sans doute ses *Mémoires*, qui évoquent avec sensibilité la société de Québec aux lendemains de la prise de la Nouvelle-France par l'Angleterre. Un de ses fils, également nommé Philippe-Aubert, est l'auteur de *L'Influence d'un livre*, paru en 1837 et considéré comme le premier roman canadien de langue française. ❖

grâce aux travaux d'une famille de pêcheurs, les frères Bourgault. Les boutiques d'artisanat abondent, et le village est coquet. Dans l'église paroissiale (1779), on peut voir une crèche sculptée par les artisans locaux.

➤ **Les bateaux Leclerc***. *307, av. de Gaspé O ☎ (418) 598.32.73. Ouv. t.l.j. en été de 9h à 17h, en hiver f. le midi et les w.-e.* Cet atelier constitue un intéressant économusée de bateaux miniatures.

➤ **Le centre d'art animalier Faunart***. *377, av. de Gaspé O ☎ (418) 598.70.34. Ouv. t.l.j. de mai à oct. de 9h à 18h.* Logé dans une ancienne grange octogonale, ce centre présente les œuvres d'artistes animaliers.

➤ **La maison Médard-Bourgault***. *322, av. de Gaspé O ☎ (418) 598.38.80. Ouv. t.l.j. en été de 10h à 17h.* Cette demeure fut acquise en 1920 par le premier sculpteur de Saint-Jean-Port-Joli, Médard Bourgault (1897-1967). Le mobilier est gravé par l'artiste.

➤ **Le musée des Anciens-Canadiens***. *322, av. de Gaspé O, 3 km O du centre-ville par la rte 132 ☎ (418) 598.33.92. Ouv. t.l.j. de mai à oct. de 9h à 17h, nocturne en juil.-août.* Quelque 200 œuvres sculptées sur bois par les frères Bourgault, André, Médard et Jean-Julien, et d'autres artistes de la région.

Saint-Roch-des-Aulnaies*

➤ *À 14 km N-E de Saint-Jean-Port-Joli par la rte 132 E.* **Bonnes adresses**, p. 183.

Le manoir et les dépendances de la **seigneurie des Aulnaies** *(525, rue de la Seigneurie ☎ (418) 354.28.00; ouv. t.l.j. de mi-mai à mi-oct. de 10h à 16h)* ont été dessinés par Charles Baillairgé en 1850. Le moulin de 1842 est encore en activité. Une animation fait revivre avec panache la vie seigneuriale d'antan.

Vous pouvez prolonger cet itinéraire par une excursion dans le Bas-Saint-Laurent *(p. 288)*. ◼

La vallée du Richelieu

Carte, p. 146.

Indicatif téléphonique : 450 sauf indication contraire.

❶ Association touristique régionale de la Montérégie, 11, chemin Marieville, Rougemont, J0L IM0 ☎ 469.00.69, fax 469.11.39. www.tourisme-monteregie.qc.ca.

❶ Office du tourisme du Suroît, 30, av. du Centenaire, suite 126, Salaberry-de-Valleyfield, 3L6 5X6 ☎ 377.76.76 ou 1.800.378.76.48, fax 377.37.27. info@tourisme-suroit.qc.ca.

Arrivée

➤ **En bus.** De Montréal, **Sherbus** dessert Rougemont ☎ (514) 842.22.81. **Du terminus Longueuil**, face à Montréal sur la rive sud du Saint-Laurent (**M°** Longueuil), **Limocar** dessert Belœil, Mont-Saint-Hilaire et Saint-Hyacinthe ☎ 670.34.20. **Viens** propose une visite guidée « Au pays de Longueuil » avec croisière ☎ 658.26.66.

➤ **En train.** De Montréal et de Québec, **Via Rail** dessert Saint-Hyacinthe ☎ 1.800.361.53.90. www.viarail.ca.

➤ **En voiture.** À 40 km S de Montréal par l'A 10 E (sortie 22) puis la rte 35 S.

Sports et loisirs

➤ **CIRCUITS GOURMANDS.** Le **chemin des Vignobles** relie une quinzaine de vignobles dans la Montérégie et les Cantons-de-l'Est. Carte disponible ☎ 295.33.83. La **route des Cidres** relie des producteurs de la Montérégie ☎ 469.00.69.

➤ **EXCURSIONS NAUTIQUES SUR LE RICHELIEU.** Croisières Richelieu, rue du Quai, Saint-Jean-sur-Richelieu ☎ 346.24.46 ou 1.800.361.64.20.

▥ Carignan

Restauration

♦♦♦ **Au Tournant de la Rivière**, 5070, rue Salaberry, Carignan (env. 5 km O de Chambly, rte 112, avant Chambly en venant de Montréal) ☎ 658.73.72. Décor champêtre. Grande table et cave de renom.

▥ Mont-Saint-Hilaire

Hébergement-restauration

▲▲▲▲ **Manoir Rouville-Campbell**, 125, chemin des Patriotes S ☎ 446.60.60, fax 467.48.78. *25 ch.* Manoir style Tudor néogothique. Ch. avec un cachet d'époque et d'autres, avec une allure rustique. Bonne table.

▥ Saint-Antoine-sur-Richelieu

Restauration

♦♦♦ **Château Saint-Antoine**, 992, rue du Rivage ☎ 787.29.66. Table de haute gastronomie, dans un manoir de style mauresque. Brunch le dimanche.

▥ Saint-Charles-sur-Richelieu

Restauration

♦♦ **La Grange de Saint-Charles**, 12, chemin des Patriotes ☎ 467.55.43. Cuisine régionale dans un site superbe. Belle vue de la terrasse sur le mont Saint-Hilaire.

Manifestations

➤ **JUIN**. **Festival des vieux métiers** à Saint-Charles-sur-Richelieu.

➤ **AOÛT**. **Régates internationales** et **Festival équestre** de Salaberry-de-Valleyfield. **Fête du Vieux-Marché** à Saint-Denis-sur-Richelieu. Reconstitution d'un marché public d'autrefois et concerts de musique folklorique. **Festival de montgolfières** à Saint-Jean-sur-Richelieu (en photo ci-contre).

➤ **MI-SEPTEMBRE**. **Festibière** à Chambly. Des réjouissances en l'honneur de la bière, bien sûr. ❖

◼ Saint-Denis-sur-Richelieu

Restauration

♦♦ **Les Chanterelles du Richelieu**, 611, chemin des Patriotes ☎ 787.11.67. Situé dans une demeure patrimoniale, une table de distinction où le chef-propriétaire propose un exquis saumon fumé et une mémorable soupe aux chanterelles.

◼ Saint-Hyacinthe

Hébergement-restauration

▲▲▲ **Hôtel des Seigneurs**, 1200, rue Daniel-Johnson ☎ 774.38.10 ou 1.800. 363.01.10, fax 774.69.55. *290 ch.* Un établissement de grand confort avec plusieurs restaurants.

◼ Saint-Jean-sur-Richelieu

Restauration

♦♦ **Chez Noeser**, 236, rue Champlain. ☎ 346.08.11. Au cœur de la ville, une très bonne cuisine alsacienne. Agneau, sanglier, poisson fumé.

◼ Saint-Marc-sur-Richelieu

Hébergement-restauration

▲▲▲▲ **Les Trois Tilleuls/SPA Givenchy**, 290, rue Richelieu ☎ 856.77.87 ou 1.800.263.22.30, fax 584.31.46. *24 ch.* Maison confortable. Excellente table et bonne sélection de vins. C'est aussi un Spa de la maison Givenchy.

▲▲▲ **Auberge Handfield**, 555, chemin du Prince ☎ 584.22.26, fax 584.36.50. *53 ch.* certaines rustiques dans des maisonnettes d'époque et d'autres plus modernes, avec vue sur la rivière. Savoureuses spécialités régionales. Centre de remise en forme, piscine.

◼ Sainte-Marthe

Hébergement-restauration

▲▲▲▲ **Auberge des Gallant**, 1171, chemin Saint-Henri, Sainte-Marthe (env. 30 km S-O de Hudson) ☎ 459.42.41 ou 1.800.641.42.41, fax 459.46.67. *25 ch.* dont plusieurs avec cheminée et baignoire à remous. Au N du lac Saint-François dans le Suroît. Membre des Relais et Châteaux. Complexe entouré par la nature. Bonne table régionale.

Les Cantons-de-l'Est

Carte, p. 150.

Indicatif téléphonique : **819** sauf indication contraire.

ⓘ **Association touristique des Cantons-de-l'Est**, 20, rue Don-Bosco S, Sherbrooke, JIL IW4 ☎ 820.20.20 ou 1.800.355.57.55, fax 566.44.45. www. tourisme-cantons.qc.ca.

ⓘ **Maison régionale du Tourisme**, A 10, sortie 68, près de Granby, Saint-Alphonse, JOE 2AO ☎ (450) 375.87.74 ou 1.800.263.10.68.

Arrivée

➤ **EN BUS. Sherbus** dessert la région depuis **Montréal** ☎ (514) 842.22.81, **Québec** ☎ (418) 525.30.00 et **Trois-Rivières** ☎ 374.29.44.

➤ **EN VOITURE. De Montréal**, par l'A 10 E, sortie 74 jusqu'à Granby (pour le début du circuit). **De Québec**, par l'A 20 O jusqu'à Drummondville, puis l'A 55 S jusqu'à Sherbrooke.

Auberges de jeunesse

Auberge du Centre d'Arts Orford, 3165, chemin du Parc, rte 141 N, Canton-d'Orford ☎ 843.85.95, fax 843.72.74. *75 ch., 17 petits chalets.* Au cœur du parc du Mont Orford, randonnées, équitation, golf. Festival de musique et activités musicales en été.

La Grande Ligne, 318, chemin Grande-Ligne, Racine ☎ (450) 532.31.77. *9 ch.* d'une capacité de 25 pers. Rés. en groupe. Ski, randonnées, pêche, logement en habitat amérindien.

Sports et loisirs

➤ **AVENTURE 4 SAISONS. Adrénaline**, Magog/Orford ☎ 843.00.45 ou 1.888.475.34.62. **Station de montagne Au Diable Vert**, Glen Sutton (au S du Lac-Brome) ☎ (450) 538.56.39 ou 1.888.779.90.90. www.audiablevert.qc.ca.

➤ **PLAGES PUBLIQUES**. À Bromont, Deauville, Lac-Drolet, Lac-Mégantic, Magog, North Hatley, Waterloo. Dans les parcs de la Yamaska, de Frontenac (Saint-Daniel, Sainte-Praxède) et du Mont-Orford.

➤ **RANDONNÉE PÉDESTRE. Les Sentiers de l'Estrie**, CP 93, Sherbrooke, J1H 5H5 ☎ (450) 297.06.54. On parcourt ce réseau de 160 km avec le *Topoguide*, qui décrit les particularités des randonnées, avec toutes les informations nécessaires.

➤ **SKI ALPIN**. Les Cantons-de-l'Est comptent 6 stations dont : **Bromont** ☎ (450) 534.22.00, **Orford** ☎ 843.65.48, **Owl's Head** ☎ (450) 292.33.42, **Sutton** ☎ (450) 543.25.45. Un pass hebdomadaire permet de fréquenter ces trois dernières stations à sa guise.

Cyclotourisme

Les Cantons-de-l'Est comptent plusieurs pistes cyclables et des petites routes de campagne très agréables pour le vélo. Le guide *Le Sud du Québec à vélo* est disponible à l'Association touristique des Cantons-de-l'Est *(ci-dessus)*.

➤ **GRANBY**. C'est le point de départ de deux pistes : l'**Estriade** (21 km) jusqu'à Waterloo, et la **Montérégiade** jusqu'à Farnham.

➤ **MAGOG-ORFORD**. 30 km de pistes.

➤ **SHERBROOKE**. Le réseau **Les Grandes Fourches** se déploie sur 53 km.

➤ **SUTTON**. Au S du Lac-Brome, le circuit des **Loyalistes** comporte 80 km de pistes.

➤ **WATERLOO**. Au N du Lac-Brome, **La Campagnarde** totalise 62 km. ❖

Manifestations

➤ **FÉVRIER. Symposium international de sculpture sur neige** à Granby. **Grand prix Valcourt.** Grand rassemblement motoneigiste à Valcourt. **Challenge automobile sur glace Michelin Canada-Québec** à Sherbrooke.

➤ **MAI. Festival des harmonies et orchestres symphoniques du Québec** à Sherbrooke.

➤ **JUIN-AOÛT. Festival de musique classique** à Orford et à Magog.

➤ **JUILLET. Fête du Lac des Nations.** Art pyrotechnique à Sherbrooke. **Traversée internationale du lac Memphrémagog** à Magog. **Festival musique en vue** à Cowansville.

➤ **AOÛT. Festival des traditions écossaises** à Gould. **Championnat Masters mondiaux** : compétition internationale de vélo de montagne à Bromont. **Festival des traditions du monde** à Fleurimont.

➤ **SEPTEMBRE. Fête des Vendanges** à Magog. ❖

■ Ayer's Cliff

Hébergement-restauration

▲▲▲▲ **Auberge Ripplecove** ♥, 700, chemin Ripplecove ☎ 838.42.96 ou 1.800.668.42.96, fax 838.55.41. *26 ch.* Au bord du lac Massawippi, un établissement de confort supérieur et au décor élégant de style anglais. Grande table.

■ Bromont

Hébergement-restauration

▲▲▲▲ **Château Bromont Hôtel Spa**, 90, rue Stanstead, Bromont (env. 20 km S de Granby) ☎ (450) 534.34.33 ou 1.800.304.34.33, fax (450) 534.05.14. *152 ch.* Ce complexe hôtelier offre une vaste gamme d'activités et un centre de remise en forme.

■ Dunham

Restauration

◆◆ **La Métairie**, 145, chemin de la Métairie ☎ (450) 295.21.41. Dans un cadre rustique, une table de cuisine régionale qui s'est spécialisée dans le gibier.

■ Granby

Restauration

◆◆◆ **L'Aubergade**, 53, rue Drummond ☎ (450) 777.57.97. Relais gastronomique. Cuisine française et régionale.

■ Knowlton

Hébergement-restauration

▲▲▲ **Auberge Lakeview**, 50, rue Victoria ☎ (450) 243.61.83 ou 1.800.661.61.83, fax (450) 243.06.02. *28 ch.* petites mais agréables dans une villa victorienne située au cœur du village. Pub anglais, bonne table où figure le canard du lac Brome.

■ Knowlton-Landing

Hébergement-restauration

▲▲ **L'Aubergine**, 160, chemin Cooledge, Knowlton-Landing (4 km de South Bolton par le chemin Mountain) ☎ (450) 292.32.46. *9 ch.* Un chaleureux relais de campagne avec vue sur le lac Memphrémagog. Inspirée d'une cuisine du marché, la table est excellente.

■ Lac-Mégantic

Hébergement-restauration

▲▲▲ **Les Victorines du Lac**, 1886, rte 161 S, chemin Woburn ☎ 583.69.04. *15 ch.* Auberge bien tenue, avec vue sur le lac. Petits déj. et repas du soir.

■ Magog

Hébergement-restauration

▲▲▲ **L'Étoile sur le Lac**, 1150, rue Principale O ☎ 843.65.21 ou 1.800. 567.27.27, fax 843.50.07. *44 ch.* coquettes au bord de la grand-route mais face au lac. À l'arrière, jardins et piscine. Bonne table.

▲▲ **Auberge Memphré**, 1007, rue Merry N ☎ 847.22.22 ou 1.800.567. 73.19, fax 847.36.48. *73 ch.* Auberge confortable avec vue sur la rivière.

Restauration

♦ **Ma Gogue**, 299, rue Principale O ☎ 847.39.25. Cuisine sans prétention dans un troquet jazzy et chaleureux.

Adresse utile

Croisières sur le lac Memphrémagog. Départ à Magog, sur le quai Fédéral ☎ 843.80.68.

■ Milan

Hébergement-restauration

La Guinguette, 272, rte rurale 1, Milan (env. 30 km O de Lac-Mégantic) ☎ 657.47.49. Jolie auberge dominant le paysage. Bonne cuisine française, campagnarde et inventive.

■ North Hatley

Hébergement-restauration

▲▲▲▲ **Auberge Hatley**, 325, chemin Virgin ☎ 842.24.51, fax 842.29.07. *25 ch.* Un établissement Relais et Châteaux. Jardins avec piscine, table de prestige et cave somptueuse.

▲▲▲▲ **Le Manoir Hovey** ♥, chemin Hovey ☎ 842.24.21 ou 1.800.661. 24.21, fax 842.22.48. *39 ch.* Le magni-

fique décor a su garder son cachet anglais du début du XXᵉ s. Une grande table.

▲▲▲ **Manoir Le Tricorne**, 50, chemin Gosselin ☎ 842.45.22, fax 842.26.92. *12 ch.* (avec cheminée, baignoire à remous...). Une maison de ferme convertie en auberge au décor soigné. Petit déjeuner seulement.

▲▲▲ **La Rose des Vents**, 312, chemin de la Rivière ☎ 842.45.30, fax 842. 26.10. *12 ch.* spacieuses. Au cœur du village, une auberge bien tenue. Les aubergistes sont provençaux, et leur cuisine fait honneur à leur pays natal. Vue sur le lac.

Restaurant

♦ **Le Pilsen**, 55, rue Principale ☎ 842.29.71. Cuisine de bistro nord-américaine. Cadre décontracté et sympa. Agréable vue au bord de l'eau.

■ Notre-Dame-des-Bois

Hébergement-restauration

▲▲ **Aux Berges de l'Aurore**, 139, rte du Parc ☎ et fax 888.27.15. *5 ch.* Décor charmant. Ch. avec vue sur un paysage montueux. Cuisine régionale très inventive. *F. en hiver.*

■ Sherbrooke

Hébergement-restauration

▲▲▲ **Auberge des Gouverneurs**, 3131, rue King O ☎ 565.04.64 ou 1.888. 910.11.11, fax 565.55.05. *125 ch.* Établissement de grand confort.

▲▲▲ **Delta Sherbrooke**, 2685, rue King O ☎ 822.19.89 ou 1.800.268.11.33, fax 822.89.90. *178 ch.* Hôtel confortable avec piscine intérieure et accès direct à un vaste réseau de sentiers pédestres.

Restauration

♦♦♦ **Da Leonardo**, 332, rue Marquette ☎ 563.12.77. Fine cuisine italienne. *F. sam. et dim. midi.*

♦♦♦ **La Falaise Saint-Michel**, 100, rue Webster ☎ 346.63.39. Excellente cuisine régionale, bonne cave à vins.

♦♦ **La Devinière**, 17, rue Peel ☎ 822.41.77. Cuisine française classique et innovatrice. On peut apporter son vin. *F. lun. et dim.*

♦♦ **Le Petit Parisien**, 243, rue Alexandre ☎ 822.46.78. Cuisine française. On peut aussi apporter son vin. *Du mar. au dim. dès 17 h.*

■ Stanstead

Hébergement-restauration

▲▲▲ **Les Boisés de Lee Farm**, 20, rue Notre-Dame O, Stanstead (env. 20 km S de Ayer's Cliff) ☎ 876.51.15. *5 ch.* B & B et restaurant campent dans le bois jadis propriété d'une aristocrate anglaise. Cuisine française raffinée.

Les Bois-Francs

Cartes, p. 150 et p. 165.

Indicatifs téléphoniques : 819 et 418

❶ **Association touristique Centre-du-Québec**, 20, bd Carignan O, Princeville, G6L 4M4 ☎ (819) 364.71.77 ou 1.888.816.40.07, fax (819) 364.21.20. www.tourismecentreduquebec.com.

Arrivée

➤ **EN BUS. De Québec, Sherbus** *(p. 177)* dessert certaines localités des Bois-Francs, dont Plessisville, Victoriaville et Drummondville. **De Montréal**, les autocars **Bourgeois** ☎ (514) 842.22.81 desservent les Bois-Francs.

➤ **EN TRAIN. De Montréal et de Québec**, Via Rail dessert Drummondville ☎ 1.888.842.72.45. www.viarail.ca.

➤ **EN VOITURE. De Montréal**, par l'A 20 E. **De Québec**, par l'A 73 S pour rejoindre l'A 20 E.

Sports et loisirs

Le ranch Massif du Sud, 149, rte du Massif-du-Sud, Saint-Philémon, Bellechasse (env. 100 km S de Québec) ☎ (418) 469.29.00. Ce centre équestre propose une quarantaine de forfaits conçus avec imagination. Vaste choix d'activités : prospection d'or, chasse à cheval, traîneau à chiens et motoneige.

Manifestations

➤ **FIN AVRIL-DÉBUT MAI. Festival de l'érable** à Plessisville.

➤ **MI-MAI. Festival international de musique actuelle** à Victoriaville.

➤ **JUILLET. Mondial des cultures** à Drummondville. Dix jours de musiques et danses traditionnelles du monde.

➤ **DÉBUT SEPTEMBRE. Festival du bœuf** à Inverness. Une fête western. ❖

■ Danville

Restauration

♦♦ **Le Temps des Cerises**, 79, rue du Carmel, Danville (env. 20 km N de Melbourne) ☎ (819) 839.28.18. Dans le cadre d'une ancienne église protestante. À l'honneur l'agneau des cantons, le caribou et le saumon.

■ Drummondville et ses environs

Hébergement-restauration

▲▲▲ **Le Dauphin**, 600, bd Saint-Joseph ☎ (819) 478.41.41 ou 1.800.567.09.95, fax (819) 478.75.49. *109 ch.* Hôtel très agréable.

▲▲ **Auberge'Inn**, 574, rue Principale, Saint-Joachim-de-Courval ☎ (819) 397.29.69. *3 ch.* Petit établissement qui sert aussi des viandes (bison, lapin, sanglier et pintade) biologiques.

■ Thetford Mines

Hébergement-restauration

▲▲ **Balmoral**, 2299, rue Notre-Dame S ☎ (418) 335.91.38 ou 1.800.561.59.21, fax (418) 335.71.68. *78 ch.* Intéressants forfaits : exploration des mines, visite d'une ferme d'élevage de bisons, golf ou théâtre d'été. Agréable jardin.

■ Tingwick

♦♦ **Le Chante-grive**, 101, rue Saint-Joseph, Tingwick (env. 50 km N de Melbourne) ☎ (819) 359.30.90. Dans une grande maison victorienne, délicieuse cuisine française à prix doux.

■ Victoriaville

Restauration

♦♦ **Le Coq noir**, 308, rue Notre-Dame E ☎ (819) 752.70.70. Cuisine de type bistro, atmosphère animée. *F. lun.*

La vallée de la Chaudière

Carte, p. 165.

Indicatifs téléphoniques : 819 et 418

❶ **Association touristique Chaudière-Appalaches**, 800, av. Jean-Lesage, Saint-Nicolas, G7A 1C9 ☎ (418) 831.44.11 ou 1.888.831.44.11, fax (418) 831.84.42. www.chaudapp.qc.ca.

Arrivée

➤ **EN BUS**. De Québec, les bus **La Chaudière** desservent la vallée de la Chaudière jusqu'à Lac-Mégantic. ☎ (418) 525.30.00

➤ **EN VOITURE**. De Montréal, par l'A 20 E. **De Québec**, par l'A 73 S pour rejoindre l'A 20 E.

■ Saint-Georges

Hébergement-restauration

▲▲▲ **Le Manoir Lac-Etchemin**, 187, 3ᵉ Av., Lac-Etchemin ☎ (418) 625.21.01 ou 1.800.463.84.89, fax (418) 625.54.24. *44 ch.* Confort. Motoneige, ski, etc.

▲▲ **Auberge Benedict-Arnold**, 18255, bd Lacroix ☎ (418) 228.55.58, fax (418) 227.29.41. *50 ch.* Confort, Bonne cuisine.

Restauration

♦♦ **La Table du Père Nature**, 10735, 1ʳᵉ Av. ☎ (418) 227.08.88. Bonnes spécialités régionales.

Manifestations

➤ **MI-MARS**. **Festival beauceron de l'érable** à Saint-Georges.

➤ **FIN JUIN-DÉBUT JUILLET**. **Woodstock en Beauce**. Concerts de rock à Saint-Éphrem-de-Tring. Camping.

➤ **MI-JUILLET**. **Festival western** à Saint-Victor. Rodéos, concours équestres, parades et spectacles musicaux. ❖

■ Vallée-Jonction

Restauration

♦ **La Feuille d'Érable**, 242, rue Principale ☎ (418) 253.61.33. Spécialité des fruits de mer et poissons.

La rive de Sorel à Lévis

Carte, p. 169.

Indicatifs téléphoniques : 418 et 450 sauf indication contraire.

❶ **Association touristique régionale de la Montérégie**, 11, chemin Marieville, Rougemont, J0L 1M0 ☎ (450) 469.00.69, fax (450) 469.11.39.

❶ **Office du tourisme du Bas-Richelieu**, 92, chemin des Patriotes, Sorel-Tracy J3P 2K7 ☎ (450) 746.94.41 ou 1.800.474.94.41, fax (450) 746.04.47.

❶ **Tourisme Nicolet**, 30, rue Notre-Dame, Nicolet J3T 1G1 ☎ (819) 293.45.37, fax (819) 293.60.92.

Arrivée

➤ **EN BUS**. De Longueuil (*p. 175*), CIT Sorel-Tracy ☎ 670.34.20 dessert Sorel. Rens. à Montréal ☎ (514) 842.22.81 et à Québec ☎ (418) 525.30.00.

➤ **EN VOITURE**. De Montréal, par les A 30 E (Sorel) et 20 E (Lévis) ou la rte 132 E. **De Québec**, traversez le Saint-Laurent sur la rive S par l'A 73 S, sortie 30, pour rejoindre la rte 132.

Manifestations

➤ **DÉBUT JUILLET. Festival autochtone** à Odanak. **Festival de la gibelotte** à Sorel. Fête en l'honneur de ce plat (musique populaire).

➤ **JUILLET. Rendez-vous des montgolfières** à Bécancour.

➤ **DÉBUT AOÛT. Festival western** à Sorel. **Festival du bateau illuminé** à Notre-Dame-de-Pierreville. Fête du village avec parade nocturne de bateaux décorés et illuminés. ❖

Sports et loisirs

➤ **EXCURSIONS AUX ÎLES DE SOREL ET SUR LE LAC SAINT-PIERRE. DE SAINTE-ANNE-DE-SOREL: Croisière des îles de Sorel**, 1665, chemin du Chenal-du-Moine ☎ (450) 743.72.27 ou 1.888. 01.72.27. **Excursion dans les marais**, 3755, chemin du Chenal-du-Moine ☎ (450) 742.31.13. Randonnée en canot avec guide. **DE SOREL: Randonnée Nature**, parc Regard-sur-le-Fleuve ☎ (450) 780.57.40.

➤ **PÊCHE BLANCHE. Comité de la pêche sportive**, Notre-Dame-de-Pierreville ☎ (450) 568.20.90. **Pourvoirie Jean-François Lemire**, Baie-du-Febvre ☎ (450) 783.64.16.

Bécancour

Hébergement-restauration

▲▲▲ **Auberge Godefroy**, 17575, bd Bécancour ☎ (819) 233.22.00. *73 ch.* Confort. Bel environnement. Bonne cuisine régionale.

Sainte-Anne-de-Sorel

Restauration

◆ **Le Varvo**, 3139, ch. du Chenal-du-Moine, Sainte-Anne-de-Sorel ☎ (450) 746.75.95. Situé dans les îles de Sorel. Pittoresque. Cuisine régionale qui sert la gibelotte (fricassée de poissons).

Saint-Antoine-de-Tilly

Hébergement-restauration

▲▲▲ **Manoir de Tilly**, 3854, chemin de Tilly ☎ (418) 866.24.07 ou 1.888. 862.66.47, fax (418) 886.25.95. *29 ch.* Très bon confort. Excellente table. Centre de remise en forme.

Tracy

Restauration

◆◆◆ **Philippe de Lyon**, 2450, ch. Saint-Roch, Tracy (env. 5 km S de Sorel) ☎ (450) 746.86.80. Réputé. Cuisine française. Bonne carte des vins.

La Côte-du-Sud

Carte, p. 165.

Indicatif téléphonique : 418 sauf indication contraire.

ⓘ **Association touristique Chaudière-Appalaches**, 800, av. Jean-Lesage, Saint-Nicolas, G7A 1C9 ☎ 831.44.11 ou 1.888.831.44.11, fax 831.84.42. www.chaudapp. qc.ca.

ⓘ **Office du tourisme de la Côte-du-Sud**, 45, av. du Quai, CP 71, Montmagny, G5V 3S3 ☎ 248.91.96 ou 1.800. 463.56.43, fax 248.14.36.

Arrivée

➤ **EN BUS. Orléans Express** dessert la Côte-du-Sud. **De Montréal** ☎ (514) 842.22.81. **De Québec** ☎ 525.30.00.

➤ **EN TRAIN. De Montréal et de Québec, Via Rail** dessert Lévis et Montmagny ☎ 1.888.842.72.45. www.viarail.ca.

➤ **EN VOITURE. De Montréal**, par l'A 20, sortie 325 à Lévis. **De Québec**, par l'A 73 S.

Sports et loisirs

➤ **EXCURSIONS À GROSSE-ÎLE. De Berthier-sur-Mer: Croisières Lachance** ☎ 259.21.40. De Montmagny: **Excursions Anselme Lachance** 248.78.35.

➤ **KAYAK. De Montmagny: Les Écumeurs du Saint-Laurent** : excursions à l'île-aux-Grues ☎ 248.31.73.

Manifestations

➤ **Mars**. **Mi-Carême** à l'île aux Grues.

➤ **Mi-juillet**. **Internationale de la sculpture** à Saint-Jean-Port-Joli.

➤ **Août**. **Fête des Chants de marins** à L'Islet-Montmagny et à Saint-Roch-des-Aulnaies. **Carrefour mondial de l'accordéon** à Montmagny.

➤ **Mi-octobre**. Le **Festival de l'oie blanche**, à Montmagny. Soirée country, défilé de nuit, dégustations, activités d'observation de l'oie des neiges. ❖

■ Beaumont

Hébergement-restauration

▲▲▲ **Manoir de Beaumont**, 485, rue du Fleuve ☎833.56.35, fax 833.78.91. *5 ch.* Décor raffiné. Mais la présence de pylônes électriques déparent la vue. Petit déjeuner seulement.

Café-terrasse

Le Moulin Beaumont, 2, rue du Fleuve ☎ 833.18.67. Agréable halte pour contempler le Saint-Laurent. *En saison.*

■ Île aux Grues

Hébergement-restauration

▲ **Auberge des Dunes**, 119, chemin du Roy ☎248.01.29. *9 ch.* Calme et beauté de l'île. Repas servis dans un ancien remorqueur échoué sur la plage.

■ L'Islet-sur-Mer et ses environs

Hébergement-restauration

▲▲ **Auberge des Glacis**, 46, rte de la Tortue, Saint-Eugène ☎247.74.86, fax 247.71.82. *10 ch.* agréables. Site champêtre. Bonne cuisine française.

▲▲ **Auberge La Paysanne**, 497, chemin des Pionniers E, L'Islet-sur-Mer ☎ 247.72.76. *12 ch.* Accueillant et décontracté. Cuisine bistro.

▲▲ **Auberge du Petit-Cap**, 51, rue du Manoir E, Cap-Saint-Ignace ☎246. 53.29. *10 ch.* Son restaurant La Gobichonne sert une fine cuisine régionale.

■ Montmagny

Hébergement-restauration

▲▲▲ **Manoir des Érables**, 220, bd Taché E ☎ 248.01.00 ou 1.800.563. 02.00, fax 248.95.07. *23 ch.* décorées ou suites. Table de prestige. Activités.

▲▲ **La Belle Époque**, 100, rue Saint-Jean-Baptiste E ☎248.33.73 ou 1.800. 490.33.73, fax 248.79.57. *5 ch.* Accueil décontracté. Plats variés à bon prix.

■ Saint-Jean-Port-Joli

Hébergement-restauration

▲▲ **Auberge du Faubourg**, 280, av. de Gaspé O ☎ 598.64.55 ou 1.800.463. 70.45, fax 598.33.02. *88 ch.* Chalets et motel avec vue sur le fleuve. Galerie d'artisans régionaux.

Hébergement

▲ **La Maison de l'Ermitage**, 56, rue de l'Ermitage ☎598.75.53. *5 ch.* Dans une maison victorienne. Vue sur le fleuve.

Restauration

◆◆ **La Coureuse des Grèves**, 300, rue de l'Église ☎598.91.11. Cachet et bon accueil, bonne cuisine régionale et pain maison. Terrasse.

◆ **La Boustifaille**, 547, av. de Gaspé E ☎598.30.61. Plats québécois. Animé.

■ Saint-Roch-des-Aulnaies

Restauration

▲ **Le Gueuleton**, 826, rte 132 ☎354.29.50. Grillades au charbon de bois et fruits de mer, avec une vue panoramique sur le Saint-Laurent. *Ouv. midi et soir.* ■

AU NORD DU SAINT-LAURENT

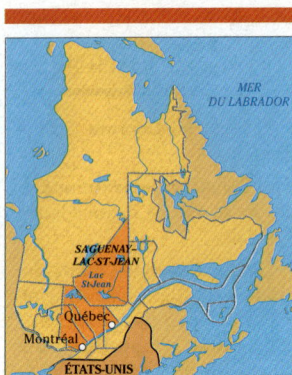

L a chaîne de montagnes des Laurentides s'élève au nord du Saint-Laurent, façonnant un paysage de lacs, de rivières et de forêts où abondent les lieux de villégiature. Elle parcourt trois régions, les Laurentides, la Lanaudière et la Mauricie, qui sont particulièrement propices aux activités nautiques et de plein air en été, et à la pratique du ski et de la motoneige en hiver. À l'est, la région du Saguenay–Lac-Saint-Jean invite à la découverte de ce vaste lac qui se jette dans le spectaculaire fjord de la rivière Saguenay, site d'observation des baleines.

▶ *Carte*, p. 186. *Bonnes adresses*, p. 213.

La montée des Laurentides

Au nord de Montréal et à moins d'une heure de route débute la région touristique des Laurentides. L'été, les visiteurs sont attirés par la concentration de lacs bordés de plages, de rivières propices à la pêche à la truite, de rapides pour le kayak et le rafting, de terrains de camping et de golf, de glissades d'eau géantes et de théâtres d'été. L'hiver, ils profitent d'une quinzaine de stations de ski – la plupart éclairées le soir – et de centaines de kilomètres de sentiers balisés pour le ski de fond et la motoneige.

Dans les réserves fauniques Papineau-Labelle et Rouge-Matawin, totalisant plus de 3 000 km², on peut s'adonner au camping, au canoë, au quad, à la randonnée, à la chasse et à la pêche.

Le paysage a parfois été altéré par cette fréquentation massive, qui a dénaturé plusieurs villages. Vers Sainte-Adèle, au long de la rivière du Nord, on commence à se sentir à la campagne, mais une campagne encore encombrée de résidences secondaires, d'hôtels et de restaurants. Pour goûter le vrai charme des Laurentides, il faut sillonner ses routes secondaires, découvrir les lacs secrets qui en sont la parure. Pour contempler ses paysages intacts, il faut se rendre au moins jusqu'au parc du Mont-Tremblant.

Plus au nord, les villages gardent l'esprit du temps de la colonisation agricole des « pays d'en haut », dans une nature parsemée de lacs transparents et de conifères.

Saint-Jérôme

➤ *À 43 km N-O de Montréal par l'A 15 N, sortie 43.*

Porte d'entrée principale de la région des Laurentides, la ville doit son développement au **curé Labelle** (1833-1891), « l'apôtre du Nord » *(encadré, p. 188)*. On peut apercevoir sa statue (1924), signée Alfred Laliberté, devant la cathédrale.

Programme

Si vous disposez de deux jours, vous consacrerez la première journée à la découverte des villages laurentiens jusqu'à **Mont-Tremblant***** *(p. 189)*, où vous passerez la seconde journée. En trois jours, vous pourrez enchaîner avec le circuit de **Lanaudière** *(p. 190)* à partir de **Saint-Donat*** *(p. 192)*.

Pour découvrir la **Mauricie** *(p. 194)*, le **lac Saint-Jean**** *(p. 200)* et le **fjord du Saguenay***** *(p. 207)*, il faut compter une semaine de plus. L'idéal est de disposer de deux semaines afin de profiter des nombreuses activités offertes dans ces régions. ❖

➤ **LE PARC RÉGIONAL DE LA RIVIÈRE-DU-NORD***. *1051, bd International, par l'A 15, sortie 45 ☎ (450) 431. 16.76. Entrée payante.* Ce parc offre de beaux sentiers en bordure de la rivière, où l'on peut découvrir des chutes et se tremper les pieds. Tout l'été, des concerts ont lieu à l'amphithéâtre Rolland.

➤ **LE PARC LINÉAIRE DU P'TIT-TRAIN-DU-NORD****. *Rens. ☎ (450) 432.07.67. Une carte des services et commodités rencontrés sur le parcours est disponible à l'association touristique des Laurentides (p. 213).* Saint-Jérôme est le premier point d'accès à ce parc linéaire. C'est l'un des principaux attraits touristiques des Laurentides. L'**ancienne voie ferroviaire** du P'tit Train du Nord, inaugurée en 1891 a été convertie en 1996 en parc linéaire. Ce corridor de 200 km suit l'ancien tracé de la voie ferrée depuis Saint-Jérôme jusqu'à **Mont-Laurier**: une merveilleuse piste cyclable (pente moyenne de 2 %) qui devient, en hiver, une piste de ski de randonnée et de motoneige. Le parc traverse plus d'une vingtaine de localités, pittoresques et animées. La piste est bordée de forêts et de cours d'eau, et on trouve autour de chaque village des auberges, restaurants et petits cafés accueillants.

Saint-Sauveur-des-Monts et ses environs

➤ *À 21 km N-O de Saint-Jérôme, par l'A 15 N, sortie 60 ou la rte 117 N.* **Bonnes adresses**, *p. 215.*

Avant-poste d'une contrée où les lieux de villégiature sont nombreux, le plus animé des villages laurentiens est la capitale du ski alpin nocturne. En été, ses glissades d'eau attirent les familles, tandis que son **Festival des arts** présente en plein air de la danse contemporaine de qualité.

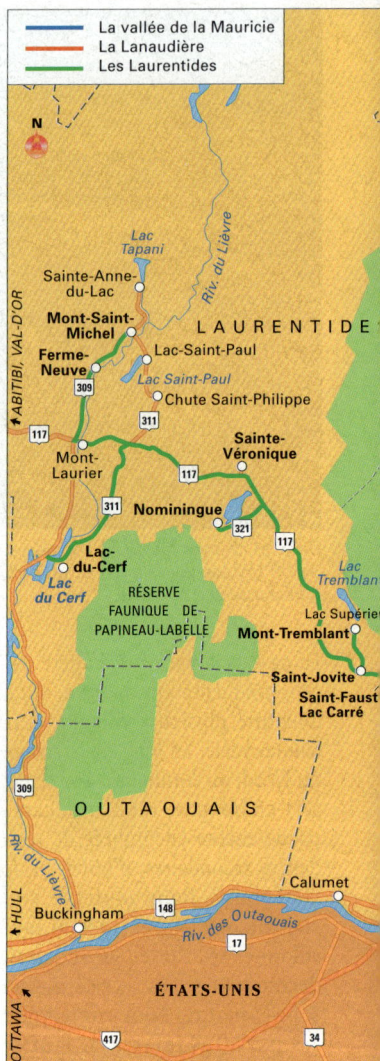

La vallée de la Mauricie
La Lanaudière
Les Laurentides

LAURENTIDES, LANAUDIÈRE ET MAURICIE

Par la route 329 N, on atteint le joli village de **Saint-Adolphe d'Howard**, doté d'une station de ski et parsemé de 85 lacs; un étonnant dîner-spectacle de théâtre médiéval se tient au **château-théâtre Sire d'Howard** (*☎ 1.888. 263.73.73; en été seulement*): fous, archers, chevaliers et troubadours se livrent à diverses prestations dont des tournois à cheval.

0   10   20 km

La Tuque

◀ Lac Saint-Jean,
Lac Edouard

**RÉGION
DE
QUÉBEC**

Manawan

RÉSERVE FAUNIQUE
DU SAINT-MAURICE
155

M A U R I C I E

R 1450

*Réservoir
Tauréau*

**PARC NAT.
DE LA MAURICIE**

ÉSERVE
AUNIQUE
ROUGE
ATAWIN

RÉSERVE FAUNIQUE
Lac Wapizagonke

Grandes-Piles   Saint-Tite
159

153

**Village du
Bûcheron**

**Saint-Michel-
des-Saints**   MASTIGOUCHE

**Saint-Jean-
des-Piles**   Saint-Georges

Grand-Mère   Saint-
Narcisse

Saint-Zénon

Saint-Mathieu   **Shawinigan**

Île Melville
Sainte-Gen.-de-B.

**PARC PROVINCIAL
U MONT-TREMBLANT**

131

Saint-Alexis-
des-Monts

**Shawinigan
Sud**

Riv. l'Assomption

L A N A U D I È R E

157   40   **Cap-de-la-
Madeleine**

*Lac
rchambault*

Saint-Donat

**Sainte-Émilie-
de l'Énergie**

349   **Saint-Paulin**

55

153

30

**Trois-
Rivières**

Saint-Côme   Lac-Noir

125

**Saint-Jean-
de-Matha**   **Louiseville**

349

161

329

Saint-Alphonse-
Rodriguez

337

PARC RÉG. DES CHUTES-
MONTE-A-PEINE-
ET-DES-DALLES

*Lac
Saint-Pierre*

132

**CENTRE-
DU-
QUÉBEC**

**Sainte-
Agathe-
es-Monts**

**Val-
David**

Sainte-Béatrix

Val-
Morin   Entrelac

131   Sainte-Mélanie

Sainte-Elisabeth   345

Berthierville

Saint-Ignace-de-Loyola

aint-Adolphe-
d'Howard

Sainte-
Marguerite

Rawdon

Mont-Rolland

125   341   158   31   40

Sorel

20

20

Saint-Adèle

PARC RÉG. DE LA
RIVIÈRE-DU-NORD

143

122

**aint-Sauveur-
des-Monts**

15   **Saint-Jérôme**

Lavaltrie

138

133

Lanoraie

Drummondville

achute

Riv. du Nord

158

50

117

30

Repentigny

137

122

55

148

LAVAL

20

116

Saint-Hyacinthe

40

MONTRÉAL

133

137

139

20

MONTRÉAL

10

112

MONTÉRÉGIE

◀ *SHERBROOKE*

15   Autoroutes
117   Routes

Sainte-Adèle*

➤ À 7 km N-E de Saint-Sauveur-
des-Monts par la rte 117 N ou
l'A 15 N. **Bonnes adresses**, p. 214.

Le petit lac **Rond** donne beaucoup
de charme à ce village. L'été on s'y
baigne, et l'hiver, on y patine pendant que les skieurs dévalent les
pentes de la montagne jusqu'au
pied du lac. Un petit **musée** (ouv.

le w.-e. de 14h à 16h; entrée libre)
a été aménagé dans l'ancien hôtel
de ville de Mont-Rolland à la
mémoire du sculpteur animalier
Zénon Alary.

♥ Val-David*

➤ À 14 km N-O de Sainte-Adèle par
la rte 117 N. **Bonnes adresses**, p. 215.

Artisans potiers, dinandiers, bijou-
tiers, verriers, sculpteurs et graveurs

Le curé Labelle

À la fin des années 1900, les conditions économiques sont particulièrement dures pour les Canadiens français, contraints d'aller chercher du travail dans les usines nord-américaines. Pour stopper cette hémorragie dans une population jeune, pour éviter aussi qu'elle ne perde sa langue, le curé Antoine Labelle, aidé par les autorités, lance une grande campagne de colonisation intérieure, celle des « pays d'en haut » : des plateaux rudes, creusés de lacs et de nombreux cours d'eau, d'une médiocre fertilité. L' « apôtre du Nord » fonde 20 paroisses agricoles au milieu des forêts que seuls fréquentaient les bûcherons. En 1909, une ligne de chemin de fer, « le P'tit Train du Nord », relie Montréal à Mont-Laurier. Mais c'est le tourisme qui finit par donner pleinement raison aux projets de prospérité qu'envisageait le curé Labelle pour ses Laurentides tant aimées. ❖

Le curé Labelle.

ouvrent leurs ateliers aux visiteurs, dans ce village blotti parmi les montagnes au creux de la vallée de la rivière du Nord et traversé par le parc linéaire du P'tit-Train-du-Nord *(p. 186).*

Sainte-Agathe-des-Monts

➤ *À 8 km N-O de Val-David par la rte 117 N.* **Bonnes adresses,** *p. 214.*

Bordé de luxueuses maisons de campagne, le grand **lac des Sables*** de Sainte-Agathe possède une plage, et les activités nautiques y sont légion.

Saint-Faustin-Lac-Carré

➤ *À 8 km N-O de Sainte-Agathe par la rte 117 N.*

Saint-Faustin-Lac-Carré, avec sa station de ski sur le **mont Blanc**, est une alternative à l'agitation qui anime Mont-Tremblant. Sa forêt abrite l'artisanale **cabane à sucre**

Millette *(1375, rue Saint-Faustin* ☎ *(819) 688.21.01 ; ouv. toute l'année)* et le **centre touristique éducatif des Laurentides*** *(*☎*(819) 326.16.06),* qui présente intelligemment la faune et la flore laurentiennes. Vous y trouverez un pavillon d'interprétation, un camping, des sentiers de randonnées, des lacs propices à la pêche à la truite, au canoë et au kayak *(location possible sur place).* À côté de l'église datant de 1871 se trouve une intéressante maison des Arts.

De Saint-Faustin-Lac-Carré, vous pouvez vous rendre au parc du Mont-Tremblant *(accès fléché).*

Saint-Jovite*

➤ *À 18 km N-O de Saint-Faustin-Lac-Carré par la rte 117 N.* **Bonnes adresses,** *p. 215.*

Saint-Jovite ne souffre pas de la multiplication des infrastructures touristiques autour du mont Tremblant. Cette conurbation animée offre par son architecture, ses restaurants et ses bistros un bon aperçu de la culture québécoise. La **microbrasserie Saint-Arnould** *(435, rue Paquette)* fabrique de bonnes bières artisanales et le **musée de la Faune des Laurentides** *(635, rue Limoges ☎ (819) 425.91.79)* présente 300 animaux naturalisés dans leur décor naturel.

Mont-Tremblant***

➤ *À 14 km N de Saint-Jovite par le chemin Principal.* **Bonnes adresses,** *p. 214.*

Le plus haut domaine skiable des Laurentides (915 m) est un petit village et surtout un lieu de villégiature de renommée internationale. En toutes saisons, c'est une destination de choix, à laquelle on peut aisément consacrer plusieurs jours, appréciée par les skieurs l'hiver et par les amateurs d'activités en plein air pendant l'été.

➤ ♥ **LA STATION TOURISTIQUE TREMBLANT***. Au pied des pistes du versant méridional s'est développée l'une des plus importantes stations d'Amérique du Nord. Un village « piéton », **Saint-Bernard**, inspiré de l'architecture québécoise traditionnelle, abrite des appartements de location, des boutiques et des restaurants. Des activités nautiques sont proposées au lac Tremblant, et l'on trouve six terrains de golf, dont Le Géant qui offre sans aucun doute le plus beau panorama. Des sentiers de randonnée et une télécabine conduisent au sommet de la montagne.

➤ **LE PARC PROVINCIAL DU MONT-TREMBLANT***. *Plusieurs entrées existent. Dans le secteur des Laurentides : La Diable (entrée par Saint-Faustin–Lac-Carré–lac Supé-*

rieur). Dans le secteur de la Lanaudière : La Pimbina (entrée par Saint-Donat) et L'Assomption (entrée par Saint-Côme). Location de canoës, kayaks, pédalos, skis et raquettes ☎ (819) 688.22.81. Rés. pour la pêche à la journée et les chalets ☎ 1.811.688.22.89. parc.mont-tremblant@sepaq.com. Ce parc, qui compte sept rivières et 405 lacs, est le paradis du canotage et de la baignade. Il comporte des dizaines de terrains de camping et des **sentiers de randonnée** *(carte détaillée à l'entrée)* qui offrent de superbes panoramas.

Les Hautes-Laurentides

➤ *De Saint-Jovite suivre la rte 117 vers le N-O.*

Passé le mont Tremblant, les montagnes laurentiennes s'abaissent pour ouvrir sur les Hautes-Laurentides, une région farouche. Au nord, une poignée de pourvoyeurs se partagent un grand territoire de chasse et de pêche inhabité. Au sud se mêlent vie rurale et tourisme de pleine nature. Une vingtaine de villages sont en bordure d'un cours d'eau au milieu de vallons agricoles. Chacun offre des charmes aussi discrets que précieux.

Nominingue *(à env. 50 km N-O de Saint-Jovite prendre à g. la rte 321)*, développe une hôtellerie dans l'environnement protégé de son lac. **Sainte-Véronique** *(à env. 60 km N de Saint-Jovite par la rte 117 N)* jouit de plages sans fin. Une trentaine de kilomètres après, la route 311 à g. conduit à **Lac-du-Cerf**. Le rivage protégé accueille à l'année les cerfs sauvages.

Deux célèbres rivières traversent ce pays : à l'est, la **Rouge**, appréciée des raftmen d'Amérique du Nord et, à l'ouest, la **Lièvre** qui devient tumultueuse à l'ancien portage de

Mont-Saint-Michel (*à Mont-Laurier prendre vers le N la rte 309*). Quelques kilomètres en aval, à **Ferme-Neuve**, un sentier de 22 km conduit aux glissades naturelles des chutes du Windigo sur la montagne du Diable.

La Lanaudière

Proche de Montréal mais à l'écart vers l'est, la région de Lanaudière (13 537 km²) possède un charme peu connu. Bien qu'elle partage ses montagnes avec la région des Laurentides, elle s'en distingue par un plus vaste «piedmont» (région qui se trouve au pied de la montagne) au relief vallonné et aux forêts de feuillus. Les terres agricoles, puis la région des lacs autour desquels se développe le tourisme, font place vers le nord à des paysages de moins en moins marqués par la présence humaine. De vastes forêts sont constellées de lacs sauvages et traversées de rivières. Des pourvoyeurs peuvent vous conduire au bord de lacs poissonneux dont ils ont les droits exclusifs.

Dans la région lanaudoise, le défrichement et le découpage des terres se sont faits sous le régime français, définissant les seigneuries de la partie est, puis sous le régime anglais et sur le modèle des cantons dans sa partie ouest. La toponymie des villes et des villages reflète ce développement territorial, ici anglais, là français. Le long du Saint-Laurent, à l'est de Montréal, le chemin du Roy (*encadré*) traverse des localités riches en histoire. Au nord se déploient les régions de villégiature dont Joliette est le cœur et le moteur économique.

➤ *Carte, p. 186. Bonnes adresses, p. 216.*

Vers Berthierville, par le chemin du Roy

➤ *Le chemin du Roy débute à Repentigny, à 30 km N de Montréal par l'A 40 E, sortie 98.*

La région de Lanaudière est bordée au sud par la route 138 ou chemin du Roy. Longeant la rive du Saint-Laurent sur 295 km, elle débute à **Repentigny** et traverse les municipalités de **Lavaltrie**, **Lanoraie**, qui possèdent de remarquables églises, avant d'arriver à Berthierville. Au-delà du lac Saint-Pierre, cette route pittoresque se poursuit sur le littoral mauricien et port-neuvois pour rejoindre Québec.

Berthierville

➤ *À 71 km N-E de Montréal par l'A 40 E ou par la rte 138 E. Bonnes adresses, p. 216.*

À partir de ce bourg industriel, le Saint-Laurent s'élargit et forme le lac Saint-Pierre. Le long du chenal, une marina animée est bordée par les anciennes villas bourgeoises de la rue Frontenac. L'**église Sainte-Geneviève** (1781), richement décorée, possède des toiles du XVIIIᵉ s. À la jonction des routes 138 et 158 se trouve le premier **temple protestant** bâti au Québec (1786) ; il fut construit par le seigneur Cuthbert, rare loyaliste à s'être établi au Canada.

➤ **LE MUSÉE GILLES-VILLENEUVE.** *960, av. Gilles-Villeneuve ☎ (450) 836.27.14 ou 1.800.639.01.03. Ouv. t.l.j. de 9 h à 17 h.* Sa ville natale consacre à ce coureur automobile et à son fils Jacques une exposition rassemblant souvenirs, voitures et documents vidéo.

➤ **LE LAC SAINT-PIERRE**.** Reconnu réserve mondiale de la biosphère par l'Unesco, cet évasement fluvial

Le chemin du Roy

Inaugurée en 1737, c'est la plus ancienne route carrossable du Québec. Avant cette date, on reliait Montréal à Québec par bateau... et en été seulement. Cette première liaison terrestre a favorisé l'expansion commerciale de toute la Nouvelle-France. En voiture à cheval ou en traîneau, le trajet durait quatre ou cinq jours, ralenti par la traversée des rivières sur des bacs ou d'étroits ponts en bois.

Le chemin du Roy relie Montréal à Québec par la rive nord. Il commence à Repentigny, contourne le lac Saint-Pierre et se poursuit jusqu'à Québec. ❖

est riche d'une centaine d'îles et d'îlots, de grands marais et de plaines inondables qui ensemble représentent 50 % des milieux humides du Saint-Laurent. La population, insulaire et continentale, partage cet espace naturel avec une faune et une flore précieuses : on dénombre 27 plantes rares, 288 espèces d'oiseaux dont 12 considérées comme menacées, 79 poissons dont la perchaude et l'esturgeon exploités commercialement. C'est aussi, au Québec, la plus importante halte migratoire de la sauvagine (bernache, oie blanche et canard) et la plus grande héronnière d'Amérique du Nord. Sur l'île de la Commune-de-Berthier, un sentier balisé de 5 km traverse les marais *(rte 158 vers Saint-Ignace-de-Loyola ☎ (450) 836.44.47).*

Joliette

▶ *À 28 km S-O de Berthierville par la rte 158 O.* **Bonnes adresses**, *p. 216.*

Tous les ans, de la fin juin au début août, Joliette accueille un prestigieux **Festival international** de musique classique ☎ *(450) 759.76.36* dont plusieurs concerts sont donnés en plein air. La rivière L'Assomption, qui traverse la ville, devient en hiver la plus longue **patinoire** en plein air du Québec (4,5 km).

▶ **LE MUSÉE D'ART****. *145, rue Wilfrid-Corbeil ☎ (450) 756.03.11.* Les pères de Saint Viateur, acteurs importants du développement des arts modernes au Québec, sont à l'origine de ce musée. La collection comprend des œuvres d'art sacré européen de la fin du Moyen Âge, ainsi qu'une intéressante sélection de peintres québécois et canadiens : Leduc, de Foy Suzor-Côté, Riopelle, Borduas, Carr. Des expositions temporaires laissent une place aux préoccupations esthétiques contemporaines.

▶ **LA CATHÉDRALE SAINT-CHARLES-BORROMÉE***. *2, rue Saint-Charles-Borromée.* On y verra 23 toiles marouflées de Leduc, qui exécuta là sa première commande religieuse en 1893-1894, ainsi qu'un chemin de croix peint par George Delfosse en 1893.

Hockey sur glace d'Henri Masson, 1940, musée d'Art de Joliette.

➤ **L'eau de Pit**. Avant de quitter Joliette, vous aurez peut-être la curiosité de goûter à l'eau sulfureuse, dite « eau de Pit ». Cette source naturelle qui jaillit à la fontaine de l'esplanade du centre-ville et à celle du parc Renaud, juste à l'entrée de Joliette, possède un goût prononcé qui en rebute plusieurs, mais on lui attribue des vertus curatives.

Vers le parc du Mont-Tremblant

➤ **Rawdon***. *À 35 km O de Joliette par la rte 158 O, puis l'irrégulière 341 N. Bien suivre les indications routières. **Bonnes adresses**, p. 217.* Ce singulier village est une mosaïque culturelle, composée de Britanniques, Canadiens d'origine française, Russes, Polonais et Ukrainiens. Rawdon est situé sur le bord de la rivière Ouareau qui arrive des hauteurs de Saint-Donat par d'impétueuses cascades. Le **parc des Chutes-Dorwin*** *(ouv. en*

été seulement ; accès fléché), en amont, longe une gorge profonde avec un sentier de 2,5 km. Deux belvédères donnent à voir la tête de pierre de Nipissingue, sorcier algonquin pétrifié par le Grand Manitou. En aval, au nord sur la route 341, le site des **Cascades** offre ses grandes dalles rocheuses aux baigneurs. À proximité de Rawdon se trouve la station de ski de Montcalm *(3294, rue Parc, accès par la rte 125 ☎ (450) 834.91.39; ouv. t.l.j. de 9h à 16h).*

➤ **Saint-Donat***. *À 60 km N de Rawdon par les rtes 341 N et 125 N et à 34 km N-E de Sainte-Agathe-des-Monts par la rte 329 N. **Bonnes adresses**, p. 217.* Cet ancien village forestier est aujourd'hui une station d'hiver et d'été au cœur d'une contrée montagneuse qui s'ouvre, sur le grand **lac Archambault**, propice à la baignade (plage du parc des Pionniers) et que l'on peut davantage découvrir lors d'excursions nautiques à bord de l'Évelyne (☎ *(819) 424.17.10)*. Sur le **site amérindien Kanatha-Aki**, des Algonquins initient les voyageurs à leur culture : hébergement et repas traditionnels, chants et danses au son des tambours, animation et exposition thématique «On nous appelait les Sauvages».

À Saint-Donat se trouve également un poste d'accueil pour le **parc du Mont-Tremblant** *(☎ (819) 688.36.73)*, où il est possible de louer un chalet au cœur du parc.

La Haute-Matawinie

➤ **Saint-Jean-de-Matha***. *À 27 km N-O de Joliette par la rte 131 N. Bonnes adresses, p. 217. Hébergement-restauration à Saint-Alphonse-Rodriguez, p. 217.* Au creux de vallons verdoyants, ce petit village accueille les citadins qui y fréquentent le lac Noir et un important centre de plein air. Depuis peu, un petit musée est dédié à Louis Cyr, un personnage local considéré à la fin du XIXᵉ s. comme l'homme le plus fort au monde.

➤ **Parc régional des Chutes-Monte-à-Peine-et-des-Dalles***. *L'accès se fait par Saint-Jean-de-Matha, Sainte-Béatrix ou Sainte-Mélanie. Rens. ☎ (450) 883.60.60. Ouv. en été seulement. Entrée payante.* La rivière L'Assomption traverse sur 5 km ce parc régional, où elle forme trois cascades : les Dalles, la chute Desjardins et la chute Monte-à-Peine. Souvent encaissée dans les rochers, la rivière est bordée de dalles polies où l'on peut se prélasser au soleil. Six sentiers parcourent le parc, d'une longueur variant de 0,5 km à 5 km, avec des passerelles, des belvédères et des ponts.

➤ **Sainte-Émelie-de-l'Énergie et ses environs**. *À 16 km N de Saint-Jean-de-Matha par la rte 131 N.*

Le parc régional des Chutes-Monte-à-Peine-et-des-Dalles est un lieu de détente idéal pour pique-niquer en bordure des rapides.

Le **parc du Vieux-Moulin** invite à la baignade dans les eaux de la rivière Noire. Par la route 131, puis par le rang 4, vous pourrez accéder au **sentier de la Matawinie****, balisé sur le tiers de ses 20 km et offrant des vues panoramiques de plusieurs lacs. Il aboutit en fin de parcours au parc des **Sept-Chutes**** *(à Saint-Zénon ☎ (450) 833.13.34 et (450) 884. 04.84)* qui recèle trois beaux parcours pédestres en altitude et où l'on admire la chute du Voile-de-la-Mariée.

➤ **Saint-Zénon**. *À 32 km N de Sainte-Émelie par la rte 131 N.* Situé sur la ligne de partage des eaux entre le bassin nord et le bassin sud, c'est l'un des villages les plus élevés du Québec (750 m).

➤ **Saint-Michel-des-Saints**. *À 15 km N de Saint-Zénon par la rte 131. Bonnes adresses, p. 217.* De Saint-Zénon, rien ne laisse deviner qu'un village aussi animé est installé ici en pleine forêt. Un nombre croissant d'adeptes d'aventures en plein air transite dans cette localité d'à peine 2 000 âmes, avant de s'enfoncer dans les replis de l'immense **réservoir Taureau*****, un bassin artificiel bordé de 695 km de rives sauvages. L'hôtellerie, traditionnellement tournée vers la chasse et la pêche, est en pleine mutation : centres de villégiature, auberges haut de gamme, centres de vacances, chalets, campings ont fait leur apparition. Vous pourrez y pratiquer de nombreuses activités sportives (golf, canoë, kayak, scooter de mer). Le camping dit « sauvage » est permis sur l'ensemble des berges.

➤ **MANAWAN.** *À env. 90 km N-O de Saint-Michel-des-Saints par la route forestière. Se munir d'une carte routière détaillée.* Sur le territoire de la Haute-Matawinie se trouve une réserve amérindienne habitée par 1 500 Atikameks, dont certains pratiquent encore les métiers artisanaux traditionnels. La communauté organise des séjours d'initiation à la vie traditionnelle *(rens. ☎ (819) 971.88.13, fax (819) 971.88.48)* : hébergement sous la tente, cuisine traditionnelle, canoë, motoneige.

La vallée de la Mauricie

La vallée de la Mauricie est le passage qu'empruntaient autrefois les coureurs des bois et les trappeurs pour gagner le Nord. Ce pays doit toute sa richesse au cours d'eau Saint-Maurice qui se jette dans le Saint-Laurent à Trois-Rivières. Long de 560 km, il fut utilisé pour le flottage du bois, et on y aménagea l'un des premiers centres hydroélectriques du pays. Les eaux du Saint-Maurice charriaient jusqu'en 1996 de longues bûches vers les pulperies, autoclaves géants bourrés de sulfate. Nocive pour l'environnement, cette pratique de flottage de bois, la « drave » *(encadré, p. 197)*, n'a plus cours, mais elle revit dans plusieurs centres d'interprétation de la région.

L'histoire des « bûcheux » de la Mauricie et la visite de la cité de l'Énergie à Shawinigan sont des attraits incontestables de la région. Cette vallée industrielle a aussi conservé une nature exceptionnelle, et ses rapides sont recherchés des amateurs de sports de rivière. Le magnifique parc de la Mauricie, que longe en partie la route menant au lac Saint-Jean, est un lieu de prédilection pour le canoë-camping, et un sanctuaire pour le huard, ce canard au chant si poignant.

➤ *Carte, p. 186.* **Bonnes adresses**, p. 217.

La seigneurerie de la Nouvelle-France**

➤ *De Berthierville on peut rejoindre Trois-Rivières par le chemin du Roy (rte 138). À Louiseville, prendre la rte 349 pour arriver à Saint-Paulin. Location de vélos, kayaks et canoës ; forfaits pour toutes saisons, visite journalière et séjour ☎ (819) 268.25.55 ou 1.800. 789.59.68. Hébergement-restauration à Saint-Paulin, p. 219.*

Près de Saint-Paulin, ce site bucolique recèle des bâtiments originellement construits pour une série télévisée se passant en Nouvelle-France. On se promène en carriole ou en cheval en ces lieux qui n'ont été altérés par aucun signe de civilisation moderne (les fils électriques sont enfouis). Outre le manoir seigneurial et diverses bâtisses animées par des personnages d'époque, on peut visiter une brasserie où le sar-

Chaussés de raquettes, les trappeurs sillonnaient le territoire mauricien à la recherche de pelleteries. Le trappage est encore pratiqué selon les méthodes traditionnelles par les Amérindiens, qui excellent dans la réalisation de pièges ingénieux.

rasin et l'épeautre entrent dans la fabrication des bières de la Nouvelle-France. Un coureur des bois vous mène en canoë à un camp de trappage. Sur le site et les îles de l'archipel de la rivière au Loup se trouvent une auberge et des sentiers (de 0,5 km à 7 km) pour la marche, le vélo et le ski.

Trois-Rivières**

➤ *À 145 km N-E de Montréal et 134 km S-O de Québec par l'A 40.* **Bonnes adresses**, *p. 219.*

La capitale de la Mauricie doit son nom à un seul cours d'eau, le tumultueux Saint-Maurice : descendant des hauteurs du Bouclier canadien, il se heurte à de grosses îles, à son confluent avec le Saint-Laurent, et forme un delta en trois bras. Après la découverte du site en 1535 par Jacques Cartier, Trois-Rivières fut la deuxième ville fondée en Nouvelle-France (1634). Elle s'enorgueillit au XIXᵉ s. du titre de capitale mondiale du papier journal. Malgré un incendie en 1908, une partie de la ville a gardé son cachet d'époque. Autour du lieu-dit Le Platon, près du fleuve, le vieux Trois-Rivières offre d'agréables restaurants, cafés et bistros.

➤ **LE MUSÉE QUÉBÉCOIS DE CULTURE POPULAIRE**★★. *200, rue Laviolette* ☎ *(819) 372.04.06. www.culturepop.qc.ca. Ouv. t.l.j. de juin à la fête du Travail de 9 h 30 à 18 h 30, le reste de l'année du mar. au dim. de 10 h à 17 h.* Ce musée a changé de nom et de vocation en 2002. Désormais, il met en valeur les cultures populaires d'hier et d'aujourd'hui dans leur diversité et leur pluralité. Dans la Vieille prison de Trois-Rivières ont été recréées les conditions de la vie carcérale en 1960-1970. Une exposition d'artistes québecois présente l'art populaire de la province.

➤ **LA CATHÉDRALE DE L'ASSOMPTION**★★. *362, rue Bonaventure. F. le midi.* Seule église de style néogothique Westminster en Amérique du Nord, elle comporte 125 remarquables vitraux de Guido Nincheri représentant les litanies de Loretto, réalisés entre 1925 et 1954.

Ville de poésie

Trois-Rivières revendique le titre de capitale de la poésie du Québec. Au cours d'un circuit pédestre de quatre heures, petit guide en poche, vous pouvez effectuer la promenade de la Poésie qui vous fera découvrir 300 poèmes d'amour disséminés sur les murs de la ville. À l'automne, un festival international rassemble durant dix jours une centaine de poètes venus d'une quarantaine de pays, et plus de 20 000 amoureux de la poésie qui participent à diverses activités de lecture, musique, photo, peinture. ❖

➤ **LE MUSÉE PIERRE-BOUCHER***. *858, rue Laviolette* ☎ *(819) 376. 44.59. Ouv. tous les après-midi et en nocturne sf lun. Entrée libre.* Logé dans le séminaire Saint-Joseph, ce musée est une agréable surprise. Il détient la plus importante collection d'œuvres du peintre moderne québécois Rodolphe Duguay, ainsi que des tableaux anciens et sculptures d'artistes québécois comme Roy-Audy, Plamondon et Berczy.

➤ **LE PARC PORTUAIRE**. Aménagé au bout de la coquette rue des Forges, il offre une belle vue sur le fleuve. On peut y faire une excursion fluviale et visiter le **centre d'exposition sur l'Industrie des pâtes et papiers** *(800, parc Portuaire* ☎ *(819) 372.46.33)*, qui raconte l'aventure du papier depuis l'antiquité égyptienne jusqu'à nos jours.

➤ **PARC DE L'ÎLE SAINT-QUENTIN**. *Accès par le pont Duplessis ou sortie 201, A 40* ☎ *(819) 373.81.51.* Une oasis de verdure sur l'une des trois îles qui barrent la route du Saint-Maurice. On y pratique en hiver le patin, le ski de fond et en été le vélo, le canotage. La baignade, interdite car la rivière était polluée par le flottage du bois *(encadré, p. 197)*, est désormais autorisée.

➤ **LE LIEU HISTORIQUE NATIONAL DES FORGES-DU-SAINT-MAURICE***. *À 12 km N du centre-ville, 10000, bd des Forges* ☎ *(819) 378.51.16. Ouv. t.l.j. de mi-mai à mi-oct. de 9 h à 17 h.* Cette première usine sidérurgique, qui a fonctionné de 1730 à 1883, fut le principal producteur de fonte au Canada durant cent cinquante ans. Aujourd'hui, le haut-fourneau et la Grande Maison ont été transformés en centre d'exposition et d'interprétation. On peut y voir le fonctionnement des mécanismes hydrauliques, tandis qu'un **spectacle son et lumière** fait revivre le travail des ouvriers aux forges en 1845.

Shawinigan et ses environs

➤ *À 37 km N-O de Trois-Rivières par la rte 157 ou l'A 55, sortie 217. Hébergement-restauration à Grand-Mère, p. 219.*

Shawinigan tient son nom de l'amérindien *achawénékane* («crête»). Cette ville industrielle, spécialisée dans la production d'aluminium et de papier, s'est développée dès le début du XXᵉ s. grâce à l'énergie hydroélectrique produite par la majestueuse chute de Shawinigan (50 m). Il y a deux villes, Shawinigan et Shawinigan-Sud, séparées par cette chute qu'enjambe un pont. Des excursions nautiques sont proposées *(p. 218)*.

➤ **LA CITÉ DE L'ÉNERGIE****. *1000, av. Melville* ☎ *(819) 536.85.16. Comptez au minimum 4 h de visite.* Ce parc thématique, installé à proximité des chutes et chevauchant la rivière, propose, au centre

Le transport de la pitoune

Le draveur exerçait un métier périlleux. Il dirigeait les billots de bois sur les eaux tumultueuses de la rivière.

Il n'y a pas si longtemps, tous les villages de la vallée du Saint-Maurice servaient de base de départ aux nombreux bûcherons qui allaient travailler dans les chantiers de bois. Pour la plupart cultivateurs, ils habitaient dans des dortoirs en rondins et ne retournaient chez eux qu'à la belle saison. Dur travail d'hiver…

Les grands conifères, attaqués à la scie, puis ébranchés et tronçonnés, étaient poussés sur les pentes enneigées jusqu'aux cours d'eau gelés, en attendant que le printemps qui leur permettait de flotter vers les usines à papier. Des centaines de troncs d'arbres flottaient sur les eaux du Saint-Maurice jusqu'à un plan d'eau de retenue. Les grumes de bois à pulpe, ou la « pitoune », étaient alors réunies en estacades qui formaient de véritables trains flottants halés par des remorqueurs. Aujourd'hui, l'industrie forestière s'est mécanisée. De nouvelles techniques de transport remplacent la « drave » (de l'anglais *drive*, « conduire ») qui désignait le travail des hommes guidant les billes sur les cours d'eau. Depuis 1996, on a mis fin à la pratique du flottage du bois sur le Saint-Maurice, où elle s'est avérée une source de dégradation écologique. ❖

des Sciences, des expositions interactives et un spectacle multimédia relatant les réalisations du XXᵉ s. en hydroélectricité, aluminerie, pâtes et papiers et électrochimie. Vous pourrez aussi monter à la tour d'observation haute de 115 m et visiter l'ancienne centrale hydroélectrique.

➤ **LE PARC DES CHUTES**. *Ouv. l'été. Location d'embarcations et piscine. Entrée libre.* Du pont menant à Shawinigan-Sud, vous avez accès sur l'**île Melville** au parc que traverse un sentier d'interprétation. Une vingtaine de cerfs de Virginie y sont gardés dans un enclos.

➤ ♥ **L'ÉGLISE NOTRE-DAME-DE-LA-PRÉSENTATION***. *825, 2ᵉ Av. ☎ (819) 536.36.52. Ouv. t.l.j. sf lun. en été de 11 h à 17 h. Visite avec audioguide.* Construite en 1910, elle possède 20 magnifiques fresques réalisés en treize ans par Ozias Leduc (1864-1955) qui y travailla de l'âge de 76 ans jusqu'à sa mort. Représentatifs de son style, ces tableaux illustrent des thèmes religieux et des métiers traditionnels locaux, depuis celui du draveur jusqu'à celui du maître de forge.

➤ **SAINT-MATHIEU-DU-PARC**. *À 20 km O de Shawinigan par la rte 351 S.* En pleine forêt ont été aménagés 45 km de sentiers, dont sept sentiers d'interprétation, une paroi d'escalade et deux passerelles *(P.A.R.C. récréoforestier, 150, chemin Saint-François ☎ (819) 536. 00.68; entrée libre)*. Ne manquez pas l'**Amphithéâtre** au cœur de la forêt *(rés. ☎ (819) 532.26.00; sam. et dim.)*, une arène adossée au roc où est joué du théâtre classique et contemporain de qualité.

♥ Grandes-Piles*

➤ *À 46 km N de Shawinigan par la rte 155 N.* **Bonnes adresses***, p. 219.*

Ce village en bordure de la rivière Saint-Maurice est prisé pour ses bonnes tables. Le magnat de la «pitoune», J.-J. Crête, y avait établi son «château», aujourd'hui transformé en ravissante auberge *(représentations théâtrales en été)*.

Le village du Bûcheron* *(780, 5e Av. ☎ (819) 538.78.95; ouv. t.l.j. du 15 mai au 15 oct.)* est la reconstitution d'un camp de bûcherons de 1850 à 1950. Environ 25 bâtiments évoquent la vie et le travail des «bûcheux» qui ont conquis ce bout de pays sauvage.

Saint-Jean-des-Piles*

➤ *À 9 km N de Grand-Mère par l'A 55, sortie 226; prendre la 50e Av.*

Dans ce village où l'on fabrique des bateaux de plaisance, le **parc Étienne-Bellemare** offre une vue imprenable du bourg de **Grandes-Piles**, de l'autre côté de la rivière. On peut apprécier la beauté des falaises en saillies (ce que désigne le mot «piles»).

Le parc national de la Mauricie**

➤ *Le centre d'accueil et d'interprétation est situé à Saint-Jean-des-Piles. Activités d'interprétation avec des guides naturalistes; location d'embarcations; gîtes et chalets; causeries tous les soirs ☎ (819) 536.26.38, (819) 536.45.74 ou 1.800.463.67.69.*

D'une superficie de 544 km², ce parc s'étend dans le massif des Laurentides, sur le rebord sud du Bouclier canadien. Traversé par une route panoramique de 63 km, il comporte des **plages** sauvages pour la baignade, un réseau de lacs tranquilles et de torrents pour le canoë-camping, ainsi que trois terrains de camping. Le belvédère **Le Passage** offre un point de vue superbe sur le **lac Wapizagonke***, long de 16 km. Le parc est adjacent aux réserves fauniques du Saint-Maurice et de Mastigouche.

La Tuque

➤ *À 107 km N de Grandes-Piles par la rte 155 N; 124 km N depuis Shawinigan; 165 km N depuis Trois-Rivières.*

Le parc national de la Mauricie est apprécié des amateurs de canoë.

Une ville western en Mauricie

Au croisement des routes 153 et 159, Saint-Tite est une petite ville de bûcherons mauriciens qui a su, au bon moment, s'orienter vers les industries du cuir. Ses fabricants de bottes, les célèbres Boulet, ont eu un jour l'idée de créer le Festival western. Tous les ans, pendant dix jours en septembre, la petite ville de 4 000 âmes attire quelque 400 000 visiteurs avec ce festival qui est devenu le plus important au Canada, après celui de Calgary. Les villageois décorent leurs maisons, on circule en cheval ou en diligence, et tout le monde revêt ses plus beaux atours de cow-boys et cow-girls. Les rues de la petite ville sont bordées de kiosques et de stands forains, on se presse en foule pour assister aux rodéos, spectacles de musique, courses de chevaux, tournois de fers à cheval, prises de veaux au lasso, etc. Saint-Tite est ainsi devenue une annexe vivante des Grandes Plaines légendaires. ❖

Si vous vous rendez au lac Saint-Jean par la Haute-Mauricie, vous rencontrerez cette ville papetière née de l'exploitation des forêts mauriciennes, mais qui se développa à partir de 1911 après la construction d'une centrale hydro-électrique. La ville doit son nom à un rocher en forme de « tuque », le bonnet de laine des Québécois.

C'est la ville natale du poète et chanteur Félix Leclerc (1914-1988), qui a décrit sa région dans *Pieds nus dans l'aube*. Une halte au **parc des Chutes-de-la-Petite-Rivière-Bostonnais** *(entrée libre)* vous permettra d'admirer des cascades de 30 m et de profiter des sentiers forestiers.

De La Tuque, vous pouvez soit continuer vers le nord et le lac Saint-Jean, soit faire demi-tour vers Trois-Rivières et Québec.

Vers Québec, par le chemin du Roy

➤ *Retrouver le chemin du Roy (rte 138) à Trois-Rivières.*

De Trois-Rivières vers Québec, la route 138 *(encadré, p. 191)* longe le Saint-Laurent et réserve des haltes intéressantes.

➤ **CAP-DE-LA-MADELEINE**. *À 6 km N-E de Trois-Rivières.* Le **sanctuaire Notre-Dame-du-Cap** a transformé une partie de la banlieue industrielle en important centre de pèlerinage dédié à la Vierge Marie. La localité accueille également chaque année le **Festival des amuseurs publics** haut en couleur *(encadré, p. 218)*.

➤ **BATISCAN**. *À 25 km N-E de Cap-de-la-Madeleine.* En continuant sur le chemin du Roy, vous découvrirez ce charmant village, avec son vieux **presbytère*** *(f. lun.)* transformé en petit musée évoquant la vie domestique aux XVIIIe et XIXe s. Un peu au nord, le **parc de la rivière Batiscan** *(poste d'accueil à Saint-Narcisse ☎ (418) 328.35.99 ; entrée possible par Sainte-Geneviève-de-Batiscan ; location de VTT, de canoës et de barques)* révèle le relief créé par la rencontre du Bouclier canadien et des basses terres du Saint-Laurent. Sa vingtaine de sentiers aménagés (de 0,5 km à 5 km) sont l'occasion de voir des marmites creusées dans le roc, les vestiges d'un village forestier et d'un barrage hydroélectrique.

➤ **DESCHAMBAULT, CAP-SANTÉ ET NEUVILLE.** *Carte, p. 168.* Avant d'arriver à Québec, ne manquez pas ces villages qui ont gardé leurs églises, leurs moulins seigneuriaux et leurs vieilles demeures datant du régime français.

Le tour du lac Saint-Jean

Entouré d'une vaste plaine, le **lac Saint-Jean**** – ou Piekuakami, «le lac plat» des Montagnais – est une immense cuvette creusée par les glaciers qui ont déposé, tout autour, des couches d'argile fertile sous forme de terrasses. Cette auge reçoit les eaux des massifs du parc des Monts-Valin et des Laurentides qui l'entourent. Dans les eaux du lac se déversent ainsi de nombreuses rivières, dont les grandes Péribonka, Mistassini et Ashuapmushuan, qui sont des frayères naturelles pour le poisson dont le lac Saint-Jean a fait son emblème animalier : la ouananiche, un saumon d'eau douce.

Presque rond, le lac Saint-Jean occupe une superficie de 1 048 km^2, soit le double du lac Léman. Mais il est peu profond, atteignant à peine 63 m en son creux maximal. Grâce aux nombreux cours d'eau qui l'alimentent, il conserve une salubrité et une agréable température qui le rendent propice à la baignade. La ceinture de plages de sable qui l'environne a favorisé l'essor de sites de loisirs.

En 250 km, vous ferez le tour du lac, en voiture ou en empruntant la piste cyclable La Véloroute des Bleuets. Vous découvrirez ainsi la célèbre hospitalité des Jeannois et leur joie de vivre – car ici, «on a le ventre bleu et on est bien heureux !» Vous ne quitterez pas la région sans goûter ses spécialités :

la ouananiche, la soupe aux gourganes, la tourtière, le cheddar en grains et, bien sûr, la tarte au fruit local pour laquelle, dit-on avec le sens de l'hyperbole local, trois bleuets suffisent.

➤ *Carte, p. 202.* **Bonnes adresses,** *p. 220.*

Lac-Bouchette

➤ *À 127 km N de La Tuque par la rte 155 N. Depuis Montréal, Via Rail dessert cette localité ainsi que Chambord, à 23 km N de Lac-Bouchette (plage publique).*

Cette municipalité forestière abrite l'**ermitage Saint-Antoine-du-Lac-Bouchette**, un lieu de pèlerinage qui comporte également des sentiers pédestres, une plage et un service d'hôtellerie. L'ancienne **chapelle*** *(ouv. t.l.j. de mi-mars à fin déc. de 7 h à 23 h)* recèle 23 peintures, fort belles, réalisées par Charles Huot entre 1907 et 1920 *(250, route de l'Ermitage ☎ (418) 348.63.44 ou 1.800.868.63.44).*

Val-Jalbert*

➤ *À 9 km O de Chambord par la rte 169 N. Rens. ☎ (418) 275.31.32 ou 1.888.675.31.32.*

Ce petit **village fantôme** s'étage autour d'une gorge où jaillit presque verticalement la **chute Ouiatchouane**, de 72 m de hauteur. Ses maisons en bois furent abandonnées en 1927 après la faillite de la pulperie que l'ambitieux Damase Jalbert avait construite en 1901. On embrasse toute l'étendue du lac Saint-Jean. On peut loger sur place dans les maisons retapées ou y camper. Le restaurant du village, le Val-Jalbert, propose des plats régionaux, mais il est plus agréable d'emporter son pique-nique et de casser la croûte au bord de la rivière.

Histoire d'eaux

Il y a 3 entrées au parc du Saguenay : Rivière-Éternité, Baie-Sainte-Marguerite et Tadoussac. En plus des activités d'interprétation et des sentiers de randonnée, on y pratique de nombreux sports (kayak, ski de fond, pêche...).

À l'époque des premiers contacts entre Européens et autochtones, le terme Saguenay (de *saganipi*, « là où sort l'eau ») englobait pour les Amérindiens tout le territoire drainé par les rivières se déversant dans le lac Saint-Jean et la rivière Saguenay. Le destin de ces deux régions fut lié à ces grandes rivières, des voies canotables qui permirent aux Montagnais d'étendre un vaste réseau d'échange avec les communautés des Cris, des Atikameks et des Naskapis.

Concédé pour une courte période à la Compagnie des Cent-Associés, le grand Saguenay devient domaine du Roy de 1652 à 1842, période durant laquelle toute colonisation est interdite. Ce sera la route des fourrures pour le convoité bassin de la baie James, sur laquelle s'établiront des postes de traite dont on trouve encore aujourd'hui les vestiges, de Tadoussac jusqu'aux confins des rivières Ashuapmushuan, Péribonka et Mistassini.

C'est par la rivière Saguenay que s'ouvre la brèche dans le monopole de la Compagnie de la baie d'Hudson, sous la poussée de la société charlevoisienne des Vingt-et-Un qui installe dès 1838 des familles à L'Anse-Saint-Jean. Placé devant le fait accompli, le gouvernement ouvre le territoire à la colonisation en 1842, et William Price, industriel puissant, se porte acquéreur des installations des sociétaires. S'engage alors une période de forte colonisation, en étroite relation avec la nouvelle vocation que les rivières dessinent pour la région : le potentiel forestier. Papetières et pulperies se multiplient au tournant du XXᵉ s., et, sur les rivières, les draveurs acheminent le bois jusqu'aux usines installées en aval. Bien vite, de grands travaux hydroélectriques permettent l'implantation des usines d'aluminium dont celle d'Arvida (à Jonquière) en 1926, première d'une longue série à s'installer dans le Haut-Saguenay. Ce sont ces sujets qu'abordent les différents musées et centres d'interprétation du Saguenay–Lac-Saint-Jean : la route et la traite des fourrures, les échanges avec les Amérindiens, les métiers forestiers et le rôle des trois industries dominantes de la région. ❖

Roberval

➤ *À 9 km N de Val-Jalbert par la rte 169 N.* **Bonnes adresses,** *p. 222.*

À la fin du XIXᵉ s., Roberval fut un lieu de villégiature très huppé, fréquenté par de riches Américains comme les Rockefeller qui venaient y pêcher la ouananiche. La marina demeure une base de départ pour les expéditions de pêche et de chasse. C'est aussi le point d'arrivée de la **Traversée à la nage du lac**, un événement international qui donne lieu, chaque été, à une semaine de réjouissances *(p. 220).* Le **Centre historique et aquatique** *(700, bd de la Traversée ☎ (418) 275.55.50; ouv. t.l.j. de mi-juin à fin août de 10h à 20h),* doté d'un grand aquarium, présente l'évolution géologique du lac.

Mashteuiatsh**

➤ *De Roberval, prendre à dr. le chemin de la Pointe-Bleue, à moins de 5 km.*

Sur les bords du lac, ce village amérindien (anciennement Pointe-Bleue) est habité par une communauté montagnaise et offre des

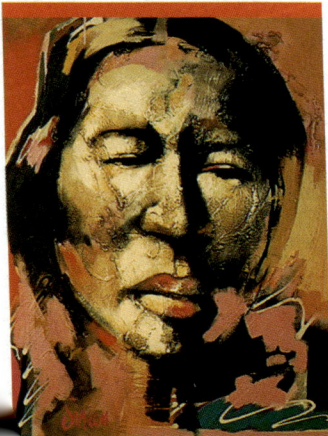

. Musée amérindien de Mashteuiatsh, oose les œuvres d'artistes temporains comme Marc Siméon.

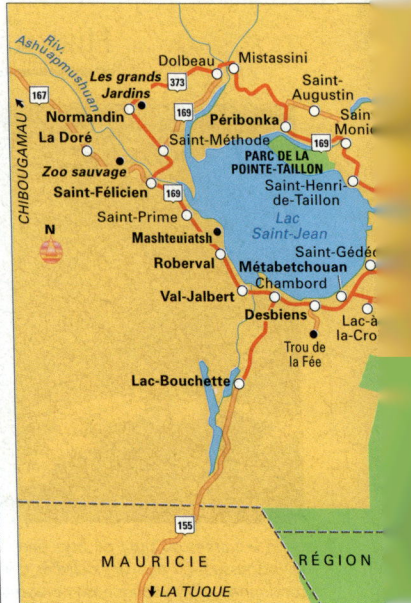

LE LAC SAINT-JEAN ET LE SAGUENAY

séjours d'initiation à la culture autochtone *(encadré, p. 221).* Sur la **promenade*** le long du lac s'érigent quatre tipis en béton. Plusieurs boutiques d'artisanat proposent des mocassins en peau, des paniers en écorce de bouleau, des bijoux perlés, des capteurs de rêve. Ne manquez pas l'atelier de **Gérard Siméon** *(1785, rue Ouiatchouan),* qui est le seul de la communauté à produire des paniers en écorce selon la technique traditionnelle. Son fils **Thomas Siméon** *(1451, rue Ouiatchouan)* réalise de fascinantes sculptures qui témoignent de l'imaginaire montagnais.

➤ ♥ **LE MUSÉE AMÉRINDIEN****. *1787, rue Amishk ☎ (418) 275.48.42. museilnu@destination.ca. Ouv. t.l.j. de mi-mai à oct. de 10h à 18h, le reste de l'année du lun. au ven. de 9h à 16h, f. le midi.* Ce captivant musée regroupe un grand nombre d'artefacts montagnais. Vous aurez l'occasion de visionner un film,

d'admirer la grande fresque «Des mots doux d'où leur mal» de Marc Siméon, peintre montagnais né à Mashteuiatsh en 1964, et d'entendre de précieux enregistrements de chants rituels montagnais réalisés sur cylindre de cire en 1911, par l'ethnologue américain Frank G. Speck. Vous pourrez faire des emplettes au comptoir d'artisanat, qui propose des objets de grande qualité.

➤ LE CENTRE D'INTERPRÉTATION DE LA TRAITE DES FOURRURES*. 1645, rue Ouiatchouan ☎ (418) 275.77.70. Ouv. t.l.j. de mai à oct. Sur rés. Ce centre est un pittoresque petit musée fondé par la famille Robertson, qui œuvre dans le domaine de la fourrure depuis cinq générations. Vous y verrez des oiseaux et des animaux naturalisés, des peaux de fourrure, une maquette du village au début du XIXᵉ s., des souvenirs du temps de la traite et des pièces d'artisanat local.

Saint-Félicien et ses environs

➤ *À 21 km N-O de Mashteuiatsh par la rte 169.*

➤ **SAINT-PRIME**. *Env. 10 km N de Mashteuiatsh.* Avant d'arriver à Saint-Félicien, vous passez à Saint-Prime qui a conservé sa **Vieille Fromagerie Perron** (☎ (418) 251.49.22 ; ouv. t.l.j. de juin à sept. de 10 h 15 à 17 h 30 ; visite guidée d'env. 1 h) datant du XIXᵉ s. où l'on peaufine un cheddar artisanal. La visite comprend également le **musée du Cheddar** et l'usine d'à côté qui transforme, quant à elle, des tonnes de lait chaque jour.

➤ **LE ZOO SAUVAGE***. 2230, bd du Jardin ☎ (418) 679.05.43 ou 1.800. 667.56.87. Ouv. t.l.j. de fin mai à mi-oct. de 9 h à 17 h, le reste de l'année en sem. et sur rés. À la confluence des rivières Ashuapmushuan, Mistassini et Ticouapé,

La cueillette des bleuets

Des entreprises locales transforment les bleuets
en confitures, conserves, bonbons enrobés
de chocolat et en liqueur apéritive (la Minaki).

Les bleuets foisonnent au lac Saint-Jean, et ils font si bien la fierté des Jeannois qu'ils se surnomment eux-mêmes les Bleuets. Plus de 90 % de la production québécoise du bleuet provient de la région. La culture des myrtilles nord-américaines, que le père Charlevoix, dans son *Histoire et description générale de la Nouvelle-France* (1744), décrit comme des fruits « en forme de nombril », a été favorisée par le Grand Feu de 1870 qui rasa tout sur son passage entre La Baie et Saint-Félicien. Aujourd'hui encore, on incendie tous les trois ans chaque parcelle de champ cultivé pour stimuler la croissance de cet or bleu.

Le fruit atteint sa maturité au mois d'août. Une nombreuse main-d'œuvre part dans les landes pour cueillir ces fruits, à la main, à la tape, à la claque ou au peigne. On pourra cueillir soi-même les fruits à la Bleuetière touristique de Dolbeau-Mistassini *(rte 169, sortie de la ville en direction d'Alma ☎ (418) 276.36.85. Ouv. t.l.j. de fin juil. à début sept. de 9 h à 19 h).* ❖

la petite ville de Saint-Félicien a contribué à la naissance de l'expertise québécoise en matière de protection et de conservation de la nature. C'est cet esprit qui anime son zoo sauvage.

À bord de wagons grillagés, les visiteurs peuvent observer de très près les 77 espèces d'animaux de la faune d'Amérique du Nord qui y vivent en semi-liberté : orignaux, caribous, bœufs musqués, bisons, grizzlis, etc. Un aquarium géant montre l'ours polaire nageant sous l'eau, et une voûte souterraine conduit à la hutte où une famille de castors sommeille en toute tranquillité.

➤ **LA DORÉ**. *À 12 km N-O du zoo par la rte 167.* À l'entrée de La Doré, l'eau de l'Ashuapmushuan actionne depuis 110 ans le **moulin des Pionniers** *(3951, rue des Peupliers ☎ (418) 256.82.42 ; ouv. t.l.j. de déb. juin à mi-oct. de 9 h à 17 h ; hébergement rustique et cuisine traditionnelle).* Dans ce décor naturel et pittoresque, on vous proposera de visiter la maison ancestrale du meunier et sa miniferme.

Les Grands Jardins Normandin

➤ *À 26 km N de Saint-Félicien par la rte 373 à partir de Saint-Méthode ☎ (418) 274.19.93. Ouv. en été.*

Le Brestois de la Péribonka

Né en 1880, détenteur d'une licence en droit et en langues orientales de la Sorbonne, Louis Hémon est un peu le Jack London de la Bretagne. Après avoir vécu en Angleterre de 1903 à 1911, il s'embarque l'année suivante pour le Canada où il travaillera comme garçon de ferme chez la famille Chapdelaine à Péribonka. Journaliste et écrivain, il est déjà connu des revues françaises quand, à la fin de 1913, il fait parvenir à la revue *Le Temps* son récit *Maria Chapdelaine*, inspiré par son séjour dans les contrées de la Péribonka.

Du 27 janvier au 19 février 1914, la revue fait paraître le récit en feuilleton, sans savoir que l'été précédent son auteur a été heurté mortellement par une locomotive en Ontario, à l'âge de 33 ans. En 1920, le roman de Louis Hémon inaugure la prestigieuse collection des «Cahiers verts» chez Grasset et fait la fortune de son éditeur. Son succès, hélas, éclipsera le reste de la production littéraire de ce bourlingueur qui fut un talentueux et prolifique écrivain. Le musée Louis-Hémon permet de voir ou de revoir l'adaptation cinématographique française du roman, réalisée en 1934 par Julien Duvivier, avec Madeleine Renaud et Jean Gabin. ❖

Ces jardins, qui couvrent 17 hectares puisent leur inspiration dans les grandes traditions botaniques européennes et asiatiques (jardins ornementaux, jardins encyclopédiques de botanistes, jardins potagers, jardins aromatiques et flore médicinale). Certains parterres forment d'intéressantes collections de flore indigène canadienne.

Péribonka*

➤ *À 56 km E de Normandin par la rte 373 N. Hébergement-restauration à Dolbeau-Mistassini, p. 222.*

Situé à l'embouchure de la rivière Péribonka, son quai, d'où l'on découvre la première vue de l'ouverture du Saguenay, est le point de départ de la **Traversée à la nage du lac Saint-Jean** (*p. 220*).

Un bâtiment moderne d'architecture ingrate abrite le **musée Louis-Hémon-maison de Maria Chapdelaine***(700, rte 169 ☎ (418) 374.21.77 ; ouv. t.l.j. en été de 9 h à 16 h).* Outre le logis de l'écrivain

brestois et l'exposition qui lui est consacrée, on découvre deux autres expositions : l'une de nature livresque (livres signés et consacrés à l'auteur) et l'autre explorant, par des objets, des textes et des images, une thématique régionale qui a imprégné l'imaginaire littéraire de l'écrivain.

Le parc de la Pointe-Taillon**

➤ *À 28 km S-E de Péribonka par la rte 169 puis 3ᵉ rang O à Saint-Henri-de-Taillon ☎ (418) 347.53.71 ou 695.78.83. Entrée payante en été.*

Désertée à la suite de la hausse du niveau du lac Saint-Jean dans les années 1920, lors de la construction du barrage de l'Isle-Maligne, la pointe est maintenant un parc de conservation et un site touristique de choix. Il jouit de 16 km de plages propices à la baignade, ainsi que d'une piste cyclable de 30 km (*location de vélos sur place*), d'un terrain de camping, d'un sentier

Et vive la compagnie !

Plusieurs localités du Québec furent à l'origine des « villes de compagnie », construites pour loger les travailleurs d'une importante compagnie qui devenait ainsi le seul employeur de la ville. C'est le cas notamment de Riverbend, fondée en 1925 par la famille Price, et de l'Isle-Maligne datant de 1924, qui sont toutes deux devenues des secteurs d'Alma. Val-Jalbert et Kenogami (aujourd'hui intégrée à Jonquière), Noranda et Bourlamaque dans la région d'Abitibi (respectivement fusionnée à Rouyn et intégrée à Val-d'Or) furent également des villes de compagnie. Ces petites localités étaient très fermées sur elles-mêmes. La compagnie dirigeait le conseil de ville, le gérant en était le maire, et l'accès à la ville demeurait limité aux employés. Plusieurs villes étaient construites selon des plans d'urbanisation soigneusement établis, parfois fort réussis. Le secteur de Riverbend à Alma, avec son architecture d'inspiration américaine, en est un bel exemple. ❖

de 12 km en bordure de lac et d'un sentier forestier. Une quarantaine d'orignaux vivent dans ses boisés et tourbières. De juillet à octobre, des visites guidées sont proposées à l'aube et à la brunante (la tombée du jour) avec des naturalistes pour observer la faune.

Alma

➤ *À 25 km S-E de Saint-Henri-de-Taillon par la rte 169 S.* **Bonnes adresses**, *p. 221.*

Traversée par les rivières de la Grande et de la Petite-Décharge, capitale du lac Saint-Jean, la « ville fleurie » est une ancienne colonie agricole, dont l'industrialisation provoqua la transformation. La ville s'anime autour des rues Sacré-Cœur et Collard, ainsi qu'au parc Falaise en bordure de la rive est de la rivière Petite-Décharge. Alma est éparse, en raison de sa formation par secteurs et villes de compagnie.

➤ **LE MUSÉE D'HISTOIRE DU LAC-SAINT-JEAN.** *54, rue Saint-Joseph* ☎ *(418) 668.26.06. Ouv. du lun. au ven. du 24 juin au 1ᵉʳ sept. de 9h à 17h, sam. et dim. de 13h à 17h ;* *le reste de l'année en sem. seulement et f. le midi.* Comme ce musée le rappelle, Alma s'industrialisa avec la construction d'une centrale hydroélectrique et de grandes pulperies destinées à la fabrication du papier journal.

➤ **LA PLACE FESTIVALMA.** Dans le secteur des Plaines Vertes, son amphithéâtre à ciel ouvert vaut le coup d'œil pour la série de 28 **bas-reliefs*** (1996-1997), signés par l'artiste locale Claire Maltais, qui ornent les parois extérieures des murs.

LES ENVIRONS D'ALMA

À partir d'Alma, vous pouvez quitter le lac Saint-Jean pour vous rendre directement dans la région du Saguenay. Mais il ne reste que quelques kilomètres (par la route 169) avant de boucler le tour du lac.

➤ **MÉTABETCHOUAN.** *À 32 km S-O d'Alma par les rtes 169 S et 170 O.* **Bonnes adresses**, *p. 222.* **Hébergement-restauration** *à Saint-Gédéon, p. 222.* De sa plage publique part un sentier longeant le lac sur 3 km, très plaisant au soleil couchant.

➤ **DESBIENS**. *À 7 km O de Méta-betchouan par la rte 169 S.* Vous pourrez visiter la grotte naturelle, du **Trou de la Fée**, qui s'étend sur 68 m *(à env. 8 km S de Desbiens par la 7e Av. ☎ (418) 346.56.32; ouv. de juin à fin août; visite gui-dée).* Le **centre d'Histoire et d'Archéologie de la Métabet-chouane** *(à la sortie du village par la rte 169 O, 243, rue Hébert ☎ (418) 346.53.41; ouv. t.l.j. en été de 10h à 18h, le reste de l'année sur rés.)* présente une collection d'objets assez divers (pierres à moudre, pierres à fusils, fragments de poterie, bagues de jésuites, etc.) et la reconstitution d'un petit comptoir de traite de la baie d'Hudson au XIXe s.

Le fjord du Saguenay

Si la région du lac Saint-Jean, tout en plaines, est le «pays couché», celle du Saguenay est le «pays debout», avec ses falaises fière-ment dressées autour du **fjord*****. D'un magnétisme ensorcelant, la rivière Saguenay s'enfonce dans un sillon glaciaire bordé de caps abrupts. Lors d'une croisière ou d'une simple excursion sur ses rives, vous découvrirez les pay-sages impressionnants de ce fjord, une merveille naturelle dont les rives boisées sont très soigneuse-ment protégées. Il est aujourd'hui transformé en parc marin pour la protection de son écosystème exceptionnel.

La froideur des eaux de fond favo-rise le développement d'une faune et d'une flore arctiques qui capti-vent les naturalistes, tandis que, à la confluence du fleuve Saint-Lau-rent, c'est la présence des mammi-fères marins qui rend les eaux si attirantes et mystérieuses.

Dans sa partie centrale et méridio-nale, le fjord garde la beauté intacte d'une vallée glaciaire. C'est qu'il cache ses trésors: peu de routes y donnent accès, les fenêtres qui s'ouvrent sur ses paysages sont rares. Pour l'apprécier , engagez-vous dans les sentiers pédestres du parc du Saguenay *(p. 211)* ou effectuez une excursion en bateau *(p. 223).* Mais offrez-vous surtout une randonnée en kayak de mer entre les falaises monumentales du fjord avec de la chance… en com-pagnie des bélugas.

➤ *Carte, p. 202. **Bonnes adresses**, p. 223.*

Saguenay

➤ *Haut-Saguenay, par les rtes 175 (de Québec), 381 (de Baie-Saint-Paul) et 170 (du lac Saint-Jean).*

Cette ville est née de la fusion en 2002 des trois villes les plus importantes du Saguenay: **Jon-quière**, **Chicoutimi** et **La Baie,** ainsi que de la ville de Laterrière et de deux municipalités.

Le mot Saguenay, d'origine mon-tagnaise, évoque, pour la plupart des Québécois, l'énigme du fabu-leux royaume décrit par les Amé-rindiens, que ni Cartier ni Rober-val ne purent jamais atteindre.

JONQUIÈRE*

➤ *À 25 km E de Saint-Bruno (au croisement des rtes 169 et 170) par la rte 170. **Bonnes adresses**, p. 224.*

Fondé sur l'activité industrielle, cet arrondissement est réputé pour sa trépidante vie nocturne. Sur la **rue Saint-Dominique** *(S du bd Harvey)* se succèdent cafés, bis-tros, boîtes de nuit et terrasses. Plus au sud se trouve le **parc de la Rivière-au-Sable** où un sentier longe la rivière. Location d'embar-cations nautiques possible en été.

Le royaume de Jacques Cartier

À Saint-Félix-d'Otis, le site de la Nouvelle-France reconstitue un établissement du XVIIᵉ s. et offre une vue imprenable du fjord du Saguenay.

On parle souvent du « royaume » en évoquant la région du Saguenay. Cette appellation remonte à l'époque de Jacques Cartier : au cours de son deuxième voyage (1535-1536), il découvrit l'existence d'un territoire « où il y a infini, or, rubis et autres richesses » et qui englobait alors tout l'arrière-pays et les environs. Géographiquement isolée, la région du Saguenay fut longtemps la propriété réservée des rois de France, puis d'Angleterre. Elle s'est réveillée grâce à son fabuleux potentiel hydroélectrique qui lui a valu un essor économique exceptionnel à partir de la Seconde Guerre mondiale. ❖

CHICOUTIMI*

➤ *À 14 km E de Jonquière par la rte 372 E.* **Bonnes adresses**, *p. 224.* **Hébergement-restauration** *à Laterrière, p. 225.*

En montagnais, Chicoutimi désigne un emplacement précis : « jusqu'où l'eau est profonde », c'est-à-dire l'endroit où s'arrête le fjord. Ce carrefour amérindien d'échange et de commerce a donné naissance à la plus grande agglomération du fjord. Aujourd'hui Chicoutimi s'étage sur les flancs nord et sud de la rivière Saguenay. C'est le centre culturel, universitaire et commercial de toute la région.

➤ **BALADE EN VILLE.** Le centre vital de la ville est le **Vieux-Port**, une promenade aménagée le long du Saguenay avec halles, échoppes d'artisans et quai d'embarquement des bateaux d'excursions. La **rue Racine**, à côté, rassemble bars et restaurants à la mode.

➤ **LA PULPERIE*.** *300, rue Dubuc* ☎ *(418) 698.31.00 ou 1.877.998. 31.00. Ouv. t.l.j. de mi-juin à mi-sept. de 9 h à 18 h, jusqu'à 20 h en juil., le reste de l'année ouv. uniquement aux groupes sur rés.* Convertie en complexe artistique et culturel, au début des années 1990, cette ancienne usine de pâte à papier fondée en 1896 au bord de la rivière fut malmenée par les violentes inondations de juillet 1996. La salle de spectacle, aménagée dans l'un des cinq édifices de granite rose, fut emportée. Le bâtiment central, qui, lui, fut épargné, abrite la **collection du musée du Saguenay–Lac-Saint-Jean** et l'étonnante ♥ **maison Arthur-Villeneuve****. De 1957 à 1990, cet ancien barbier, devenu peintre naïf, couvrit tous les murs de fresques, esquissant avec liberté et moquerie l'histoire régionale et québécoise. La **Petite Maison Blanche**, qui a résisté aux flots diluviens, fait partie de la visite. Une exposition de photos raconte cet événement qui a défiguré plusieurs villages du Saguenay.

De Chicoutimi, vous pouvez traverser le fleuve et rejoindre la rive nord du Saguenay (*p. 211*).

La Baie**

➤ *À 20 km S-E de Chicoutimi par la rte 372 E (bd de la Grande-Baie).* **Bonnes adresses**, *p. 224.*

Blotti dans la baie des Ha! Ha!, le centre-ville accueille un port, une aluminerie et une papeterie. On ne manquera pas d'apercevoir la **pyramide des Ha! Ha!** de l'artiste Jean-Jules Soucy, édifice construit sur le lit tracé par des rivières furieuses lors des inondations saguenayennes de 1996. À proximité sur la baie se trouve aussi le **musée du Fjord** (*3346, bd de la Grande-Baie S* ☎ *(418) 697.50.77; ouv. t.l.j. en été de 9h à 17h, du lun. au ven. le reste de l'année de 8h30 à 17h, f. entre 12h et 13h30*) qui présente les expositions sur la faune et la flore du fjord. Mais la localité est surtout connue grâce à ses **spectacles historiques** dont les centaines de comédiens sont des bénévoles (« La Fabuleuse Histoire d'un royaume » ☎ 1.888.873.33.33).

Rançon de cette gloire, il faut réserver longtemps à l'avance pour profiter durant la saison estivale des auberges, mais aussi des bonnes tables de La Baie, qui comptent parmi les meilleurs du Saguenay. Le parc littoral, toujours animé, rejoint la marina d'où partent des croisières allant jusqu'au site de la Nouvelle-France.

Saint-Félix-d'Otis**

➤ *À 25 km S-E de La Baie par la rte 170 E, après la scierie, puis à g. dans le chemin des Battures (qui devient le Vieux-Chemin) jusqu'au chemin de L'Anse-à-la-Croix à g. Ouv. t.l.j. en été de 9h à 16h30, en hiver sur rés. pour les groupes* ☎ *(418) 544.80.27.*

Les tournages du film *Robe noire*, de Bruce Beresford, en 1990, et d'une série télévisée, en 1992, ont légué à L'Anse-à-la-Croix un héritage inusité : la reconstitution d'habitations à Québec entre 1630 et 1665, qui forment le **site de la Nouvelle-France**. On voit ainsi le village des Hurons avec palissades et « maisons longues » ; la haute

Drôle de nom

Éclat de rire ? Exclamation admirative ? Le nom insolite de la baie des Ha ! Ha ! viendrait plutôt d'un mot français datant du XVe s. : « hahaz ». Il qualifiait des dispositions défensives inattendues et, par extension, des obstacles imprévus. On peut supposer que, en pénétrant dans la baie, les premiers explorateurs du Saguenay purent aisément se croire dans un prolongement de ce fjord, avant de constater qu'ils butaient contre le cul-de-sac que forme cette baie. ❖

ville avec une maison de campagne, le logis du gouverneur et un entrepôt ; et la basse ville avec sa place des Échanges et son campement de Montagnais. L'histoire de la Nouvelle-France est évoquée par une équipe d'animateurs-comédiens, appuyée par les conseils de l'historien Jacques Lacoursière. À proximité, un site archéologique témoigne de la vie amérindienne sur les bords du Saguenay, les objets trouvés lors de fouilles révélant 5 000 ans d'histoire.

Rivière-Éternité, le parc du Saguenay***

➤ *À 23 km E du site de la Nouvelle-France (ou 18 km N-E de Saint-Félix-d'Otis). En sortant du site, prendre à g. le Vieux-Chemin jusqu'à la rte 170, puis encore à g.*

Voici enfin la porte d'entrée du parc du Saguenay qui déploie un réseau de plus de 100 km de sentiers pédestres reliant les municipalités du Bas-Saguenay.

Le premier palier du cap Trinité à Rivière-Éternité.

➤ **SENTIERS PÉDESTRES**. Le plus spectaculaire d'entre eux *(7 km aller-retour)* permet de grimper jusqu'à la statue de la Vierge. Sculptée par Louis Jobin, cette statue (8,5 m) fut érigée en 1881 au premier palier du **cap Trinité**** d'où l'on domine toute la rivière Saguenay. Un sentier plus court passe du marais à la forêt, où les caps rocheux ont laissé choir des gélifracts (blocs détachés par l'action du gel). Le magnifique **sentier des Caps*** s'étire sur 25 km et rejoint L'Anse-Saint-Jean.

➤ **LE CENTRE D'INTERPRÉTATION DU PARC DU SAGUENAY***. *Chemin Notre-Dame* ☎ *(418) 272.30.08. Ouv. de la fin-mai à la mi-oct.* Il permet de comprendre la formation et la vie du fjord. C'est aussi le point de départ des excursions maritimes sur le fjord en yacht *(1 h)*, en kayak de mer ou en canot pneumatique.

L'Anse-Saint-Jean**

➤ *À 16 km E de Rivière-Éternité par la rte 170 E, prendre à g. le chemin Principal.* **Bonnes adresses**, *p. 224.*

Ce charmant village est niché aux premières loges des époustouflants décors du fjord. La rivière Saint-Jean s'y glisse sous un pont couvert, celui-là même qui orne les rarissimes billets de 1 000 $. Les parterres des maisons du village sont parsemés de reproductions en miniature de ces maisons. De rafraîchissantes cervoises sont produites localement par les **Brasseurs de l'Anse** *(182, rte 170* ☎ *(418) 272.32.34; ouv. toute l'année; visite guidée).*

➤ **BALADES SUR L'EAU**. Selon les saisons, on peut pratiquer sur la rivière la pêche blanche, des croi-

Randonnées en bordure du fjord

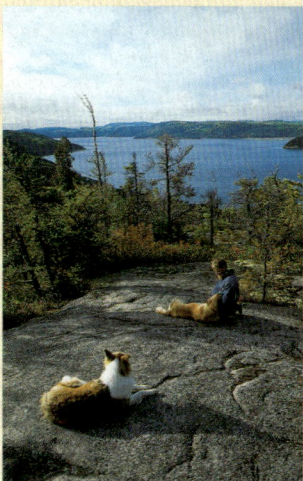

Le parc du Saguenay propose un réseau de sentiers de plus de 100 km qui se répartit sur les deux rives du fjord. Depuis **Rivière-Éternité, Petit-Saguenay, L'Anse-Saint-Jean, Sacré-Cœur et Tadoussac**, ils se prêtent à des randonnées de courte, moyenne ou longue durée. Les plus modestes (2 km ou moins) sont pour la plupart émaillés de panneaux explicatifs. Les plus beaux sont le **sentier de La Chute à L'Anse-Saint-Jean**, qui mène au sommet dénudé de la montagne Blanche (8,5 km) ; le **sentier des Caps** qui relie Rivière-Éternité, Petit-Saguenay et L'Anse-Saint-Jean ; et sur la rive nord, le sentier du Fjord qui s'étire sur 12 km entre le cap de la Boule, à Sacré-Cœur et Tadoussac. ❖

sières, ou encore des excursions en kayak de mer… parfois au milieu des baleines (p. 223).

➤ **RANDONNÉES PÉDESTRES**. Depuis le quai municipal et le **belvédère de L'Anse-de-Tabatière****, accessible en voiture, on découvre des points de vue remarquables du fjord. La randonnée vers la montagne Blanche (5 h) est un must pour les adeptes de la marche sportive : à 600 m d'altitude, le point de vue est grandiose.

Petit-Saguenay

➤ *À env. 14 km E de L'Anse-Saint-Jean par la rte 170 E.* **Bonnes adresses**, *p. 225.*

Cette localité est blottie dans une vallée que parcourt la rivière Petit-Saguenay. Du quai municipal, qui s'avance entre deux caps, on découvre le fjord, que surplombent plusieurs sentiers de randonnée

appartenant au parc du Saguenay. Au **Village-vacances** (99, chemin Saint-Étienne ☎ (418) 272.31.93), des guides vous accompagneront sur le très beau **sentier des Caps**** (8,5 km aller; vers l'anse des Petites-Îles). Ils pourront également vous enseigner les rudiments du kayak de mer sur la plage Saint-Étienne, ouverte à la baignade.

La rive nord du Saguenay**

➤ *De Chicoutimi S, prendre le pont Dubuc. De Baie-Sainte-Catherine, un traversier conduit en 15 mn à Tadoussac où l'on rejoint la rte 172.*

Sur cette rive, la pittoresque route 172 longe en partie la rivière Sainte-Marguerite.

➤ **LA BAIE SAINTE-MARGUERITE*****. *À Sacré-Cœur, à 18 km N-O de Tadoussac.* C'est le meilleur site d'observation des **bélugas**. Un

La rivière Saguenay

Dans sa vallée glaciaire, la rivière étire ses eaux sombres ou lapis-lazuli entre de hautes falaises crénelées qui peuvent s'élever jusqu'à 450 m. Longue de 104 km, elle est large de 1,5 km en moyenne. Sa profondeur (240 m en moyenne) peut atteindre 276 m. Ses marées vont jusqu'à la ville de Chicoutimi. Les trois caps à l'est de Chicoutimi, face au cap Trinité, furent baptisés Liberté, Égalité, Fraternité en présence d'Alain Juppé en 1996. Entre L'Anse-à-la-Croix sur la rive sud et Cap-à-l'Est sur la rive nord, les eaux de la rivière font partie du parc marin du Saguenay–Saint-Laurent, qui en assure la protection et la mise en valeur. ❖

sentier de 3 km conduit au belvédère aménagé à cette fin par le parc du Saguenay *(à 10 km N-O de Sacré-Cœur ☎ (418) 236.11.62)*.

➤ ♥ **SAINTE-ROSE-DU-NORD**★★. *À 30 km O de Sacré-Cœur. Bonnes adresses, p. 225.* Le chemin du Quai permet de descendre jusqu'à ce village qui offre la plus spectaculaire vue sur le Saguenay. Près du quai partent des sentiers montant vers des terrasses d'observation. Le petit **musée de la Nature**★ *(199, rue de la Montagne ☎ (418) 675.23.48; ouv. t.l.j. de 8 h 30 à 21h)* présente la faune et la flore locales. L'**église** est décorée par les artisans de la région sur le thème de la forêt. En hiver, le village est un haut lieu de la pêche blanche, tout comme Saint-Fulgence.

➤ **SAINT-FULGENCE**. *À 27 km O de Sainte-Rose-du-Nord. Bonnes adresses, p. 225.* Près du village, au cap des Roches, se trouve un **centre d'interprétation des Battures et de Réhabilitation des oiseaux** *(☎ (418) 674.24.25; ouv. t.l.j. du 1er mai au 31 oct. de 8 h 30 à 18 h)*. Il comporte un sentier pédestre et des volières d'oiseaux en convalescence. Par le rang Saint-Louis, on accède au **parc de conservation des Monts-Valin**★★ *(à 17 km N de la rte 172, accès fléché ; poste d'accueil Saint-Louis ☎ (418) 674.12.00; location de chalets, canoë-camping, sentiers pédestres et pistes cyclables).* Ses sommets (980 m) sont les plus hauts de la région : en hiver, ils reçoivent jusqu'à 5 m de neige. ■

La montée des Laurentides

Carte, p. 186.

Indicatifs téléphoniques : 819 et 450

❶ **Association touristique des Laurentides**, 14142, rue de la Chapelle, Mirabel, J7J 2C8 ☎ (450) 436.85.32 ou 1.800.561.66.73, fax (450) 436.53.09. www.laurentides.com.

❶ **Centrale de réservation d'hébergement Vacances Laurentides** ☎ (450) 436.85.32 ou 1.800.561.66.73. info tourisme@laurentides.com.

Arrivée

EN BUS

De Montréal par **Limocar Laurentides** ☎ (514) 842.22.81.

EN VOITURE

De Montréal, par l'A 15 ou par la rte 117, plus lente mais bordée d'antiquaires et traversant des villages.

Sports et loisirs

➤ **CANOË-CAMPING. Club des Pays d'en Haut** ☎ (450) 436.40.51. **Parc du Mont-Tremblant** ☎ 1.877.688.22.89 ou (819) 688.22.81.

➤ **PLAGES PUBLIQUES. Lac Saint-Joseph** à Saint-Adolphe-d'Howard. **Lac Mercier** à Mont-Tremblant. **Lac Masson** à Sainte-Marguerite. **Lac des Sables** à Sainte-Agathe-des-Monts. **Lac Rond** à Sainte-Adèle.

➤ **POURVOIRIES. Air Melançon**, Sainte-Anne-du-Lac ☎ (819) 586.22.20 ou 1.800.586.23.88. www.airmelancon.qc.ca. 33 chalets accessibles par hydravion. **Pourvoirie du Domaine Lounan** à Mont-Saint-Michel ☎ (450) 444.44.41. Restauration, activités de plein air, architecture rustique. **Pourvoirie Scott**, Montréal ☎ (514) 598.82.38, fax (819) 623.22.20. Au N de Mont-Laurier, accessible en voiture.

➤ **QUAD, MOTOMARINE ET MOTONEIGE. Location Constantineau**, Mont-Laurier ☎ (819) 623.17.24, fax (819) 623.71.05. **Toute l'Aventure**, Entrelacs ☎ (450) 228.31.81. Randonnée d'une demi-journée à 6 j. en toutes saisons.

➤ **RAFTING. Aventure en Eau Vive**, 120, chemin Rivière-Rouge, Calumet ☎ et fax (819) 242.60.84 ou 1.800.567.68.81. **Nouveau Monde**, 100, chemin Rivière-Rouge, Calumet ☎ (819) 242.72.38 ou 1.800.361.50.33.

➤ **SKI ALPIN ET PLANCHE À NEIGE (SURF).** Il existe 15 stations dans la région. Pentes de dénivellation supérieure à **Tremblant** (600 m) ☎ (819) 681.30.00, et **Station de ski du mont Blanc** (300 m) à Saint-Faustin-Lac-Carré ☎ (819) 688.24.44. Pentes éclairées la nuit à Morin Heights, Piedmont, Saint-Sauveur-des-Monts et Sainte-Adèle.

➤ **TRAÎNEAU À CHIENS. A'Crocs d'Aventure**, Entrelacs ☎ (450) 228.41.21. **Expéditions Totem**, Mont-Saint-Michel ☎ (819) 587.25.54. **Hôtel l'Estérel** ☎ (450) 228.25.71.

Produits du terroir dans les Hautes-Laurentides

➤ **HYDROMEL. Ferme apicole Desrochers**, 113, rang 2, Gravel, Ferme-Neuve ☎ (189) 587.34.71.

➤ **TRUITE FUMÉE ET MARINÉE. Pisciculture Gramp-Jalac**, 680, chemin Plaisance, Chute-Saint-Philippe ☎ (819) 585.31.37.

Manifestations

➤ **FIN MAI**. **Fête des Arts gourmands** à Sainte-Adèle.

➤ **JUILLET-AOÛT**. **Festival d'été** de la Rivière-du-Nord : concerts classiques, jazz et chansonniers à Saint-Jérôme.

➤ **MI-JUILLET**. **Festival international du blues** à Mont-Tremblant. **1 001 Pots** : grande exposition de céramique à Val-David. **Festival western** de Lac-Nominingue.

➤ **DÉBUT AOÛT**. **Festival des arts** de Saint-Sauveur-des-Monts (danse et musique).

➤ **FIN OCTOBRE**. **Festival de l'Halloween** de Sainte-Anne-des-Plaines. ❖

■ Mont-Tremblant

La région possède un vaste réseau d'hébergement : grands hôtels, appartements, B & B, chalets. Un agent vous orientera au ☎ (819) 425.86.81 ou 1.800.567.67.60.

Auberge de jeunesse

Auberge internationale de Mont-Tremblant, 2213, chemin Principal ☎ (819) 425.60.08, fax (819) 425.37.60.

■ Sainte-Adèle et ses environs

Hébergement-restauration

▲▲▲▲ **L'Eau à la Bouche**, 3003, bd Sainte-Adèle ☎ (450) 229.29.91, fax (450) 229.75.73. *25 ch.* Un établissement de confort supérieur, dont la cuisine, française et régionale, plusieurs fois primée, est l'une des meilleures du Québec. Remarquable carte de vins.

▲▲▲ **Hôtel Le Chantecler**, 1474, chemin du Chantecler ☎ (450) 229.35.55 ou 1.800.363.24.20. *300 ch.* Complexe hôtelier adossé à une station de ski. Gamme complète d'activités en toutes saisons. Bonne table.

▲▲▲ **Manoir Alpine**, 1455, chemin Pierre-Peladeau ☎ (450) 229.77.77 ou 1.888.470.74.34, fax (450) 229.65.21. *43 ch.* Tenu par des aubergistes français, avec une table de cuisine régionale servie dans une belle salle à manger.

▲▲ **La biche au Bois**, 100, bd Sainte-Adèle ☎ (450) 229.81.60. *5 ch.* Petite auberge réputée pour sa cuisine de terroir québécois aux accents champenois.

Restauration

◆◆◆◆ **Le Bistro à Champlain** ♥, 75, chemin Masson, Sainte-Marguerite (env. 10 km N de Sainte-Adèle) ☎ (450) 228.49.88. Excellente table et surtout le plus riche cellier du Canada. Près de 3 500 vins et 60 millésimes ! *F. lun. et mar.*

◆◆◆◆ **La Clef des Champs**, 875, chemin Pierre-Péladeau ☎ (450) 229.28.57. Restaurant intimiste avec cheminée. Excellente cuisine française et régionale. Bonne sélection de vins. *F. lun.*

■ Sainte-Agathe-des-Monts

Hébergement-restauration

▲▲▲ **Auberge Watel**, 250, rue Saint-Venant ☎ (819) 326.70.16 ou 1.800. 363.64.78, fax (819) 326.75.56. *23 ch.* Un établissement moderne dont les ch. sont équipées d'une baignoire à remous. Vue sur le lac.

▲▲ **Auberge du Lac des Sables**, 230, rue Saint-Venant ☎ (819) 326.39.94 ou 1.800.567.83.29, fax (819) 326.91.59. *19 ch. et 5 suites-studios.* Aux premières loges du lac, un établissement avec terrasse et des ch. spacieuses équipées d'une baignoire à remous.

▲▲ **Auberge La Sauvagine** ♥, 1592, rte 329 N ☎ (819) 326.76.73 ou 1.800. 787.71.72, fax (819) 326.93.51. *9 ch.* Au bord de la rivière du Nord, une petite auberge décorée avec soin. Bonne table de cuisine régionale.

Les villages des Laurentides sont fréquentés en toutes saisons par des vacanciers qui louent ou possèdent un chalet en bordure d'un lac ou d'une piste de ski. Le village de Saint-Sauveur est particulièrement animé, et ses rues regorgent de boutiques, restaurants, boîtes de nuit et cafés-terrasses.

■ Saint-Jovite

Restauration

♦♦ **Le Cheval de Jade**, 688, rue Ouimet ☎ (819) 425.52.33. Fine cuisine française dans un bistro très populaire et à l'ambiance décontractée.

♦♦ **Le Verre-bouteille**, 888, rue Ouimet ☎ (819) 425.87.76. L'endroit est joliment achalandé, et la cuisine de bistro soignée. Bonnes crêpes bretonnes.

■ Saint-Sauveur-des-Monts

Hébergement-restauration

▲▲▲▲ **Manoir Saint-Sauveur**, 246, chemin du Lac-Millette ☎ (450) 227.18.11 ou 1.800.361.05.05, fax (450) 227.85.12. *219 ch.* Ce complexe hôtelier propose des forfaits d'activités toutes saisons.

▲▲▲▲ **Le Relais Saint-Denis**, 61, rue Saint-Denis ☎ (450) 227.47.66 ou 1.888.997.47.66, fax (450) 227.85.04. *41 ch.* spacieuses décorées avec goût, dans un site paysager. Bonne table de cuisine française.

■ Val-David

Hébergement-restauration

▲▲▲ **La Sapinière**, 1244, chemin de la Sapinière ☎ (819) 322.20.20 ou 1.800.567.66.35, fax (819) 322.65.10. *70 ch.* Situé au bord de la rivière du Nord, ce bâtiment en rondins abrite une auberge réputée pour son confort. Table prestigieuse et grand choix de vins.

▲▲ **La Maison de Bavière**, 1472, chemin de la Rivière ☎ (819) 322.35.28, *5 ch.* et *1 chalet.* Gîte touristique (B & B) en bordure du parc linéaire du P'tit-Train-du-Nord avec terrasse sur la rivière, ch. ravissantes avec s.d.b. privées et un grand loft avec cheminée.

Auberge de jeunesse

Le Chalet Beaumont, 1451, rue Beaumont ☎ (819) 322.19.72.

Restauration

♦♦ **Au Petit Poucet**, 1030, rte 117 ☎ (819) 322.22.46. Dans un cadre rustique, cuisine traditionnelle québécoise (ragoût de porc, tourtière, fèves au lard, cretons, etc.).

La Lanaudière

Carte, p. 186.
Indicatif téléphonique : 450 sauf indication contraire.

❶ Office du tourisme et des congrès de la région de Joliette, 500, rue Dollard, Joliette ☎759.50.13 ou 1.800.363.17.75.

❶ Tourisme Lanaudière, association touristique régionale, 3645, rue Queen, Rawdon, J0K 1S0 ☎834.25.35 ou 1.800.363.27.88. www.tourisme-lanaudiere.qc.ca. Rés. d'hébergement ☎476.18.40 ou 1.800. 561.66.73.

Arrivée

EN BUS

De Montréal, Brandon Transport dessert Saint-Michel-des-Saints *via* Joliette ☎835.23.24. Les **Gaudreault** desservent Rawdon ☎759.35.54.

EN TRAIN

De Montréal, Via Rail dessert Joliette ☎1.800.361.53.90. www.viarail.ca.

EN VOITURE

De Montréal, on se rend à Joliette par l'A 40 E, sortie 122. **De Mont-Tremblant**, par l'A 15 S et la rte 158 E.

Loisirs et aventure

➤ **CANOË-CAMPING.** Avec hydravion : **Expéditions Nord-Québec**, Saint-Laurent ☎(514) 871.30.30.

➤ **PLAGES PUBLIQUES.** Lac Rawdon et lac Archambault à Saint-Donat.

➤ **QUAD, MOTOMARINE. Maximage Aventure**, Montréal ☎(514) 526. 28.69, fax (514) 526.72.52. Séjours et randonnées.

➤ **TRAÎNEAU À CHIENS. Randonnées Lanaudière enr.**, Sainte-Mélanie ☎889.17.84. **Voyages Nordest**, Sainte-Élisabeth ☎526.67.74 ou 1.800.361. 77.60. Forfait de 1 à 9 jours.

Produits du terroir

➤ **ALCOOL D'ÉRABLE. Ferme Valrémi**, 3271, petit rang Sainte-Catherine, Saint-Cuthbert ; **Friand-Érable Lanaudière**, 189, rang Guillaume, Saint-Jean-de-Matha ☎886.36.14.

Manifestations

➤ **FIN JANVIER**. Festival de sculptures sur glace à Saint-Côme.

➤ **AVRIL**. Festival annuel d'innovation théâtrale à L'Assomption.

➤ **FIN JUIN-DÉBUT AOÛT**. Festival international de musique classique à Joliette.

➤ **JUILLET**. Foire rurale de Berthierville. Festival mémoire et racines à Saint-Charles-Borromée : musiques, chants, danses traditionnels…

➤ **OCTOBRE**. Festival des couleurs à Saint-Côme, à Rawdon et à Saint-Donat. ❖

➤ **FROMAGE DE CHÈVRE. Les Trois Clochettes**, 840, Rivière-Sud, Saint-Roch-de-l'Achigan ☎588.50.80.

➤ **VIANDE ET LAINE D'AGNEAU. Le loup dans la Bergerie**, 2380, rang Saint-Pierre, Sainte-Élisabeth ☎759.46.43.

■ Berthierville

Hébergement

▲▲ **Days Inn Berthierville**, 760, rue Gadoury ☎836.16.21 ou 1.888.367. 68.53, fax 836.15.78. *61 ch.* spacieuses. Forfait d'activités de plein air en toutes saisons. Petit déjeuner seulement.

■ Joliette

Hébergement

▲▲ **Château Joliette**, 450, rue Saint-Thomas ☎752.25.25 ou 1.800.361. 05.72, fax 752.25.20. *88 ch.* Un établissement tout à fait confortable situé au bord de la rivière, aux premières loges de la patinoire et du site principal du Festival international de musique classique.

Restauration

♦♦♦ **La Chaumière**, 25, chemin du Golf, Saint-Charles-Borromée ☎ 753.41.24. La qualité des grillades sur charbon de bois est toujours irréprochable.

♦♦ **La Belle Excuse**, 524, rue Saint-Viateur ☎ 759.20.39. Cuisine de bistro, petite terrasse.

▮ Rawdon

Restauration

♦♦ **Le Tournesol**, 3217, 1re Av. ☎ 834.54.11, fax 834.64.26. *22 ch.* Cuisine familiale. À proximité de la station de ski Montcalm.

▮ Saint-Alphonse-Rodriguez

Hébergement-restauration

▲▲▲ **Auberge sur la Falaise**, 324, av. du Lac-Long S (env. 20 km O de Saint-Jean-de-Matha) ☎ 883.22.69 ou 1.888.325.24.73, fax 883.01.43. *26 ch.* Perché comme un nid d'aigle au-dessus d'un lac encaissé, un établissement tout confort proposant diverses activités et une bonne table.

▮ Saint-Donat

Hébergement-restauration

▲▲▲ **Manoir des Laurentides**, 290, rue Principale ☎ (819) 424.21.21 ou 1.800.567.67.17, fax (819) 424.26.21. *108 ch.* Un vaste établissement offrant une gamme complète d'activités toutes saisons.

▲▲ **Auberge La Cuillère à Pot**, 41, rte 329 ☎ (819) 424.22.52 ou 1.800.567.67.04, fax (819) 424.14.36. *30 ch.* Un établissement de style familial, idéal pour profiter du golf adjacent et faire de la motoneige.

▮ Saint-Jean-de-Matha

Hébergement-restauration

▲▲▲ **Station touristique La Montagne Coupée**, 1000, chemin de la Montagne-Coupée ☎ 886.38.91 ou 1.800.363.86.14, fax 886.54.01. *50 ch.* Jouissant d'une vue panoramique, une station touristique offrant un confort moderne et une multitude d'activités en toutes saisons. Table soignée.

Restauration

Le Dialogue, 872, chemin Pain-de-Sucre ☎ 886.55.19. Très bonne cuisine de bistro avec des produits du terroir, tels le sanglier et l'agneau.

▮ Saint-Michel-des-Saints

Hébergement-restauration

▲▲▲▲ **Auberge du Lac Taureau** ☎ 883.63.71 ou 1.877.822.26.23. *100 ch.* Un centre de villégiature huppé, dans l'environnement sauvage du lac (ou réservoir) Taureau. Activités en toutes saisons.

▲▲▲ **Auberge Matawinie**, lac à la Truite ☎ 883.63.71 ou 1.800.361.96.29, fax 833.60.61. *67 ch.* et *chalets.* Cette station de villégiature familiale haut de gamme séduira les amoureux de la nature sauvage et du confort moderne.

▲▲▲ **Domaine du Lac Toro**, 391, pl. des Cèdres ☎ 833.20.00, fax 833.20.10, *16 ch.* et *2 chalets.* Auberge sur les bords du réservoir Taureau. Atmosphère paisible et chaleureuse en pleine nature. Une des meilleures tables des environs.

▲▲ **Auberge Kanamouche**, 6739, chemin Brassard ☎ 833.66.62. *12 chalets* rustiques dans une ancienne pourvoirie autour d'un petit lac. Cuisine française soignée servie au chalet central, convivial et pittoresque.

La vallée de la Mauricie

Carte, p. 186.
Indicatif téléphonique : 819 sauf indication contraire.

❶ **Tourisme Mauricie**, 777, 4e Rue, Shawinigan G9N 1H1 ☎ 536.33.34 ou 1.800.567.76.03, fax 536.33.73. www.icimauricie.com.

Arrivée

EN BUS

Orléans Express dessert Trois-Rivières, Cap-de-la-Madeleine, Shawinigan et La Tuque. Rens. à Montréal ☎ (514) 842.22.81 et à Québec ☎ (418) 525.30.00.

EN TRAIN

De Montréal, Via Rail ☎ 1.800.361.53.90. www.viarail.ca. La compagnie dessert Shawinigan, Grand-Mère et Saint-Tite et poursuit vers le Saguenay–Lac-Saint-Jean et l'Abitibi.

EN VOITURE

De Montréal ou de Québec, par la rte du littoral 138 ou l'A 40. De Trois-Rivières, l'A 55 puis la rte 155 remontent du S au N vers La Tuque.

Excursions nautiques

DE SHAWINIGAN : Croisière en Fête ☎ 533.59.00. DE TROIS-RIVIÈRES : Croisières M/S Jacques-Cartier, 1515, rue du Fleuve ☎ 375.30.00 ou 1.800.567.37.37. Excursions sur le Saint-Maurice et le fleuve. DE LOUISEVILLE, POINTE-DU-LAC ET TROIS-RIVIÈRES : Domaine du Lac Saint-Pierre. Excursions vers les îles de Sorel ☎ 228.88.19. DE GRANDES-PILES : Croisières des Piles ☎ 1.877.213.12.34.

Tourisme autochtone

Société touristique Innu ☎ (418) 843.50.30, fax (418) 843.71.64. Rens. touristiques. Village Innusit, Lac-Édouard ☎ 653.20.04, séjours du 15 mai au 15 octobre. Ce camp est géré par des allochtones.

Produits du terroir

➤ TRUITES FUMÉES. Les Fumés des Monts, 220, av. du Lac, Saint-Alexis-des-Monts ☎ 265.20.61.

➤ VIANDE DE BISON. Ferme la Bisonnière, 490, rang Sainte-Élisabeth, Saint-Prosper.

Hôtelleries sportives et pourvoiries

Auberge du Lac à l'Eau Claire, CP 635, Saint-Alexis-des-Monts ☎ 265.31.85, fax 265.31.87. À 50 mn de

Manifestations

➤ **JANVIER. Carnaval des petits poissons des chenaux** à Sainte-Anne-de-la-Pérade.

➤ **FIN JUIN. International de l'art vocal** à Trois-Rivières.

➤ **FIN JUILLET. Grand prix Player's** à Trois-Rivières. Important événement de course automobile. **Festival international du théâtre de rue** à Shawinigan. **Festival des amuseurs publics** et **Neuvaine de l'Assomption** à Cap-de-la-Madeleine.

➤ **DÉBUT SEPTEMBRE. Classique internationale de canots** de la Mauricie et **Festival western** de Saint-Tite. Le plus important rodéo au N-E du continent au cours duquel le village de 4000 habitants accueille 400 000 visiteurs.

➤ **DÉBUT OCTOBRE. Festival international de la poésie** à Trois-Rivières. **Festival de la galette de sarrasin** de Louiseville. ❖

Trois-Rivières. Une auberge et *25 chalets* bien aménagés dans un domaine environné de 12 lacs, pourvoirie haut de gamme. Pêche, tennis, golf, randonnée, chasse au faisan, motoneige.

Domaine du Lac Jackson, 4000, chemin Saint-François, Saint-Mathieu-du-Parc ☎ et fax 532.33.77. À proximité du parc national de la Mauricie, une auberge et *6 chalets à 2 ch.* dans un vaste domaine où l'on peut pratiquer des activités de plein air en toutes saisons. En pleine forêt et sur le bord de l'eau, le cadre est superbe.

Hôtel Sacacomie, 4000, chemin Sacacomie, Saint-Alexis-des-Monts ☎ 265.44.44 ou 1.888.265.44.14, fax 265.44.45. www.sacacomie.com. *62 ch.* Bel établissement de luxe au style rustique, au bord d'un lac. Activités toutes saisons. Prisé par la clientèle européenne.

Seigneurie du Triton, lac Édouard, rens. en saison ☎ et fax 653.25.09 ou 1595, rue de l'Islet, Québec ☎ (418) 648.05.57, fax (418) 624.07.72. Cette pourvoirie huppée est un établissement centenaire qu'ont fréquenté Theodore Roosevelt, Rockefeller, Harry Truman.

■ Grand-Mère

Hébergement-restauration

▲▲ **Auberge Santé du Lac des Neiges**, 100, chemin Lac-des-Neiges, Grand-Mère (env. 10 km N de Shawinigan) ☎ 533.45.18 ou 1.800.757.45.19, fax 533.47.27. *10 ch.* non-fumeurs. Sur une presqu'île, un centre de loisirs et de santé. Activités de plein air en toutes saisons.

▲▲ **Le Florès**, 4291, 50ᵉ Av. ☎ 538.93.40 ou 1.800.538.93.40, fax 538.18.84. *24 ch.* Une auberge accueillante. Bonne table. Centre de balnéothérapie.

Restauration

♦ **Crêperie de Flore**, 3580, 50ᵉ Av. ☎ 533.20.20. Ambiance décontractée, crêpes et grillades.

■ Grandes-Piles

Hébergement-restauration

▲▲ **Le Bôme**, 720, 2ᵉ Av. ☎ 538.28.05 ou 1.800.538.28.05, fax 539.58.79. *10 ch.* assez petites mais chaleureuses et décorées avec goût dans une charmante auberge. Cuisine intéressante où le gibier a une place de choix.

Restauration

♦ **Cookerie du Bûcheron**, 780, 5ᵉ Av. ☎ 538.78.95. Située dans le village du Bûcheron, cette cantine sert des plats de cuisine de chantier traditionnelle: tourtière, soupe au pois, fèves au lard, tarte au sucre. L'ensemble est plutôt roboratif, mais c'est l'occasion de connaître ces plats typiques du terroir québécois. *Ouv. de mi-mai à mi-oct.*

■ Saint-Paulin

Hébergement

▲ **Aux Berges du Lac Castor**, 3800, rang des Allumettes, Saint-Paulin (env. 60 km N-O de Trois-Rivières) ☎ 268.33.93. www.pierre-angulaire. qc.ca. *9 ch* en auberge. Vous pourrez aussi loger dans des huttes rustiques, des chalets de groupe et un camping au bord du lac. Confort rustique, installations sanitaires minimales. Accueil sympathique et sans prétention. Sentiers pédestres, canoës, spectacles certains soirs.

Hébergement-restauration

▲▲▲▲ **Le Baluchon**, 3550, chemin des Trembles ☎ 268.25.55 ou 1.800.789. 59.68, fax 268.52.34. *60 ch.* Ce centre de villégiature et de remise en forme, primé pour sa cuisine de santé et sa gastronomie régionale, comporte des auberges et un relais champêtre. Adjacent au site de la Seigneurie de la Nouvelle France *(p. 194)*.

▲▲ **Auberge Saint-Mathieu-du-Lac**, 2081, chemin Principal, Saint-Mathieu-du-Lac ☎ et fax 532.33.97. *10 ch.* Charme rustique ; auberge avec vue sur le lac. Cuisine de terroir. Canoë et kayak.

■ Trois-Rivières

Hébergement-restauration

▲▲▲▲ **Delta Trois-Rivières**, 1620, rue Notre-Dame ☎ 376.19.91 ou 1.800.387. 12.65, fax 372.59.75. *159 ch.* Un grand confort et toutes les commodités qu'offre un hôtel de cette catégorie.

▲▲▲▲ **Hôtel Gouverneur**, 975, rue Hart ☎ 379.45.50 ou 1.888.910.11.11, fax 379.39.41. *128 ch.* agréables, en formule économique ou standard.

▲▲▲ **Hôtel du Roy**, 3600, bd Royal ☎ 379.32.32 ou 1.800.528.12.34, fax 379.80.45. *102 ch.* Hôtel confortable.

Auberge de jeunesse

La Flotille, 497, rue Radisson ☎ 378. 80.10. Dortoir et chambres privatives.

Restauration

♦♦ **Chez Claude** (Le Castel des Prés), 5800, bd Royal, Trois-Rivières O ☎ 375.49.21. La meilleure table des environs de Trois-Rivières. Cuisine française et régionale.

♦♦ **Gaspard**, 475, rue des Forges ☎ 691.06.80. Spécialités de grillades sur charbon de bois.

♦♦ **Resto-Bar l'Étiquette** (Le Castel des Prés), 5800, bd Royal ☎ 375.49.21. Carte de bistro, bon choix de vins au verre, terrasse.

Cabane à Sucre chez Dany, 195, chemin de la Sablière, Pointe-du-Lac ☎ 370.47.69. Dans une atmosphère chaleureuse, des repas traditionnels à base de sirop d'érable. *Ouv. toute l'année.*

Le tour du lac Saint-Jean

Carte, p. 202.

Indicatif téléphonique : 418 sauf indication contraire.

❶ **Fédération touristique Saguenay-Lac-Saint-Jean**, 198, rue Racine E, bureau 210, Chicoutimi G7H 1R9 ☎ 543.97.78 ou 1.800.463.96.51, fax 543.18.05. www.tourismesaguenaylac saintjean.qc.ca.

Arrivée

EN AVION

Air Alma ☎ 1.800.463.96.60 relie Montréal et Alma.

EN BUS

Par Intercar, de Montréal ☎ (514) 842.22.81 et **de Québec** ☎ 525.30.00.

EN TRAIN

➤ **De Montréal, Via Rail** ☎ 1.800. 361.53.90. www.viarail.ca. Dessert Lac-Bouchette, Chambord et Hébertville *via* la Mauricie, puis poursuit jusqu'à Jonquière.

EN VOITURE

➤ **DE LA MAURICIE**. On atteint Lac-Bouchette au lac Saint-Jean par la rte 155 N. En poursuivant sur cette route, on rejoint la rte 169 qui fait le tour du lac.

➤ **DE MONTRÉAL**. Par l'A 40 E jusqu'à Trois-Rivières, puis la 155 N.

➤ **DE QUÉBEC**. Par la rte 175 N jusqu'à la rte 169 dans le parc des Laurentides, laquelle conduit à Hébertville.

Sports et loisirs

➤ **CANOË-CAMPING, KAYAK, RAFTING**. **Cascade Aventure**, Falardeau ☎ 673. 49.49 ou 1.800.420.22.02. **Réserve faunique Ashuapmushuan**, La Doré ☎ 256.38.06. Egalement possibilité de faire du vélo de montagne.

➤ **EXCURSIONS NAUTIQUES**. **Croisières Ashuapmushuan** ☎ 251.90.40 ou 1.877.251.90.40. Excursions en bateau-mouche sur un affluent du lac, départ de Saint-Félicien. **La Tournée** ☎ 668.30.16 ou 1.888.289.30.16. Départ d'Alma, complexe Dam-en-Terre. **Les Voiles du Lac Saint-Jean** ☎ 275.52.08. En voilier, de 2 à 9 pers., départ de Roberval.

➤ **RAFTING**. **H2O Aventure Boréale**, Montréal ☎ (514) 271.12.30, fax (514) 271.31.53. Forfaits de canoë-camping sur la rivière Ashuapmushuan, avec inclus les visites de Québec et de Tadoussac, et le transport depuis l'aéroport de Mirabel. **Expédition**, 125, rue Hébert, Desbiens ☎ 346.72.38 ou 1.800.789.47.65.

Manifestations

➤ **DÉBUT JUILLET. Festirame d'Alma**. Compétitions de chaloupe et concerts populaires.

➤ **MI-JUILLET. Les 10 jours western** à Dolbeau-Mistassini. Rodéos, compétitions équestres, chansons...

➤ **FIN JUILLET. Traversée internationale du lac Saint-Jean** à Roberval.

➤ **DÉBUT AOÛT. Festival du bleuet** à Dolbeau-Mistassini. ❖

Séjours chez les Montagnais

Au village de Mashteuiatsh, été comme hiver, Aventure Mikuan II accueille les petits groupes qui souhaitent se familiariser avec le mode de vie ancestral amérindien. On dort sur un lit de « sapinage » (branches de sapin) dans une tente de prospecteur chauffée par un poêle à bois. Des mets montagnais sont servis lors du *mukushan* (« repas ») : soupe au doré (poisson), ragoût ou grillade de castor avec bannique (pain traditionnel) et tisane d'épinette. Des aînés viennent raconter leurs légendes et leurs expériences. Le site est établi loin en forêt, dans le secteur de la réserve faunique Ashuapmushuan où les Montagnais gardent leurs territoires ancestraux de chasse et de pêche. L'aventure est particulièrement dépaysante, et les guides sont des plus attentionnés. On peut y faire des séjours de un à plusieurs jours, avec hébergement sous la tente, initiation au canoë, découverte de la faune et de la flore, activités de survie en forêt et boucanage (fumage) du poisson ; en hiver, raquette et motoneige.

➤ **Au pays de l'Ashuapmushuan**, 1671, rue Ouiatchouan, Mashteuiatsh ☎ (418) 275.24.73 ou (418) 275.72.00, fax 275.62.12.

➤ **Aventure Mikuan II**, 1562, rue Ouiatchouane, Mashteuiatsh ☎ (418) 275.29.49 ou 679.60.87 poste 33, fax 275.66.91. ❖

Glossaire montagnais

Ehe : oui
Mauat : non
Kuei : bonjour
Tan eshpelin : comment vas-tu ?
Ni minepinin : je vais bien
Tshe neshkumitin : je te remercie
Tshe neshtukushemen a ? : parles-tu français ?
Tan eshinkashin ? : comment t'appelles-tu ? ❖

Produits du terroir jeannois

➤ **Bleuet « coopératif »**. Bleuetière Coopérative, 4005, rang 4, Labrecque ☎ 481.20.12.

➤ **Cheddar**. Ferme des Chutes, 2350, Saint-Eusèbe, Saint-Félicien ☎ 679.56.09.

➤ **Framboise biologique**. Soleil Rouge, 41, rang Sainte-Anne, Métabetchouan ☎ 349.36.77.

➤ **Venaison**. La Cité du Chevreuil, 5644, rue Principale, Saint-Augustin ☎ 374.28.73.

Auberge de jeunesse

Île du Repos, 105, rte Île-du-Repos, Sainte-Monique ☎ 347.56.49 ou 1.800.461.85.85. Près de Pointe-à-Taillon. En été, excellents spectacles de musique populaire québécoise.

■ Alma

Hébergement-restauration

▲▲▲ **Hôtel-motel Universel**, 1000, bd des Cascades ☎ 668.52.61 ou 1.800.263.52.61, fax 668.91.61. *75 ch.* Confortable. Activités toutes saisons.

▲▲ **Complexe Touristique Dam-en-Terre**, 1385, chemin de la Marina ☎ 668.30.16 ou 1.888.289.30.16, fax 668.45.99. *19 ch.* Une gamme complète d'activités sur place. Idéal pour la famille.

▲ **Auberge des Oliviers**, 600, bd des Cascades ☎ 662.32.36 ou 662.32.79. *8 ch.* modestes. Petit établissement

À Mashteuitash, au bord du lac, s'élèvent quatre tipis en béton. La symbolique de ce chiffre joue un rôle important dans la culture amérindienne, en raison des saisons, des éléments et des points cardinaux qui sont au nombre de quatre.

sympathique qui propose une cuisine de santé sur le thème « tour du monde ».

▲ **Gîte aux Pignons Verts,** 925, rang 9, Saint-Ambroise ☎ 672.21.72, fax 672.66.22. pignonsverts@sympatico. ca. *3 ch.* Sympathique B & B. Les petits déjeuners sont champêtres et, pour le repas du soir, on sert une cuisine typiquement régionale.

Dolbeau-Mistassini

Hébergement-restauration

▲▲ **Gîte Jardin des Quatre Saisons,** 2562, bd Walberg, Dolbeau-Mistassini (env. 25 km de Péribonka) ☎ 276. 55.61. *4 ch.* et *1 pavillon familial.* Ch. confortables et bien décorées, avec s.d.b. commune. Jardin et sentier au bord de l'eau. Petit déjeuner soigné.

Métabetchouan

Hébergement

▲ **Auberge Maison Lamy,** 56, rue Saint-André ☎ 349.36.86 ou 1.888. 565.36.86. *6 ch.* meublées à l'ancienne, au cœur du village et à proximité de la plage. Généreux buffet matinal, accueil chaleureux.

Péribonka

Hébergement-restauration

▲ **La Volière,** 200, 4e Av. ☎ 374.23.60. Au cœur du village, cette maison de campagne, avec ses poutres apparentes, ne manque vraiment pas de charme. On vous y sert de savoureuses spécialités locales et régionales (comme une tourtière et une soupe aux gourganes).

Roberval

Hébergement-restauration

▲▲▲ **Château Roberval,** 1225, bd Saint-Dominique ☎ 275.75.11 ou 1.800.661.76.11, fax 275.68.53. *124 ch.* Hôtel confortable. Cuisine régionale.

Saint-Gédéon

Hébergement-restauration

▲▲ **Auberge des Îles ♥,** 250, rang des Îles, Saint-Gédéon (env. 10 km N de Métabetchouan) ☎ 345.25.89 ou 1.800.680.25.89, fax 345.26.83. *25 ch.* Cet établissement hôtelier est aussi un centre nautique. Bonne table de produits régionaux.

Le fjord du Saguenay

Carte, p. 202.

Indicatif téléphonique : 418 sauf indication contraire.

ⓘ **Fédération touristique Saguenay–Lac-Saint-Jean**, 198, rue Racine E, bureau 210, Chicoutimi G7H 1R9 ☎ 543.97.78 ou 1.800.463.96.51, fax 543.18.05. www.tourismesaguenaylac saintjean.qc.ca.

Arrivée

EN AVION

Air Nova et **Air Alma** relient Montréal et Québec à l'aéroport de Bagotville, près de La Baie : 7000, chemin de l'Aéroport, La Baie ☎ 677.26.51.

EN BUS

Intercar, de Montréal ☎ (514) 842. 22.81 et de Québec ☎ 525.30.00, dessert le Saguenay, *via* la réserve faunique des Laurentides.

EN TRAIN

De Montréal, Via Rail ☎ 1.800.361. 53.90. www.viarail.ca. Dessert Jonquière, *via* la Mauricie et le lac Saint-Jean. Trajet panoramique.

EN VOITURE

➤ **PAR LA RÉGION DU LAC SAINT-JEAN.** La rte 169 rejoint à Saint-Bruno la rte 170 qui conduit à Jonquière.

➤ **DE MONTRÉAL.** Suivre l'A 40 E ou l'A 20 E jusqu'à Québec d'où la rte 175 N conduit à Chicoutimi en traversant la réserve faunique des Laurentides. Autre choix : passer par la région de **Charlevoix** en empruntant la rte 381 N qui, depuis Baie-Saint-Paul, offre de superbes panoramas.

Sports et loisirs

➤ **CANOË-CAMPING, KAYAK, RAFTING.** **Cépal** *(p. 224)* propose un hébergement à Jonquière. **Fjord en Kayak**, L'Anse-Saint-Jean ☎ 272.30.24. **Guide Aventure**, Chicoutimi ☎ 549.75.12. www.guideaventure.com. **Québec Hors-Circuits**, Saint-Fulgence ☎ 674. 10.44 ou 1.800.441.48.31. www.

Manifestations

➤ **MI-FÉVRIER. Jonquière en neige** : sculpture sur glace. **Carnaval-souvenir** à Chicoutimi.

➤ **FIN JUIN À MI-AOÛT. Festival Jonquière en musique**.

➤ **DÉBUT JUILLET. Semaine mondiale de la marionnette** à Jonquière (années paires).

➤ **MI-NOVEMBRE À MI-JANVIER.** Expositions de **crèches de Noël** à Rivière-Éternité. ❖

---

quebec-hors-circuit.com. Tous deux offrent écotourisme, randonnée pédestre, vélo de montagne, ski de fond, etc. (1 à 10 j.).

➤ **EXCURSIONS NAUTIQUES COMMENTÉES ET OBSERVATION DES BALEINES.** **Croisières de La Baie** ☎ 697.76.30 ou 1.800.363.72.48. Autour de La Baie, installations industrielles et site de la Nouvelle-France. **Croisières du Cap Trinité** ☎ 272.23.51. Excursion de 1 h sur le fjord, départ de Rivière-Éternité. **Bateaux-taxis** : Croisière Personnalisée **Saguenay** ☎ 272.27.39 et **Explo-fjord**, Rivière-Éternité ☎ 272. 27.16. **La Marjolaine** ☎ 543.76.30 ou 1.800.363.72.48. Départ de Chicoutimi et de Sainte-Rose-du-Nord. **Navettes Maritimes** ☎ 545.37.37. Avec animation naturaliste, départ de Chicoutimi et de L'Anse-Saint-Jean.

➤ **PÊCHE BLANCHE.** Les **Gîtes du Fjord**, L'Anse-Saint-Jean ☎ 274.34.30. **Pêche Blanche du Fjord**, La Baie ☎ 544.41.82. **Société de Développement Touristique**, Rivière-Éternité ☎ 272.30.08.

Produits du terroir

➤ **BIÈRE. Les Brasseurs de l'Anse**, 182, rte 170, L'Anse-Saint-Jean ☎ 272.32.34.

➤ **FROMAGE DE CHÈVRE. La Petite Heidi**, 504, bd Tadoussac, Sainte-Rose-du-Nord ☎ 675.25.37.

■ L'Anse-Saint-Jean

Hébergement-restauration

▲ **Auberge des Cévennes**, 294, rue Saint-Jean-Baptiste ☎ 272.31.80 ou 1.877.272.31.80, fax 272.11.31. *8 ch.* Un petit établissement familial réputé pour sa table, qui met à l'honneur poissons, fruits de mer et gibiers.

▲ **Les Gîtes du Fjord**, 344, rue Saint-Jean-Baptiste ☎ 272.34.30 ou 1.800. 561.80.60. *32 ch.* Hôtel confortable, un peu impersonnel. Vue imprenable sur le fjord.

Restauration

♦♦ **Le Maringouinfre**, 212, rue Saint-Jean-Baptiste ☎ 272.23.85 ou 1.877. 272.23.85. Bonne table de cuisine régionale, fruits de mer et gibiers. Sans prétention et sympathique.

■ Chicoutimi

Hébergement-restauration

▲▲ **Hôtel Chicoutimi**, 460, rue Racine E ☎ 549.71.11 ou 1.800.463.79.30, fax 549.09.38. *88 ch.* Au cœur du centre. Endroit bien tenu. Table soignée.

▲▲ **La Saguenéenne**, 250, bd des Saguenéens ☎ 545.83.26 ou 1.800. 461.83.90, fax 545.65.77. *118 ch.* Bon rapport qualité-prix. Très bonne restauration, cabaret spectacle.

▲ **Hôtel du Fjord**, 241, rue Morin ☎ 543.15.38 ou 1.888.543.15.38, fax 543.82.53. *24 ch.* En plein centre, ch. confortables avec balcon (dont certains avec vue sur le Vieux-Port). Petit déjeuner inclus.

Restauration

♦♦♦♦ **Le Privilège** ♥, 1623, bd Saint-Jean-Baptiste ☎ 698.62.62. Table gastronomique offrant une créative cuisine du marché. Poisson frais et gibier.

♦♦ **La Bougresse**, 260, rue Riverin ☎ 543.31.78. Cuisine française et régionale, salon-bar.

♦ **La Cuisine**, 387 A, rue Racine E ☎ 698.28.22. Cuisine de bistro et plats de gibier, dans un décor maraîcher et une ambiance animée.

■ Jonquière

Hébergement-restauration

▲▲ **Holiday Inn Saguenay**, 2675, bd du Royaume ☎ 548.31.24 ou 1.800. 363.31.24, fax 548.16.38. *156 ch.* Standards de la chaîne. Table réputée.

▲▲ **Hôtellerie Cépal Aventure**, 3350, rue Saint-Dominique ☎ 547.57.28 ou 1.800.361.57.28, fax 547.48.82. *67 ch.* Aux abords de la rivière aux Sables. Une gamme complète d'activités en toutes saisons.

Restauration

♦♦♦ **Amato**, 4356, bd du Royaume ☎ 542.54.79. Excellente table de fine cuisine italienne, tenue par un chef-propriétaire italien.

♦♦♦ **Auberge Villa Pachon**, 1904, rue Perron ☎ 524.35.68. Cuisine gastronomique de Cargasonne avec plats québécois, dans l'élégante villa des Price.

♦♦ **L'Amandier**, 5219, chemin Saint-André ☎ 542.53.95. Intéressante cuisine d'inspiration régionale, décor champêtre.

■ La Baie

Hébergement-restauration

▲▲▲ **Auberge des 21**, 621, rue Mars ☎ 697.21.21 ou 1.800.363.72.98, fax 544.33.60. *32 ch.* avec cheminée. L'un des meilleurs établissements hôteliers du Saguenay. Balnéothérapie, moto-neige, croisière, pêche blanche. Prestigieuse table de cuisine régionale.

▲▲▲ **Auberge des Battures**, 6295, bd de la Grande-Baie S ☎ 544.82.34 ou 1.800.668.82.34, fax 544.43.51. *17 ch.* confortables. Certaines, comme la salle à manger, offrent une belle vue sur la baie. Le chef lyonnais apprête très finement les produits du terroir.

▲▲ **La Maison de la Rivière**, 9122, chemin des Battures ☎ et fax 544.29.12 ou 1.800.363.20.78. À 10 km du centre-ville. *14 ch.* avec baignoire à remous ou avec vue sur la baie. Le chef a créé une cuisine inventive s'inspirant de la cuisine autochtone et des ressources régionales. *En saison.*

Pêche blanche sur le fjord

Le Saguenay se prête à la pêche blanche et, de la fin décembre à la mi-mars, on peut y pêcher une cinquantaine d'espèces de poissons.

Chaque année, sur la rivière Saguenay, naissent des petits villages de pêcheurs. Des cabanes munies de patins et d'un poêle sont déménagées de la rive jusqu'à la rivière. Sur le plancher, un espace est laissé béant afin de forer des trous dans la glace : on y descend un fil à pêche appâté pour attirer l'éperlan, le sébaste et le flétan. La marée peut atteindre 4 à 6 m, soulevant et abaissant la couche de glace sur laquelle sont érigées les cabanes. Aussi, faut-il adapter ses allers et venues à son rythme. À la mi-mars, des brise-glace pénètrent dans le fjord pour tailler la voie de navigation commerciale, sonnant la fin de la pêche blanche. ❖

Restauration

♦♦ **Café-bistro Victoria**, 907, rue Mars ☎ 544.84.17. Bonne cuisine. Bières de fabrication artisanale.

■ Laterrière

Hébergement-restauration

▲▲ **Le Domaine du Chalet Dubuc**, 4075, Portage-des-Roches, Laterrière (env. 15 km S de Chicoutimi) ☎ 678. 30.00. *4 ch* spacieuses et confortables. Au lac Kénogami, l'établissement fut la dernière résidence de l'industriel Dubuc. Sur un domaine boisé de 75 ha doté d'un sentier pédestre de 5 km !

■ Petit-Saguenay

Hébergement-restauration

▲▲ **Auberge du Jardin**, 71, bd Dumas ☎ 272.34.44 ou 1.888.272.34.44,

fax 272.31.74. *12 ch.* Le décor est soigné, l'accueil avenant. Cuisine créative et raffinée.

■ Saint-Fulgence

Hébergement-restauration

▲ **Gîte La Maraîchère du Saguenay**, 97, bd Tadoussac ☎ 674.22.47, fax 674.10.55. *4 unités.* Dans une ancienne ferme maraîchère, des ch. sympathiques meublées de bric et de broc. Bonne table champêtre.

■ Sainte-Rose-du-Nord

Hébergement-restauration

▲▲ **Pourvoirie du Cap-au-Leste**, chemin du Cap à l'est km 88, rte 172 ☎ 675.20.00, fax 675.12.32. Chalets de bois équarri, très confortables. Cuisine régionale québécoise. ■

QUÉBEC ET SES ENVIRONS

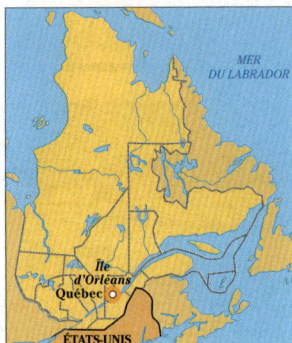

On ne connaît pas le Québec si l'on n'a pas visité sa capitale. De séculaires remparts sertissent l'arrondissement historique de cette ville fortifiée, que l'Unesco a consacrée joyau du Patrimoine mondial. Par son architecture et son art de vivre, c'est un morceau de France en Amérique, qui surplombe sereinement les eaux du Saint-Laurent.

Québec est une ville ravissante, avec ses rues pavées et sinueuses, bordées de maisons en pierre à hautes façades, volets en bois et toits pentus à mansardes. Juchée sur le cap Diamant, elle vit en lien étroit avec le Saint-Laurent. C'est à partir de Québec que le fleuve, au cours resserré depuis les Grands Lacs, s'élargit doucement avant de rejoindre l'océan (le mot *kébec*, en langue algonquine, signifie «là où les eaux se resserrent»). Au sommet du cap se dresse la Citadelle, toujours occupée par l'armée: elle rappelle que, dès sa naissance en 1608, Québec fut une place forte.

Québec abonde en petits restaurants, bistros, boutiques et en beaux espaces verts, comme ceux du bord du fleuve – ces historiques «plaines d'Abraham» qui dominent le Saint-Laurent, et où les troupes françaises de Montcalm furent défaites le 13 septembre 1759 par les soldats anglais de Wolfe. En toutes saisons, les gens aiment se retrouver au parc Montmorency, suspendu au-dessus de la Basse-Ville, puis se mêler

S'orienter

Sur le cap Diamant se dresse l'impressionnant château Frontenac, un hôtel de prestige conçu par l'architecte Bruce Price.

Quand on vient de l'ouest, le boulevard Laurier est la grande voie d'accès. Il devient chemin Saint-Louis, puis prend le nom de Grande Allée **II-A3** jusqu'aux remparts. Au-delà, le promeneur se retrouve rue Saint-Louis **II-BC3**, axe de la **Haute-Ville*** *(p. 233)*, entourée de fortifications. La **Basse-Ville*** *(p. 228)*, au bord de l'eau, est reliée à la Haute-Ville par des « côtes » sinueuses et des escaliers abrupts. Au nord de cet ensemble coule la rivière Saint-Charles et s'étalent les banlieues de Vanier et de Charlesbourg. À l'ouest, après le parc des Champs-de-Bataille, viennent celles de Sillery et de Sainte-Foy. ❖

à l'animation de la côte de la Fabrique, des rues Saint-Jean et Saint-Louis. Au pas de leur cheval, les calèches conduisent des touristes souvent américains, étonnés de découvrir sur leur continent une ville si différente, empreinte du *French taste*.

Québec est aussi une ville moderne qui s'étend au-delà de ses murs d'enceinte. La cité parlementaire et l'université Laval, autour de laquelle se développe la vie intellectuelle, en font un bouillant carrefour d'idées. Cœur de la présence francophone en Amérique du Nord, Québec constitue un foyer culturel dont la vitalité ne cesse de s'affirmer avec les années.

➤ *Plan I* : *plan d'ensemble, p. 228.*
Plan II : *Vieux-Québec, p. 230.*
Bonnes adresses, p. 252.

La Basse-Ville***

➤ *Départ: à la gare inférieure du funiculaire, rue du Petit-Champlain* **II-C3**. *En voiture: rejoindre cette rue par le bd Champlain* **II-C3**, *ou les rues Saint-Paul* **II-C1** *et Dalhousie* **II-C2**. *Centre d'information sur la Basse-Ville (p. 252). Compter une journée de visite.*

Il est juste que la visite du Québec historique débute dans ce quartier où tout a commencé, à la fois pour la ville de Québec, la Nouvelle-France et le Canada tout entier. En une demi-journée, on peut parcourir ses rues étroites entre le fleuve et la falaise, mais, pour visiter le musée de la Civilisation, mieux vaut consacrer une journée entière à la Basse-Ville.

Autour de la place Royale***

Niché entre le fleuve et le cap Diamant, ce quartier a été restauré avec soin. Ses belles maisons et ses étroites rues piétonnes, pavées de vieilles pierres, témoignent de trois siècles d'histoire. On y retrouve le charme des anciennes villes de l'ouest de la France.

➤ ♥ Le quartier Petit-Champlain** **II-C2-3**. Ses rues très animées possèdent de nombreuses boutiques et des restaurants. La **rue du Petit-Champlain** est l'une des plus anciennes artères de toute l'Amérique du Nord. Au **n° 16**, sa plus vieille maison fut celle de l'explorateur Louis Jolliet, qui a découvert le Mississippi avec le jésuite Marquette en 1673. Elle a été reconstruite en 1683 après un incendie qui détruisit 55 des 85 maisons de la Basse-Ville. Aujourd'hui cette maison abrite la gare inférieure du **funiculaire**, situé près du pittoresque **escalier**

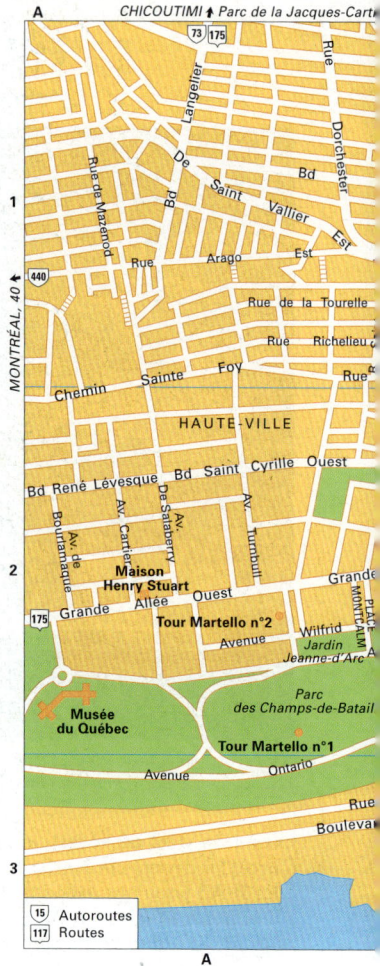

QUÉBEC I: PLAN D'ENSEMBLE

Casse-Cou: tous deux relient la Basse-Ville et la Haute-Ville. À l'angle du boulevard Champlain et de la rue du Marché-Champlain, on visite la **maison Chevalier*** *(60, rue du Marché-Champlain ☎ (418) 643.21.58; ouv. t.l.j. en été de 10h à 17h 30, en hiver le w.-e. seulement; entrée libre)*, succursale du musée de la Civilisation, qui reconstitue le mode d'habitation des anciens Canadiens aux XVIIe et XVIIIe s.

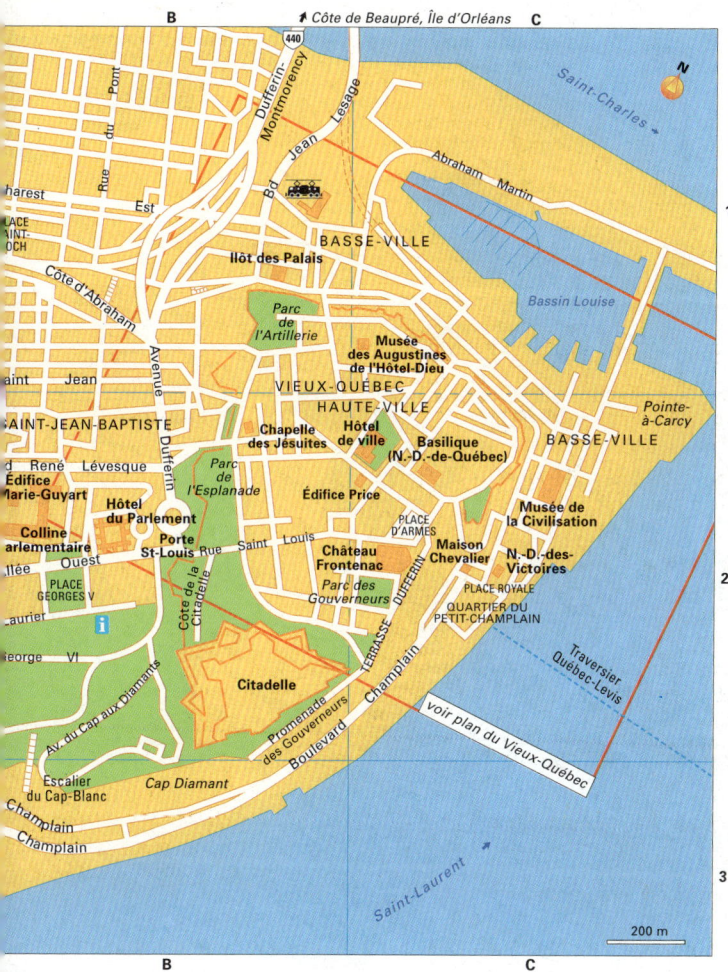

➤ **LA PLACE ROYALE***** **II-C2**. Ici naquirent Québec, la province du même nom et tout le Canada: sur le pavé à l'ancienne, en face de l'église, des dalles de granite dessinent les limites du fortin construit en 1624 par Champlain, sur les fondations de sa première habitation en bois, élevée lors de son arrivée en 1608.

Au centre de la place, le **buste de Louis XIV** rappelle qu'en 1663 le jeune roi décida que le Canada, jusque-là administré par le clergé et les marchands, deviendrait une province de France comme les autres, dirigée par un gouverneur secondé par un intendant général.

Les **maisons** de la place sont harmonieusement restaurées dans le style du XVIIIe s., avec leurs hauts murs en pierre et leurs vastes toits à lucarnes saillantes. Des plaques indiquent le nom du premier propriétaire et la date de construction.

QUÉBEC II : VIEUX-QUÉBEC

L'**église Notre-Dame-des-Victoires***** est la plus vieille église en pierre d'Amérique du Nord (1688). Son nom rappelle l'échec de deux tentatives d'invasion anglaises, en 1690 et en 1711 *(encadré, p. 277).* À l'intérieur, contemplez le maître-autel en bois doré et un navire ex-voto de 1665. Rejoignez la **rue Dalhousie**, qui borde le Saint-Laurent.

➤ **LA PLACE DE PARIS* II-CD2**. En allant vers le fleuve, rue Dalhousie, vous trouvez la **Batterie royale***. L'ouvrage, bâti à la fin du XVIIe s. pour protéger le port, jouxte cette place où s'élève un

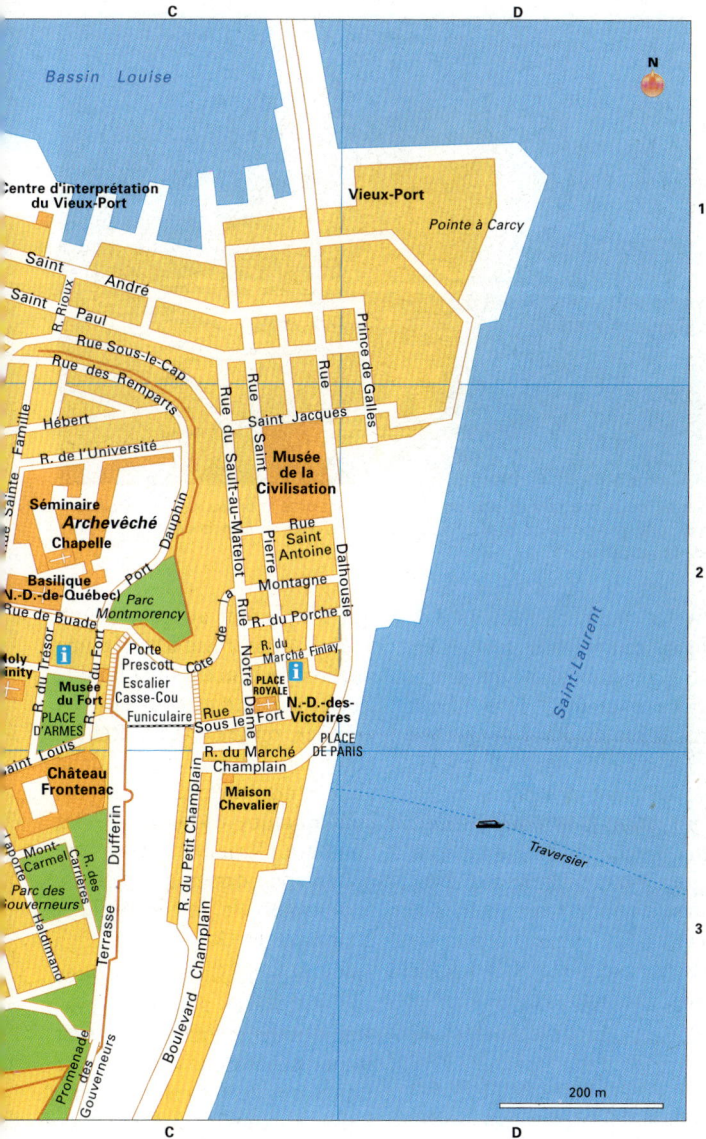

édicule controversé, don de la capitale française : une sculpture contemporaine de Jean-Pierre Raynaud (1987) représentant l'émergence d'une forme humaine. Au sud s'étend le quai d'embarquement des traversiers et des navires d'excursions *(p. 253)*.

Autour du Vieux-Port**

II-BCD1-2 Depuis l'époque industrielle, cette partie du port de Québec qui jouxtait la ville basse historique était encombrée de hangars vétustes et d'usines. Rénové, ce vaste espace est maintenant ouvert sur le front du

Le bassin Louise accueille un port de plaisance qui borde la Basse-Ville de Québec. À proximité, le marché du Vieux-Port regroupe les étals de fermiers proposant leurs produits maraîchers.

fleuve et couvre 33 hectares. Les hangars ont été transformés en centre commercial et sont pourvus de restaurants. L'École navale abrite le **musée naval de Québec** *(170, rue Dalhousie* **II-C2** ☎ *(418) 694.53.87; ouv. du mar. au ven. de 10 h à 16 h, f. en basse saison ; entrée libre).* À la Pointe-à-Carcy, l'**Agora II-D1**, destinée aux spectacles et concerts en plein air, compte 5 800 sièges. Un port de plaisance complète cette aire de loisirs. En face, l'édifice le plus ancien est le bâtiment élevé en 1856, dans le style néoclassique italien pour l'**administration des Douanes II-C1** qui y loge encore aujourd'hui *(ne se visite pas).*

➤ **LE MUSÉE DE LA CIVILISATION***** **II-C2**. *85, rue Dalhousie* ☎ *(418) 643.21.58. Ouv. t.l.j. en été de 10 h à 19 h, du mar. au dim. le reste de l'année de 10 h à 17 h. Gratuit le mar.* www.mcq.org. Construit en 1988, ce musée dessiné par Moishe Safdie est agrémenté d'éléments architecturaux (toits en cuivre, lucarnes, clocher, escaliers)

qui s'intègrent aux bâtiments anciens. Dans le hall d'entrée, une portion de l'ancien quai semble flotter sur une pièce d'eau : *La Débâcle*, œuvre d'Astri Reush, représente l'éternel combat de la glace et du fleuve. Le musée possède quelque 63 000 pièces et consacre plusieurs salles à une présentation dynamique de l'histoire matérielle, intellectuelle et imaginaire des Québécois.

Deux expositions permanentes sont essentielles pour tout voyageur d'outre-Atlantique. Elles sont incontournables pour qui veut se familiariser avec la culture québécoise. L'**exposition Mémoires** évoque de façon très vivante toute l'histoire du Québec, depuis l'époque de la Nouvelle-France jusqu'à aujourd'hui, en passant par l'industrialisation et la Révolution tranquille. L'**exposition Nous les Premières Nations** offre un portrait tout en nuance des onze nations autochtones – les dix nations amérindiennes et la nation inuit – qui peuplent encore le

Québec contemporain. Il faut ici saluer le coup de génie des concepteurs pour l'utilisation des technologies audiovisuelles qui permettent l'expression d'une culture reposant sur la tradition orale.

➤ **LA RUE SAINT-PIERRE* II-C2**. Parallèle à la rue Dalhousie, elle longeait les quais où les grands marchands avaient fait construire leur résidence, du temps de la Nouvelle-France. Au XIXᵉ s., les premières banques y firent bâtir des sièges sociaux richement décorés. Bien rénovés, ils donnent du caractère à cette rue. Remarquez au **nº 26** la **maison Stuart** (1764) et, au **nº 92**, la **maison Estèbe** (1751). Celle-ci est à présent englobée, ainsi que l'ancienne Banque de Québec, dans le musée de la Civilisation.

À l'angle des rues Saint-Pierre, Sault-au-Matelot et Saint-Paul, admirez la magnifique sculpture réalisée en 1995 par les artistes québécois Arnoldin, Hébert et Purdy : *La Vivrière*, une figure de proue entourée d'eau à fleur de macadam.

➤ ♥ **LA RUE SAINT-PAUL* II-BC1**. Établie sur des terrains gagnés sur le fleuve à partir de 1816, cette rue est animée par de charmantes boutiques, des antiquaires et des bistros.

➤ **LA RUE SOUS-LE-CAP* II-C1-2**. Parallèle à la rue Saint-Paul, longeant le cap, cette rue mérite une incursion. Ses maisons colorées, adossées au roc, sont reliées par des passerelles, souvenir du temps où elles n'étaient pas à l'abri des plus hautes marées.

➤ **DU BASSIN LOUISE AUX REMPARTS**. Revenez sur le **quai Saint-André II-C1** qui longe le bassin Louise, l'une des darses du port de Québec. Le **centre d'interpréta-**tion du Vieux-Port *(100, quai Saint-André ☎ (418) 648.33.00)* fait revivre l'animation des chantiers maritimes, des camps de bûcherons et des ateliers du XIXᵉ s. Empruntant la rue Rioux, remontez vers la Haute-Ville par la **côte de la Canoterie II-B1**, puis par la **côte Dinan II-B1** et la **côte de la Potasse II-A1**. Au **nº 8** de la rue Vallière, l'**îlot des Palais II-A1-2** *(☎ (418) 691.60.92 ; ouv. t.l.j. en été, f. mar. le reste de l'année ; entrée libre)* est un site archéologique aménagé sur les vestiges du premier palais bâti en 1668 par l'intendant Jean Talon.

La Haute-Ville***

➤ *Départ : terrasse Dufferin **II-C2**, par l'escalier Casse-Cou ou le funiculaire (gare inférieure : rue du Petit-Champlain). Une journée de visite.*

Bordée de remparts, la Haute-Ville occupe le plateau en pente légère qu'abrite le cap Diamant. Elle est complétée par la Citadelle construite en son sommet. S'il règne une grande animation touristique dans les artères commerçantes qui conduisent aux portes de la ville, par contraste, les rues résidentielles bordées de vieilles façades sont paisibles. Pour visiter les musées, les demeures historiques et apprécier le charme de cette cité fermée, une journée est nécessaire. Tout se fait à pied dans ce carré de 1 km de côté.

La terrasse Dufferin***

II-C2-3 C'est le sommet oriental du vieux rempart qui encerclait totalement la ville haute. À la fin du XIXᵉ s., un vaste plancher en bois (670 m de long sur 20 m de large) y fut installé, garni de rambardes

Les diamants du cap

Le cap Diamant (ou cap aux Diamants) doit son nom à une déconvenue de Samuel de Champlain. Lors de son voyage de 1541, l'explorateur crut déceler dans le cap des diamants dont il fit grand cas à la cour de France. Ce n'était en fait que du quartz, et Champlain en fut quitte pour une bonne risée. Mais le nom passa à la postérité, ainsi que l'expression « faux comme un diamant du Canada ». ❖

célèbre du Canada, a accueilli la plupart des hôtes de marque qui ont visité le pays. Il fut construit à l'emplacement du château Saint-Louis, résidence des gouverneurs de la Nouvelle-France (1647). Dans la façade de la cour intérieure de l'hôtel subsiste une pierre taillée d'origine.

➤ **LE PARC DES GOUVERNEURS.** *Derrière le château Frontenac.* Cerné d'anciennes demeures, il s'ouvre sur la terrasse Dufferin. Une flèche en granite y fut élevée en souvenir du général français Montcalm et du général anglais Wolfe, qui le vainquit mais fut tué comme lui à la bataille des plaines d'Abraham, le 13 septembre 1759 *(encadré, p. 242).*

La terrasse Dufferin se poursuit jusqu'à un vaste escalier en bois, premier élément de la **promenade des Gouverneurs***, accrochée au flanc de la **Citadelle**. Revenez vers le château Frontenac pour aborder la place d'Armes.

Autour de la rue Sainte-Anne**

➤ **LA RUE SAINTE-ANNE*** **II-BC2**. Au n° 10, le **musée du Fort** (☎ *(418) 692.17.59. Ouv. t.l.j. en été de 10 h à 18 h, au printemps et à l'automne de 10 h à 17 h, en hiver uniquement sur rés.)* évoque par un spectacle son et lumière l'histoire civile et militaire de la ville. Au **n° 12**, vous trouverez le **centre Infotouriste de Québec** *(p. 252).* Au n° 22, le **musée de Cire*** (☎ *(418) 692.22.89; ouv. t.l.j. en été de 9 h à 22 h, le reste de l'année de 10 h à 17 h)* est installé dans une maison typique de l'époque française (1732). Il présente une soixantaine de personnages de l'histoire et de l'actualité québécoises.

et de kiosques à musique dans la tradition de la Belle Époque. De cette terrasse élevée, on a un très beau **panorama**** sur le Saint-Laurent, l'île d'Orléans et la côte de Beaupré.

À l'extrémité nord se dresse la **statue de Champlain**, fondateur de la ville. Tout près, un monument rappelle que l'arrondissement historique de Québec figure sur la liste du Patrimoine mondial de l'Unesco – c'est le seul centre urbain d'Amérique du Nord à mériter un tel honneur.

➤ **LE CHÂTEAU FRONTENAC*.** *1, rue des Carrières* ☎ *(418) 691.21.66. Ouv. t.l.j. de mai à mi-oct. de 10 h à 18 h, le w.-e. seulement le reste de l'année de 13 h à 17 h.* Ce prestigieux **hôtel** *(p. 254)* fut bâti en 1893 dans le style «châteaux de la Loire» qu'avait adopté la compagnie de chemin de fer du Canadien Pacifique pour ses édifices; l'architecte, Bruce Price, a aussi réalisé la gare Windsor à Montréal. Cet établissement, le plus

Pour gravir le cap

Un funiculaire glisse le long du cap Diamant pour relier la Basse-Ville et la Haute-Ville. Autrement, il faut gravir l'escalier Casse-Cou, juste à côté.

Le funiculaire de Québec est le seul du genre au Canada. Agrippé au cap rocheux, il assure la liaison rapide entre la Haute-Ville et la Basse-Ville depuis 1879. À cette époque, il opérait à la vapeur, et sa cage n'était pas couverte, de sorte qu'il n'était en fonction que six mois par an. C'est en 1907 qu'il se convertit à l'électricité. Un ascenseur extérieur relie par ailleurs la côte d'Abraham à la rue Sainte-Claire **I-B2**, et 28 escaliers épousent la falaise abrupte. Le plus long est l'escalier du Cap-Blanc qui gravit le cap en 398 marches depuis la rue Champlain dans la Basse-Ville **I-B2-3** jusqu'aux plaines d'Abraham. ❖

Dans la **rue du Trésor** sont vendus tableaux et gravures créés pour les touristes. Prenez la rue de Buade pour rejoindre la basilique.

➤ **LA BASILIQUE NOTRE-DAME-DE-QUÉBEC** II-C2**. *20, rue de Buade.* Édifiée à partir de 1647, elle a été plusieurs fois rebâtie à la suite d'incendies, dont le dernier remonte à 1922. Dans la crypte sont inhumés les évêques de Québec et des gouverneurs de la Nouvelle-France. La basilique a droit au titre de primatiale du Québec.

Non loin, l'hôtel de ville abrite un **centre d'interprétation de la Vie urbaine** (*43, côte de la Fabrique* **II-B2**; *ouv. t.l.j. de 10h à 17h, en hiver f. lun.*). Revenez sur vos pas, et empruntez la rue Sainte-Famille puis la rue de l'Université où se trouve le Séminaire de Québec.

➤ **LE MUSÉE DE L'AMÉRIQUE FRANÇAISE** II-C2**. *2, côte de la Fabrique* ☎ *(418) 692.28.43. Ouv. t.l.j. de 10h à 17h30, en hiver f. lun. Gratuit le mar. sf en été.* Sur le **site historique du Séminaire** de Québec se trouve le plus vieux musée d'Amérique du Nord. Par le pavillon d'accueil, on accède à la chapelle publique. Elle abrite une exposition sur le patrimoine des communautés religieuses, ainsi que le tombeau de Mgr François de Montmorency-Laval surmonté de son gisant. Celui-ci fonda le Séminaire en 1663 et fut le premier évêque de la Nouvelle-France.

Un corridor mi-souterrain mène au **pavillon Jérôme-Demers**, où des collections d'art, réunies depuis trois siècles, sont présen-

Le Séminaire de Québec qui domine la Haute-Ville est la résidence de prêtres depuis sa fondation en 1663. Il abrite aussi le musée de l'Amérique française.

tées de façon moderne : orfèvrerie religieuse et domestique, art oriental, mobilier, sculptures. Les nombreux tableaux sont signés d'artistes européens et québécois : de Joseph Légaré à Alfred Pellan, en passant par Ozias Leduc et Marc-Aurèle de Foy Suzor-Coté.

Revenez sur vos pas dans la rue Sainte-Famille, pour rejoindre la rue des Jardins où se trouve la cathédrale anglicane.

➤ **HOLY TRINITY* II-C2**. *31, rue des Jardins.* C'est la première cathédrale anglicane érigée hors des îles Britanniques (1804). Les constructeurs ont choisi un style alors en vogue en Grande-Bretagne, le palladianisme, et ont conçu la cathédrale sur le modèle de St Martin in the Fields à Londres. Les pilastres du temple, son fronton triangulaire, les triples arcades des fenêtres ont été souvent imités et repris dans divers édifices de la ville.

En reprenant la **rue Sainte-Anne**, vous remarquerez au **n° 57** la façade typiquement Art déco de l'hôtel Clarendon *(p. 254)*. Au **n° 65**, l'**édifice Price**, premier gratte-ciel de la ville, est également inspiré par cette tendance. Érigé en 1929, il possède un magnifique hall intérieur qui rend hommage, comme le nom l'indique, à une famille originaire de Québec et ayant joué un rôle important dans l'industrie des pâtes et papiers.

La momie de l'abbé Bégin

L'ancien musée du Séminaire, aujourd'hui intégré au musée de l'Amérique française, possède une attraction qui attire beaucoup de visiteurs : la momie et le sarcophage égyptiens que l'abbé Bégin rapporta du Caire en 1868, au terme de nombreuses et complexes démarches administratives. La dépouille momifiée est celle d'un homme de la haute bourgeoisie dont la famille vécut à Thèbes. Le sarcophage, quant à lui, a fait l'objet de travaux de recherche menés conjointement avec la France. Le nom « Nen-Oun-Ef » qui apparaît sur le cercueil serait celui du fils de Perpaout, bien connu des archéologues par son mobilier funéraire disséminé dans divers musées à travers le monde. Il vécut entre 1500 et 1300 av. J.-C. Un examen au carbone 14 atteste que le sarcophage rapporté par l'abbé Bégin date bien de la XVIIIe dynastie. ❖

L'édifice Price fut construit, en 1929, dans le style Art déco.

Vers la porte Saint-Louis**

➤ **LA RUE SAINT-LOUIS II-BC3**. *Depuis la pl. d'Armes.* Cette rue vivante est bien pourvue en restaurants et pensions installés dans d'anciennes demeures bourgeoises. Certaines sont richement décorées, par exemple, au **n° 17** de la rue Saint-Louis, la **maison Maillou**, commencée en 1736 et, au **n° 34**, la **maison Jacquet**, datant de 1675 (elle abrite le restaurant Aux Anciens Canadiens). En face, au **n° 25**, plus ancienne encore mais plusieurs fois transformée, l'historique **maison Kent** (1650) abrite les services du consulat de France.

De la rue Saint-Louis, empruntez la rue du Parloir pour rejoindre la chapelle des Ursulines.

➤ **LA CHAPELLE ET LE MUSÉE DES URSULINES II-B2-3**. *12, rue Donnacona* ☎ *(418) 694.06.94. Ouv. du mar. au sam. de mai à sept. de 10 h*
à 12 h et de 13 h à 17 h, du mar. au dim. d'oct. à avr. de 13 h à 16 h 30. Entrée payante pour le musée.* Cet ordre contemplatif au service de l'éducation des jeunes filles s'est installé ici dès 1639. La première **chapelle** a été construite par la fondatrice de l'ordre, mère Marie de l'Incarnation, native de Tours, inhumée dans l'oratoire. L'extérieur a été remplacé en 1902 par un bâtiment ordinaire, mais l'intérieur (1723) contient de belles sculptures de Pierre-Noël Levasseur (XVIIIe s.). Un **musée***présente une collection de pièces datant du régime français : meubles, peinture, broderies, artisanat amérindien, etc.

Près du monastère, au **n° 6** de la **rue Donnacona**, se trouve une maison dont la façade est connue pour être la plus étroite de toute l'Amérique du Nord.

➤ **LA PORTE SAINT-LOUIS II-B3**. Refaite en 1878 dans le style néogothique, elle était l'un des passages fortifiés ouverts dans le puissant mur d'enceinte commencé par les militaires français, puis consolidé et agrandi par leurs successeurs anglais afin de résister aux possibles attaques de l'armée américaine.

➤ **LES REMPARTS** II-AB3. *100, rue Saint-Louis* ☎ *(418) 648.70.16.* Ils constituent le **lieu historique national Fortifications-de-Québec** : une muraille de 4,6 km de long, refermée sur elle-même, que l'on parcourt par les chemins de ronde ou par la pente qui en longe le pied.

Dans le **parc de l'Esplanade II-A3**, entre la porte Saint-Louis et la porte Saint-Jean, on visite la poudrière bâtie en 1815 et le **centre d'interprétation des Fortifications de Québec**.

Au cœur de la Citadelle**

➤ **II-B3** *À pied, par la côte de la Citadelle, qui débute rue Saint-Louis, un peu avant la porte Saint-Louis. 3 h de visite.*

Dès la fondation de Québec, Samuel de Champlain avait souhaité se parer de toute attaque américaine en installant un fortin sur la hauteur. Pour bien comprendre la ville et l'importance militaire qu'elle garda si longtemps, il faut visiter sa forteresse, juchée au sommet du cap Diamant, à l'est des fortifications.

➤ **LA CITADELLE I-B2**. *Côte de la Citadelle ☎ (418) 694.28.15. Ouv. t.l.j. d'avr. à mi-mai de 10 h à 16 h, en été de 9 h à 18 h.* Passé la porte des Mailles, on se trouve sur un territoire réservé aux militaires depuis 1820. Un guide appartenant à l'armée canadienne vous mène au vaste terrain de parade entouré de bâtiments disparates. Deux d'entre eux datent de la

Lors des fêtes de la Nouvelle-France au mois d'août, la ville est envahie de participants costumés.

période française : une redoute de 1693 intégrée au bastion du roi et l'ancienne poudrière de 1750, où se loge le **musée royal du 22e Régiment**. Celui-ci fut créé lors de la guerre de 1914-1918 afin de doter les Canadiens français d'une unité bilingue. Au cours de l'été, vous pouvez assister aux cérémonies colorées de la **relève de la garde** et de la **retraite**. La fanfare joue des marches canadiennes et françaises, et la troupe est précédée de la mascotte du régiment, un bouc blanc surnommé Baptiste.

De la Citadelle, vous pouvez rejoindre l'itinéraire « Québec hors-les-murs » *(p. 240)* ou encore enchaîner le long des remparts, qui se poursuit dans le Vieux-Québec.

Le long des remparts

➤ **II-B3** *De la porte Saint-Louis, par la rue Saint-Louis, puis à g. dans la rue d'Auteuil.*

➤ **LA CHAPELLE DES JÉSUITES II-A2**. *20, rue Dauphine.* Cette chapelle (1818) possède un chemin de croix du sculpteur Médard Bourgault (1897-1967), originaire de Saint-Jean-Port-Joli, et des sculptures de Pierre-Noël Levasseur (1679-1740) et Alfred Laliberté (1878-1953). Voyez les châsses des trois jésuites tués par les Iroquois entre 1642 et 1649 et canonisés en 1930.

Sur les pelouses, la statue du **bonhomme Carnaval** s'élève près du poste de départ des **calèches** *(p. 253)*.

Rejoignez la **porte Saint-Jean II-A2**, reconstituée en 1936 dans un style néomédiéval, et la **rue Saint-Jean II-B2**, bien pourvue en magasins, cafés et restaurants.

Le joyeux carnaval de Québec

Le concours de sculptures sur neige est l'un des événements les plus populaires du carnaval de Québec.

Si vous allez à Québec entre fin novembre et avril, vous tomberez sous le charme de cette ville couverte de neige, située plus au nord que Montréal et durement frappée par l'hiver. Pour conjurer les rigueurs du climat, les gens de Québec ont imaginé un carnaval, réplique nordique de celui de La Nouvelle-Orléans. Pendant la première quinzaine de février, de joyeux fêtards envahissent toute la ville. Certains brandissent une canne creuse dans laquelle, afin de braver le froid, ils transportent une ration de « réchauffant », souvent du « caribou » à base de whisky.

Le symbole vivant de ces réjouissances est le populaire bonhomme Carnaval. Ce colossal personnage, doué de la parole, portant tuque et ceinture fléchée, est de toutes les festivités : bals, défilés nocturnes, repas, tournois de patinage, sculptures sur neige, courses de canoës sur le Saint-Laurent à demi gelé. Pour lui, on bâtit un immense palais illuminé fait de blocs de glace. Durant cette manifestation, tous les hôtels sont pleins. Il est recommandé de retenir sa chambre longtemps à l'avance. ❖

➤ **LE PARC DE L'ARTILLERIE II-A2** *2, rue d'Auteuil* ☎ *(418) 648.42.05. Horaires de visite variables.* Ses ouvrages de défense des XVIIe et XVIIIe s. ont été transformés en casernes, puis en une cartoucherie qui opéra jusqu'en 1964. Le **plan-relief*** de Québec a été réalisé en 1808 par Jean-Baptiste Dubergé et l'ingénieur John By : l'immense maquette, très détaillée, invite à un long survol du Québec d'autrefois. Au sud du parc, la **redoute Dauphine**, aux énormes contreforts, a été bâtie par les Français en 1712. Vous y découvrirez des reconstitutions d'intérieurs, des objets militaires, domestiques et décoratifs.

➤ **L'HÔTEL-DIEU DE QUÉBEC II-B2**. *11, côte du Palais, près de la rue des Remparts.* Le plus ancien hôpital d'Amérique du Nord, fondé en

1639 par les augustines de Dieppe, s'élève de l'autre côté de la côte du Palais, à l'abri d'un long mur. La congrégation ouvre aux visiteurs une partie de son monastère, sa **chapelle** datant de 1803, dont le retable est l'œuvre de Thomas Baillairgé (1791-1859), ainsi que le centre Catherine-de-Saint-Augustin. Cette religieuse, qui se fixa au Canada en 1648, à l'âge de 16 ans, a été béatifiée. Dans le **musée des Augustines*** (*accès au musée par le 32, rue Charlevoix ☎ (418) 692. 24.92; ouv. t.l.j. sf lun., dim. matin et le midi*), on découvre un triple patrimoine : celui du couvent, celui de l'hôpital et celui de la société locale que les augustines servent depuis si longtemps.

Les rues paisibles qui aboutissent à la **rue des Remparts II-B1** conservent quelques maisons typiques de la Nouvelle-France, même si certaines datent de la période anglaise.

➤ LE PARC MONTMORENCY **II-C2**. *À l'extrémité de la rue des Remparts.* Juché au bord de la falaise, cet espace vert fait face au palais primatial ou archevêché, reconstruit après 1760 et dont l'une des façades est décorée en trompe-l'œil. On peut voir la **statue de Louis Hébert**, ex-apothicaire parisien devenu en 1617 le premier colon du Canada et dont la ferme se trouvait ici. L'autre statue représente **Georges-Étienne Cartier**, l'un des pères de la Confédération de 1867. De nombreuses plaques rappellent les faits historiques survenus en ces lieux. À côté de l'archevêché, l'ancien hôtel des Postes est occupé par l'administration de **Parcs Canada** qui assure la gestion de certains parcs naturels (*p. 32*). Des salles d'exposition présentent les parcs et la faune québécoise. Devant le bâtiment se dresse un colossal monument, hommage au premier évêque de Québec, François de Montmorency-Laval, signé en 1908 par le sculpteur Louis-Philippe Hébert.

Au pied de la côte de la Montagne, la **porte Prescott II-C2** s'ouvre sur la Basse-Ville (*p. 228*).

Québec hors-les-murs**

➤ **Plan I** *Départ de la promenade des Gouverneurs, au flanc de la Citadelle.*

Le parc des Champs-de-Bataille**

I-AB2 C'est au bord de la falaise, en 1759, que se déroula la désastreuse bataille dite des « plaines d'Abraham », qui fit perdre le Canada à la France (*encadré, p. 242*). Aménagé sur les lieux, le parc offre des promenades particulièrement agréables. On peut y pique-niquer en été, admirer les décorations florales du **jardin Jeanne-d'Arc**, faire du ski de fond en hiver et, surtout, profiter de la vue sur le Saint-Laurent.

➤ LES DEUX TOURS MARTELLO. C'est le seul vestige des 16 tours bâties au début du XIXe s. pour défendre la ville : on peut y voir des **expositions** sur le passé militaire des lieux (tour n° 1) et sur l'astronomie (tour n° 2).

➤ LE MUSÉE DU QUÉBEC**. *Parc des Champs-de-Bataille ☎ (418) 643. 21.50. www.mdq.org. Ouv. t.l.j. en été de 10h à 17h45 et le mer. jusqu'à 20h45, t.l.j. sf lun. du 8 sept. au 31 mai de 11h à 17h45. Entrée libre pour les expositions permanentes.* Ce musée, situé au cœur du parc, comporte deux pavillons qui abritent des expositions, une bibliothèque et un centre de documentation.

À l'arrière-plan du parc des Champs-de-Bataille, on reconnaît les tourelles du château Frontenac.

Le **pavillon Gérard-Morisset**, de style néoclassique, abrite le premier musée québécois (1933). Il détient la plus importante collection d'**œuvres d'art québécoises** en Amérique, soit 17 000 pièces d'art du XVIIe s. à nos jours. Y sont représentés les **peintres** Jean-Baptiste Roy-Audy, Napoléon Bourassa, Maurice Cullen, Marc-Aurèle de Foy Suzor-Coté, Adrien Hébert, Alfred Pellan, Paul Émile Borduas, Yves Gaucher. Le musée abrite également les œuvres de célèbres **sculpteurs** tels Louis Jobin, Alfred Laliberté, Louis Archambault, Armand Vaillancourt, Melvin Charney, Betty Goodwin. Voyez aussi les salles consacrées aux **dessins et estampes**, et aux **arts décoratifs**. Des expositions présentent tous les courants artistiques qui ont marqué le Québec depuis le XVIIe s., ainsi que des artistes internationaux d'envergure.

Le **pavillon Baillairgé** (1860) fut la prison de Québec pendant un siècle. On peut visiter certaines cellules, ainsi que le **centre d'interprétation du parc des Champs-de-Bataille** : il présente un spectacle multimédia sur la bataille des Plaines et sur la création du parc.

La colline parlementaire*

▶ **I-B2** *La Grande Allée part de la porte Saint-Louis et longe les jardins de la colline parlementaire, face au parc des Champs-de-Bataille.*

▶ **L'HÔTEL DU PARLEMENT***. *À l'angle de l'av. Dufferin et de la Grande Allée* ☎ *(418) 643.72.39. Visite guidée t.l.j. en été de 9 h à 16 h 30, en sem. de sept. à juin.* Sur les façades de ce bâtiment (1880) se dressent les statues des grands hommes politiques du Québec. Devant l'entrée principale, longtemps appelée «porte du Sauvage», des groupes sculptés par Louis-Philippe Hébert ornent la fontaine sur le thème de la vie amérindienne. À l'intérieur, on peut voir les salles de l'Assemblée nationale, du Conseil législatif et la galerie des Présidents. Il est possible

Le jeudi 13 septembre 1759

À l'aube de ce matin d'automne, l'armée anglaise, qui bombardait Québec depuis trois mois, envoie un détachement pour vérifier une information de ses services de renseignements: un sentier non gardé mènerait, sur la partie orientale du cap Diamant, à un plateau portant le nom de plaines d'Abraham. Bientôt, plus de 4 000 fantassins anglais sont débarqués sur des chaloupes jusqu'au lieu-dit L'Anse-aux-Foulons. Par l'étroit chemin, ils escaladent la falaise et mettent en batterie des canons légers.

Alerté, le général Montcalm sort de la ville avec un nombre égal de soldats, renforcés par des miliciens canadiens, et ordonne l'attaque. En un quart d'heure, tout est réglé : les Français sont en déroute. Montcalm et son adversaire, le général Wolfe, sont tués au combat. Quelques jours plus tard, la ville de Québec capitule et voit entrer l'armée anglaise. Cette chute précipite le sort du pays tout entier : le Canada français passe aux mains des Anglais. ❖

---

d'assister aux **travaux parlementaires** durant les sessions (de mars à juin et d'oct. à Noël). Décoré dans un style Beaux-Arts, le restaurant Le Parlementaire permet aux citoyens de côtoyer les élus (p. 257).

▶ **L'ÉDIFICE MARIE-GUYART.** 1037, rue de la Chevrotière ☎ (418) 644. 98.41. Ouv. t.l.j. de 10h à 17 h. Cet édifice, du nom de mère Marie de l'Incarnation (p. 237), est situé derrière le Parlement. C'est l'un des bâtiments réservés aux ministères et aux administrations. Au 31e étage, l'**observatoire de la Capitale*** offre le plus haut point de vue de Québec.

Remontez la Grande Allée vers l'ouest. C'est là que se trouvent plusieurs bars, boîtes de nuit et restaurants dont les terrasses sont très fréquentées à l'heure de l'apéritif. Au-delà des rues résidentielles, où habitent plusieurs élus et fonctionnaires, vous croiserez l'**avenue Cartier***, sur votre dr., où se succèdent boutiques, cafés et bistros sympathiques.

Les environs de Québec

▶ *Carte*, p. 245.

La réserve huronne de Wendake**

▶ *À env. 15 km N-O de Québec. En voiture: par l'A 175 N (ou bd Laurentien), sortie 154. En bus: prendre le n° 801 de la pl. d'Youville (près de la porte Saint-Jean) jusqu'au terminus Charlesbourg, puis le n° 72 jusqu'au village. Celui-ci est situé sur le bd Maurice-Bastien, en direction de Loretteville. Rens. au Conseil de la nation huronne-wendat, 255, pl. Chef-Michel-Laveau ☎ (418) 845.12.41.*

Tout près de Québec, cette réserve est habitée par un millier d'Amérindiens de la nation des Hurons-Wendat, qui appartient à la même famille culturelle et linguistique que les Iroquois. Au cœur du village se trouve l'arrondissement historique. On y trouve plusieurs boutiques d'artisanat où l'on peut notamment se procurer des gris-gris et des raquettes à neige.

Je me souviens de quoi ?

Toutes les plaques d'immatriculation portent la devise du Québec, dont l'interprétation ne fait pas l'unanimité.

L'architecte de l'hôtel du Parlement de Québec, Eugène Taché, est l'auteur de la devise du Québec : «Je me souviens.» Bien involontairement d'ailleurs, car il inscrivit cette phrase au-dessus de la porte centrale afin d'exprimer le sens de sa démarche architecturale, qui puisait dans diverses traditions. Lorsque le gouvernement se dota de nouvelles armoiries, en 1939, il adopta ces mots pour devise. Certains se plaisent à y lire un rappel de la patrie française, d'autres celui de la diversité des peuples fondateurs. Le «Je me souviens» figure aujourd'hui sur toutes les plaques minéralogiques des voitures. ❖

▶ **LA MAISON AROÜANE.** *10, rue Alexandre-Duchesneau. Ouv. t.l.j. en été de 9 h à 16 h, en hiver sur rés. Entrée libre.* Elle abrite une exposition sur l'artisanat et les **coutumes huronnes**.

▶ **LA CHUTE KABIR-KOUBA*.** Située au cœur du village, elle gronde avec impétuosité entre des flancs rocailleux. Attention, ses abords non balisés peuvent être périlleux ! Une légende huronne dit que cette chute étroite et sinueuse a été créée par le dieu-serpent pour séparer les territoires des Blancs de ceux des Indiens.

▶ **LE VILLAGE DES HURONS**.** *575, rue Stanislas-Koska ☎ (418) 842.43.08. Ouv. t.l.j. de juin à fin oct. de 10 h à 17 h. Le village accueille surtout des groupes. Pour les visites individuelles, téléphonez à l'avance pour réserver un guide.* Le nom du village est **Onhoüa Chetek8e**, ce qui signifie « D'hier à aujourd'hui » (le 8 se prononce « ou »). L'habitat traditionnel huron y a été reconstitué, autour de la « maison longue » où cohabitaient plusieurs familles d'un même clan. Des guides fort accueillants expliquent avec verve

À Wendake, les amateurs d'artisanat amérindien feront de jolies trouvailles.

les mœurs et croyances de ce peuple semi-sédentaire, régi par un système matriarcal. Le site est animé par des danseurs et des joueurs de tambours, des conteurs de légendes et des artisans. On trouve aussi un restaurant de cuisine indienne, une librairie ainsi qu'une boutique d'apothicaire.

La vallée de la Jacques-Cartier

➤ *En voiture : par l'A 175 N (bd Laurentien). À 20 mn N de Québec.*

Cette vallée dont le joyau est le parc de la Jacques-Cartier est surnommée le « **Croissant vert** ». Les **lacs Beauport** et **Saint-Joseph** se prêtent à la villégiature. Et le tourisme d'aventure – séjour en tipis, canoë-camping, traîneau à chiens, motoneige – se développe dans cet immense territoire, encore peu exploité.

➤ **Le parc de la Jacques-Cartier*****. *À 40 km N de Québec. Le poste d'accueil se trouve à 10 km de* l'entrée principale ☎ *(418) 848. 31.69.* Contigu à la réserve faunique des Laurentides, ce vaste parc couvre 670 km^2 où se donnent rendez-vous le loup, le cerf de Virginie et l'orignal (l'élan d'Amérique). La superbe **rivière Jacques-Cartier** est profondément encaissée à 600 m : ses eaux froides sont propices à la pêche de la truite ainsi que du saumon atlantique, depuis peu réintroduit. Sur la rivière et les 95 lacs du plateau montagneux, on pratique le **canoë** *(location sur place)* dans des paysages à couper le souffle. Un **sentier** mène vers le sommet du **mont Andante** (755 m) nommé d'après le titre d'une œuvre de Félix Leclerc, comme les monts Adagio et Allegro. D'autres sentiers sont balisés de panneaux explicatifs sur la flore. Des guides naturalistes proposent des safaris d'observation de la faune avec des **excursions d'appel aux loups** (☎ *et fax (418) 848.50.99 ; en été seulement).*

➤ **Lac-Beauport**. *À 5 km N de Québec par l'A 175 N, sortie Lac-Beauport.* Sur les rives du lac, très apprécié par les citadins en quête d'air pur et de nature, plusieurs hôtels accueillent les visiteurs, à proximité du parc de la Jacques-Cartier. À l'auberge Les Quatre Temps, on a accès à une **plage publique**.

La côte de Beaupré*

➤ *Par l'A Dufferin-Montmorency (440 E), sortie bd François-de-Laval ou par la rte 138 E. **Bonnes adresses**, p. 251.*

Le parc de la Chute-Montmorency**

➤ *À 10 km N-E de Québec par la rte 138 E. Rens.* ☎ *(418) 663.28.77.* www.chutemontmorency.qc.ca. *Ouv. toute l'année.*

| 40 | Autoroutes |
| 138 | Routes |

LES ENVIRONS DE QUÉBEC

La chute Montmorency est une puissante cascade de 83 m (soit 30 m de plus que les chutes du Niagara) entourée de sentiers pédestres, escaliers et belvédères. Un pont la traverse à son sommet, où l'on accède du côté ouest par voiture (en ce cas gardez la g. après la sortie de l'autoroute) ou par téléphérique du côté est (accès payant). Le sommet ouest du cap est dominé par un manoir construit à l'origine pour la retraite du gouverneur sir Frederick Haldimand. Le duc de Kent, père de la reine Victoria, y abrita ses amours avec Madame de Saint-Laurent entre 1791 et 1794. Le **manoir Haldimand** (reconstruit après avoir été incendié en 1993) accueille aujourd'hui des salons de récep-

tion, des boutiques, un centre d'interprétation et surtout un restaurant panoramique avec sa terrasse surplombant les chutes et jouissant d'une vue imprenable sur le fleuve et l'île d'Orléans.

♥ **L'ÉCONOMUSÉE DE L'ABEILLE**

➤ À 20 km N-E de la chute Montmorency par la rte 138 E. 8862, bd Sainte-Anne, Château-Richer ☎ (418) 824. 44.11. Entrée libre.

Sur la route de la basilique Sainte-Anne-de-Beaupré, un arrêt s'impose dans ce sympathique économusée où l'on apprend tout sur l'histoire du miel et sur le travail des abeilles, que l'on peut voir s'activer dans une ruche géante. Boutique gourmande avec dégustation d'hydromels et de miels.

Un pain de glace

Au pied de la chute Montmorency, la condensation forme en hiver un monticule de neige glacée qu'on appelle le «pain de sucre» et sur lequel s'amusent petits et grands.

En hiver, les embruns dégagés par la chute Montmorency se solidifient et s'accumulent au pied de la chute en un gigantesque cône blanc qu'on appelle le «pain de sucre». Il peut atteindre jusqu'à 30 m de haut. Au XIXe s. déjà, les «Québécquois» (ce mot désignait alors les habitants de la ville de Québec) venaient y glisser en «traîne sauvage» (toboggan). Vers 1880, on y avait même aménagé un féerique palais de glace. La chute Montmorency offre un autre plaisir hivernal : les alpinistes escaladent ses flancs revêtus d'un épais manteau de glace. Au-dessus de la chute, juché en nid d'aigle, à proximité du manoir, se trouve le belvédère de la Baronne ; il porte ce nom en souvenir de la baronne von Riedesel qui en suggéra l'idée au gouverneur Haldimand. ❖

SAINTE-ANNE-DE-BEAUPRÉ★★

➤ *À 35 km N-E de Québec, par l'A 40 E ou le bd Sainte-Anne (rte 138 E).*

➤ **LA BASILIQUE**★★★. *10018, av. Royale* ☎ *(418) 827.37.81. Ouv. toute l'année.* Depuis 1658, plusieurs sanctuaires ont été successivement bâtis sur ce lieu de pèlerinage où des miracles furent attribués à sainte Anne, patronne des marins bretons. De style néo-roman, la basilique actuelle a été érigée en 1923 sur des plans du Québécois L.-N. Audet et du Parisien Maxime Roisin. Elle contient de remarquables mosaïques. L'imposante statue miraculeuse de sainte Anne se dresse dans la partie nord du transept, devant une chapelle qui présente sous vitrine la **Grande Relique** constituée par le poignet et l'avant-bras de la sainte, don de Jean XXIII en 1960.

De l'autre côté de l'avenue Royale, le bâtiment blanc de la **Santa Scala** abrite à l'étage une réplique de l'escalier gravi par Jésus pour sa comparution devant Ponce Pilate ; il est entouré par un beau **chemin de croix*** dont les stations en bronze furent coulées en France. L'eau de la source alimentant la fontaine est dite miraculeuse. La chapelle commémorative, construite en 1878, conserve plusieurs éléments datant du régime français.

À côté de la basilique, le **musée de sainte Anne** *(9803, bd Sainte-Anne ☎ (418) 827.68.73)* présente deux expositions permanentes dans lesquelles sont évoquées la vie de la sainte et l'histoire du pèlerinage.

➤ **LE CYCLORAMA DE JÉRUSALEM****. *8, rue Régina ☎ (418) 827.31.01. www.cyclorama.com. Ouv. t.l.j. de mai à oct.* Ce bâtiment circulaire recèle une curiosité tout à fait saisissante : une immense **peinture circulaire** d'une hauteur de 14 m et d'une circonférence de 110 m, reproduisant Jérusalem en l'an de la crucifixion de Jésus-Christ. Conçue par le peintre allemand Bruno Piglheim, qui lui consacra un an de recherches historiques dans la Ville sainte, elle a été exécutée entre 1878 et 1882 sous la direction du Français Paul Philippoteaux, assisté de cinq autres artistes. Exposée dans les grandes capitales d'Europe puis à Montréal, la peinture fut installée à Sainte-Anne-de-Beaupré en 1895.

LA STATION MONT-SAINTE-ANNE*

➤ *À 40 km N-E de Québec et à 5 km N de Sainte-Anne par l'A 40 E ou le bd Sainte-Anne (rte 138 E), puis la rte 360. Rens. ☎ (418) 827.45.61.*

Dans cette station vous pourrez pratiquer de multiples activités : randonnées pédestres, VTT, golf, ainsi que toutes les activités de

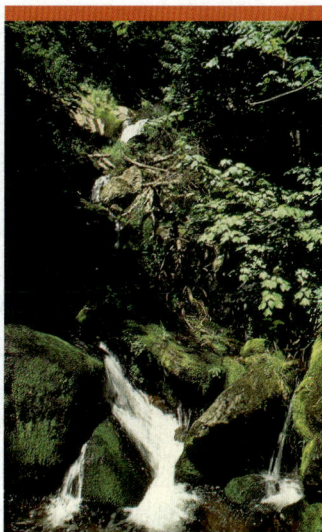

La station Mont-Sainte-Anne propose de nombreuses activités dans un site de toute beauté.

neige, principalement le ski, grâce aux nombreuses pistes bien équipées de remontées mécaniques et, au besoin, enneigées au canon. Une télécabine hisse les skieurs à 800 m.

LA RÉSERVE NATIONALE DE FAUNE DU CAP-TOURMENTE**

➤ *À 50 km N-E de Québec par la rte 138 E, sortie Saint-Joachim. Rens. ☎ (418) 827.45.91. Services et activités les w.-e. de la mi-janv. à début avril de 8 h à 16 h, de mi-avr. à fin oct. de 9 h à 17 h. De la mi-avr. à fin oct., des guides naturalistes sont à la disposition des visiteurs. Entrée payante.*

Le cap Tourmente, une énorme masse rocheuse de près de 600 m de haut, domine la rive nord du Saint-Laurent à l'est de Québec. Ses grèves constituent une importante réserve de nourriture pour les oiseaux migrateurs. On y a donc aménagé une grande réserve faunique où l'on peut observer 270 **oiseaux**, 45 espèces de mam-

La réserve nationale de faune du Cap-Tourmente est un sanctuaire naturel où l'on peut observer au printemps et à l'automne des oies des neiges.

mifères ainsi que 700 plantes différentes. Au printemps et à l'automne, le spectacle de centaines de milliers d'oies blanches, ou oies des neiges, est saisissant. Une quinzaine de **sentiers pédestres** parcourent les bois, marais et champs. L'un d'eux accède au sommet de la falaise d'où l'on jouit d'une vue étendue sur le Saint-Laurent et l'île d'Orléans.

♥ L'île d'Orléans*

➤ *À 10 km N-E de Québec par l'A Dufferin-Montmorency (440 E) jusqu'à l'entrée du pont de Montmorency.* **Bonnes adresses**, *p. 251.*

Célébrée par Félix Leclerc, ancrée en plein Saint-Laurent, l'île d'Orléans mérite que vous y passiez au moins une demi-journée et même une nuit dans une auberge de charme. La petite île de 34 km par 8 km a jalousement conservé ses vieilles églises, ses maisons de cultivateurs et d'artisans, ses demeures patrimoniales, certaines aux toits pentus percés de hautes lucarnes, dans la tradition nor-

mando-picarde, et entourées de pommeraies. L'île produit pommes et fraises, mais elle est aussi réputée pour ses érablières et ses ruchers, ses élevages de bétail, de faisans, de cailles, de pintades et de pigeons. On y trouve de bonnes tables, approvisionnées par des produits locaux de première fraîcheur.

➤ **Sainte-Pétronille***. Cette paroisse, établie en 1649 à la pointe ouest, est surnommée le «Bout de l'île». De belles **demeures anciennes** ont été bâties au XIXe s. alors que l'île était un lieu de villégiature prisé. Elles jalonnent le chemin Royal et surtout le bord de l'eau, rue Horatio-Walker (du nom d'un peintre paysagiste local qui avait là son atelier). Depuis le vieux quai, beau panorama sur le Saint-Laurent et Québec.

➤ **Saint-Laurent***. Autrefois spécialisé dans la construction navale, ce village est aujourd'hui renommé pour ses érablières. Au **parc maritime**, agréable aire de pique-nique ouvert sur le fleuve, on peut visiter un petit centre d'interprétation

Balades champêtres
sur l'île d'Orléans

L'île d'Orléans est une terre fertile qui se prête à diverses cultures maraîchères. La citrouille se déguste en soupe et en tarte, mais c'est surtout pour décorer les maisons à l'occasion de l'Halloween qu'on la cultive.

Il est agréable de faire le tour de l'île à vélo, pour musarder dans ses paysages de campagne.

➤ **LE CHEMIN ROYAL** (67 km) fait le tour de l'île et dessert tous ses villages. Il longe tantôt le Saint-Laurent, tantôt des vergers et des pâturages, parcourant des paysages qui rappellent la Normandie, d'où étaient originaires les premières familles insulaires.

➤ **LA ROUTE DU MITAN** traverse l'île dans sa largeur et joint Sainte-Famille et Saint-Jean. Impraticable l'hiver, elle mène vers des paysages secrets de prés et de bois. ❖

avec des maquettes de bateaux et la **chalouperie Godbout** où un artisan construit de luxueuses chaloupes en cèdre et chêne. Le village abrite aussi l'**économusée de la Forge à Pique-Assaut**. L'**église** date de 1860 *(visite guidée en été)*.

➤ **SAINT-JEAN****. Le cœur du village est particulièrement bien préservé, avec son cimetière marin et ses maisons construites en brique d'Écosse. Son **église** (1732) possède des tableaux d'Antoine Plamondon; la façade est l'œuvre de Louis-Thomas Berlinguet.

➤ **SAINT-FRANÇOIS**. Occupant la partie est de l'île, cette municipalité comprend l'île Ruaux (propriété de la famille Bombardier) et l'île Madame. La section du **chemin Royal**** qui la relie à Saint-Jean est magnifique. Elle traverse des terres agricoles ouvertes sur le Saint-Laurent d'un côté et, de l'autre, ourlées par le relief montagneux de la côte qui se profile au nord. L'église a été détruite par un incendie et reconstruite en 1993-1994. À la sortie du bourg, près de la **pointe Argentenay**, un mirador

Un monument commémoratif rendant hommage à Félix Leclerc s'élève à Saint-Pierre.

permet de voir le fleuve qui s'élargit vers la mer, et dont les eaux, à cette hauteur, commencent à devenir salines.

➤ **SAINTE-FAMILLE***. Fondée en 1661, la plus vieille paroisse de l'île a une belle vue sur la côte de Beaupré et le mont Sainte-Anne. Elle possède des **maisons en pierre** datant du régime français. L'église, commencée en 1743, est encadrée par deux tours et surmontée de trois clochers en façade. Elle voisine avec un couvent construit en 1685.

➤ **SAINT-PIERRE**. C'est la paroisse où vécut Félix Leclerc (1914-1988), qui repose au nouveau cimetière. L'ancien cimetière jouxte la **vieille église**, la doyenne de l'île qui compte parmi les plus anciennes du Québec (1716) et dont l'intérieur est tout en bois. Une boutique d'artisanat local se trouve dans l'ancienne sacristie. Ne manquez pas de faire un arrêt à la **ferme Monna**, où l'on produit un excellent sirop de cassis *(729, chemin Royal, dégustations gratuites).* ■

La côte de Beaupré

■ Beaupré

Carte, p. 245.

Indicatif téléphonique : 418

Hébergement-restauration

▲▲▲▲▲ **Château Mont-Sainte-Anne**, 500, bd Beaupré ☎ 827.52.11 ou 1.800.463.44.67, fax 827.50.72. *236 ch.* Le rendez-vous des skieurs et des sportifs, avec piscine intérieure, suites avec cheminée, salle d'exercice, centre Spa (massages, etc.). Certaines chambres ont vue sur la montagne.

▲▲▲▲ **Le Val des Neiges**, 201, rue Val-des-Neiges ☎ 827.57.11 ou 1.800.554. 60.05, fax 827.59.97. *110 ch.* spacieuses. Au pied du mont Sainte-Anne, établissement de confort supérieur au décor sobre. Bonne table, piscine intérieure, sauna, salle d'exercice, centre de santé.

▲▲▲ **Auberge La Camarine**, 10947, bd Sainte-Anne, ☎ 827.57.03 ou 1.800. 567.39.39, fax 827.54.30. *31 ch.* Architecture récente. Table exceptionnelle de cuisine québécoise. Café-bistro.

Adresse utile

➤ **Bus**. Liaisons avec Québec : Intercar ☎ 626.36.65.

L'île d'Orléans

Carte, p. 245.

Indicatif téléphonique : 418

❶ **Kiosque d'information touristique de l'île**, 490, côte du Pont, Saint-Pierre ☎ 828.94.11. À 1 km du pont de Montmorency. Brochures et plan de l'île. Visites guidées sur cassettes audio. **Chambre de commerce de l'île d'Orléans** (même adresse que le kiosque d'information) ☎ 828.94.11. Pour réserver un gîte touristique ou un emplacement dans un terrain de camping.

■ Saint-François

Hébergement-restauration

▲▲ **Le Chaumonot**, 425, chemin Royal ☎ 829.27.35. *8 ch.* Situé au bord de l'eau avec vue sur la rive sud. Plutôt simple et rustique mais avec piscine et offrant à prix intéressant ses chambres spacieuses et sa table généreuse.

■ Saint-Jean

Auberge de jeunesse

Le P'tit Bonheur, 183, Côte-Lafleur, ☎ 829.25.88, fax 829.09.00. Dans une jolie maison et un site très agréable, avec vue sur le Saint-Laurent. Repas à prix modiques. On peut aussi faire sa cuisine. *Ouv. toute l'année.*

Restauration

◆ **La Plage**, 1180, chemin Royal ☎ 623. 10.98 ou 1.800.829.33.15. Il n'y a pas beaucoup de restaurants sur l'île, où prendre un repas léger et bon marché le midi. Celui-ci, à mi-chemin du tour de l'île, est un snack avec une belle terrasse sur le fleuve.

■ Saint-Laurent

Hébergement-restauration

▲▲▲ **Le Canard Huppé**, 2198, chemin Royal ☎ 828.22.92 ou 1.800.838.22.92, fax 828.09.66. www.canard-huppe. qc.ca. *13 ch.* simples avec touche d'époque, certaines un peu exiguës. Exceptionnelle table de cuisine régionale, qui réjouit autant l'œil que les papilles. Accueil chaleureux, service soigné. Terrasse ouverte sur les champs.

♦♦ **Moulin de Saint-Laurent**, 754, chemin Royal ☎ 829.38.88. Menus québécois traditionnels servis en musique, dans un moulin aux murs en pierre datant de 1720. Site enchanteur, avec terrasse au bord d'un ruisseau cascadeur. *En saison.*

■ Saint-Pierre

Hébergement-restauration

▲ **Le Vieux Presbytère**, 1247, rue Mgr-d'Esgly ☎ 828.97.23, fax 828.21.89. *8 ch.* Maison bicentenaire au cachet d'époque. La meilleure chambre est celle du curé, immense, logée sous les poutres avec son mur en pierre. Jolie salle à manger sous la verrière. Pour la table et le gîte, le meilleur rapport qualité-prix de l'île. Location de vélos.

♦♦ **Les Ancêtres de la Petite Canadienne**, 391, chemin Royal ☎ 828. 27.18. Cuisine traditionnelle régionale dans un cadre rustique. Sur la terrasse, vue sur la côte de Beaupré. *Ouv. de mai à oct., sur rés. en hiver.*

■ Sainte-Famille

Restauration

♦ **Café de mon Village**, 3963, chemin Royal ☎ (418) 829.36.56. L'établissement est plus généreux que ne le laisse entendre son nom. Cuisine régionale (menu du jour) et, en soirée, table d'hôte. La terrasse offre une vue sur le fleuve et la côte de Beaupré.

■ Sainte-Pétronille

Hébergement-restauration

▲▲▲ **La Goéliche** ♥, 22, av. du Quai ☎ 828.22.48, fax 828.27.45. *18 ch.* Le plus beau site de l'île avec une jolie vue. Salle à manger sous la verrière et terrasse idylliques. Location d'appartements équipés dans le pavillon Le Ber.

Québec

Plan I : plan d'ensemble, p. 228. Plan II : Vieux-Québec, p. 230.

Indicatif téléphonique : 418

❶ **Centre d'information sur la Basse-Ville**, 215, rue du Marché-Finlay **II-C2** ☎ 643.66.31. Exposition, diaporama et visites guidées.

❶ **Centre Infotouriste de Québec**, 12, rue Sainte-Anne **II-C2**. *Ouv. t.l.j. de fin juin à déb. sept. de 8 h 30 à 19 h 30, le reste de l'année de 9 h à 17 h.* Ce centre renseigne sur toute la province et propose des visites guidées dans Québec *(encadré, p. 253).*

❶ **Office du tourisme et des congrès de la communauté urbaine de Québec**, 835, av. Wilfrid-Laurier, Québec, G1R 2L3 **I-A-B2** ☎ 649.26.08 ou 1.877. 266.56.87, fax 522.08.30. www.region dequebec.com. Pour des renseignements sur la ville et ses environs.

Arrivée

➤ **EN AVION.** L'aéroport international Jean-Lesage est à Sainte-Foy, à 20 mn du centre-ville ☎ 640.26.00. Il est desservi par **Air Canada**, **Air Alliance**, **Air Transat**, **Continental Express**, **American Eagle** et **Canadien International** *(p. 257).* Des autocars assurent la navette entre Sainte-Foy et les hôtels du centre-ville.

➤ **EN BUS.** Liaisons avec **Montréal** par **Orléans Express** ☎ 525.30.00. *Gares routières, p. 257.*

➤ **EN TRAIN.** Liaisons avec **Montréal** et **la Gaspésie** par **Via Rail** ☎ 692.39.40 ou ☎ 1.800.361.12.35 ou 1.888.842. 72.45. www.viarail.ca. La compagnie **Amtrak** assure les liaisons entre le Québec et les États-Unis ☎ 1.800.872. 72.45. **Rens. sur l'arrivée des trains** ☎ 1.800.835.30.37. *Gares ferroviaires, p. 257.*

➤ **EN VOITURE.** De Montréal à Québec, vous avez le choix entre la rive nord (par l'A 40 E ou la rte côtière 138 E, également appelée «chemin du Roy») et la rive sud (par l'A 20 E ou la rte 132 E).

Visites guidées

➤ **EN AUTOBUS. Dupont** ☎ 649.92.26 ou 1.800.267.06.16. **Feuille d'Érable** ☎ 622.36.77. **Gray Line** ☎ 653.97.22. **La Tournée du Québec** ☎ 836.86.87 ou 1.800.672.52.32.

➤ **EN BATEAU. AML** ☎ 629.11.59 ou 1.800.563.46.43. **Catamaran Famille Dufour** ☎ 827.57.11 ou 1.800.463.52.50 : en catamaran, monocoque ou goélette. **Le Coudrier** ☎ 692.01.07. **M/S Louis-Jolliet** ☎ (418) 692.11.59 ou 1.800.563.46.43 : un bateau spécialisé dans les excursions sur le Saint-Laurent.

➤ **EN CALÈCHE. Balades en calèche et diligence** ☎ 624.30.62. **Calèches du Vieux-Québec** ☎ 683.92.22.

➤ **EN HÉLICOPTÈRE. Héli-Express** ☎ 877.58.90.

➤ **À PIED. CD Tour**, à la Maison du tourisme, 12, rue Sainte-Anne ☎ 990.86.87 : circuits autoguidés sur disque compact, avec voix historiques. **Feuille d'Érable** ☎ 622.36.77. **Omnitour** ☎ 692.12.23. **Tours du Vieux-Québec** ☎ 664.04.60 ou 1.800.267.TOUR : visites à pied et en bus. **Visites culturelles Baillairgé** ☎ 692.57.37. ❖

Circuler

➤ **EN BUS.** La **STCUQ** est la société de transports en commun de Québec ☎ 627.25.11. Ses bus sillonnent la ville et ses banlieues. **Les tickets** s'achètent dans le bus, les épiceries ou les «dépanneurs». Pour les changements de ligne, le conducteur de bus vous remet une «correspondance» qui vous permet de prendre un autre bus sans frais. Le forfait **Bus Pass** est proposé à la journée ou à la semaine. Les **lignes** de bus les plus pratiques sont la 800 et la 801, qui font le même trajet : la 801, qu'on appelle le métrobus, relie Sainte-Foy à la Haute-Ville (pl. d'Youville).

➤ **EN TAXI.** On en trouve facilement dans les rues : leur disponibilité est signalée par un voyant lumineux (*p. 257*).

➤ **EN VOITURE.** La circulation automobile peut être difficile dans le Vieux-Québec, où la promenade à pied s'impose.

Hébergement

VIEUX-QUÉBEC (BASSE-VILLE)

▲▲▲▲ **Auberge Saint-Antoine** ♥, 10, rue Saint-Antoine **II-C2** ☎ 692.22.11 ou 1.888.692.22.11, fax 692.11.77. www.saint-antoine.com. *31 ch.* Atmosphère, atmosphère… Chaque chambres est un univers en soi, décoré avec une créativité et un goût remarquables. Plusieurs ont vue sur le port, et certaines sont équipées d'une terrasse. Superbes suites historiques dans la maison Hunt. Stationnement et généreux buffet matinal inclus.

▲▲▲▲ **Dominion 1912** ♥, 126, rue Saint-Pierre **II-C2** ☎ 692.22.24 ou 1.888.833.52.53, fax 692.44.03. www. hoteldominion.com. *40 ch.* lumineuses et raffinées, un confort intégral, et la finesse de la literie est remarquable. Un hôtel de style new-yorkais, avec une touche de design dans le style de Philippe Starck… la chaleur en plus. Aux étages supérieurs, vue sur le fleuve ou le cap Diamant. Buffet du petit déjeuner inclus.

▲▲▲ **Auberge Saint-Pierre**, 79, rue Saint-Pierre **II-C2** ☎ 694.79.81 ou 1.888.268.10.17, fax 694.04.06. *32 ch.* à l'élégant et chaleureux cachet québécois. Un établissement bien tenu. Murs en pierre et en brique, plancher et meubles en bois. Bain tourbillon dans toutes les chambres. Petit déjeuner inclus.

▲▲▲ **Le Priori**, 15, rue du Sault-au-Matelot **II-C2** ☎ 692.39.92 ou 1.800. 351.39.92, fax 692.08.83. *26 ch.* Petit établissement au cachet européen où le design s'intègre bien à la pierre et au bois d'une maison historique. Les chambres standard sont exiguës.

▲ **Belley**, 249, rue Saint-Paul **II-BC1** ☎ 692.16.94 ou 1.888.692.16.94, fax 692.16.96. *8 ch.* Dans le quartier des antiquaires et des petits cafés, un hôtel accueillant au décor sobre et plutôt moderne. Ancienne taverne avec terrasse au r.-d.-c., très animée.

Vieux-Québec (Haute-Ville)

▲▲▲▲▲ **Le Château Frontenac**, 1, rue des Carrières **II-C3** ☎ 692.38.61 ou 1.800.441.14.14, fax 692.17.51. *603 ch.* dont certaines avec belle vue sur le fleuve; suites avec jacuzzi. Un établissement de prestige, le plus photographié au monde. Et un restaurant ultra-chic, Le Champlain. Piscine intérieure.

▲▲▲ **Clarendon**, 57, rue Sainte-Anne **II-BC2** ☎ 692.24.80 ou 1.888.554.60.01 et 463.52.50, fax 692.46.52. *151 ch.* Dans un immeuble du XIXe s., un hôtel traditionnel partiellement reconstruit dans le style Art déco. Les plus jolies chambres sont au 6e étage (non fumeur) et offrent une vue sur le Vieux-Québec. Bonne table. Café-jazz.

√ ▲▲▲ **Clos Saint-Louis 8**, 69, rue Saint-Louis **II-BC3** ☎ 694.13.11 ou 1.800.461. 13.11, fax 694.94.11. *25 ch.* coquettes au décor romantique. Des chambres avec s.d.b. communes sont disponibles à prix doux.

▲▲▲ **Manoir Victoria**, 44, côte du Palais **II-B2** ☎ 692.10.30 ou 1.800.463. 62.83, fax 692.38.22. *145 ch.* spacieuses à l'élégance un peu empesée. Dans un bâtiment ancien, un hôtel bien tenu.

▲▲ **Au Jardin du Gouverneur**, 16, rue Mont-Carmel **II-C3** ☎ 692.17.04, fax 692.17.13. *17 ch.* bien tenues dont plusieurs avec vue sur la verdure. Bien situé dans une rue tranquille mais proche du centre.

▲▲ **Le Château de Pierre**, 17, av. Sainte-Geneviève **II-BC3** ☎ 694.04.29, fax 694.01.53. *20 ch.* spacieuses, décorées avec raffinement. Vous vous sentirez en visite dans cette vieille demeure bourgeoise à l'anglaise. Belle architecture intérieure. Balcons avec vue, pas de restauration.

▲▲ **Marie-Rollet**, 81, rue Sainte-Anne **II-BC2** ☎ 694.92.71 ou 1.800.275.03.38. *10 ch.* Dans une maison qui date de 1876, un petit hôtel à l'ambiance vieille Europe. Terrasse sur le toit.

Quartiers Montcalm et Saint-Jean-Baptiste (hors les murs)

▲▲▲▲ **Hilton Québec**, 1100, bd René-Lévesque E **II-A3** ☎ 647.24.11 ou 1.800.447.24.11. *571 ch.* Dans les standards de la grande chaîne internationale Hilton. Piscine extérieure chauffée à l'année, salle d'exercices, sauna, massages.

▲▲▲▲ **Lœws Le Concorde**, 1225, pl. Montcalm **I-A2** ☎ 647.22.22 ou 1.800. 463.52.56, fax 647.47.10. *409 ch.* Un établissement de prestige avec un étage spécial réservé aux femmes d'affaires. Le restaurant rotatif panoramique, L'Astral, propose un buffet le midi.

▲▲▲ **Le Capitole**, 972, rue Saint-Jean **II-AB2** ☎ 694.40.40 ou 1.800.363. 40.40, fax 694.19.16. *40 ch.* colorées, un peu exiguës mais au décor contemporain avec une touche théâtrale. Tout près du mur des fortifications, l'établissement intègre le théâtre Le Capitole, un édifice historique de 1902.

▲▲ **Auberge Louis-Hébert**, 668, Grande Allée E **II-A3** ☎ 525.78.12, fax 525.62.94. *8 ch.* bien agréables. Dans une maison de la fin du XVIIIe s., au-dessus d'un restaurant réputé.

▲ **Le Relais Charles-Alexandre**, 91, Grande Allée E **II-A3** ☎ 523.12.20, fax 523.95.56. *23 ch.* de dimensions variables, avec un beau mobilier québécois, bibliothèques. Un hôtel logé dans deux anciennes demeures et meublé avec cachet. Bon rapport qualité-prix.

Manifestations

➤ **Février**. **Carnaval de Québec** *(encadré, p. 239)*. Pendant 3 semaines.

➤ **Mai**. **Carrefour international de théâtre**. Pendant 15 jours.

➤ **Juillet**. **Festival d'été international de Québec**, avec spectacles gratuits.

➤ **Début août**. **Fêtes de la Nouvelle-France**. Arrivée des explorateurs et activités historiques. Visiteurs et résidents sont invités à se costumer à la mode d'autrefois et à participer à des spectacles qui se déroulent dans l'enceinte fortifiée.

➤ **Août**. **Événement Plein Art** : fête des métiers d'art. Pendant 2 semaines.

➤ **Fin août-début septembre**. **Festival international du film** et **Festival de musique ancienne** à Sillery, au Domaine Cataraqui. ❖

Auberges de jeunesse

Auberge de la Paix, 31, rue Couillard **II-B2** ☎ 694.07.35. **Centre international de séjour**, 19, rue Sainte-Ursule **II-B3** ☎ 694.07.55.

Résidences universitaires

Campus Notre-Dame-de-Foy ☎ 872. 80.41, en été. **Service des résidences de l'université Laval** ☎ 656.56.32. **YMCA**, 855, av. Holland ☎ 683.21.55.

Restauration

Basse-Ville

◆◆◆◆ **Initial** ♥, 54, rue Saint-Pierre **II-C2** ☎ 694.18.18. Décor élégant et atmosphère feutrée, service attentionné. Carte de cuisine française.

◆◆◆◆ **Laurie Raphaël** ♥, 117, rue Dalhousie **II-C1-2** ☎ 692.45.55. Cuisine québécoise avec des accents orientaux et californiens. Le chef Daniel Vézina est l'une des meilleures toques.

◆◆◆◆ **Le Marie-Clarisse**, 12, rue du Petit-Champlain **II-C3** ☎ 692.08.57. Une institution pour les poissons et fruits de mer.

◆◆◆ **Le Café du Monde**, 57, rue Dalhousie **II-C1-2** ☎ 692.44.55. Bonne carte de brasserie, vins au verre, ambiance animée. Petit déjeuner le w.-e.

◆◆ **L'Ardoise**, 71, rue Saint-Paul **II-BC1** ☎ 694.02.13. Un café qui sert de délicieux petits déjeuners et des plats de bistro à prix démocratiques pour le quartier. Terrasse.

◆◆ **Aviatic Club**, 450, rue de la Gare-du-Palais **II-AB1** ☎ 522.35.55. Dans le Vieux-Port. Cuisine du monde dans un décor thématique où l'on fait du coude à coude.

◆◆ **L'Échaudé** ♥, 73, rue du Sault-au-Matelot **II-C2** ☎ 692.12.99. Animé, ce restaurant sert les classiques de la cuisine de bistro. Vins au verre, terrasse sur rue piétonne, l'accueil est sympathique. Brunch le dimanche. *F. dim. et lun. en basse saison.*

◆◆ **Le Lapin Sauté**, 52, rue du Petit-Champlain **II-C3** ☎ 692.53.25. Dans un décor provençal, on vous servira du lapin apprêté de toutes les façons. Terrasse. Bon rapport qualité-prix, ambiance décontractée.

Vieux-Québec (Haute-Ville)

◆◆◆ **À la Bastille-Chez Bahüaud**, 47, av. Sainte-Geneviève **II-BC3** ☎ 692. 25.44. Vous découvrirez une fine cuisine créative dans un cadre cossu et chaleureux, avec petits salons et terrasse-jardin. *F. midi et lun. en basse saison.*

Dans la petite rue du Trésor, des artistes proposent aux touristes des vues de Québec, des paysages québécois et des caricatures croquées sur le vif.

♦♦♦♦ **La Maison Serge Bruyère**, 1200, rue Saint-Jean **II-AB2** ☎694.06.18. Un pionnier dans la fine cuisine «évolutive». À l'étage, le restaurant La Grande Table est un bastion de la gastronomie québécoise. Au r.-d.-c., menu bistro.

♦♦♦♦ **Le Saint-Amour**, 48, rue Sainte-Ursule **II-B2-3** ☎694.06.67. Cuisine française raffinée servie dans un cadre de maison bourgeoise, avec jardin-verrière. Contrôlez votre appétit : la carte des desserts est irrésistible.

♦♦♦ **Aux Anciens Canadiens**, 34, rue Saint-Louis **II-BC3** ☎692.16.27. Dans une maison de 1675, ce restaurant porte le nom du roman qu'a publié en 1863 un de ses illustres locataires, le seigneur Philippe-Aubert de Gaspé. Cuisine québécoise traditionnelle et renouvelée dans un décor thématique. Personnel en costume d'époque.

♦♦♦ **Le Café de la Paix**, 44, rue des Jardins **II-B2** ☎692.14.30. Bon restaurant de cuisine française classique, ambiance bistro.

♦♦ **L'Entrecôte Saint-Jean**, 1011, rue Saint-Jean **II-AB2** ☎694.02.34. Le parfait steak-frites est servi dans un décor style brasserie, avec un brin de décorum.

♦♦ **Pub Saint-Alexandre**, 1087, rue Saint-Jean **II-AB2** ☎694.00.15. Steak-frites, saucisses et choucroute. 200 bières et 40 whiskies écossais single malt au choix. Jazz le lun. soir.

♦ **Chez Temporel**, 25, rue Couillard **II-B2** ☎694.18.13. Salades, sandwiches, quiches, bons desserts. Ambiance décontractée et décor chaleureux.

♦ **Chez Victor**, 145, rue Saint-Jean **II-AB2** ☎529.77.02. Les meilleurs hamburgers en ville et un bon choix de bières, dans un cadre chaleureux avec murs en pierre et chandelles.

Hors les murs, Haute-Ville

♦♦♦ **Le Graffiti**, 1191, av. Cartier **I-A2** ☎529.49.49. La table allie les saveurs françaises et italiennes. C'est aussi la meilleure carte de vins de Québec, avec des sélections de prestige et prix à l'avenant.

♦♦♦ **Le Louis-Hébert**, 668, Grande Allée E **II-A3** ☎525.78.12. Une institution à Québec : c'est le rendez-vous des politiciens. Menu savoureux que l'on peut prendre en terrasse pendant l'été.

♦♦ **Le Cochon Dingue**, 46, bd René-Lévesque O **II-A3** ☎523.20.13. Bon steak-frites et délicieux desserts maison. Terrasse-jardin. Très couru le w.-e. *Ouv. dès le petit déjeuner.*

♦♦ **Jaune Tomate**, 120, bd René-Lévesque O **II-A3** ☎ 523.29.29. On y sert une cuisine d'Italie soignée et diversifiée : grillades, poissons frais, pâtes et pizzas. Ambiance animée et sympathique dans un cadre méditerranéen chaleureux.

♦♦ **Mon Manège à Toi**, 102, bd René-Lévesque O **II-A3** ☎ 649.04.78. Cuisine régionale gaspésienne. Un jeune chef de la péninsule officie aux fourneaux. Petite terrasse.

♦♦ **Le Parlementaire**, à l'angle de l'av Dufferin et de la Grande Allée E **II-A3** ☎ 643.66.40. À deux pas de l'hôtel du Parlement. Le midi, bonne table de cuisine régionale.

♦ **Chez Krieghoff**, 1089, av. Cartier **I-A2** ☎ 522.37.11. Les petits déjeuners les plus prisés des Québécois eux-mêmes. Journaux du matin, ambiance agréable. Fait également B & B.

Adresses utiles

➤ **Auto-stop. Allo-stop** ☎ 522.00.56. Cet organisme met en contact conducteurs et passagers.

➤ **Banques. Banque nationale du Canada**, 18150, bd René-Lévesque E **II-A3** ☎ 647.61.10. **Banque nationale de Paris**, 925, rue Saint-Louis **II-BC3** ☎ 684.75.75. **Banque royale du Canada**, 700, pl. d'Youville **II-A2** ☎ 692.68.00. **HSBC Canada**, 2795, bd Laurier, Sainte-Foy ☎ 656.69.41.

➤ **Change. Échange de devises Montréal**, 12, rue Sainte-Anne **II-BC2** ☎ 694. 10.14. *T.l.j. en été de 8 h 30 à 19 h 30.* **Transchange**, 43, rue Buade **II-C2** ☎ 694. 69.06. *T.l.j. de 8 h à 22 h.*

➤ **Compagnies aériennes. Air Canada, Canadien International, Air Nova** et **Air Alliance** ☎ 692.07.70 ou 1.800.630.32.99. **Continental Airlines** ☎ 872.42.98. **American Airlines** ☎ 871. 55.33. Les compagnies qui desservent le Grand Nord sont : **Air Inuit**, 1985 Ltée ☎ 1.800.361.29.65 ou 1.800.361. 29.65 (rés. Air Inuit) et 1.800. 267.12.47 (rés. pour sa filiale First Air). www.airinuit.com et www.first

air.ca. **Air Creebec** ☎ (819) 825.83.55 ou 1.800.567.65.67. www.aircree bec.ca.

➤ **Consulats. France :** chancellerie, maison Kent, 25, rue Saint-Louis **II-BC3** ☎ 694.22.94. **Suisse :** 3293, 1re Av. ☎ 623.98.64.

➤ **Gares ferroviaires.** Basse-Ville : **gare du Palais II-A1**, 450, rue de la Gare-du-Palais ☎ 524.41.61. Banlieue O : **gare de Sainte-Foy**, 3255, chemin de la Gare ☎ 658.87.92.

➤ **Gares routières.** Basse-Ville : **gare du Palais**, 320, rue Abraham-Martin **I-C1** ☎ 525.30.00. Banlieue O : **gare de Sainte-Foy**, 3001, chemin des Quatre-Bourgeois ☎ 650.00.87.

➤ **Informations médicales. Info-santé** ☎ 648.26.26.

➤ **Location de vélos. Cyclo-services** ☎ 692.40.52. **Promo-vélo** ☎ 522.00.87. **Vélo Passe-sport Plein-air** ☎ 692.36.43.

➤ **Location de voitures. Budget :** aéroport ☎ 872.98.85. **Discount :** aéroport ☎ 652.72.89. **Hertz :** aéroport ☎ 871.15.71 ou 44, côte du Palais **II-B2** ☎ 694.12.24. **Tilden :** aéroport ☎ 871. 12.24 et 295, rue Saint-Paul **II-AB1** ☎ 694.17.27. **Via route** ☎ 682.26.60.

➤ **Pharmacie. Brunet**, Galeries Charlesbourg, 4250, 1re Av. ☎ 623.15.71. *Ouv. 24 h sur 24.*

➤ **Poste.** Bureau principal, 300, rue Saint-Paul **II-AB1** ☎ 694.61.75. Télécopieur.

➤ **Taxis. Co-Op** ☎ 525.51.91. **Taxi Loretteville** ☎ 842.27.24. **Taxi Québec** ☎ 525.81.23.

➤ **Urgences.** ☎ 911. À la fois pour la police et les urgences médicales.

➤ **Villages vacances Valcartier.** 1860, bd Valcartier, Valcartier ☎ (418) 844.22.00. Dans la banlieue de Québec, ce centre dispose de 13 remontées mécaniques et de 38 pentes. En hiver on y pratique, en plus du ski, patinage, rafting des neiges, traîneau à chiens, etc. L'été : glissades d'eau, patins en ligne, golf, baignade. ■

L'EST MARITIME

L à où l'estuaire du Saint-Laurent s'élargit pour s'ouvrir sur le golfe, les régions de l'Est québécois vivent au rythme d'un fleuve salin et animé par le mouvement des marées. C'est un tout autre Québec. Sur la rive nord, la région de Charlevoix offre un relief tourmenté dont les particularités lui ont valu d'être nommée réserve mondiale de la biosphère. Elle est prolongée par une région méconnue, la Côte-Nord, bordée d'îlots et d'îles aux paysages fascinants et dont la route côtière traverse des réserves amérindiennes. Sur la rive sud du fleuve, une côte riche en histoire, des sanctuaires insulaires et des villages accueillants font du Bas-Saint-Laurent une région attrayante, qui mène en beauté à la Gaspésie, berceau de la Nouvelle-France. Loin au large, dans le golfe, les Îles-de-la-Madeleine sont l'ultime récompense du voyageur à la découverte du Québec maritime.

La côte charlevoisienne

En quittant Québec, la rive nord du Saint-Laurent borde la région de Charlevoix, où mer et montagne s'étreignent dans des paysages à couper le souffle. Puis la côte est entaillée par le fjord du Saguenay, longue veine bleue qui s'ouvre sur le lac Saint-Jean.

Typique chalet d'été avec sa véranda grillagée d'une moustiquaire et ses fondations recouvertes d'un treillis. Depuis plusieurs années, la déforestation et le bétonnage des berges sont interdits.

Entre l'embouchure du Saguenay et Petite-Rivière-Saint-François, le territoire charlevoisien s'étend sur plus de 150 km de littoral et 6 000 km² de superficie. Au cœur du Bouclier canadien, la chaîne des Laurentides vient se briser en à-pic sur la mer, tandis que l'arrière-pays possède un relief tout aussi puissant où alternent plateaux boisés et vallées en canyon.

Pour ajouter à l'originalité d'un relief insolite, la côte a subi la marque d'une énorme météorite il y a 350 millions d'années, avant d'être remaniée par l'érosion et les tremblements de terre. Le caractère sauvage de ces paysages à la faune et à la flore exceptionnelles a pu être préservé grâce à l'aménagement de parcs naturels. La beauté de la région a inspiré nombre de

Réserve mondiale de la biosphère

Au Québec, trois sites détiennent le titre de réserve mondiale de la biosphère décerné par l'Unesco : le mont Saint-Hilaire en Montérégie, le tronçon fluvial nommé lac Saint-Pierre et la région de Charlevoix. C'est en 1989 que la région de Charlevoix a reçu l'approbation de l'Unesco, devenant ainsi la première réserve mondiale qui soit habitée. La réserve de Charlevoix est constituée de trois aires centrales de protection : le parc des Grands-Jardins *(p. 263)*, le parc des Hautes-Gorges de la rivière Malbaie *(p. 267)* et le Centre écologique de Port au Saumon *(p. 268)*, ainsi que deux satellites, la forêt Montmorency et le centre éco-forestier Les Palissades *(ouv. seulement aux groupes de fin juin à déb. sept. de 9 h à 20 h, en automne du jeu. au dim. de 9 h à 17 h).* ❖

peintres, de poètes et de musiciens, si bien que la vie artistique compte assurément pour beaucoup, avec la nature et le charme des auberges, dans la popularité de cette région qui est l'une des préférées des Québécois.

➤ *Carte*, p. 260. *Bonnes adresses*, p. 311.

Petite-Rivière-Saint-François

➤ *À 87 km N-E de Québec et à 340 km N-E de Montréal par la rte 138 E, puis route secondaire après Saint-Cassien-des-Caps.*

Avec le **Massif**, sommet surplombant Petite-Rivière-Saint-François, commence véritablement la région de Charlevoix. C'est la plus haute station de ski du Québec (☎ *(418) 632.58.76*), avec ses 770 m de dénivellation.

Petite-Rivière-Saint-François s'étire sur 6 km entre falaise et fleuve. Le plus vieux lieu de peuplement de Charlevoix (1675) fut longtemps le lieu de villégiature de la romancière Gabrielle Roy (1909-1983), francophone du Manitoba (une des provinces canadiennes). La **chapelle de Maillard** possède des fresques d'artistes charlevoisiens, et la **chapelle de Grande-Pointe** présente des expositions temporaires. Sur la route 138, on rencontre un point d'accès au **sentier des Caps de Charlevoix**, un trajet de 51 km tout en hauteur (☎ *(418) 823.11.17*).

Baie-Saint-Paul★★

➤ *À 23 km N de Petite-Rivière-Saint-François par la rte 138 E. Bonnes adresses*, p. 312.

Avant d'amorcer la descente dans le cratère météorique, un arrêt au belvédère est impératif: le **centre d'Histoire naturelle** (*444, bd Mgr-de-Laval ☎ (418) 435.62.75; ouv. t.l.j. en été de 10h à 16h, en hiver le*

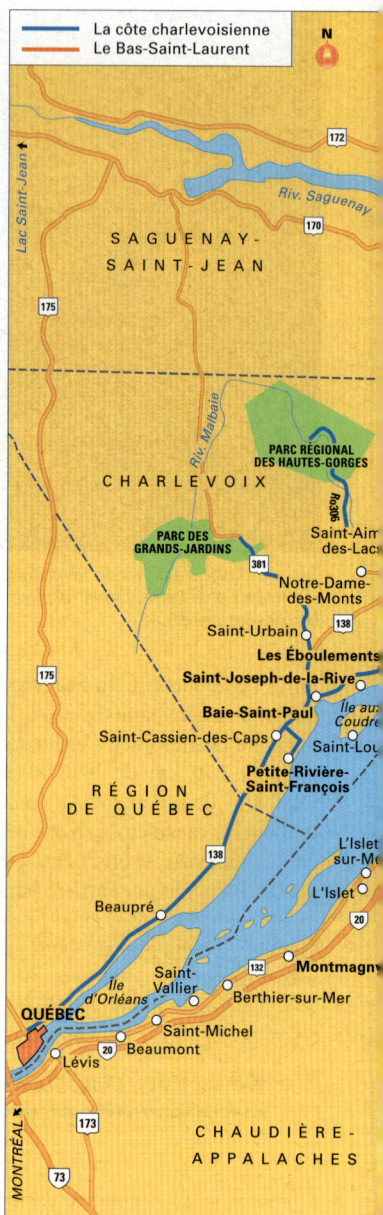

LA CÔTE CHARLEVOISIENNE ET LE BAS-SAINT-LAUREN

w.-e. seulement), par son exposition *Charlevoix, un destin venu du ciel*, fournit une clef pour comprendre ses paysages accidentés ainsi que la faune et la flore qui s'y sont installées.

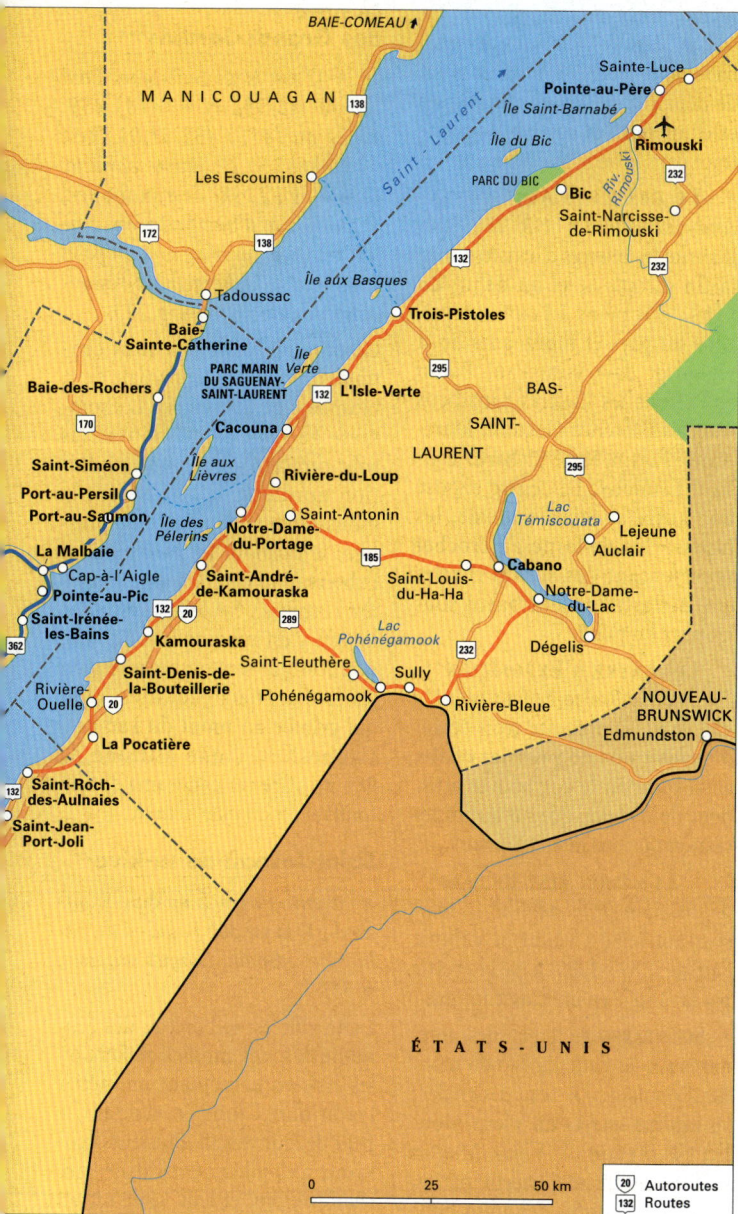

BAIE-COMEAU ↑

MANICOUAGAN [138]

Saint-Laurent

Sainte-Luce ○
Pointe-au-Père ○
Île Saint-Barnabé
✈ Rimouski
Riv. Rimouski
[232]
Île du Bic
PARC DU BIC
Bic ○
Saint-Narcisse-
de-Rimouski ○
[232]

Les Escoumins ○

[172]
[138]

Île aux Basques
[132]

○ Tadoussac
Baie-
Sainte-Catherine
Île
Verte
PARC MARIN
DU SAGUENAY-
SAINT-LAURENT
[132] L'Isle-Verte
Trois-Pistoles ○

Baie-des-Rochers ○
[170]
Cacouna ○

BAS-
SAINT-
LAURENT
[295]

Saint-Siméon ○
Île aux
Lièvres
Rivière-du-Loup ○
Lac
Témiscouata ○
[295]
Lejeune ○
Auclair

Port-au-Persil ○
Port-au-Saumon ○
Île des
Pélerins
Saint-Antonin ○
Notre-Dame-
du-Portage ○
[185]
Cabano ○
Notre-Dame-
du-Lac ○

La Malbaie
Cap-à-l'Aigle ○
Pointe-au-Pic ○
Saint-André-
de-Kamouraska
Saint-Louis-
du-Ha-Ha ○

Saint-Irénée-
les-Bains ○
[132] [20]
[289]
Lac
Pohénégamook
[232]
Dégelis ○

[362]
Kamouraska ○
Saint-Eleuthère ○
Sully ○

Rivière-
Ouelle ○ [20]
Saint-Denis-de-
la-Bouteillerie
Pohénégamook ○
Rivière-Bleue ○
NOUVEAU-
BRUNSWICK
Edmundston ○

La Pocatière ○

[132] Saint-Roch-
des-Aulnaies ○
Saint-Jean-
Port-Joli ○

ÉTATS-UNIS

0   25   50 km
[20] Autoroutes
[132] Routes

La ville est bâtie au bord du fleuve, au débouché de la rivière du Gouffre, un torrent qui dévale des montagnes précambriennes. Ce décor fabuleux attire depuis toujours les peintres. Vous pourrez découvrir les œuvres de certains d'entre eux au centre d'Art ou dans la douzaine de galeries privées que compte la ville. L'étroite **rue Saint-Joseph** recèle de nombreuses maisons à toiture mansardée, trait typique qui fait l'orgueil local. De la rue Sainte-Anne, une promenade de 2 km mène au quai, point de départ d'**excursions nautiques** et d'un **sentier ornithologique** tracé dans le petit bois adjacent.

➤ **LE CENTRE D'ART***. 4, rue Ambroise-Fafard ☎ (418) 435.36.81. Il abrite les œuvres d'artistes qui, à la fin du XIXe s. et au début du XXe s., ont peint à l'envi rivages, gens du pays et montagnes de la région de Baie-Saint-Paul. Parmi eux citons les maîtres canadiens français Clarence Gagnon, Marc-Aurèle Fortin, René Richard, Jean-Paul Lemieux. Le centre expose une autre spécialité locale, les **tapisseries de laine** au crochet représentant des scènes rurales que des artisans fabriquent sous les yeux du public.

➤ **LE CENTRE D'EXPOSITION****. 23, rue Ambroise-Fafard ☎ (418) 435.36.81. Il présente trois étages d'expositions de premier ordre, aussi bien sur le patrimoine artistique de la région que sur les artistes contemporains internationaux.

➤ ♥ **LA MAISON RENÉ-RICHARD****. 55, rue Saint-Jean-Baptiste. La maison-atelier où vécut et peignit l'artiste (1895-1995) a été convertie par la famille en un musée intime.

➤ **SITES PAYSAGÉS.** Trois sites, aménagés sur les flancs boisés du mont des Éboulements, sont à signaler : les **jardins secrets du Vieux-Moulin** (4, chemin du Vieux-Moulin ☎ (418) 240.21.46), tricentenaires, où sont organisées des animations costumées ; le **domaine Charlevoix** (à 11 km N-E de Baie-Saint-Paul par la rte 362 E ☎ (418) 435.26.26) avec sentiers et chutes dévalant une terrasse de 390 m et le **camping Le Balcon vert** qui surplombe la baie et organise en été des soirées animées autour de feux de camp.

Le parc des Grands-Jardins***

➤ À 42 km N de Baie-Saint-Paul par la rte 381 N ☎ (418) 439. 12.27 ou (418) 435.31.01. Rés. ☎ 1.800.665.65.27. Entrée payante. Canoë, VTT, ski de randonnée, pêche, centre d'interprétation, chalets, refuge et camping sont proposés dans le parc. **Hébergement-restauration** à Saint-Urbain, p. 313.

Ce parc est l'une des aires centrales de la réserve mondiale de la biosphère de Charlevoix. Les sommets de ses hautes montagnes sont caractérisés par une végétation nordique, la taïga, dont la mousse nourrit un hôte de prestige : le caribou. Le parc propose l'observation de cet animal (encadré ci-contre). Seule la chasse aux images y est permise lors des randonnées guidées en hiver. Parmi les sept sentiers pédestres, celui qui grimpe au **mont du Lac-des-Cygnes***, d'une altitude de 980 m, offre un panorama époustouflant (5 km aller-retour).

Saint-Joseph-de-la-Rive**

➤ À env. 10 km E de Baie-Saint-Paul par la rte 362 E, puis à dr. par la Côte-à-Godin. **Bonnes adresses**, p. 313.

Cette ville est le berceau des économusées, ces musées-ateliers où les artisans perpétuent un métier traditionnel tout en vendant le fruit de leur travail. Plusieurs économusées jalonnent l'itinéraire charlevoisien, et leur visite est un bon moyen d'approfondir la connaissance du pays.

Le premier économusée créé est celui de la **papeterie Saint-Gilles** (☎ (418) 635.24.30 ; ouv. toute l'année). Fondé en 1965 par Mgr Félix-Antoine Savard, cet atelier de confection de papier fin de coton,

Les caribous des Grands-Jardins

En 1900, le cheptel de caribous des Grands-Jardins était évalué à plusieurs milliers de spécimens. La disparition complète du troupeau se produisit si rapidement qu'on ne parvint pas à sauver l'espèce. La dernière capture de caribou au registre du château Beaumont, fréquenté par les chasseurs, remonte à 1914. De 1969 à 1972, le gouvernement québécois a procédé à la réintroduction du caribou dans le parc, en y libérant 82 jeunes nés en captivité. Jusqu'en 1985, le cheptel a stagné, puis une remontée significative en 1992 le portait à quelque 125 animaux, mais cette réintroduction n'aura pas eu les effets escomptés. Un nouveau projet est en discussion, alors qu'on estime à moins d'une centaine les caribous sur les hauteurs du parc des Grands-Jardins. ❖

inscrusté de feuilles et de fleurs, faillit disparaître sans l'intervention d'un muséologue québécois réputé : Cyril Simard émule de Georges-Henri Rivière, le père de l'écomuséologie française.

Le **musée maritime de Charlevoix** (*ou économusée de la Goélette* ☎ *(418) 635.28.03; ouv. de mi-mai à mi-oct.*) possède deux salles d'exposition. Les forgerie et charpenterie originelles ont retrouvé une seconde jeunesse grâce à l'enseignement de la restauration de goélettes.

L'île aux Coudres**

➤ *À 15 mn de Saint-Joseph-de-la-Rive par le traversier* ☎ *(418) 438.27.43. Passage gratuit.* **Bonnes adresses***, p. 312.*

C'est sur cette île de 23 km de circonférence que Pierre Perreault filma la pêche aux marsouins dans *Pour la suite du monde*, où s'exécute pour la dernière fois la pêche au béluga, «une baleine blanche sortie droit du paradis» disent les insulaires. C'est maintenant le tourisme, plus que la pêche ou la construction de goélettes, qui fait

Le Saint-Laurent, fleuve roi

Deuxième cours d'eau en importance au Canada, le fleuve Saint-Laurent constitue l'artère vitale du Québec. C'est aussi un sanctuaire de faune et de flore, d'autant plus précieux que menacé.

Noces avec l'Atlantique

Au plus important des fleuves qui se jettent dans l'Atlantique, il fallait une source à sa taille: ce sont les Grands Lacs. L'eau qui mugit aux chutes du Niagara, c'est déjà le Saint-Laurent. Il compte 100 affluents, des milliers d'îlots et 500 îles, dont celle de Montréal. Coupé de rapides, le Saint-Laurent fait un voyage de 3 600 km, qu'il s'étire entre des rives resserrées ou s'épanouisse en lacs fluviaux. Il prend le nom de mer peu après Québec, où ses eaux commencent à être salées et soumises aux marées. Par le travers de l'île d'Anticosti, ses rives sont distantes de 125 km.

Le chemin qui marche

Les premiers explorateurs du Saint-Laurent furent les Amérindiens, qui depuis des millénaires empruntaient «le chemin qui marche». Des Vikings s'y aventurent vers l'an mil. Jacques Cartier l'explore de long en large au XVIe s. Des Basques, des Normands et des Bretons y pêchent la morue, la baleine et le phoque.

Aujourd'hui, le Saint-Laurent est le principal axe économique du Québec. Une quarantaine de ports de commerce s'ouvrent sur le fleuve, dont les plus importants sont ceux de Montréal, Québec, Baie-Comeau, Sept-Îles et Port-Cartier. Les lacquiers (navires des lacs) transportent le blé des Prairies (Manitoba, Saskatchewan, Alberta), les minerais et le papier du Québec, tandis que les cargos transocéaniques font l'import-export entre l'Amérique du Nord et le monde entier. En amont de Montréal, des écluses géantes permettent à des navires pouvant atteindre 222 m de long de rejoindre l'extrémité des lacs pour desservir des ports de pleine terre comme Chicago, à des milliers de kilomètres de l'Océan.

La pêche est une industrie vitale dans l'économie de la Côte-Nord, de la Gaspésie et des Îles-de-la-Madeleine.

La pêche à l'anguille est traditionnellement pratiquée à Kamouraska.

Un fleuve à protéger

Mouette

En période de migration, plus d'un million d'oiseaux aquatiques fréquentent les rives du fleuve. Montmagny, Cap-Tourmente, Pointe-aux-Outardes et les rives du lac Saint-Pierre sont des sites privilégiés pour l'observation.

Industrie en bordure du Saint-Laurent.

Quatre-vingts pour cent de la population du Québec vit en bordure du fleuve. La moitié y puise son eau potable. Mais le développement urbain, industriel et agricole a causé de graves dommages à l'écologie du Saint-Laurent. La pollution industrielle est issue principalement du secteur des pâtes et des papiers, de la métallurgie, de la chimie et du pétrole.

Le plan d'action Saint-Laurent vise sa réhabilitation d'ici à l'an 2003. Signe encourageant : entre 1988 et 1995, la moitié des établissements industriels polluants ont réduit de 96 % le déversement de contaminants. Mais les travaux de dragage mettent en suspension des sédiments, contaminés depuis belle lurette. Quarante pour cent des contaminants, surtout les pesticides et les métaux lourds, proviennent des Grands Lacs. Et des traces de pesticides toxiques, pourtant interdits au Québec depuis des décennies, se retrouvent encore dans le milieu aquatique. Le Québec doit donc travailler en étroite concertation avec ses voisins.

Pour l'heure, la consommation de certaines espèces de poissons, notamment les piscivores, reste sujette à des restrictions en raison d'une contamination par le mercure. Et les riverains attendent avec impatience le jour où ils pourront de nouveau se baigner librement dans les eaux du fleuve, dont les plages salubres sont devenues rarissimes en amont de Québec. ■

*Le ravissant village des Éboulements doit son nom et sa géomorphologie
à l'un des tremblements de terre survenu en 1663.*

vivre les habitants. Il vaut donc mieux réserver dans les hôtels et auberges de l'île. L'idéal pour la visiter est de louer un vélo *(au village de La Baleine, à la pointe N-E de l'île ☎ (418) 438.21.46).*

D'un village à l'autre, vous ferez la découverte du **tissage** réputé des artisanes insulaires, et vous goûterez les **plats traditionnels** : éperlans frits, soupe aux gourganes (fèves), pâté croche (viande en croûte), tarte à la rhubarbe.

➤ LE MUSÉE DE L'ISLE-AUX-COUDRES. ☎ *(418) 438.27.53. Ouv. t.l.j. de mai à oct. de 8 h 30 à 18 h.* Dans le village de **Saint-Louis**, ce sympathique musée évoque au premier étage une histoire populaire de l'île à l'aide de figurines de bois taillées grossièrement. Le second étage grâce à sa collection d'animaux naturalisés et de végétaux séchés présente la faune et la flore charlevoisiennes, avec en guise de commentaires des coupures de journaux anciens et de revues scientifiques.

➤ LE MUSÉE DES VOITURES D'EAU*. ☎ *(418) 438.22.08. Ouv. le w.-e. de mi-mai à mi-oct., t.l.j. de mi-juin à mi-sept. de 9 h 30 à 18 h.* Dans le même village, ce musée fait revivre ces voiliers d'autrefois spécialisés dans le cabotage.

➤ L'ÉCONOMUSÉE DE LA FARINE. Aux **Moulins de l'Isle-aux-Coudres**, dont l'un est à eau (1825), l'autre à vent (1836), vous pourrez vous approvisionner en pain de blé et de sarrasin et visiter les deux moulins à l'ouvrage.

Les Éboulements*

➤ *À 4 km E de Saint-Joseph-de-la-Rive par la rte 362 E.* **Bonnes adresses**, *p. 313.*

Le nom de ce joli village rappelle un glissement de terrain consécutif aux tremblements de terre de 1663. Durant sept mois, le sol de toute la Nouvelle-France avait régulièrement tremblé. Le territoire de Charlevoix, situé dans l'épicentre du séisme, s'en trouva modifié : le long de la côte, des éboulis se produisirent et formèrent des terrasses solides et fermes. Le **manoir seigneurial de Sales-Laterrière** possède un moulin à eau de 1790, qui fonctionne encore.

♥ Saint-Irénée-les-Bains*

➤ *À 15 km N-E des Éboulements par la rte 362 E.* **Bonnes adresses**, *p. 313.*

Ce pittoresque village, édifié en étages sur la falaise et sur la rive du fleuve, est un lieu de prédilection pour les mélomanes et artistes, grâce à l'académie de musique et de danse du **domaine Forget**, qui accueille durant l'été un festival international *(p. 311).*

Pointe-au-Pic*

➤ *À 11 km N de Saint-Irénée-les-Bains par la rte 362 E.* **Bonnes adresses**, *p. 313.*

Construit en 1929, le **manoir Richelieu**** mérite une halte. Réplique du château Ramezay à Montréal *(p. 123)*, l'édifice vit jadis défiler la riche société américaine que les immenses «palais flottants» de la Canada Steamship Lines libéraient au quai de Pointe-au-Pic. Aujourd'hui, un **casino** avoisine le manoir *(p. 313)*. Plus loin, le **musée de Charlevoix*** (☎ *(418) 665.44.11 ; ouv. t.l.j. en été, f. lun. et le matin les w.-e. en hiver.)* s'est fait la vitrine des arts populaires et de l'ethnographie régionale. De Pointe-au-Pic sont proposées des excursions pour l'**observation des baleines** *(p. 311).*

La Malbaie

➤ *À 3 km N de Pointe-au-Pic par la rte 362 E.* **Bonnes adresses**, *p. 312.* **Hébergement-restauration** *à Cap-à-l'Aigle, p. 312.*

À marée basse, vous comprendrez le désarroi de Samuel de Champlain, lorsqu'il trouva, un matin de 1608, son navire ensablé par le brusque retrait de la mer durant la nuit : La Malbaie tire son nom de cette mésaventure. À 5 km à l'ouest, vers l'intérieur des terres, le chemin de la Vallée mène aux **chutes Fraser***, autour desquelles est aménagé un vaste terrain de camping, dans un environnement sauvage.

L'excursion en bateau-mouche ou en canoë sur les eaux de la rivière Malbaie est la façon la plus agréable de découvrir le parc régional des Hautes-Gorges.

Le Charlevoix possède une flore particulièrement riche et diversifiée, ainsi qu'un vaste territoire forestier qui rend la région très attrayante à l'automne.

Le parc régional des Hautes-Gorges★★★

➤ *À 44 km N-O de La Malbaie par la rte 138 O jusqu'à Saint-Aimé-des-Lacs (13 km) puis la route forestière R0 306. Compter 1 h. Faire le plein à l'avance. Location de canoës et de VTT, camping rustique et sentiers pédestres; petite restauration ☎ (418) 439.44.02. En été, promenade en bateau-mouche.*

Ce site exceptionnel de 233 km², est l'une des aires protégées de la réserve mondiale de la biosphère de l'Unesco et devrait devenir parc provincial. Ce parc représente l'ensemble des sept écosystèmes du Québec, depuis l'érablière laurentienne jusqu'à la toundra alpine. La **rivière Malbaie** coule entre les parois d'une vallée glaciaire de 800 millions d'années, les plus hautes à l'est du Canada (800 m). La **Pomme-d'Or** est une paroi d'escalade mondialement connue. À cause d'un barrage établi par une compagnie papetière, la rivière s'élargit en un lac qu'on appelle **Eaux-Mortes**.

Port-au-Saumon

➤ *À 18 km N-E de La Malbaie par la rte 138 E.*

Le **centre écologique**★★ occupe 235 acres de terre (soit 94 hectares) en bordure du fleuve Saint-Laurent. Des activités éducatives, liées aux sciences de la nature et de l'environnement, sont organisées. Le centre constitue en effet le troisième pôle de la réserve mondiale de la biosphère, reconnue par l'Unesco.

Du pavillon central, on a de très belles vues sur le fleuve et les montagnes.

♥ Port-au-Persil★

➤ *À 6 km N de Port-au-Saumon, par la rte 138 E puis la route du fleuve (panoramique). **Bonnes adresses**, p. 313.*

Ne manquez surtout pas de prendre la courte route qui dévale vers ce village qui est plein de charme, avec sa jetée pittoresque, son calme incomparable et ses ateliers de poterie artisanale.

L'affrontement des eaux

Le fjord du Saguenay, l'un des plus méridionaux au monde, est aussi l'un des seuls à déboucher sur un estuaire. Et de façon tout à fait inusitée, car le seuil du fjord est situé non pas à son entrée mais à l'extérieur, tout près de Tadoussac. Alors que ce verrou glaciaire s'élève jusqu'à environ 20 m de la surface, les fonds se creusent jusqu'à près de 300 m de profondeur devant Les Escoumins ! On imagine la formidable remontée des eaux profondes que provoque un tel barrage.

Le volume d'eau qui, par le mouvement des marées, pénètre ainsi dans le fjord, est donc beaucoup plus important que dans la majorité des fjords, dont le régime d'échange des eaux est très lent (deux ou trois ans). Contrairement à ces eaux presque mortes, celles du Saguenay renouvellent l'ensemble de leur volume tous les six mois environ : cette oxygénation ainsi que l'extrême froideur des profondeurs du Saguenay favorisent la grande diversité de la faune et de la flore marines. Glissant sous la surface d'eau douce, une nappe d'eau salée d'environ 200 m se maintient à environ 2 °C, caractéristique des eaux de type arctique. Elle incite le sympathique béluga à séjourner en permanence dans les eaux de l'estuaire.

L'affrontement des eaux sombres du Saguenay et des eaux vertes du fleuve, surtout au moment des marées, crée une zone de clapotis à la surface, et parfois des vagues imprévisibles pouvant rendre la navigation difficile. Vous reconnaîtrez aisément ce trait d'union marin, comme une bande de signalisation tracée au-dessus d'un gouffre de mystères qui intriguera longtemps encore les chercheurs. ❖

▶ **VERS BAIE-SAINTE-CATHERINE.** En poursuivant sur la route 138, on rencontre **Saint-Siméon**, d'où un traversier assure la liaison avec **Rivière-du-Loup***, sur l'autre rive du fleuve *(p. 290)*. De **Baie-des-Rochers**, on accède à marée basse à une île où un sentier pédestre de 6 km permet l'observation des oiseaux, dont les eiders à duvet.

Le parc marin du Saguenay–Saint-Laurent***

▶ *À 33 km N-E de Port-au-Saumon par la rte 138 E jusqu'à Baie-Sainte-Catherine.*

L'embouchure du Saguenay débute à **Baie-Sainte-Catherine**, où se trouve l'un des trois **centres d'interprétation et d'observation du parc marin** *(Pointe-Noire ☎ (418) 237.*

43.83). Cette zone de 1 138 km² englobe les eaux du fjord à partir de Cap à l'est, ainsi qu'une partie de l'estuaire de Saint-Fidèle-de-Mont-Murray jusqu'aux Escoumins. La création du parc a été entreprise en 1990, sous l'initiative conjointe des gouvernements québécois et canadien, pour assurer la protection et la mise en valeur d'une aire marine exceptionnelle, formée par la confluence du fjord et du fleuve Saint-Laurent.

Dans le parc, on pourra pratiquer diverses **activités sportives** : kayak de mer, voile, plongée sous-marine, randonnée pédestre. De juin à octobre, la présence des baleines est l'occasion d'excursions d'observation avec des guides naturalistes *(p. 311)*.

LA CÔTE-NORD

Il n'y a pas de pont au-dessus de l'embouchure agitée du Saguenay, mais, à Baie-Sainte-Catherine, un **traversier** gratuit conduit en 15 mn à Tadoussac.

La Côte-Nord

Depuis Tadoussac, un littoral de 1 280 km borde les régions de Manicouagan et de Duplessis qui, ensemble, forment la Côte-Nord. Son extrémité orientale marque la frontière du territoire québécois, qui s'adosse ici au Labrador terre-neuvien.

Le fjord du Saguenay borde la Côte-Nord qui, jusqu'à Sept-Îles, constitue une région d'immenses forêts giboyeuses et de cours d'eau riches en saumon. C'est un pays de caribous et de baleines – les ports où vous pourrez embarquer pour l'observation des grands cétacés sont nombreux. Puis la côte des Archipels révèle de grands paysages sauvages bordés par la mer. Ils atteignent leur pleine splendeur dans les îles Mingan, dont les monolithes d'érosion et les fossiles exercent une puissante fascination. Ces îles valent à elles seules le voyage. Après Natashquan, village natal de Gilles Vigneault *(p. 283)*, c'est par bateau qu'il faut découvrir la Basse-Côte-Nord.

Immense territoire peu habité, la Côte-Nord a pris son essor grâce à l'exploitation forestière et à l'industrie minière qui connut son âge d'or dans les années 1950. L'hydroélectricité québécoise y a fixé l'un de ses centres nerveux, avec le mégacomplexe Manic-Outardes, dont on peut visiter certains barrages.

Autre attrait de la région : sa diversité culturelle. Environ 5 500 Montagnais (ou Innus) habitent toujours la Côte-Nord, ainsi qu'une petite population de Naskapis. Par ailleurs, sur la Basse-Côte-Nord qui rejoint Terre-Neuve, 10 des 15 villages sont majoritairement anglophones. Région de mer et de forêt, l'âpre Côte-Nord est demeurée l'un des territoires les plus sauvages du Québec.

➤ *Carte*, p. 270. *Bonnes adresses*, p. 314 et p. 317.

La Haute-Côte-Nord**

Située dans la région touristique de Manicouagan, elle attire des visiteurs séduits par l'appel des régions nordiques, le goût du kayak de mer et la rencontre des baleines.

TADOUSSAC***

➤ *À 500 km N-E de Montréal et à 285 km N-E de Québec par la rte 138 E. À 120 km S-E de Chicoutimi par la rte 172 E. Bonnes adresses, p. 317.*

Sur un promontoire superbement boisé, le petit village perché de Tadoussac (« mamelon » en montagnais) offre un panorama étendu de l'embouchure du fjord du Saguenay. La grandeur des paysages et le charme de cette ville en miniature en font l'une des destinations favorites des touristes au Québec. Avant même leur découverte officielle par Jacques Cartier, les rives du Saint-Laurent avaient été repérées par des pêcheurs français, qui avaient sans doute établi un premier poste sur le site de Tadoussac.

Le chant des baleines

Les baleines ont attiré les premiers pêcheurs basques dans le Saint-Laurent au XVIᵉ s. Aujourd'hui, ce sont les touristes qu'elles attirent par milliers. Et si le chant des sirènes, c'était celui des baleines ?

Les hôtes du Saint-Laurent

De Tadoussac à Percé, en passant par la Côte-Nord et l'île d'Anticosti, on navigue toujours en compagnie des baleines. Elles sont présentes dans le fleuve et le golfe, du printemps à la fin de l'automne. Un dos, une queue, un jet de vapeur qui s'élève en colonne ou en champignon: souvent les signes sont furtifs, à fleur d'eau.

Mais parfois les baleines nous offrent le spectacle de leur bal gracieux, des rorquals enjoués multiplient leurs vrilles. Peut-être une baleine viendra-t-elle flotter, calmement, à côté de votre embarcation: ce sera sans doute Nocturne, la plus amicale des baleines du golfe.

On a chassé la baleine durant quatre siècles dans le Saint-Laurent.

Le rorqual à bosse est l'une des baleines les plus spectaculaires, mais celle que l'on voit le plus fréquemment est le petit rorqual.

Histoire de pêche

Pourtant les baleines du Saint-Laurent n'ont pas eu la vie facile. Les pêcheurs basques commencent à les chasser dans le golfe au début du XVIᵉ s. Les colons français, les loyalistes de Gaspé et les baleiniers américains traquent sans relâche diverses espèces de baleines, chacune pour sa spécialité, et cela jusqu'au XXᵉ s. Leur huile sert de combustible pour les lampes, leurs fanons aux corsets, le liquide de leur tête aux cosmétiques et aux chandelles, leur viande aux éleveurs de vison. La chasse commerciale sera progressivement réduite, jusqu'à s'arrêter complètement en 1972.

Des fanons ou des dents

Les baleines se partagent en deux groupes: les baleines à fanons et les baleines à dents. Les premières possèdent pour toute denture une série de plaques triangulaires en kératine, qui s'enracinent dans leur palais: les rorquals

Les pêcheurs de la Nouvelle-Angleterre, durant les longs mois en mer, gravaient des dents de cachalot avec des aiguilles. Ces précieuses œuvres de « scrimshaw » ont été pour la plupart réalisées vers le milieu du XIXᵉ s.

font partie de ce groupe. Extrêmement évoluées, les baleines à dents comprennent les cachalots, les bélugas et les épaulards. Une dizaine d'espèces fréquentent le fleuve et le golfe du Saint-Laurent.

Le **rorqual bleu**, le plus gros animal ayant jamais vécu sur la Terre, peut atteindre 30 m de long et peser 130 tonnes. Sa population est menacée partout dans le monde, et environ 300 individus fréquentent occasionnellement le Saint-Laurent. Autre mastodonte, le **rorqual commun** est un nageur hors pair, si bien qu'on l'appelle « le lévrier des mers ». Quant au **rorqual à bosse**, malgré ses 30 tonnes, il excelle dans les acrobaties aériennes et, dans ses aires de reproduction, son beau chant grave peut s'entendre sous l'eau jusqu'à une centaine de kilomètres. En dépit de son nom, le **petit rorqual**, ou rorqual museau pointu, fait facilement ses 9 m, qu'il exhibe lors de ses fréquentes apparitions hors de l'eau, et surtout lors de ses bonds spectaculaires.

Quant à l'impressionnant **cachalot**, frère de Moby Dick, on n'en voit que deux ou trois chaque année dans le golfe, parfois même dans l'estuaire. Jadis, il était particulièrement prisé pour son huile et le liquide de sa tête *(spermaceti)*. C'est également lui qui produit, dans son tube diges-

tif, l'ambre gris utilisé en parfumerie et qu'on trouve parfois sous forme de masse cireuse à la surface de la mer. L'**épaulard**, ou l'orque, est un redoutable prédateur qui n'hésite pas à s'attaquer en meute aux autres baleines.

Le **béluga**, ou baleine blanche, est sans conteste la plus attendrissante des baleines. Les pêcheurs l'ont surnommé « le canari des mers » parce qu'il émet un gazouillis audible de la surface de l'eau. Sa population n'est pas menacée d'extinction à l'échelle mondiale, mais elle l'est dans le Saint-Laurent où il séjourne à demeure : en un siècle, le nombre de bélugas a chuté de 5 000 à 600 individus. Il fait donc l'objet de mesures de protection très vigilantes.

Visiteurs occasionnels, les **globicéphales** intriguent la communauté scientifique par un trait de comportement particulier : plus souvent que les autres baleines, il leur arrive de faire des échouages collectifs, qui ressemblent à s'y méprendre à des suicides. Toute tentative pour les remettre à l'eau se heurte généralement à un échec : ils ne veulent pas quitter le rivage, où ils s'asphyxient. ■

À Tadoussac, on peut observer les baleines à bord d'un bateau à grande capacité, ou en canot pneumatique motorisé. Des études sont en cours pour évaluer l'impact sur les cétacés de ces nombreuses activités qui les entourent en période estivale.

➤ **LA RUE DU BORD-DE-L'EAU.** Dans le bas du village se trouvent la plus ancienne **chapelle*** en bois du Canada (1747) ainsi que, au **n° 157** de la rue, le **poste de traite Chauvin**** (☎ *(418) 235.46.57; ouv. t.l.j. de mi-mai à déb. oct. de 9h à 17h)*, réplique d'un poste de 1600. À l'intérieur, un musée historique évoque la vie amérindienne et les activités de chasse. Le bel **hôtel Tadoussac** *(p. 317)* rappelle combien la baie attire les vacanciers depuis plus d'un siècle et demi. Le petit **Musée maritime** *(145, rue du Bareau-Passeur ☎ (418) 235.43.24; ouv. t.l.j. en été seulement)* présente grâce à des maquettes de bateau l'importance du trafic dans l'estuaire au XIXe s.

➤ **L'OBSERVATION DES BALEINES.** Du printemps à la fin de l'automne, on peut voir dans ce secteur un grand nombre de baleines. Ne pas manquez d'aller faire une excursion sur le fleuve. Dans un bateau spécialement aménagé, vous pourrez approcher les plus imposants mammifères de la planète, lesquels font l'objet d'une passionnante

exposition présentée au **centre d'interprétation des Mammifères marins**** *(CIMM, 108, rue de la Cale-Sèche; ouv. de mi-juin à mi-oct.).*

Au nord-est du village, de vertigineuses **dunes de sable** fin se jettent dans la mer.

BERGERONNES*

➤ *À 22 km N de Tadoussac par la rte 138 E.*

➤ **LE CENTRE D'INTERPRÉTATION ET D'OBSERVATION DU CAP-DE-BON-DÉSIR**.** *166, rte 138* ☎ *(418) 232. 67.51. Ouv. t.l.j. en été de 8h à 20h.* Ici, les baleines sont si nombreuses et si proches, si exubérantes et complices, que le cœur du village bat en symbiose avec elles. De tous les environs, ce centre est l'un des meilleurs postes d'observation pour les voir du rivage. On y propose aussi d'intéressantes activités éducatives sur la vie de l'estuaire.

➤ **LE CENTRE D'INTERPRÉTATION ARCHÉO-TOPO*.** *498, rue de la Mer* ☎ *(418) 232.62.86. Ouv. t.l.j. de mi-mai à mi-oct.* S'appuyant sur le fruit des fouilles archéologiques entreprises dès 1915 entre Tadoussac et Betsiamites, ce centre initie le visiteur à l'occupation humaine dans cette portion de la Côte-Nord, qu'on estime dater de plus de 8 000 ans.

LES ESCOUMINS

➤ *À 17 km N de Bergeronnes par la rte 138 E. Traversier pour Trois-Pistoles, sur la rive S du Saint-Laurent (p. 293).* **Bonnes adresses**, *p. 316.*

Devant le quai des Pilotes s'arrêtent les gros bateaux qui s'engagent dans le fleuve: un pilote de la région monte à bord pour guider le navire dans l'étroite voie maritime du Saint-Laurent, peu profonde. À l'est du petit port, les archéologues ont découvert les traces d'établissements successifs d'Amérindiens, installés en ce lieu avant l'époque néolithique.

La **réserve montagnaise Essipit** *(p. 315)*, où l'on trouve de l'authentique artisanat indien, est établie dans le village. La communauté se dédie de plus en plus au tourisme et enrichit chaque année ses activités: observation des baleines, excursions maritimes, pourvoiries, camping et location de chalets sur le bord du fleuve.

BETSIAMITES

➤ *À 103 km N-E des Escoumins par la rte 132 E (le village est légèrement en retrait de la route).*

Cet autre village amérindien a également pris le virage du tourisme d'aventure avec son **centre de villégiature de Papinachois** *(p. 314)*, un village ancestral innu où l'on peut se familiariser avec la vie traditionnelle de ce peuple de chasseurs-cueilleurs: visite d'interprétation du site, auberge et restaurant sur place. Le 15 août, les Innus défilent en procession, vêtus de leurs costumes traditionnels.

LE PARC NATURE DE POINTE-AUX-OUTARDES*

➤ *À 45 km N-E de Betsiamites par la rte 138 E: après le pont enjambant la rivière aux Outardes, route à dr. en direction du parc. 4, rue Labrie ☎ (418) 567.42.26. Ouv. t.l.j. en été.*

Bordée par la rivière aux Outardes à l'ouest et celle de Manicouagan à l'est, cette pointe sablonneuse qui s'avance dans le fleuve Saint-Laurent offre huit écosystèmes différents sur 1 km², dont un **marais salé** (le quatrième en importance au Canada) et des **plages** magnifiques. L'endroit est non seulement une halte pour la bernache du Canada (qu'on nomme ici outarde), mais également un important **site ornithologique** où migrent et nidifient plus de 200 variétés d'oiseaux. Outre un sentier pédestre de 6 km vous trouverez des aires de pique-nique. Des visites sont aussi organisées avec des guides naturalistes.

BAIE-COMEAU

➤ *À 22 km N-E de Pointe-aux-Outardes par la rte 138 E. Liaisons par traversier avec Matane en Gaspésie (p. 296).* **Bonnes adresses**, *p. 315.*

Dans ce port industriel, la scierie des Outardes et la papeterie Abitibi Consolidated transforment le bois d'épinette noire et celui du sapin baumier en papier journal et en bois d'œuvre, expédiés aux États-Unis comme en Europe. Plusieurs autres grandes usines s'y sont aussi installées.

L'**église Sainte-Amélie** *(37, av. Marquette)* a été bâtie entre 1939 et 1945 dans le style de l'architecte Dom Paul Bellot. Elle possède des fresques réalisées par le talentueux Guido Nincheri, qui a décoré plu-

Le barrage de Manic-5.

sieurs églises de la province, dont Saint-Léon-de-Westmount à Montréal et la cathédrale de Trois-Rivières. Baie-Comeau est aussi le point de départ pour visiter les barrages géants de la Manicouagan, dans un site saisissant.

Le complexe Manic-Outardes**

➤ *Hydro-Québec organise des visites guidées gratuites en été à Manic-2 et à Manic-5 ☎ (418) 294.39.23 ou 1.800.363.74.43.*

Gérées par la société publique **Hydro-Québec**, 11 centrales hydroélectriques, forment le complexe Manic-Outardes qui produit annuellement 35 milliards de kWh, soit le quart de la consommation des Québécois.

➤ **Manic-2****. *À 22 km N de Baie-Comeau.* Cette centrale est dotée du plus grand barrage-poids à joints évidés au monde. La visite permet de pénétrer au cœur du barrage.

➤ **Manic 5*****. *À 215 km N de Baie-Comeau par la rte 389, appelée également « route de la Manic ». Aucun transporteur n'assure à ce jour un service de navette, il faut s'y rendre par ses propres moyens. Route asphaltée.* Ses installations se déploient plus au nord de Baie-Comeau, dans la vallée de la Manicouagan. Le **barrage Daniel-Johnson**, à voûtes multiples et contreforts, est le plus grand au monde. Long de 1300 m, haut de 215 m, il limite le lac artificiel de Manicouagan, qui occupe une superficie de 1942 km².

♥ Godbout*

➤ *À 54 km E de Baie-Comeau par la rte 138 E. Liaisons par traversier avec Matane, en Gaspésie (p. 296).*

Ce joli village est édifié en bordure d'une rivière à saumons, la rivière Godbout, et du fleuve Saint-Laurent. En belle saison, beaucoup d'animation règne autour de son quai de pêche. Le **Musée amérindien et inuit*** *(134, rue Pascal-Comeau ☎ (418) 568.77.24; ouv. t.l.j. de juin à oct. de 9h à 22h)* détient une intéressante collection de pièces d'art autochtones, dont des sculptures inuit en stéatite. Un atelier de poterie et une galerie d'art permettent l'acquisition d'œuvres.

♥ Pointe-des-Monts**

➤ *À 24 km E de Godbout, en retrait de la rte 138 E par une route secondaire à dr. Suivre attentivement les indications routières. Bonnes adresses, p. 316.*

S'avançant sur 8 km dans la mer, cette pointe est un belvédère naturel pour l'observation des baleines. Le **phare**** de 1830 (☎ (418) 939.23.32 ; ouv. t.l.j. de mi-juin à mi-

Le naufrage de l'île aux Œufs

En 1711, fort d'un contingent de 12 000 hommes dont 7 500 hommes de troupe et fusiliers marins embarqués sur neuf bâtiments de guerre, deux galiotes à bombe et 60 transports de troupes et de ravitaillement, l'amiral Walker s'empare du navire français *Neptune*, à l'entrée du Saint-Laurent. Il fait monter à bord de son bateau le capitaine Jean Paradis et s'avance vers Québec, menaçant de s'emparer de toute la colonie française d'Amérique. Mais le mauvais temps et le brouillard ont raison de la flotte, dont 16 navires se fracassent contre les récifs de l'île aux Œufs, en face de l'embouchure de la rivière Pentecôte.

La catastrophe fait 1 290 naufragés. Après avoir occupé les rives du naufrage durant deux jours, Walker se résigne et rebrousse chemin. La nouvelle est accueillie avec soulagement dans la colonie française qui, depuis la capitulation des Acadiens de Port-Royal en octobre 1710, vivait dans la crainte de subir le même sort. C'est l'une des deux victoires que commémore le nom de la petite église Notre-Dame-des-Victoires à Québec *(p. 230)*, l'autre étant la victoire remportée contre l'amiral Phipps devant Québec, en 1690. ❖

---

sept. de 9 h à 19 h) est devenu un musée. Sur sept étages, il évoque la mémoire des gardiens de phare. Des excursions d'observation des baleines y sont aussi proposées.

Pointe-des-Monts et son phare, un site idyllique établi sur une pointe s'avançant dans le fleuve.

Tout près se dresse une **chapelle amérindienne** centenaire que l'on peut également visiter.

La Moyenne-Côte-Nord**

Passé la rivière Petite-Trinité, on quitte la région touristique de Manicouagan pour entrer dans celle de Duplessis, qui englobe la Moyenne et la Basse-Côte-Nord.

POINTE-AUX-ANGLAIS

➤ *À 48 km N de Pointe-des-Monts par la rte 138 E.*

Ce hameau, intégré à la municipalité de Rivière-Pentecôte, doit son nom au naufrage (1711) de l'importante flotte américano-anglaise de l'amiral Walker, venue de Boston pour prendre Québec *(encadré ci-dessus)*. Le **musée Louis-Langlois** *(2088, rue Mgr-Labrie ☎ (418) 799. 22.62 ou 799.22.12; ouv. en saison)* évoque ce naufrage dans une maison de 1873. On verra dans l'église un **chemin de croix** de Médard Bourgault, le sculpteur de Saint-Jean-Port-Joli *(p. 174)*.

Port-Cartier

➤ *À 47 km N de Pointe-aux-Anglais par la rte 138 E.*

Cet ancien poste de traite aux fourrures est devenu une cité industrielle. Sur l'île McCormick, en plein cœur de Port-Cartier, le **café-théâtre Graffiti** est la vitrine des artistes québécois. À 1 km au nord de la ville commence la **réserve faunique de Sept-Îles – Port-Cartier*** *(☎ (418) 766.25.24 ou 1.800.665.65.27)* d'une superficie de 6 423 km². On peut y camper, canoter, nager, pêcher et, à 27 km de l'entrée de la réserve, contempler la chute de la rivière MacDonald depuis le pont suspendu de 50 m.

Sept-Îles*

➤ *À 59 km N-E de Port-Cartier par la rte 138 E. Embarquement pour l'île d'Anticosti (p. 317). Bonnes adresses, p. 316.*

Ce port de transit du minerai de fer est établi sur une vaste baie circulaire, protégée par les îles qui lui ont donné son nom.

Toujours très animée, une agréable promenade de bois longe la marina et offre une belle vue sur l'archipel. Les **sept îles** sont Grande-Basque, Petite-Basque, Grosse-Boule, Petite-Boule, Corossol, Manowin et les îlots De Quen. Elles sont fréquentées par une riche faune ailée : mouettes tridactyles, petits pingouins, marmettes de Troïl, pétrels cul-blanc…

➤ **Le parc régional de l'Archipel-des-Sept-Îles***. L'ensemble des îles constitue ce parc, propice à l'observation des oiseaux et des mammifères marins. Pour le découvrir, il suffit d'effectuer l'une des nombreuses excursions naturalistes qui partent de la marina. Pour des sensations fortes, il ne faut pas manquer la sortie en canoë pneumatique, qui va à la rencontre des baleines et des oiseaux insulaires. Vous pouvez également faire, en kayak dans la baie, l'interprétation de l'écosystème de l'archipel *(p. 314)*.

➤ **La Grande-Basque.** *Service de navettes maritimes à partir de la marina, t.l.j. en belle saison départ chaque heure.* Des guides naturalistes accompagnent les visiteurs sur cette île où l'on trouve un centre d'interprétation, des sentiers pédestres, des aires de piquenique. On peut également camper sur l'île (❶, *p. 316*).

➤ **Le musée régional de la Côte-Nord.** *500, bd Laure ☎ (418) 968.20.70. Ouv. t.l.j. en saison, f. lun le reste de l'année.* Il évoque l'histoire régionale par une série de panneaux explicatifs et présente diverses expositions.

➤ **Le quartier montagnais.** La **réserve montagnaise Uashat** est contiguë à Sept-Îles, où le **Vieux Poste*** *(99, bd des Montagnais ☎ (418) 968.20.70; ouv. t.l.j. en saison seulement)* reconstitue un ancien poste de traite de fourrures (1661). La culture montagnaise (ou innu) figure au cœur de l'exposition, et de magnifiques figurines de Lucien Gabriel et Sabrina Genest illustrent la vie traditionnelle des Amérindiens. Ces deux mêmes artistes présentent des œuvres au **musée autochtone Le Shaputuan**** *(290, bd des Montagnais ☎ (418) 962.40.00; ouv. t.l.j. en été de 9h à 17h)*, qui propose une exposition sur le cycle annuel de la vie chez les Innus ainsi que d'intéressants artistes autochtones du Canada.

Rivière-au-Tonnerre est un village de pêcheurs qui jouit d'un site superbe, entre la mer et une rivière tumultueuse. La pêche constitue une activité de subsistance pour plusieurs familles nord-côtières.

RIVIÈRE-AU-TONNERRE

➤ *À 123 km E de Sept-Îles par la rte 138 E.*

Dans ce charmant petit village de pêcheurs, visitez l'**église Saint-Hippolyte***, un édifice en bois construit au début du XXᵉ s. par les villageois, qui ont entièrement ciselé la voûte au couteau de poche.

LONGUE-POINTE**

➤ *À 53 km E de Rivière-au-Tonnerre par la rte 138 E.*

Longue-Pointe est située en face des îles de l'archipel de Mingan, là où débutent les spectaculaires paysages sculpturaux des monolithes. Les lieux sont fréquentés par deux colonies de **macareux moines**, l'emblème animalier de la région, qu'on appelle aussi perroquets de mer. Dans le golfe, on peut apercevoir des **baleines** et des **phoques**.

➤ **LA STATION DE RECHERCHE DES ÎLES MINGAN****. *625, rue du Centre. En été* ☎ *(418) 949.21.26, en hiver* ☎ *(418) 538.33.31.* Cette station de recherche est dirigée par un spécialiste des cétacés, Richard Sears, inventeur d'une méthode de photo-identification du rorqual bleu. Il s'agit non pas d'une attraction touristique, mais bien d'un véritable carrefour de recherche sur les mammifères marins, en relation avec les plus grands centres de recherche à travers le monde. Un **centre de recherche et d'interprétation de la Minganie**, géré conjointement avec Parcs Canada, est ouvert aux visiteurs. On y trouve des expositions sur le milieu marin, des projections de films et une boutique.

De juin à novembre, si la mer le permet, des **croisières d'observation des baleines** sont proposées par la station : on embarque sur des canoës pneumatiques avec des biologistes pour observer les mammifères dans le golfe. Des forfaits sont également proposés où, durant une semaine, quelques visiteurs pourront se joindre à l'équipe de recherche et participer aux sorties en mer quotidiennes.

La recherche s'organise

À la station de recherche des îles Mingan, Richard Sears, chercheur passionné, a mis au point une méthode de photo-identification du rorqual bleu. Cette espèce possédant des marbrures distinctives au flanc, chaque individu observé est photographié et dûment identifié. Par de patients recoupements de photos, on peut dénombrer, même approximativement, les populations de baleines, suivre leurs déplacements et analyser leurs comportements. Désormais, Richard Sears travaille en étroite collaboration avec des chercheurs du monde entier. « Il faudra deux ou trois générations de biologistes avant que nous commencions vraiment à connaître les baleines » constate-t-il, serein. ❖

➤ **LA RÉSERVE DU PARC NATIONAL DE L'ARCHIPEL-DE-MINGAN*****. ☎ *(418) 583.33.31. www.parcsca nada.risq.qc.ca/archipel-de-mingan.* Entre Longue-Pointe et la rivière Aguanus, ce parc exceptionnel déroule sur 175 km un chapelet de 40 îles et 2 000 îlots granitiques portant la plus grande concentration de **monolithes d'érosion** au monde *(encadré ci-contre)*. Ces sculptures géantes en calcaire ont été façonnées depuis des millénaires par les caprices du gel, de la pluie, du vent et de la mer. Ce sont aussi des perchoirs pour les **oiseaux de mer**, dont les macareux moines en robe noire, irrésistibles avec leur gros bec bariolé. Sur les plages, on peut voir une étonnante variété de plantes, des coquillages rares, des fossiles parmi les plus anciens du Québec, ainsi que des colonies de **phoques**. Des **excursions** pour découvrir les îles Mingan partent de Longue-Pointe et de Havre-Saint-Pierre. Le parc étant géré par Parcs Canada, ses guides-naturalistes accompagnent la plupart des excursions offertes depuis le port de Havre-Saint-Pierre.

MINGAN

➤ *À 10 km E de Longue-Pointe par la rte 138 E.*

Le territoire de ce village de pêcheurs est presque entièrement occupé par une réserve de Montagnais. Le **Centre culturel montagnais** est situé à l'entrée du village *(34, rue Mistameh-Kanau ☎ (418) 949.22.34 ; ouv. t.l.j. en été)*. Il présente leur culture, leurs services touristiques et leur artisanat. Fin juillet, le *pow wow* commémore les retrouvailles, sur la côte du Saint-Laurent, de ce peuple qui, récemment encore, était nomade. Décorée par des œuvres d'artistes locaux, l'**église montagnaise*** fut construite au début du XXe s. par celui qui inspira à Gilles Vigneault *(p. 65)* le personnage de sa chanson *Jack Monoloy* : elle raconte les amours malheureuses d'un Indien qui s'éprit d'une Blanche et qui connut une fin tragique. Excellents guides, les Montagnais conduisent les fervents de la **pêche à la truite et au saumon** vers les nombreux territoires de l'intérieur *(rens. au Conseil des Montagnais, p. 314)*.

HAVRE-SAINT-PIERRE*

➤ *À 34 km E de Mingan par la rte 138 E. Embarquement pour l'île d'Anticosti (p. 317).* **Bonnes adresses**, *p. 316.*

Capitale de la Minganie, c'est la dernière ville d'importance de la

Pots de fleurs en calcaire

On surnomme «pots de fleurs» les monolithes des îles Mingan. Ciselées par l'érosion, ces sculptures en calcaire s'élèvent en bordure de la quarantaine d'îles appartenant à la réserve du parc national de l'Archipel-de-Mingan.

«La Côte-Nord est fille de feu, c'est le rebord granitique du noyau continental américain, tandis que la Minganie est fille de l'eau, et les îles qui la composent des miettes d'une terre ancienne lentement déposée au fond des mers siliciennes» écrivait en 1944 le frère Marie-Victorin dans sa *Flore de l'Anticosti Minganie.*

Il y a 500 millions d'années, le site des îles Mingan était immergé sous une mer tropicale peu profonde. Les rivières environnantes, qui ont érodé le Bouclier canadien, ont charrié dans la mer des dépôts de calcium que la chaude température de l'eau a précipités. Après le passage des glaciers, laissant place à une eau froide, les îles se soulevèrent, et la mer façonna autour d'elles les spectaculaires monolithes des îles Mingan. Ces sentinelles en calcaire, peu à peu érodées, s'élèvent en bordure de ces îles fabuleuses où fleurissent 19 espèces d'orchidées et où niche l'eider à duvet. Sur l'île Nue, on peut voir les vestiges des fours utilisés par les pêcheurs basques du XVIIᵉ s. pour convertir en huile le gras des baleines. En parcourant les sentiers de la Grande-Île (32 km), il arrive que l'on puisse observer des phoques. À l'île Niapiskau, les monolithes de l'anse des Bonnes-Femmes ressemblent étrangement à une petite communauté humaine. Par la richesse de la faune ailée, de la flore et des fossiles, les îles Mingan sont un peu les Galapagos du Québec. ❖

Côte-Nord. Sa population, d'origine acadienne, vient surtout des Îles-de-la-Madeleine. Le **Centre culturel et d'interprétation*** *(957, rue de la Berge; ouv. t.l.j. en été jusqu'à 22 h; entrée libre)* relate les faits marquants de l'histoire de la ville et les particularités de sa culture acadienne. Vous prendrez plaisir à visiter la ♥ **boutique-atelier** du peintre daltonien **Marcel Turbis** *(1206, promenade des*

Les fruits rares de la Côte-Nord

La Chicoutai, une liqueur extraite de la chicouté, une baie orangée qui abonde dans la Côte-Nord.

La plaquebière, que l'on appelle aussi la chicouté ou mûre des marais, est un petit fruit sauvage ressemblant à une framboise orangée. On ne la rencontre que dans les régions nordiques du Québec et dans une tourbière des Îles-de-la-Madeleine. Le mot « plaquebière » provient du vieux français « plat-de-bièvre », c'est-à-dire nourriture de castor. Quant au mot « chicouté », il viendrait du montagnais *shskytau*, signifiant « qui mûrit avec la chaleur ». Le fruit a un goût acidulé que l'on apprécie dans les confitures ou les tartes. On en fait également une liqueur, la Chicoutai, que la Société des alcools du Québec distribue dans ses succursales dites « Sélection ». Sa jolie bouteille fuselée en fait un souvenir original à rapporter. ❖

Anciens), dont les tableaux illustrent avec un réalisme naïf la vie quotidienne en Minganie.

Près du quai où accostent les gros minéraliers et les chalutiers, la marina abrite les services d'accueil des **bateaux d'excursions** vers l'archipel de Mingan *(p. 314)*.

BAIE-JOHAN-BEETZ*

➤ *À 65 km E de Havre-Saint-Pierre par la rte 138 E.*

Ce village, qui portait jadis le nom de Piastre Bay, a pris celui de Johan Beetz, en hommage à ce naturaliste d'origine belge (1874-1949) qui laissa le souvenir d'un homme remarquable. Le village fut notamment, grâce à ses connaissances en médecine, épargné par l'épidémie de grippe espagnole qui faisait rage à la fin de 1918. La cinéaste innu Joséphine Bacon lui a rendu hommage dans un documentaire, *Le Grand Petit Européen (encadré ci-contre)*.

La ♥ **maison Johan-Beetz*** *(☎ (418) 539.01.37; ouv. t.l.j. de mai à oct.; visite sur rés.)* fut construite vers 1900. La demeure est ravissante, avec ses panneaux de portes où son ancien propriétaire a peint d'exquises natures mortes.

AGUANISH*

➤ *À 63 km E de Baie-Johan-Beetz par la rte 138 E.*

Le nom du village signifie « petit abri » en montagnais. Des kilomètres de plages de sable blond bordent le site et accueillent à la fin juillet un festival d'été très animé *(p. 315)*. Depuis le promontoire **Morne de la Tour***, découvrez un superbe point de vue sur la mer. D'Aguanish, vous pourrez effectuer un trajet de 30 mn en bateau, qui permet d'accéder au **Trait de scie**** : sur une longueur de 1 km, la rivière Aguanus se faufile dans un canyon de granite rose de 8 m de haut, formant des cascades impétueuses.

NATASHQUAN*

➤ *À 27 km E d'Aguanish par la rte 138 E.* **Bonnes adresses**, *p. 316.*

Comme Baie-Johan-Beetz et Aguanish, ce village est depuis peu relié par la route 138, laquelle prend fin ici. Il commence à peine à s'ouvrir au tourisme. Le **centre d'interprétation Le Bord du Cap** *(ouv. t.l.j. en saison)* reconstitue le premier magasin général du village, fondé en 1855. Vous remarquerez les vieux hangars du **site des Galets***. L'un d'eux appartient au chanteur-poète Gilles Vigneault *(encadré, p. 286)*, natif du lieu. Le littoral comporte un sentier pédestre de 12 km et une plage de 8 km. L'eau atteint ici une température propice à la baignade.

Pointe-Parent, un village contigu, abrite le campement traditionnel montagnais **Mantéo Matikap** (☎ *(418) 726.32.44*). On y découvre une église amérindienne, et l'on peut vivre l'expérience du coucher sous la tente. La réserve organise aussi des animations culturelles et des dégustations de repas traditionnels *(Expéditions Grande Natashquan, p. 315)*.

L'île d'Anticosti**

➤ *En avion et en bateau depuis Sept-Îles ou Havre-Saint-Pierre (p. 317). Pour découvrir l'île, il est conseillé de louer une voiture.* **Bonnes adresses**, *p. 317.*

Le Grand Petit Européen

À l'université de Louvain, le jeune Johan Beetz fait des études en sciences naturelles, chimie et médecine humaine et vétérinaire. En 1897, après la mort de sa fiancée, il quitte sa Belgique natale et achète une propriété à Piastre Bay, sur la Côte-Nord, au Québec. L'année suivante, cet aristocrate belge épouse une jeune métisse. En 1910, il devient représentant de la maison Revillon Frères de Paris, pour laquelle il fait l'acquisition des fourrures nordiques. Devant la qualité des pelleteries de la Côte-Nord, il relève les tarifs acquittés aux trappeurs de la région. Il entreprend ensuite d'élever des renards noirs et argentés ; ses résultats incitent le gouvernement à créer le Service de l'élevage des animaux à fourrures de la province de Québec. Johan Beetz est également l'un des fondateurs de la Société zoologique de Québec. Sa collection de 4 000 spécimens d'animaux, dont plusieurs naturalisés par ses soins, sera plus tard acquise par le musée du Québec. ❖

Sur les eaux du golfe, entre la Côte-Nord et la Gaspésie, se dresse cette île immense, recouverte aux trois quarts par la forêt. Presque aussi grande que la Corse, avec 222 km de long, elle occupe 7 943 km^2. Moins de 300 habitants y vivent d'une activité très spécialisée : le tourisme de pleine nature, la chasse et la pêche sportives haut de gamme. Anticosti ne comprend qu'un seul village ; un circuit routier circonscrit toute l'île.

Les nations amérindiennes

*P*remiers habitants du territoire, les Amérindiens ont contribué à l'établissement des ancêtres du peuple québécois dans le Nouveau Monde. Aujourd'hui, celui-ci doit tendre une oreille attentive à leurs revendications.

Les dix nations

Venus de Mongolie, les Amérindiens seraient arrivés sur le continent américain il y a 20 000 ans et habiteraient le territoire québécois depuis 8 000 ans. Aujourd'hui, les dix nations comptent près de 72 000 Amérindiens inscrits, dont 70 % habitent dans 40 villages disséminés à travers le Québec. En forte croissance démographique, ils affirment une étroite solidarité pour défendre leurs intérêts et leur culture. Certains voyageurs s'attendent encore à trouver, dans les villages autochtones, des Indiens emplumés vivant dans des tipis. Il faut oublier cette image d'Épinal, car les Premières Nations ont majoritairement adopté le mode de vie moderne, tout en préservant des pratiques ancestrales.

Au niveau linguistique, il existe deux familles amérindiennes : les Iroquoiens (Hurons-Wendat et Mohawks) et les Algonquiens, qui regroupent les huit autres nations. Presque toutes parlent encore leur propre langue.

Les Iroquoiens

▶ **Les Mohawks.** Nation la plus nombreuse, de langue seconde anglaise, les 14 737 Mohawks se répartissent surtout dans trois communautés : Kahnawake et Kanesatake se trouvent à proximité de Montréal ; Akwesasne chevauche l'Ontario et les États-Unis. Ce sont les leaders du nationalisme autochtone.

▶ **Les Hurons-Wendat.** Le français est la langue première des 2 793 Hurons-Wendat, qui habitent près de Québec l'accueillante localité de Wendake.

Les Algonquiens

▶ **Les Montagnais** (13 778 pers.). La majorité des Montagnais (Innu) occupent neuf communautés dont l'une au lac Saint-Jean (Mashteuiatsh) et les autres sur la Côte-Nord. La langue montagnaise est très vivante : chantée par le groupe Kashtin, elle fait l'objet d'un enseignement avancé à Betsiamites, où l'on a réalisé le premier dictionnaire du montagnais au français, qui est leur langue seconde.

Le tambour est un objet sacré dans la culture amérindienne et particulièrement montagnaise. L'instrument traditionnel est confectionné avec une peau de caribou. Nul ne peut jouer du tambour à moins d'avoir vu l'instrument en songe par trois fois.

L'église innu de Mingan, dans la région de la Côte-Nord *(à gauche).*

Le musée des Civilisations à Hull permet de découvrir le patrimoine culturel des Amérindiens.

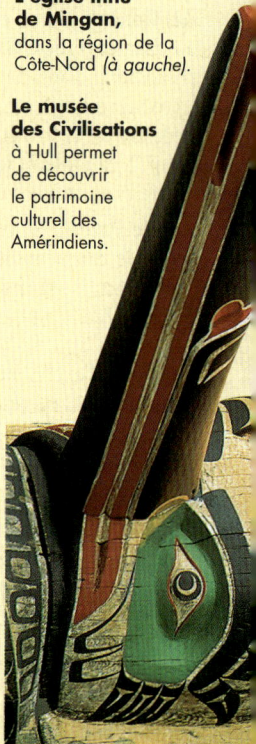

La « maison longue » constituait l'habitat traditionnel des nations iroquoiennes. On peut en voir de fidèles reproductions au site de la Nouvelle-France à Saint-Félix-d'Otis, ainsi qu'au village traditionnel de Wendake.

▶ **LES CRIS** (12 434 pers.). Ils sont regroupés dans huit villages de la Baie-James et un sur les bords de la baie d'Hudson. Dans les années 1970, ils se sont associés avec les Inuit pour négocier la Convention de la Baie-James et du Nord québécois, grâce à laquelle ils ont pu s'assurer des droits sur un territoire de près de 14 000 km². Leur langue seconde est l'anglais.

▶ **LES ALGONQUINS** (7 983 pers.). Ils se concentrent majoritairement dans neuf communautés de l'Outaouais et de l'Abitibi-Témiscamingue, où la langue seconde est surtout l'anglais. Ils sont très actifs dans l'industrie forestière.

▶ **LES ATIKAMEKS** (4 901 pers.). Ils vivent en Haute-Mauricie et dans le nord de Lanaudière. Cette population, dont la langue seconde est le français, a été particulièrement perturbée par l'exploitation forestière et les travaux hydroélectriques de la Mauricie.

▶ **LES MICMACS** (4 378 pers.). Ils se retrouvent surtout en Gaspésie, dans la région de Gaspé, à Listuguj (Restigouche) et à Gesgapegiag (Maria). Excellant à la pêche au saumon, ce sont aussi d'habiles vanneurs et artisans. Ils utilisent l'anglais ou le français comme langue seconde.

▶ **LES ABÉNAKIS** (1 887 pers.). Le français est leur langue première ou seconde. Ils se regroupent dans deux communautés de la région Mauricie – Centre-du-Québec, à Wolinak et à Odanak (où l'on peut visiter leur intéressant musée).

▶ **LES NASKAPIS** (569 pers.). Ils vivent au nord de Schefferville à la frontière du Labrador et sont d'excellents chasseurs de caribou et de dynamiques pourvoyeurs qui utilisent l'anglais comme langue seconde.

▶ **LES MALÉCITES** (570 pers.). Le français est leur langue première. Ils ont déserté les réserves de Whitworth au Témiscouata et de Cacouna et sont maintenant dispersés (*encadré, p. 292*). ■

➤ **PORT-MENIER***. L'île est exceptionnellement riche en fossiles, présentés à l'**exposition Paléontologique** *(28, chemin de la Ferme* ☎ *(418) 535.01.11; ouv. t.l.j. de mai à déc.).* Elle garde surtout le souvenir d'une période de gloire : celle où le chocolatier français Henri Menier s'implanta sur Anticosti, de 1895 à 1926. Il s'installa d'abord à Baie-Sainte-Claire, village dont ne subsistent que des ruines, puis à Port-Menier. Par la suite, son glorieux héritage fut laissé à la dérive, jusqu'à son effacement complet. Le symbole le plus éclatant de cette perte fut l'incendie, en 1954, du château rustique que le «roi du chocolat» s'était fait construire, important à grands frais d'Europe ses faïences, tapisseries, sculptures scandinaves, vaisselle fine, lustres en cristal… Les habitants d'Anticosti portent encore le deuil de ces heures de gloire, dont il reste pour traces des photos, émouvantes, au petit **écomusée*** *(rue du Dr-Schmidt* ☎ *(418) 535.02.50 ; ouv. t.l.j. en été ; entrée libre)* et des objets rassemblés au musée Henri-Menier à Rivière-aux-Saumons.

➤ **LE SECTEUR EST DE L'ÎLE****. À **Rivière-aux-Saumons** *(à env. 140 km E de Port-Meunier),* la pourvoirie Anticosti propose divers attraits autour de son auberge et du pavillon Safari, ainsi que dans son centre des Arts : un **musée Henri-Menier*** *(*☎ *(418) 786.57.88 ; ouv. de fin juin à fin nov. de 8h à 21h),* une **exposition d'oiseaux sculptés** sur bois, un **jardin** de marbre, de roc et de corail, et une importante collection de 300 **fossiles**.

➤ **PLEINE NATURE**. Anticosti recèle des **plages** superbes dont la baie Caplan, des rivières à saumons, et des chutes comme la **Vauréal*** (76 m). La **caverne de La-Rivière-à-la-Patate***, explorée jusqu'à 500 m de profondeur, est le plus grand espace souterrain connu au Québec. Des pourvoiries privées

La vraie Mi-Carême

Sur la Côte-Nord, on célèbre les festivals avec un enthousiasme peu commun. Dans *Katak ou la Mi-Carême*, Gilles Vigneault raconte ainsi celui qui rompt l'hiver long et rude.

«Il faut dire que, chez nous et aux alentours, on fête encore la vraie Mi-Carême. À ne pas confondre, s'il vous plaît, avec les carnavals, les Mardis gras et les Halloweens de toutes sortes qui ne sont qu'approximatifs de ce qu'on appelle chez nous la Mi-Carême. Au milieu du carême dont on a perdu les extrêmes sans douleur, c'est une semaine entière au cours de laquelle tout le monde se déguise, les adultes comme les enfants, et passe dans les maisons à tour de rôle, certains poussant le jeu jusqu'à se déguiser ailleurs et revenir chez soi jouer les étrangers. Et, bien sûr, on en profite pour aller dans certaines maisons où l'on n'irait point une seule autre fois dans l'année. Pendant ces jours-là, que vous soyez déguisés en robot, en religieuse ou en valet de trèfle, vous pouvez rencontrer le Surhomme, Jésus et ses douzes apôtres ou une bande de pirates dans le Chemin-d'en-Haut. »

La Petite Heure, L'Arc, 1979. ❖

L'Éden insulaire

Acquéreur de l'île d'Anticosti en 1895, Henri Menier y acclimata des renards, des orignaux, des castors et, surtout, des cerfs de Virginie. Aujourd'hui, ces derniers sont 400 fois plus nombreux que les habitants : plus de 125 000 chevreuils, comme on les appelle au Québec, se promènent en toute liberté sur l'île, gambadant dans Port-Menier et sur les routes comme dans un film de Disney.

Durant trente ans, Anticosti connut un âge d'or. Coupe du bois, pêche à la morue, conserverie de crustacés, agriculture occupaient les habitants de l'île et les émigrés venus de France par bateau pour participer à l'exploitation de ce petit Éden insulaire. L'île exportait ses poissons sur les plus fines tables de la côte est, et même en France. Le beurre frais, marqué aux armoiries Menier, était livré dans les grands hôtels de villégiature, et tous les employés de l'île, du plongeur à l'administrateur, recevaient le même salaire. Ce beau rêve prit brutalement fin lorsqu'en 1926, quelques années après la mort d'Henri Menier, la crise économique obligea son frère Gaston à vendre l'île à une compagnie forestière. ❖

sont établies sur l'île, et la réserve naturelle d'Anticosti, gérée par la SÉPAQ *(p. 317)*, propose des forfaits associant hébergement et activités de découverte.

La Basse-Côte-Nord★★

➤ *La route s'arrête à Natashquan. Accès par le « Nordik Express », (p. 318).* **Bonnes adresses***, p. 317.*

Plus de 4 000 îles et îlots longent la côte : ce sont les Toutes-Isles, ainsi baptisées par Jacques Cartier. Parmi les 15 villages, plusieurs sont d'une beauté particulière. C'est le cas de **Mutton Bay★** et de **Tête-à-la-Baleine★**, d'où l'on peut visiter l'**île de la Providence★**, et sa chapelle centenaire, où les pêcheurs établissent leurs quartiers d'été. **Harrington Harbour★★** est un spectaculaire port insulaire, où les maisons sont posées sur le roc nu, reliées par des passerelles et des trottoirs en bois. Pas de route, pas de voiture : que des véhicules tout terrain. Le hameau de 300 habitants est situé sur quatre îlots et dégage un charme irréel.

La Tabatière (prononciation française du mot indien *tabaken*, qui veut dire « sorcier ») est une curieuse Venise minérale où sont installées des usines de traitement du poisson. Proches de la frontière provinciale de Terre-Neuve (Labrador), **Lourdes-de-Blanc-Sablon★** francophone et **Blanc-Sablon★** anglophone voisinent. Ce qui réunit les deux populations, c'est leur désir de développer un inestimable patrimoine archéologique nouvellement découvert : 30 sites occupés il y a 8 700 ans.

De Blanc-Sablon, un traversier relie la Basse-Côte-Nord à Terre-Neuve.

Le Bas-Saint-Laurent

Sur la rive sud du Saint-Laurent, cette contrée prolonge l'itinéraire proposé dans la région de Chaudière-Appalaches *(p. 171)*. D'anciens villages, qui furent du temps de Louis XIV des seigneuries, bordent le littoral que traversait jadis le chemin des Seigneurs. Dans les eaux de l'estuaire, les pêcheurs basques chassaient déjà la baleine et le phoque au XVIe s. De vieux phares, dont certains restent en activité, s'élèvent en témoins silencieux de l'histoire du Bas-Saint-Laurent. Un chapelet d'îles, qui abritent une faune et une flore protégées, s'égrènent le long de la côte.

À partir de Rivière-du-Loup, le fleuve devient si large, si nerveux, si salé qu'on l'appelle «la mer». Le golfe du Saint-Laurent s'ouvre à la hauteur des Méchins et, peu à peu, le relief puissant de la Gaspésie annonce les confins des terres, là où Jacques Cartier fonda la Nouvelle-France un jour de 1534.

➤ *Carte, p. 260. Bonnes adresses, p. 318.*

La Pocatière

➤ *À 103 km N-E de Québec et à 25 km N-E de Saint-Roch-des-Aulnaies. En voiture: A 20, sortie 439, ou rte 132 E.*

Berceau de l'agriculture au Québec, **La Pocatière** est à l'avant-poste d'une région rejetant le modèle industriel en agriculture, qui s'étend actuellement au Québec. On trouvera des produits du terroir de la Côte-du-Sud et de l'est du Québec au **marché des Caburons**.

Le **musée François-Pilote** *(100, 4e Av. ☎ (418) 856.31.45; ouv. du lun. au sam. de 9h à 12h et de 13h à 17h, le dim. de 13h à 17 h; f. le sam. d'oct. à mai)* est sans aucun doute le plus grand musée d'ethnologie québécoise. On y conserve sur quatre étages des artefacts, des animaux naturalisés, des objets domestiques et des outils agricoles. Parmi les raretés naturalisées: la tourte, un pigeon aujourd'hui disparu, et le carcajou, un redoutable blaireau, tous deux originaires d'Amérique.

Saint-Denis-de-la-Bouteillerie

➤ *À 20 km N de La Pocatière par la rte 132 E.*

La **maison Chapais** *(2, rte 132 E ☎ (418) 498.23.53; ouv. t.l.j. en été)* datant de 1834 fut la résidence de l'un des pères de la Confédération canadienne, Jean-Charles Chapais.

♥ Kamouraska**

➤ *À 9 km N-E de Saint-Denis-de-la-Bouteillerie par la rte 132 E.*

Bordé par le fleuve et les terres agricoles festonnées par les Appalaches, le paysage autour de Kamouraska est enchanteur, et ses maisons en bois centenaires vous séduiront. L'ancien pensionnat abrite le **musée de Kamouraska*** , consacré aux traditions locales

Contre vents et marées

Depuis les premiers colons, on a tiré parti des marais côtiers qui caractérisent le littoral de Kamouraska, grâce à la technique poitevine des aboiteaux, qui atteignent ici 6 km. Il s'agit de vannes à clapet, placées dans les digues, qui permettent l'écoulement des eaux douces et empêchent à marée haute l'eau salée d'entrer dans les prairies basses. ❖

Le pays de Kamouraska

Cette maison du « bas du fleuve » présente le typique toit « de style Kamouraska ».

Le territoire cernant Kamouraska, dont le nom signifie en algonquin « là où il y a des joncs au bord de l'eau », a pris sa place dans l'imaginaire québécois avec le roman éponyme (1970) pour lequel Anne Hébert s'est inspirée d'un fait réel : l'assassinat du seigneur Taché par sa femme et l'amant de celle-ci. Particularité du « pays », les maisons dites « de style Kamouraska » présentent un toit doublé de planches de bois qui s'arrondissent vers l'intérieur, formant un larmier cintré qui protégeait des intempéries les murs des maisons. Certains disent que cette forme a été inspirée par les bateaux goélettes. ❖

(69, av. Morel ☎ (418) 492.97.83 ; ouv. t.l.j. en été de 9 h à 17 h). L'**ancien palais de justice** *(111, av. Morel ☎ (418) 492.94.58 ; ouv. t.l.j. en été)* a été transformé en centre d'Art et d'Histoire où sont présentés des œuvres d'artistes de la région, des cartes anciennes et des cadastres. Au pittoresque **site d'interprétation de l'Anguille*** *(205, av. Morel ☎ (418) 492.39.35 ; ouv. t.l.j. de juin à mi-oct.),* le visiteur est accueilli par la première femme au Québec à détenir un permis de pêche à l'anguille : elle communique sa passion pour l'un des métiers traditionnels de Kamouraska et propose de goûter sa fameuse anguille fumée.

En poursuivant sur la route 132 E, peu avant Saint-André-de-Kamouraska, on trouvera la **halte écologique des battures du Kamouraska** *(273, rte 132 O ☎ (418) 493.26.04 ; ouv. t.l.j. de mai à oct.),* où sentiers, belvédères panoramiques et terrasses d'observation permettent de découvrir les marais salés que fréquentent 77 espèces d'oiseaux.

Saint-André-de-Kamouraska

➤ *À 17 km N-E de Kamouraska par la rte 132 E.* **Bonnes adresses**, *p. 320.* **Hébergement-restauration** *à Notre-Dame-Du-Portage, p. 319.*

L'entrée du village est salué par un calvaire, sculpté par Louis-Thomas Berlinguet en 1850, tout comme les croisements de chemin également signalés par ces remarquables monuments. Au cœur du village se dresse la plus vieille **église paroissiale*** de la région (1811). À l'extérieur de Saint-André, la **maison de la Prune*** *(129, rte 132 E ☎ (418) 493.26.16 ; ouv. le dim. seulement)* est un sympathique verger-musée de pruniers de Damas, l'une des plus

Les ressources du fleuve

Les fortes marées du fleuve dans la région du Bas-Saint-Laurent découvrent des battures qui constituent un appétissant garde-manger pour les oiseaux côtiers et maritimes. Ses rives et ses îles sont des lieux d'observation privilégiés pour les amateurs d'ornithologie.

Au fil des siècles s'est développée une relation sensuelle entre les habitants du Bas-Saint-Laurent et le fleuve, avec lequel ils vivent en harmonie. Il est vrai que la région jouit d'un relief avantageux : les battures, ces marais battus par les éléments qui au jusant (marée descendante) prolongent le littoral jusqu'au centre du fleuve.

Sur les rivages, vous remarquerez les fascines, ces longues perches plantées dans la boue et disposées en cœur, à l'intérieur desquelles viennent s'égarer anguilles et harengs.

Chaque année au printemps, à l'époque de la pleine lune ou de la nouvelle lune de mai, des millions de capelans viennent déposer leurs œufs sur la grève, avant de retourner dans le fleuve pour y mourir d'épuisement. Cette aventure a lieu deux fois par jour, au lever et au coucher du soleil, mais il arrive qu'elle ne se produise qu'une seule journée. Il ne faut pas manquer ce spectacle étonnant ni cette pêche miraculeuse où le poisson est véritablement à portée de main. ❖

anciennes variétés du Québec. On y trouve un économusée et une boutique dans un magasin général de 1853 (*magasin ouv. du 1er août au 15 oct.*). À 13 km N-E de Saint-André, **Notre-Dame-du-Portage*** est un beau lieu de villégiature qui égrène ses petites auberges le long d'un littoral accueillant.

Rivière-du-Loup*

➤ *À 15 km N-E de Notre-Dame-du-Portage par la rte 132 E. Un traversier conduit en 65 mn à Saint-Siméon, dans le Charlevoix (p. 269). Bonnes adresses, p. 320.*

La rivière du Loup – qui donne son nom au village – offre, au **parc des Chutes et de la Croix lumi-**

Nuitée chez les oiseaux

Les îles du Bas-Saint-Laurent, à proximité de Rivière-du-Loup, sont des sites ornithologiques d'une telle importance qu'une société à but non lucratif, Duvetnor, s'est portée acquéreur de plusieurs d'entre elles (l'île aux Lièvres, l'archipel du Pot-à-l'Eau-de-Vie et celui des Pèlerins) pour en protéger la faune ailée et ses habitats. L'achat a été financé grâce aux 25 000 couples d'eiders qui nichent sur les îles, et dont le duvet est exporté en Allemagne par Duvetnor, qui en fait la récolte contrôlée.

De juin à mi-septembre, Duvetnor propose des excursions en bateau vers les îles, où des guides compétents vous accompagnent pour des randonnées pédestres d'une grande qualité *(p. 318)*. La nuitée la plus romantique est sans doute celle passée dans la maison du gardien du phare. Superbement restaurée, la maison comporte deux chambres, un séjour, une cuisine et un phare d'où l'on peut scruter les eaux du fleuve fréquentées par les bélugas. On peut y réserver une chambre, ou toute la maison, et jouer les Robinsons sur cette île qui n'est habitée que par des colonies d'oiseaux et par un couple qui vient porter aux visiteurs des repas amoureusement mitonnés. ❖

neuse, le spectacle d'une chute, avant qu'elle ne gagne le fleuve. Maintes rivières du Bas-Saint-Laurent possèdent de telles chutes qui résultent des arêtes rocheuses appalachiennes, parallèles au fleuve et perpendiculaires aux rivières.

Le **musée du Bas-Saint-Laurent** *(300, rue Saint-Pierre ☎ (418) 862. 75.47)* recèle une collection ethnologique régionale, des œuvres d'artistes québécois modernes dont Riopelle, Tousignant, Lemieux, Gauvreau, et l'installation holographique *Vertigo Terrae* de Georges Dyens, qui évoque la genèse et la fin du monde. La longue pointe qui s'avance vers le fleuve est un premier point d'**observation des baleines** *(p. 319)*. Les ♥ **îles de l'archipel du Pot-à-l'Eau-de-Vie**, situées en face, sont des sanctuaires ornithologiques *(encadré)*.

Le Témiscouata

➤ *De Rivière-du-Loup emprunter la rte 185 S. Quelques kilomètres* *après Saint-André-de-Kamouraska la rte 289 S à dr. vous y mènera aussi.* **Bonnes adresses**, *p. 320.*

De Rivière-du-Loup, une incursion par la route 185 S mène dans cette région de l'arrière-pays québécois. On y trouve deux importants lacs de villégiature : le **lac Témiscouata** et le **lac Pohénégamook** (célèbre pour son monstre lacustre). On peut aussi découvrir la région en empruntant une piste cyclo-pédestre, le **parc linéaire interprovincial du Petit-Témis**. Aménagée sur une ancienne voie ferrée longue de 134 km, la piste conduit jusqu'à **Edmundston**, au Nouveau-Brunswick.

L'une des principales villes du Témiscouata est **Cabano** *(à 50 km E de Rivière-du-Loup)*, où se trouve le fort Ingall qui abrite une exposition évoquant le fascinant personnage de **Grey Owl** (1888-1938), qui vécut quelque temps dans la localité. Cet imposteur de génie, qui se fit passer pour un Indien en dépit de son sang britannique, fut

Le retour de la diaspora malécite

Les Amérindiens malécites ont habité un vaste territoire compris entre le fleuve Saint-Laurent et le sud du Maine, aux États-Unis. Au Québec, trois réserves furent créées à leur intention : celle de Viger sur des terres concédées en 1827, celle de Whitworth en 1875, toutes deux au Témiscouata, et celle de Cacouna en 1891. Les Malécites quittèrent la première à partir de 1870, lorsqu'elle fut rétrocédée au gouvernement en raison de la pression des colons. À Whitworth, où les terres cultivables étaient rares, ils abandonnèrent le site dès la première année. La dispersion de la nation était déjà bien entamée lorsque la réserve de Cacouna fut créée, de sorte qu'elle rassembla fort peu de familles. Le dernier Malécite de Cacouna, le chef Joseph Launière, décéda en 1972.

C'est à Cacouna, autour de la maison de Launière, que s'organise depuis peu le retour de la diaspora malécite. En 1998, un petit musée de la nation malécite s'y est installé. Reconnus en 1988 comme la dixième nation autochtone du Québec, les Malécites comptent 570 personnes sur tout le territoire québécois. En juillet, à la pointe de Rivière-du-Loup, une fête réunit les membres de cette nation qui fut dispersée pendant plus de cent vingt-cinq ans. ❖

un fervent défenseur des animaux, surtout du castor. Il écrivit de nombreux ouvrages, donna des conférences dans le monde entier et vécut dix ans avec son épouse indienne avant de se remarier l'année précédant sa mort. Richard Attenborough, le réalisateur de *Gandhi*, a tourné en 1998 un film sur cet aventurier, dont Pierce Brosnan tient le rôle titre.

Cacouna*

➤ *À 10 km N de Rivière-du-Loup par la rte 132 E.*

Jadis territoire malécite, Cacouna qui signifie en amérindien « là où il y a des porcs-épics », fut au cours du XIXe s. une station balnéaire appréciée. Des auberges rappellent cette époque glorieuse. On y trouve encore une réserve amérindienne dont la taille, à peine l'espace occupé par la maison du chef Joseph Launière, reflète la difficile reconnaissance envers ce peuple pacifique. Œuvre de Louis-Thomas Berlinguet, l'**église Saint-Georges*** (1845) est un rutilant édifice en pierre des champs qui possède de remarquables peintures et ouvrages d'ébénisterie. Le **marais de Gros-Cacouna** est un site d'observation des oiseaux de rivages, des canards plongeurs aux aigrettes et aux râles *(accès libre : sentiers prédestres).*

L'Isle-Verte

➤ *À 17 km N-E de Cacouna par la rte 132 E.* **Bonnes adresses**, p. 318.

➤ **LA RÉSERVE NATIONALE DE FAUNE DE LA BAIE DE L'ISLE-VERTE***. *Accès fléché par la rte 132 ☎ (418) 898. 27.57. Ouv. t.l.j. de mi-juin à mi-sept.* Les sentiers de cette réserve située sur la rive longent les battures sur 15 km, et l'on peut y voir 130 oiseaux différents. Le poste d'accueil est une demeure historique, la **maison Girard** (1850). On y présente une exposition sur la tourbe de sphaigne, qui fut à l'origine d'une lucrative activité de rembourrage au début du XXe s.

➤ ♥ **L'Île Verte.** *En 15 mn par le traversier, départ du quai de l'Isle-Verte ☎ (418) 898.28.43.* Située en face du village du même nom, elle s'étend sur 10 km. Seules 40 personnes y vivent à l'année. On la parcourt à vélo *(location sur place)* pour contempler ses maisons de ferme traditionnelles et le plus vieux phare du Saint-Laurent, datant de 1809, dont on peut découvrir l'histoire. Sur le chemin principal, l'**école Michaud** présente des objets du patrimoine local. On y trouve aussi le **musée du Squelette**, un centre d'interprétation sur les mammifères marins. Une visite guidée est proposée par le **Circuit touristique de l'isle Verte** *(☎ (418) 898.34.51; ouv. de mi-mai à mi-oct.).* Chaque année est organisée une traversée du fleuve à pied (mais avec de la vase jusqu'à hauteur des genoux), par le **sentier de la Bouette** qui permet de rejoindre l'île Verte en 2h30.

Trois-Pistoles**

➤ *À 19 km N-E de L'Isle-Verte, par la rte 132 E. Un traversier relie Trois-Pistoles aux Escoumins sur la rive nord (p. 275).*

Trois-Pistoles est la capitale d'une région nommée «Les Basques» en souvenir des baleiniers originaires du pays basque qui fréquentèrent l'estuaire de 1584 à 1630. Le charme de cette région, coincée entre le fleuve et les reliefs appalachiens, peut se découvrir à vélo ou en voiture par **la route verte des Basques**. Vous découvrirez aussi les jolies et luxueuses villas, aux larges galeries ouvertes sur le fleuve.

Avant de commencer la visite de Trois-Pistoles arrêtez-vous au **jardin des Légendes** *(223, rue Notre-Dame; ouv. t.l.j. en été)* pour admirer les sculptures qui s'y trouvent.

➤ **Notre-Dame-des-Neiges****. Cette église de style corinthien baroque (1887) est inspirée de Saint-Pierre et de Sainte-Marie-Majeure de Rome. L'intérieur est peint de marbre en trompe-l'œil, une époustouflante réalisation de l'artiste italien Mario Moro (qui a discrètement reproduit son profil dans les lignes du marbre de la colonne supportant la chaire).

➤ **Le parc de l'Aventure basque en Amérique***. *66, rue du Parc ☎ (418) 851.15.56. Ouv. t.l.j. en été. Café-bistro et boutique.* Ce parc met en lumière l'épisode historique que représente la présence des pêcheurs basques dans cette région. On y a par ailleurs reproduit une aire de pelote.

➤ **L'Île aux Basques****. De Trois-Pistoles, on peut faire une excursion d'observation des baleines et se rendre sur cette île: refuge de 277 espèces d'oiseaux, elle appartient à la **Société d'Histoire Provancher** *(p. 319)*, qui organise des excursions au départ de la marina. Sur le site subsistent les vestiges de fours dans lesquels les pêcheurs basques fondaient la graisse des baleines.

♥ Bic*

➤ *À 45 km N-E de Trois-Pistoles par la rte 132 E.* **Bonnes adresses**, *p. 319.*

La côte devient ici accidentée, et des rochers jaillissent des battures. C'est d'ailleurs une altération du mot «pic» qui aurait donné son nom à la baie, où des excursions permettent d'observer les phoques et les oiseaux aquatiques *(p. 318)*. Bordant le littoral, le **parc du Bic**** *(bureau d'informations touristiques, 33, rte 132 O ☎ (418) 869. 33.33; visite guidée en minibus)*, qui couvre 33 km², enchâsse plusieurs îlots, presqu'îles, anses et récifs. Les oiseaux y abondent, et on peut notamment y observer l'eider à duvet, le pluvier kildir, le faucon émerillon, la pyrargue à tête blanche, sans compter les canards, bruants, carouges, hérons, goélands et mésanges... En tout près de 320 espèces. Parfois, on peut apercevoir du rivage des phoques se prélassant autour de l'anse aux Pilotes.

Rimouski*

➤ *À 15 km N-E de Bic par la rte 132 E. Liaisons par traversier avec Forestville en Haute-Côte-Nord (p. 270).* **Bonnes adresses**, *p. 320.* **Hébergement-restauration** *à Pointe-au-Père, p. 320.*

Centre universitaire, collégial et maritime, Rimouski est la capitale administrative du Québec maritime et une ville où il fait bon s'attarder. Les principaux attraits urbains se concentrent autour de la **cathédrale** *(11, rue Saint-Germain O)*. Situé à proximité, l'**office de tourisme** vous guidera dans votre découverte, entre autres avec ses promenades historiques du quartier. La vie nocturne aussi y bat son plein avec ses nombreux cafés, bistros et bars.

➤ **LE MUSÉE RÉGIONAL***. 35, rue Saint-Germain O ☎ (418) 724.22.72. Ouv. t.l.j. en été de 10 h à 18 h, nocturnes du mer. au sam., du mer. au dim. le reste de l'année de 12 h à 17 h.* Logé dans l'ancienne église Saint-Germain, le musée accueille des expositions sur les productions artistiques contemporaines, l'histoire régionale et les sciences de la mer.

➤ **LES SENTIERS D'INTERPRÉTATION DU LITTORAL ET DE LA RIVIÈRE RIMOUSKI.** *☎ (418) 723.04.80.* D'une longueur totale de 19 km et accessibles à pied ou en vélo de montagne, ces sentiers permettent de remonter le courant de cette rivière saumoneuse.

Mais le clou du spectacle se trouve à **Saint-Narcisse-de-Rimouski** *(à 35 km du littoral par la rte 232),* où la rivière franchit avec fracas le **canyon des Portes-de-l'Enfer** *(chemin Duchénier ☎ (418) 735.60.63 ; entrée payante),* une gorge, longue de 5 km et profonde de 90 m, que surplombe une passerelle suspendue à 63 m du sol.

➤ **LA MAISON LAMONTAGNE.** *707, bd du Rivage (rte 132 E) ☎ (418) 722.40.38.* Située à **Rimouski-Est**, la maison Lamontagne est la plus ancienne habitation domestique de l'est du Québec, érigée en 1750 selon la méthode du colombage pierroté. C'est un site historique dédié à l'histoire de l'architecture et de la vie domestique du XVIIIe s. en Nouvelle-France.

➤ **L'ÎLE SAINT-BARNABÉ***. Départ en été de la marina de Rimouski-Est ☎ 1.800.746.68.75.* En face de Rimouski, c'est un site d'observation de la faune marine, plus particulièrement du phoque et du grand héron.

La péninsule gaspésienne

La Gaspésie (du mot micmac *gespeg* «là où la terre se termine») s'avance en une péninsule presque aussi grande que la Belgique (20 000 km²) dont la beauté est saisissante. Le tour de la Gaspésie comporte des arrêts classiques : les petits ports attachants de la côte, les hauts lieux comme le parc national Forillon et celui de la Gaspésie, Gaspé et Percé, les longues plages de la baie des Chaleurs, la vallée de la Matapédia. Avec sa farouche volonté de survie,

La Gaspésie à pied

Le sentier international des Appalaches est considéré comme l'un des plus beaux, mais des plus exigeants sentiers pédestres balisés du Québec. Au départ de Matapédia dans la baie des Chaleurs jusqu'à Cap-Gaspé sur la presqu'île de Forillon, ce sentier compte 639 km, 19 refuges et 24 sites de camping. Il franchit la vallée de la Matapédia, s'engage dans la réserve faunique de Matane, se hisse sur les crêtes des monts Chic-Chocs, en passant par les monts Logan (1 150 m), Albert (1 150 m) et Jacques-Cartier (1 268 m). De Mont-Saint-Pierre, il longe le littoral jusqu'à Rivière-au-Renard. Il sillonne enfin le parc Forillon, qui lui ouvre la voie sur la civilisation : Cap-Gaspé. Là, un belvédère offre une vue splendide sur le golfe, l'île d'Anticosti, la baie de Gaspé, Percé et son rocher et les baleines qui batifolent en bas. Ce sentier hors du commun rejoint le sentier de la Côte est qui part de Key West en Floride pour atteindre Cap-Gaspé après 7 616 km de marche. ❖

en dépit de son isolement, et son histoire métissée d'apports culturels divers, la Gaspésie est l'une des régions les plus typiques du Québec. Il n'est sans doute pas de Québécois qui ne se reconnaisse dans les mots de Félix Leclerc : «La Gaspésie ? C'est le pays intérieur de chacun de nous, patient, silencieux, inconnu, mystérieux. Le cri qui fera peur à tout le monde, c'est de là qu'il viendra.»

➤ *Carte*, p. 296. **Bonnes adresses**, p. 320.

♥ Vers Percé par la côte**

➤ *À 1 009 km N-E de Montréal par la rte 132 E.*

La côte jusqu'à Percé est l'un des plus beaux trajets routiers du Québec. La route 132 est désormais la seule voie carrossable qui mène vers l'est. Longeant le littoral, souvent coupée de vallées, elle se fait de plus en plus sinueuse, contourne des baies au ras des flots, se fait serrer par les falaises et la montagne. Pour les plus courageux, le sentier international des Appalaches *(encadré)* franchit, de Matapédia à Cap-Gaspé, des paysages époustouflants.

SAINTE-FLAVIE

➤ *À 596 km de Montréal par la rte 132 E. À 27 km N-E de Rimouski par la rte 132 E.* **Bonnes adresses**, *p. 323.*

Le circuit commence par une belle introduction au pays : sur le rivage, le sculpteur Marcel Gagnon a réalisé une œuvre intitulée *Le Grand Rassemblement**, où plus de 80 personnages en béton s'avancent dans la mer *(564, rte de la Mer – la rte 132 –* ☎ *(418) 775.28.29; ouv. t.l.j. de 8h à 23h).*

Tout près, le **centre Chouin'Art Le Pêcheur** *(☎ (418) 775.78.13; ouv. t.l.j. en été de 9h à 21h)* présente des expositions sur les légendes de la Gaspésie et propose un rallye-découverte de l'univers marin. **Le centre d'interprétation du Saumon atlantique** *(☎ (418) 775.29.69; ouv. t.l.j. en été)* permet de découvrir, de la reproduction à la pêche, toutes les facettes de ce poisson qui abonde dans les rivières gaspésiennes.

LA PÉNINSULE GASPÉSIENNE

LES JARDINS DE MÉTIS**

▶ *À Grand-Métis, 9 km N-E de Sainte-Flavie par la rte 132 ☎ (418) 775.22.22. Ouv. t.l.j. en été de 8h30 à 18h30.* **Hébergement-restauration** *à Métis-sur-Mer, p. 322.*

Ce parc de style anglais rassemble 3 000 espèces d'arbres et de fleurs (dont le rare pavot bleu, en juillet) qui se regroupent en sept jardins. En 1886, un lord britannique en fit son luxueux domaine de pêche avant de l'offrir à sa nièce, Elsie Stephen Meigen Reford, à qui l'on doit cette merveille d'horticulture. Celle-ci bénéficie d'un microclimat favorable, au confluent de la saumoneuse rivière Mitis et du Saint-Laurent.

MATANE

▶ *À 56 km N-E de Grand-Métis par la rte 132. Liaisons par traver-sier avec Baie-Comeau et Godbout dans le Charlevoix (p. 276).* **Bonnes adresses**, *p. 322.*

Ce port de pêche industrielle tire son nom d'un terme micmac signifiant « vivier de castor ». Mais Matane est surtout réputée pour ses délicieuses petites crevettes et pour sa passe migratoire de saumons située en ville, au **barrage Mathieu-d'Amours**. Sur la rivière, où la **pêche** est autorisée à certains endroits, on peut aussi capturer des truites. Ne manquez pas de visiter la **maison en «pin d'épice»** *(51, rue Ulric-Tessier, Saint-Ulric ☎ (418) 737.47.62),* ouvragée de sculptures et de peintures, ainsi que le **musée Horace-Bouffard** *(961, rang des Bouffard, Petit-Matane ☎ (418) 562.15.38),* une maison paysanne typique du début du XXe s. avec meubles et objets anciens.

CAP-CHAT*

➤ *À 72 km N-E de Matane par la rte 132.*

Ce joli village, juché sur une falaise, possède un **centre d'interprétation du Vent et de la Mer**, le Tryton *(9, rte du Phare ☎ (418) 786.55.43; ouv. t.l.j. en été de 8h30 à 20h),* qui comporte trois sites: la **maison de la Gardienne** consacrée à l'histoire marine et au folklore, le **jardin des Brumes** près de la mer où sont aménagés des sentiers fleuris et le **phare** (1870) présentant un spectacle multimédia sur les légendes, l'histoire et l'environnement de Cap-Chat, ainsi que sur le fonctionnement d'une éolienne.

LE PARC DE LA GASPÉSIE**

➤ *À 16 km S-E de Cap-Chat par la rte 132 jusqu'à Sainte-Anne-des-*

*Monts, puis la rte 299 S. Ouv. toute l'année. Entrée libre. Activités de plein air. **Bonnes adresses**, p. 322.*

Longeant les saumoneuses rivières Sainte-Anne et Cascapédia, la route 299 plonge au cœur des **monts Chic-Chocs**, où la forêt gaspésienne atteint toute sa splendeur. Les montagnes culminent à 1 268 m avec le mont Jacques-Cartier, et la neige y subsiste au mois de juillet. Ce parc de 802 km^2 renferme des paysages étagés qui permettent, selon l'altitude et l'exposition aux vents, de passer de la **forêt boréale** à la **toundra arctique**. Des troupeaux de caribous cohabitent, fait unique au Québec, avec des cerfs et des orignaux. Le coyote, le renard roux et le castor sont également nombreux, car aucun chasseur ne peut les menacer ici.

Le **centre d'interprétation du parc de la Gaspésie** (*à 38 km S de Sainte-Anne-des-Monts par la rte 299 S; ouv. de juin à mi-oct. de 8h à 20h*) est situé au pied du **mont Albert**, ainsi qu'une hôtellerie complète. L'organisme **Parc Ami Chic-Chocs** (☎ *(418) 763.76.33*) propose des safaris d'observation des orignaux et des randonnées guidées par des naturalistes.

La Martre

➤ *À 27 km E de Sainte-Anne-des-Monts par la rte 132.*

La Martre possède un **centre d'interprétation d'archéologie de la Gaspésie** avec une collection d'artefacts datant tous d'au moins 8 000 ans et un **centre d'interprétation des Phares et Balises**, dont le phare en bois de 1906 constitue le principal intérêt.

Mont-Saint-Pierre

➤ *À 30 km E de La Martre par la rte 132.*

Mont-Saint-Pierre se présente comme la capitale du vol libre de tout l'est du Canada. Des rampes de lancement sont aménagées au sommet du mont, à 430 m d'altitude.

Les côtes de la Madeleine

➤ *Entre Mont-Saint-Pierre et Rivière-au-Renard, sur 122 km le long de la rte 132.*

Dans ce secteur escarpé, les hameaux de pêcheurs ont gardé des noms pittoresques et un charme bien particulier. Au centre d'informations touristiques de **Madeleine-Centre** (*à 35 km E de Mont-Saint-Pierre, 4, rte du Phare* ☎ *(418) 393.22.40*), on pourra jumeler la visite du phare à celle d'une passe migratoire à saumons souterraine, la plus longue au monde. Le centre propose aussi une observation des baleines. La localité de **Petite-Vallée** (*à 10 km E de Grande-Vallée*) est connue grâce à son Festival en chanson : la **Vieille Forge**, dotée de belles salles de spectacle et de théâtre, d'un café avec restauration légère, en est le centre nerveux. De là on vous indiquera un sentier pédestre qui vous mènera en peu d'efforts à un point de vue panoramique depuis le **mont Didier**. Plus loin, le **site historique de la Pointe-à-la-Renommée** (*à 37 km E de Petite-Vallée* ☎ *(418) 269.33.10; ouv. t.l.j. en été; visite guidée*) s'enorgueillit de son phare de 1906 enfin rapatrié (*encadré*).

Rivière-au-Renard

➤ *À 14 km S-E de L'Anse-à-Valleau par la rte 132.*

Ce port de pêche est spécialisé dans la transformation industrielle du poisson. On pourra se familiariser avec l'univers des pêches modernes au **centre d'interpréta-**

Un phare renommé

Le phare de la Pointe-à-la-Renommée connut une aventure piquante. En 1982, son propriétaire, la Garde côtière canadienne, décida de le restaurer et de le déménager dans le quartier Petit-Champlain à Québec, où plus de touristes pourraient l'admirer. Les 400 citoyens de L'Anse-à-Valleau ne l'entendirent pas de cette oreille. Regroupés sous la bannière de *La loi du plus phare*, ils obtinrent la restitution de leur phare qui, depuis 1997, s'élève dignement sur son site d'origine. ❖

La pointe de la Gaspésie abrite de petits villages comme L'Anse-à-Valleau qui jouissent d'un site magnifique en bordure du golfe du Saint-Laurent.

tion des Pêches *(1, bd Renard E ☎ (418) 269.52.92; ouv. t.l.j. en été)*. Il présente aussi l'histoire de la localité, dont une partie de la population est d'origine irlandaise.

L'ANSE-AU-GRIFFON

➤ *À 10 km S-E de Rivière-au-Renard par la rte 132.*

Le **manoir Le Boutillier*** *(578, bd Griffon ☎ (418) 892.51.50; ouv. t.l.j. en été de 9h à 17h)*, construit en 1850 par un important marchand de morue, John Le Boutillier, est aujourd'hui un centre socioculturel; il abrite une exposition sur le marchand et son empire, un café et un magasin. Vous noterez au village de nombreuses maisons dont les murs sont décorés d'insectes géants et multicolores, qui sont l'œuvre d'un sculpteur local.

LE PARC NATIONAL DE FORILLON***

➤ *Postes d'accueil: L'Anse-au-Griffon et Penouille. Information: 122, bd Gaspé, Gaspé G4X 1A9 ☎ (418) 892.55.53 ou (418) 368. 60.50. www.parcscanada.qc.ca/ forillon. Bonnes adresses, p. 322.*

Le parc occupe la presqu'île Forillon, pointe extrême au nord de la péninsule gaspésienne. C'est l'un des plus petits parcs nationaux (240 km^2), mais par la complexité de sa géographie et la

En suivant les sentiers de randonnée du parc national de Forillon, on découvre des paysages spectaculaires de falaises découpées par la mer.

richesse de sa faune et de sa flore, c'est le joyau de la Gaspésie. Le parc est caractérisé par des zones de collines, de dunes, de marais, de falaises et de plages. S'y abritent 225 oiseaux, dont l'aigle-pêcheur, le cormoran à aigrettes, le petit pingouin et les mouettes tridactyles. Mais l'on observe aussi des ours noirs, des cerfs de Virginie, des porcs-épics, des lynx, des phoques et des baleines. On peut y camper, ou passer la journée pour profiter des activités, parmi lesquelles des excursions d'**observation des mammifères marins** (p. 321).

Le **centre d'interprétation du parc** se trouve à Cap-des-Rosiers. Au **lieu historique national de Grande-Grave**, c'est l'histoire humaine qui retient l'attention. Le magasin Hyman & Sons et le site de l'Anse-Blanchette rappellent l'histoire animée des commerçants et des pêcheurs gaspésiens. Au **cap Gaspé**, vous êtes au bout du Québec continental, exactement à la latitude de la Bretagne.

FONTENELLE

➤ *À 9 km O du parc de Forillon par la rte 132.*

Sur la côte de l'estuaire, la présence amérindienne est peu visible, mais, à partir de Fontenelle (ou Saint-Majorique) jusqu'à la baie des Chaleurs, on rencontrera en plusieurs points la culture micmac, toujours vivante. Habitant la péninsule, les Micmacs furent les premiers êtres humains à accueillir le Français Jacques Cartier sur le continent nord-américain. Pour saisir l'originalité de cette culture, il faut visiter le **site historique micmac de Gespeg**** *(783, bd Pointe-Navarre ☎ (418) 368.60.05; ouv. t.l.j. en été)*, où les Autochtones ont reconstitué l'habitat et le mode de vie du peuple micmac au XVIIe s.

GASPÉ

➤ *À 10 km S-E de Fontenelle par la rte 132.* **Bonnes adresses,** *p. 321.* **Hébergement-restauration** *à Prével, p. 323.*

«Berceau du Canada», la ville est célèbre pour la visite qu'y fit Jacques Cartier en 1534 : il y planta la première croix en Nouvelle-France, afin de la déclarer possession du roi. Les **rivières à saumons** qui se jettent dans la baie sont le principal attrait de Gaspé. Beaucoup d'Américains viennent y pratiquer cette pêche hautement sportive (p. 320).

Face à la baie, un bâtiment moderne loge le **musée de la Gaspésie**** *(80, bd Gaspé; ouv. t.l.j. en été de 9h à 19h, le reste de l'année de 9h à 17h, f. lun.)*, consacré à l'identité culturelle gaspésienne : langue, rites, croyances, art, architecture.

Entre Gaspé et Percé, à la place des blockhaus de la Seconde Guerre mondiale, l'ancien site militaire de **Prével** a été transformé en établissement hôtelier, avec **chalets** et terrain de **golf**.

PERCÉ***

➤ *À 77 km S de Gaspé par la rte 132.* **Bonnes adresses**, *p. 322.*

Après le pic de l'Aurore se révèle en contrebas un exceptionnel paysage : la double baie de Percé et, posé sur la mer, escorté par l'île Bonaventure, le fameux rocher.

➤ **LE MUSÉE LE CHAFAUD***. *145, rte 132 ☎ (418) 782.51.00. Ouv. t.l.j. en été de 10h à 22 h.* Il rappelle le passage d'André Breton à Percé en 1944 et présente les œuvres d'artistes locaux. On prendra plaisir à écumer le rivage à la recherche d'agates, cette pierre semi-précieuse que Breton appelait « le caillou en habit d'Arlequin».

Le rocher Percé

Le rocher Percé est une imposante masse de calcaire qui s'élève à 88 m et s'avance sur 400 m dans le golfe du Saint-Laurent.

« Voici à nouveau, perpendiculaire à la crête des vagues, à cette ligne pointillée à peine sinueuse au ras de l'eau que chaque jour reprennent à la file les chercheurs d'agates, le rocher Percé lui-même, tel qu'il se découpe dans le cadre de nos fenêtres et dont j'emporterai très loin la vision. En le contournant tout à l'heure, je regrettais de ne pouvoir, de trop près, le découvrir dans son ensemble et que des dispositions nouvelles de sa masse fissent surgir des images différentes de celle que je m'en étais formée. Force est de ne conserver que cette dernière, dès qu'il s'agit de se représenter de telles structures complexes. C'est d'ailleurs surtout sous cet angle, c'est-à-dire vu de l'ouest, qu'il s'est signalé à l'attention des photographes. "Rocher Percé : 280 pieds de haut à la proue, 250 pieds à l'endroit le plus large, 1420 pieds de long" dit laconiquement un prospectus-réclame et, si je ne me déplais pas tant à copier ces chiffres, c'est que dans le rapport de telles dimensions je ne serais pas surpris que se manifestât le *nombre d'or*, tant dans ses proportions le rocher Percé peut passer pour un modèle de justesse naturelle. »

André Breton, *Arcane 17*, 1947 (éd. Jean-Jacques Pauvert). ❖

▶ **LE CENTRE D'INTERPRÉTATION DU PARC DE L'ÎLE-BONAVENTURE-ET-DU-ROCHER-PERCÉ.** *Rang de l'Irlande* ☎ *(418) 782.27.21. Ouv. t.l.j. en été. Entrée libre.* Il initie à la vie faunique, aquatique et ornithologique, qui caractérise les environs de l'île Bonaventure et le rocher Percé.

▶ **LE PARC DE L'ÎLE-BONAVENTURE-ET-DU-ROCHER-PERCÉ★★★.** *4, rue du Quai* ☎ *(418) 782.22.40. Ouv.*

t.l.j. de début juin à mi-oct. de 9h à 17 h. Entrée libre. Transporteurs privés : rue du Quai. L'énorme étrave de calcaire siliceux farcie de fossiles du type trilobites qu'est le rocher Percé est pourvue d'une arche naturelle de 20 m de haut, accompagnée d'un obélisque deux fois plus élevé. C'est avec celui d'Étretat le bloc de craie le plus photographié au monde. On peut,

Fous de Bassan, sur l'île Bonaventure.

à marée basse, se rendre jusqu'au pied du rocher Percé ou en faire le tour en bateau, en allant à l'**île Bonaventure**, nichoir protégé des milliers d'oiseaux de mer qui, depuis toujours, viennent s'y accoupler. On dénombre quelque 75 000 fous de Bassan mêlés aux mouettes, goélands, guillemots, marmettes, macareux-moines, cormorans et autres oiseaux de mer. De très beaux sentiers pédestres y sont aménagés. Durant la traversée en bateau, des baleines vous accompagneront parfois.

VERS NEWPORT

➤ *À 65 km de Percé à Newport par la rte 132.*

À partir de Percé et jusqu'à Newport, les terres s'abaissent et tombent lentement vers la mer, offrant ainsi de larges littoraux.

➤ **L'ANSE-À-BEAUFILS**. *À 9 km O de Percé.* La **vieille usine** (55, rue à Bonfils), jadis utilisée pour la transformation des produits de la mer, abrite aujourd'hui un **centre culturel** dynamique (salle de spectacles

et d'expositions, atelier-boutique et café). De la terrasse, belle vue sur la plage, jonchée d'agates, où l'on pratique la pêche au homard.

➤ **SAINTE-THÉRÈSE-DE-GASPÉ**. *À 19 km S-O de Percé.* Il faut ensuite faire un arrêt à l'**usine de morue salée-séchée à la gaspésienne** (52, rue des Vigneaux). Sur les claies, alignées dans les champs, sèchent les filets de morue (que l'on peut se procurer à la poissonnerie) selon une tradition gaspésienne séculaire.

➤ **GRANDE-RIVIÈRE**. *À 15 km S-O de Sainte-Thérèse-de-Gaspé.* On peut y visiter le **centre spécialisé des Pêches** (167, Grande-Allée E ☎ (418) 385.22.41), une école des pêches réputée et gérée par le collège de Gaspé.

➤ **PABOS MILLS**. *À 7 km S-O de Grande-Rivière.* Le **parc du bourg de Pabos** (75, rte de la Plage) présente la vie des pêcheurs de la Nouvelle-France d'après les résultats de fouilles archéologiques exécutées sur le site.

➤ **NEWPORT**. *À 8 km S de Pabos Mills.* Newport est un important port de pêche. C'est aussi la ville natale de la Bolduc (*encadré, p. 65*), première auteur-compositeur canadienne à s'exprimer en français, personnage savoureux dont on retrace la carrière au **site Mary Travers dite la Bolduc*** (124, rte 132 ☎ (418) 777.24.01; ouv. t.l.j. en été).

➤ **PORT-DANIEL**. *À 18 km S-O de Newport.* À Port-Daniel, l'**Hôtel Le Grand** rapporte à travers son exposition le mode de vie des commis voyageurs dont il fut longtemps la halte de prédilection; et la baie, que les Micmacs nomment **Epsegeneg** («l'endroit où l'on se chauffe»), est ceinturée

Une histoire métissée

Quelque 150 000 habitants vivent aujourd'hui sur la péninsule. Les Amérindiens micmacs, de la famille algonquienne, furent les premiers habitants des lieux et s'y regroupent encore. Habiles pêcheurs, ils surent tirer profit des nombreuses rivières tout autant que de la mer. Vinrent ensuite les pêcheurs normands, bretons et basques, avant que Jacques Cartier ne plantât sa croix à Gaspé en 1534 : la Gaspésie devenait le berceau de la Nouvelle-France.

Avec Champlain, l'économie se tourne ensuite vers la traite des fourrures. Mais les batailles franco-anglaises ravagent la péninsule. La conquête anglaise signe le début d'une longue exploitation des ressources de pêche et comptera pour beaucoup dans le développement de la région. Autre présence importante dans l'identité gaspésienne, les Acadiens. Ils se sont fixés vers 1755 dans la baie des Chaleurs et y constituent toujours une communauté pleine de vitalité. ❖

par une magnifique plage de sable blanc. Quelques kilomètres plus loin, **Saint-Godefroi** possède un camping sauvage juste au pied des falaises sur le bord de la mer.

La baie des Chaleurs*

Le littoral sud de la Gaspésie est relativement tempéré par rapport au reste de la péninsule. Il borde ce petit golfe que Jacques Cartier baptisa, un jour de juillet 1534, la baie des Chaleurs. Beaucoup d'agglomérations de la baie, fondées par des loyalistes américains, ont gardé une population majoritairement anglophone ; d'autres, d'origine acadienne, sont francophones. Toutes, adossées à de hautes falaises rougeâtres, ont de belles plages, des quais où l'on pêche l'éperlan et le maquereau, des rivières à saumons, des séchoirs à morue en plein air appelés vigneaux, inventés jadis par les Terre-Neuviens et encore utilisés par les Gaspésiens côtiers.

PASPÉBIAC

➤ *À 50 km S-O de Newport par la rte 132.* **Bonnes adresses,** *p. 322.*

Sur un site choisi en 1767 par des insulaires de Jersey pour y établir un poste de pêche sédentaire, des bâtiments anciens ont été transformés en **site historique du Banc-de-Paspébiac*** (☎ *(418) 752.62.29; ouv. t.l.j. en été*), centre d'interprétation des pêches aux XVIIIe et XIXe s. On y présente une animation sur les métiers traditionnels.

BONAVENTURE**

➤ *À 21 km O de Paspébiac par la rte 132.*

Le village est traversé par la rivière Bonaventure, réputée pour la pureté de ses eaux saumoneuses et que l'on peut remonter en canoë.

➤ **LE BIOPARC****. *123, rue des Vieux-Ponts* ☎ *(418) 534.19.97. Ouv. t.l.j. de déb. juin à mi-oct. de 9h à 18 h.* Il présente la faune et la flore des cinq écosystèmes gaspésiens. Parmi les 30 espèces animales, on y rencontre le cougar de l'Est, l'élan d'Amérique (orignal), le caribou de la Gaspésie et le phoque commun.

➤ **LE MUSÉE ACADIEN DU QUÉBEC***. *95, av. Port-Royal* ☎ *(418) 534. 40.00. Ouv. t.l.j. en été de 9h à 18h.*

Hors saison renseignez-vous pour les horaires. Il retrace la triste épopée des habitants qui furent déportés d'Acadie en 1755 et qui ont peuplé plusieurs régions du Québec, dont les Îles-de-la-Madeleine, la ville de Havre-Saint-Pierre et la baie des Chaleurs *(encadré, p. 45).*

NEW RICHMOND

➤ *À 37 km O de Bonaventure par la rte 132.*

Cette ville d'origine loyaliste *(encadré, p. 152)* abrite le **centre de l'Héritage britannique de la Gaspésie*** *(351, bd Perron O ☎ (418) 392.44.87 ; ouv. t.l.j. en été),* qui reconstitue un village loyaliste d'autrefois dans un vaste domaine boisé où il fait bon marcher.

MARIA

➤ *À 14 km O de New Richmond par la rte 132.*

À Maria, la communauté micmac de **Gesgapegiag** a fait édifier une remarquable église en forme de wigwam (tipi) ; une boutique d'artisanat vend de beaux ouvrages traditionnels de vannerie et de tissage *(☎ (418) 759.53.04).*

CARLETON*

➤ *À 10 km S-O de Maria par la rte 132.* **Bonnes adresses,** *p. 321.*

Ce lieu de villégiature recèle des plages réputées. Du **mont Saint-Joseph*** (555 m), on découvre un beau point de vue sur la côte et son *barachois,* mot acadien pour désigner une « barre » de sable où vont « s'échoir » les embarcations.

LE PARC DE MIGUASHA**

➤ *À 18 km O par la rte 132 de Carleton à Nouvelle, puis la rte de la Pointe-de-Miguasha. 231, rte Miguasha O, Nouvelle ☎ (418) 794.24.75. Ouv. t.l.j. en été. Entrée payante.*

Désigné site naturel exceptionnel par l'Unesco, ce petit parc est un véritable gisement à ciel ouvert de fossiles végétaux et animaux. Sa falaise ocre, vieille de 370 millions d'années et surgie du fond d'un estuaire, a été découverte au XIXe s. À l'origine de la compréhension du passage de la vie aquatique à la vie terrestre chez les vertébrés, elle attire les scientifiques du monde entier. Accompagné de spécialistes, on y visite l'exposition, le laboratoire et les falaises.

POINTE-À-LA-CROIX

➤ *À 38 km O de Nouvelle par la rte 132, puis une route secondaire à g. en direction de Campbellton.*

Le **belvédère de la Montagne**, à plus de 210 m d'altitude, révèle une vue panoramique sur la mer, les montagnes et la rivière Ristigouche. Des panneaux explicatifs permettent de situer les positions que tinrent Français et Anglais lors de la dernière bataille qui allait déterminer le sort du Canada, en 1760. C'est cet épisode que commémore le **lieu historique national de la Bataille-de-Ristigouche***(rte 132 ☎ (418) 788.56.76 ; ouv. t.l.j. en été).* Son centre d'interprétation expose les objets qui furent recueillis lors des fouilles archéologiques sous-marines du *Machault,* navire français coulé lors de la bataille.

LISTUGUJ** (RESTIGOUCHE)

➤ *À env. 5 km O de Pointe-à-la-Croix par la rte 132.*

Les Indiens micmacs de la réserve ont élevé un **fort** à l'intérieur duquel est évoquée la rencontre au XVIIIe s. de leur peuple, des Français et des Acadiens nouvellement arrivés, tous ayant fait front devant l'ennemi commun lors de la bataille de Restigouche. Les us

Un tempérament d'Acadien

L'origine acadienne se distingue à certains traits caractéristiques : plus grand de stature que la moyenne québécoise, l'Acadien a son parler bien à lui et porte l'un des 400 noms de famille issus des premiers colons du Poitou, du Berry et de Touraine. S'il est très persévérant et combatif, voire têtu, il fait aussi preuve d'une réserve qui contraste avec l'habituelle exubérance québécoise. « On a dit tellement de choses sur le caractère de l'Acadien : méfiance, jalousie, timidité. Tout cela est vrai, on l'a dit dans les livres d'anthropologie. Puis, en ethnographie, on a dit qu'il était ouvert, accueillant, naturel. Les sociologues parlent de son côté fruste, primitif ; les psychologues de sa candeur et de sa délicatesse. L'histoire en fait un aliéné, et la légende un phénomène. Et l'Acadien, lui, que pense-t-il de lui-même ? »

Antonine Maillet, *L'Acadie pour quasiment rien*, 1973 (éd. Leméac). ❖

et coutumes de chacun des peuples y sont représentés. On y propose aussi une initiation aux traditions des Micmacs : dormir sous un wigwam, écouter les légendes et déguster les plats traditionnels.

Le **centre d'Art et Culture**** *(1, Riverside E ☎ (418) 788.17.60; ouv. t.l.j. de déb. juin à fin oct. de 10h à 19 h; restaurant et hébergement ouv. toute l'année)* propose d'excellentes expositions sur la culture de cette nation amérindienne.

La vallée de la Matapédia

À **Matapédia** *(18 km O de Listuguj)*, la route 132 remonte vers le nord, le long de la rivière qui a donné son nom au hameau. Elle coule dans une profonde vallée boisée, bien connue des pêcheurs de saumons. À **Causapscal** se trouve le **site historique Matamajaw*** *(53 C, rue Saint-Jacques ☎ (418) 756.59.99; ouv. t.l.j. de déb. juin à mi-oct.)*, un centre d'information sur le saumon et sa pêche sportive. La route 132 rejoint **Mont-Joli** et Sainte-Flavie pour compléter le tour de la Gaspésie, 145 km après Matapédia.

♥ Les Îles-de-la-Madeleine**

➤ *Par avion ou par bateau. Si vous arrivez du Québec non insulaire, avancez votre montre de 1 h. Carte, p. 307. Bonnes adresses, p. 323.*

Les Îles-de-la-Madeleine sont au nombre de douze, dont sept habitées, formant un chapelet à fleur de mer entre l'île-du-Prince-Édouard et Terre-Neuve. Au large de la Gaspésie, elles ne ressemblent en rien au reste du Québec. Les petites maisons y sont posées sur un océan de verdure, sans arbre ni clôture, toutes offertes au vent impérieux. Les collines épousent le mouvement des vagues, les plages se déroulent à l'infini. La mer est partout à portée du regard, et l'été s'étire de façon appréciable.

Le relief des îles est fait de formes rondes et douces, qu'ont travaillées les alternances de gel, de dégel et de grand vent marin. De longs cordons de dunes relient six des îles en un croissant de 65 km. La nature est merveilleusement préservée, l'économie reposant sur la pêche et le tourisme. Plus de 60 % des 385 km de littoral sont

Les falaises rouges de Cap-au-Trou, sur l'île du Cap-aux-Meules, sont friables, et l'érosion les grignote peu à peu ; mieux vaut éviter de marcher trop près du bord.

des plages de sable blond et fin, où l'on marche durant des heures sans rencontrer âme qui vive, en compagnie des phoques et des oiseaux. Des caps rouges plongent vers la mer, qui y creuse des grottes ou façonne de précaires sculptures. Les collines et buttes – appelées joliment des « demoiselles », à Havre-Aubert – sont autant de belvédères naturels.

L'île du Cap-aux-Meules*

➤ *Point d'arrivée des bacs au départ de Montréal ou de Souris sur l'île du Prince-Édouard (p. 323). En voiture, compter 1 h de Cap-aux-Meules à Pointe-de-la-Grande-Entrée.* **Bonnes adresses**, *p. 324.*

Divisée en trois municipalités (Cap-aux-Meules, l'Étang-du-Nord et Fatima), l'île du Cap-aux-Meules est le centre administratif et commercial des Îles-de-la-Madeleine. À son port s'ancrent les traversiers et les bateaux de croisière à bord desquels on peut pêcher la morue, longer les falaises ou se rendre à l'île d'Entrée, sous la gouverne de capitaines madelinots.

En prenant le chemin des Caps vers Fatima, vous pouvez faire une halte à la **pointe du Phare**, où s'offrent à la marche les vertes collines qui, festonnées d'abruptes falaises rouges surplombant la mer, s'étendent jusqu'à **Belle-Anse***. Un peu vers l'intérieur des terres, par le chemin des Arsène puis le chemin des Buttes, vous trouverez la **butte du Vent****, plus haut point d'observation de l'île, d'où l'on voit la mer à 360 degrés. C'est un merveilleux point de départ pour les randonnées (prévoir un pique-nique).

Fatima est une municipalité récente qui n'a guère de cachet. De là débute la longue plage de la **dune du Nord**.

♥ L'île du Havre-Aubert**

➤ *Au S de l'île du Cap-aux-Meules par la rte 199.* **Bonnes adresses**, *p. 325.*

La plus méridionale des Îles-de-la-Madeleine, et la plus jolie de toutes, fut le berceau de leur peuplement, qui remonte ici à 1762.

LES ÎLES-DE-LA-MADELEINE

> **LA GRAVE**★★★. *Pointe est de l'île.* Cet endroit tire son nom d'une altération du mot « grève », qui désignait la plage de galet où l'on séchait la morue. Classé site historique en 1983, c'est le plus ancien lieu de pêche des îles, dont on a préservé des bâtiments d'origine. On peut y voir la reconstitution d'une cabane de pêcheur, « le p'tit magasin ». Le **musée de la Mer**★★ *(pointe Shea, à côté de La Grave; ouv. toute l'année)* présente des films et vidéos et une salle d'ornithologie. Parmi les boutiques d'artisanat, l'**Atelier des artisans du sable** *(907, rte 199)* retient l'attention avec ses jolies pièces faites de sable des îles.

> **LA PLAGE DU HAVRE-AUBERT.** Elle accueille le **Concours annuel de châteaux de sable**, une manifestation qui constitue le clou de l'été madelinot.

> **BASSIN**★★. On atteint ce village par une **route panoramique** qui se poursuit jusqu'à la dune de l'Ouest. Remarquez l'architecture traditionnelle des maisons, avec leur grange-étable et leur remise. Vous croiserez à g. le chemin du Phare menant à **L'Anse-à-la-Cabane**. Dans ce petit port, vous verrez des pêcheurs s'affairer parmi leurs bateaux colorés, et vous pourrez déguster, à la bonne franquette dans un bateau-

Les Cayens madelinots

Hormis la petite population anglophone, d'origine écossaise et irlandaise, qui habite l'île d'Entrée et Grosse-Île, la plupart des Madelinots sont d'ascendance acadienne. En 1765, ils ont trouvé ici un havre après la longue errance qui suivit leur déportation de Nouvelle-Écosse en 1755. Les habitants des Îles-de-la-Madeleine ont gardé un accent bien à eux, chantant et savoureux : les « t » et les « d » sont prononcés avec pureté, le vocabulaire a conservé de nombreuses expressions nautiques de la vieille France.

La culture des Îles-de-la-Madeleine doit en grande partie sa richesse et sa vitalité à cette appartenance acadienne et se trouve nourrie par l'esprit insulaire qui unit la petite communauté de 15 000 habitants. On se réunit encore dans les maisons, l'hiver surtout, pour des veillées de musique. Le répertoire de chansons et de musique traditionnelles est élaboré et bien vivant, traversé de tonalités « cayennes » (c'est-à-dire d'Acadie, comme la musique cajun de Louisiane). Durant l'été, d'excellentes formations se produisent un peu partout dans les îles, mêlant habilement les répertoires traditionnel et moderne. ❖

restaurant, des produits de la mer fraîchement pêchés (apportez votre vin).

Avec ses dunes, son long ruban de plage et ses petites forêts de conifères, **l'Étang-des-Caps** est le site idéal pour les randonnées à cheval ou, en hiver, les promenades en traîneau *(p. 324)*.

L'île d'Entrée*

➤ *Au large de la pointe Sandy Hook de l'île du Havre-Aubert. Liaisons quotidiennes par traversier depuis Cap-aux-Meules* ☎ *(418) 986.66.00.*

Cette île fait bande à part. Sa population de quelque 130 anglophones, surtout d'origine écossaise, se répartit en 45 familles et 69 maisons. L'insularité y est à son comble : les habitants, tous roux, ne sortent guère de leur île qu'en hiver, lorsqu'un pont de glace se forme naturellement entre les îles d'Entrée et du Havre-Aubert. Au petit village, on peut visiter l'**église**

construite en 1949 à la mémoire des combattants de la Seconde Guerre mondiale. Pour le reste, tout n'est que buttes et prés balayés par le vent. Une excursion mène au plus haut sommet de l'île, le **Big Hill** (174 m).

L'île du Havre-aux-Maisons*

➤ *Au N-E de l'île du Cap-aux-Meules par la rte 199.* **Bonnes adresses,** *p. 325.*

Revenez à Cap-aux-Meules, puis passez le pont du même nom : dans la **lagune du Havre,** vous verrez des installations d'**élevage de moules,** importante ressource madelinote. On peut observer les sites des « myes » et des pétoncles à bord d'un bateau à fond de verre, où des guides expliquent les secrets des fonds lagunaires (☎ *(418) 969. 20.88).* On note ensuite, à dr., une des rares **maisons en pierre** des îles. C'est un couvent datant de 1914, aujourd'hui converti en

Des îles fragiles

Les Îles-de-la-Madeleine doivent livrer une lutte constante contre l'érosion qui les menace. Les falaises de grès sont rongées par la mer, qui gagne chaque année du terrain. Les dunes constituent le seul rempart naturel contre l'action de ces rongeurs affamés que sont le vent et la mer, et la végétation qui s'y développe est précieuse car elle assure leur stabilité. Le foin des dunes est leur colonne vertébrale. Mais, plus vulnérable que ne le laisse croire sa pointe acérée, il est facilement détruit par le piétinement. Deux autres plantes parviennent à se fixer sur les dunes : le caquiller édentulé (qui a un très bon goût de moutarde) et la sabline faux-péplus (au goût de haricot).

Au bas des dunes, sur la plage, vient nicher durant l'été un oiseau en danger de disparition : le pluvier siffleur, qu'on ne voit nulle part ailleurs au Québec. Les Îles-de-la-Madeleine accueillent quelque 45 couples qui comptent pour 4 % de la population totale de pluviers siffleurs dans le monde, où leurs effectifs sont d'ailleurs en déclin. Posés sur la plage sans autre protection que de menues brindilles, les œufs sont si exposés aux tempêtes, aux prédateurs et aux pieds des marcheurs que peu d'entre eux parviennent à terme.

Attention Frag'îles est une association de protection de l'environnement, qui organise des écorandonnées sur les Îles-de-la-Madeleine *(p. 323)*. Sous son impulsion, des mesures énergiques – et fructueuses – ont été prises pour protéger le pluvier siffleur. Sur les plages, des périmètres délimités par des cordons signalent leur présence et protègent leur habitat. Soyez patient et vous verrez ce petit bécasseau qui prendra son vol en sifflotant. ❖

bar-restaurant *(p. 325)*. Le **chemin de la Pointe-Basse*** donne accès à une route panoramique, ponctuée par un petit phare et débouchant sur la **dune du Sud**, qui emprisonne une vaste lagune.

♥ L'île aux Loups et Grosse-Île*

➤ *Au N de l'île du Havre-aux-Maisons par la rte 199.*

Après l'île du Havre-aux-Maisons, on traverse deux îles. **L'île aux Loups**, avec son pittoresque port de pêche à cale sèche, se niche entre deux des plus belles **plages*** des îles : la plage de la dune du Nord et celle de Pointe-aux-Loups.

Grosse-Île est habitée par une petite population anglophone. On rejoint la **réserve nationale de faune de la Pointe-de-l'Est**, royaume des oiseaux migrateurs *(rens. au Service canadien de la faune ☎ (418) 648.72.25 ; informations sur les activités à l'accueil de l'Est ☎ (418) 985.23.71)*. La réserve est bordée par la spectaculaire plage de la **Grande-Échouerie****.

L'île de la Grande-Entrée

➤ *À l'extrémité de l'archipel par la rte 199.* **Bonnes adresses**, *p. 324.*

➤ **LE CENTRE D'INTERPRÉTATION DU PHOQUE****. *377, rte 199 ☎ (418) 985.28.33. Ouv. t.l.j. en été de 11 h à 18 h.* Il présente une exposition intéressante sur ce mammifère marin, l'histoire de la chasse au phoque et ses controverses. Le centre est situé dans le club de

Mémoire d'une Madeleine

Dès le XVIᵉ s., les Amérindiens et les Inuit pêchent le phoque dans les eaux des Îles-de-la-Madeleine, que les Micmacs avaient nommées Mewquit, puis Menagœsenog («îles balayées par la vague»). Basques, Bretons et Normands viennent à leur tour pêcher dans ses eaux gorgées de morues, puis, en 1534, Jacques Cartier y jette l'ancre. Lors de son deuxième voyage, en 1536, il nomme l'archipel «les Araynes» (du latin *arena*, «sable»). Mais les pêcheurs malouins préfèrent l'appeler «les Ramées». C'est en 1626 que Samuel de Champlain baptise l'île du Havre-Aubert «la Magdeleine», sans doute en l'honneur de l'épouse du premier seigneur des îles, François Doublet de Honfleur. C'est le nom qu'a gardé l'archipel, dont le relief tout en courbes attendait patiemment ce doux prénom féminin qui lui ressemble. ❖

vacances Les Îles, qui propose une expérience exaltante : l'**exploration des grottes de mer** en combinaison isothermique *(p. 323)*.

➤ **Pointe-de-la-Grande-Entrée**. Il s'agit d'un important port de pêche côtière qui a valu à Grande-Entrée le titre de «capitale du homard» des îles. C'est de ce port que partent les expéditions de **pêche au requin** *(p. 323)*, une aventure qui tentera les amateurs de sensations fortes.

L'île Brion

➤ *À 16 km N au large de Grosse-Île. Accessible par bateau et par beau temps. Pour s'y rendre : Association touristique des Îles-de-la-Madeleine (p. 323).*

Cette île, aujourd'hui inhabitée et transformée en réserve écologique, abritait jadis un phare où logeait le gardien avec sa famille. C'est un sanctuaire d'oiseaux fréquenté par plus de 140 espèces. ■

La côte charlevoisienne

Carte, p. 260.

Indicatif téléphonique : 418

❶ **Association touristique de Charlevoix**, 495, bd de Comporté, CP 275, La Malbaie, G5A 1T8 ☎ 665.44.54 ou 1.800.667.22.76, fax 665.38.11. www.tourisme-charlevoix.com.

Arrivée

➤ **EN BATEAU. Du Bas-Saint-Laurent à Charlevoix** : de Rivière-du-Loup ☎ 862.50.94 à Saint-Siméon ☎ 862.95.45. Durée de la traversée : 1 h.

➤ **EN BUS. De Québec, Intercar Côte-Nord** dessert les localités dépendant de Charlevoix sur la rte 138 E ☎ 525.30.00 **De Montréal**, il faut d'abord se rendre à Québec par **Orléans Express** ☎ (514) 842.22.81.

➤ **EN VOITURE. De Québec** ou de **Montréal**, par la rte 138 E jusqu'à Petite-Rivière-Saint-François. **De Chicoutimi**, par les rtes 170 E et 381 S.

Sports et loisirs

➤ **ÉQUITATION. Écurie des Deux Continents enr.** ☎ 439.43.51. Randonnée de 1 h à 7 jours.

➤ **KAYAK DE MER, CANOË. Katabatik, kayak de mer**, La Malbaie ☎ 665.23.32. Kayak le long de la côte. **Kayak de mer**, Isle-aux-Coudres ☎ 438.43.88. Kayak et canoë autour de l'île.

➤ **OBSERVATION DES BALEINES. L'Air du Large** ☎ 435.20.66. Départ de Baie-Saint-Paul. Autres activités : kayak de mer, canoë, parapente et vélo. **Catamaran N/M Famille Dufour II** ☎ 692.02.22. Départ de l'Isle-aux-Coudres et de Pointe-au-Pic. **Croisières AML** ☎ 692.11.59. Départ de Baie-Sainte-Catherine.

➤ **OBSERVATION DU CARIBOU. Territoire Sauvage**, Baie-Saint-Paul ☎ 435.39.21. Expédition de 1 à 6 jours, randonnée pédestre, canoë, ski, raquette sur la piste des caribous.

➤ **RAFTING. Descente Malbaie enr.** ☎ 439.22.65. De mai à oct., expédition jusqu'à 2 jours avec pêche et camping.

➤ **RANDONNÉE PÉDESTRE. Randonnées Boréales**, Notre-Dame-des-Monts ☎ 439.21.20. Jusqu'à 3 jours, interprétation de la faune et flore indigènes, nuit en tente de « prospecteurs » et en hiver excursions en traîneau à chiens.

➤ **SKI DE FOND OU VÉLO DE MONTAGNE.** Un parcours de 100 km avec hébergement en chalet de rondins avec **La Traversée de Charlevoix** ☎ 639.22.84.

Manifestations

➤ **FIN JANVIER. La Grande Traversée de l'Isle-aux-Coudres.** Course de 8 km en équipage de 5 canotiers sur les eaux glacées du Saint-Laurent à Saint-Joseph-de-la-Rive.

➤ **MI-JUIN À FIN AOÛT. Festival international du domaine Forget** à Saint-Irénée : concerts classiques et jazz avec des artistes canadiens et étrangers.

➤ **AOÛT À DÉBUT SEPTEMBRE. Symposium de la jeune peinture au Canada** à Baie-Saint-Paul. ❖

Produits du terroir

➤ **Cidre de glace. Vergers Pedneault et Frères**, 45, rue Royale E, L'Isle-aux-Coudres ☎ 438.23.65. Cidre fait à partir de pommes gelées.

➤ **Fromage. Maison d'affinage Maurice Dufour**, 1339, bd Mgr-de-Laval, Baie-Saint-Paul ☎ 435.21.84.

➤ **Table champêtre. Ferme Éboulmontaise**, 350, Saint-Godefroy, Les Éboulements ☎ 635.26.82. Élevage d'agneaux et légumes biologiques.

■ Baie-Saint-Paul

Hébergement-restauration

▲▲▲▲ **La Maison Otis**, 23, rue Saint-Jean-Baptiste ☎ 435.22.55 ou 1.800. 267.22.54, fax 436.24.64. *30 ch.* Dans une vieille maison en centre-ville, un établissement de tradition. Fine cuisine campagnarde de terroir et bon choix de vins.

▲▲▲ **La Pignoronde**, 750, bd Mgr-de-Laval ☎ 435.55.05 ou 1.888.554.60.04, fax 435.27.79. *28 ch.* Le bâtiment, d'architecture circulaire, est entouré d'un grand terrain où l'on peut prendre le soleil en admirant le paysage. Restaurant.

Auberge de jeunesse

Le Balcon Vert, 22 côte du Balcon-Vert, rte 362 ☎ 435.55.87, fax 435. 66.64. *Ouv. de mi-mai à mi-oct.*

Restauration

♦♦ **Mouton Noir**, 43, rue Sainte-Anne ☎ 240.30.30. Charmant restaurant décontracté où est servie une savoureuse cuisine française de bistro, élaborée avec des produits régionaux: veau, fromage, champignon sauvage, lapereau et volaille.

■ Cap-à-l'Aigle

Hébergement-restauration

▲▲▲▲ **La Pinsonnière** ♥, 124, rue Saint-Raphaël, Cap-à-l'Aigle (env. 10 km N-E de La Malbaie) ☎ 665. 44.31 ou 1.800.387.44.31, fax 665.

71.56. *25 ch.* certaines avec cheminée. Cet établissement est membre de la chaîne Relais et Châteaux. Décor élégant, table gastronomique et cave prestigieuse.

▲▲▲ **Auberge des Peupliers**, 381, rue Saint-Raphaël ☎ 665.44.23 ou 1.888. 282.37.43, fax 665.31.79. *22 ch.* au charmant cachet rustique, dans une vieille grange réaménagée. Ambiance à la fois familiale et recherchée. Savoureuse cuisine régionale.

■ Île aux Coudres

Hébergement-restauration

▲▲▲ **Hôtel Cap-aux-Pierres**, 220, rue Principale, La Baleine ☎ 438.27.11 ou 1.888.554.60.03, fax 438.21.27. *98 ch.* Construction moderne, mais chaleureux décor rustique. Certaines chambres ont vue sur le fleuve, et la salle à manger donne sur les jardins. Bonne cuisine régionale. *En saison.*

▲▲ **Les Voitures d'Eau**, 215, rue des Coudriers, L'Isle-aux-Coudres ☎ 438. 22.08 ou 1.800.463.21.18, fax 438. 23.74. *47 ch.* Auberge chaleureuse et confortable. La cuisine québécoise y est à l'honneur. Le samedi, soirées folkloriques. *En saison.*

■ La Malbaie

Hébergement-restauration

▲▲▲ **Sur la Côte** ♥, 205, chemin des Falaises ☎ 665.39.72 ou 1.800.853. 39.72, fax 665.32.31. *11 ch.* spacieuses, certaines avec cheminée et vue sur le fleuve. Une auberge à demi enfouie sous le lierre et les arbres. Cuisine créative d'inspiration française.

▲▲ **Manoir Charlevoix**, 1030, chemin du Golf ☎ 665.44.13 ou 1.800.363. 44.13, fax 665.71.88. *60 ch.* Une auberge conçue pour accueillir toute la famille. Bon rapport qualité-prix.

Camping

Les Chutes Fraser, 500, chemin de la Vallée ☎ 665.21.51. À 5 km de La Malbaie.

■ Les Éboulements

Hébergement-restauration

▲▲ **Auberge de nos Aïeux**, 183, rue Principale ☎ 635.24.05 ou 1.800.265. 24.05, fax 635.23.89. *52 ch.* Unités motel avec vue sur le fleuve et l'île aux Coudres. Cuisine du terroir.

■ Pointe-au-Pic

Hébergement-restauration

▲▲▲▲ **L'Auberge des Falaises ♥**, 18, chemin des Falaises ☎ 665.37.31 ou 1.800.441.14.14, fax 665.61.94. *44 ch.* Dans l'une des demeures de l'âge d'or de Charlevoix, établissement coté qui surplombe le fleuve. Table gastronomique (chef français).

▲▲▲▲ **Manoir Richelieu**, 181, av. Richelieu ☎ 665.37.03 ou 1.800.463. 26.13, fax 665.77.36. *378 ch.* Immense construction à l'allure de château dominant le fleuve. Restauration rapide ou gastronomique. Piscine couverte d'eau de mer, golf et casino, théâtre d'été.

▲▲▲ **Les Sources**, 8, rue des Pins ☎ 665.69.52, fax 665.38.02. *20 ch.* L'intérieur est lambrissé de pin, les chambres du bâtiment principal sont spacieuses et joliment décorées. Petits salons, bibliothèques et cheminées. Bonne table alliant nouvelle cuisine française et tradition québécoise.

▲▲▲ **Les Trois Canards**, 49, côte Belle-vue ☎ 665.37.61 ou 1.800.461.37.61, fax 665.47.27. *39 ch.* de luxe avec cheminée et baignoire à remous, spacieuses unités motel. Accueil attentionné, table réputée et bonne cave.

■ Port-au-Persil

Hébergement-restauration

▲▲ **Auberge Petite Madeleine ♥**, 400, chemin Port-au-Persil ☎ et fax 638. 24.60. *15 ch.* fort jolies. À Saint-Siméon, un adorable établissement. Accueil sympa et bonne cuisine. S.d.b. partagées. Belle vue panoramique. Couvre-feu à 23 h. *En saison.*

■ Saint-Irénée-les-Bains

Hébergement-restauration

▲▲ **Auberge des Sablons**, 223, chemin des Bains ☎ 452.35.94 ou 1.800.267. 35.94, fax 452.32.40. *15 ch.* romantiques à souhait, avec vue sur le fleuve. Établissement de charme dans une demeure patrimoniale. Table réputée.

▲▲ **Les Studios du Domaine Forget**, 398, chemin des Bains ☎ 452.35.35, fax 452.35.03. *25 unités* modernes et fonctionnelles avec cuisinette et salon. Un site magnifique sur un plateau dominant le fleuve, à proximité des concerts du domaine Forget. *En saison.*

■ Saint-Joseph-de-la-Rive

Hébergement-restauration

▲▲ **Auberge et motel Beauséjour**, 569, chemin du Quai ☎ 635.28.95 ou 1.800. 265.28.95, fax 635.11.95. *31 ch.* Établissement du début du XXe s., dans un site privilégié entre les montagnes et le fleuve. Cuisine familiale s'inspirant des traditions régionales.

■ Saint-Urbain

Hébergement

▲ **Gîte chez Gertrude**, 706, rue Saint-Édouard, Saint-Urbain (env. 15 km N de Baie-Saint-Paul) ☎ 639.22.05, fax 639.24.67. *5 ch.* spacieuses et confortables avec lavabo, au second étage d'une paisible maison centenaire située au centre du village. Trois s.d.b. partagées. Accueil discret et charmant. À proximité du parc des Grands-Jardins.

Hébergement-restauration

▲▲▲ **Auberge du Ravage**, (pourvoirie du lac Moreau), parc des Grands-Jardins ☎ 665.44.00. *12 ch.* et *9 chalets* en rondins tout confort. Auberge avec restaurant gastronomique, sauna et salle de sport, dans un site qui a conservé son intégrité écologique. Vaste gamme d'activités (randonnée, pêche à la truite et pêche blanche).

Haute et Moyenne-Côte-Nord

Carte, p. 270.

Indicatif téléphonique : 418

ⓘ **Association touristique régionale de Manicouagan**, 337, bd La Salle, bur. 304, Baie-Comeau, G4Z 2Z1 ☎ 294.28.76 ou 1.888.463.53.19, fax 294.23.45. atrmanic@globetrotter. qc.ca; www.tourismecote-nord.com.

ⓘ **Maison régionale du tourisme.** Association touristique de Duplessis, 312, av. Brochu, Sept-Îles, G4R 2W6 ☎ 962.08.08 ou 1.888.463.08.08, fax 962.65.18. www.tourismecote-nord. com.

ⓘ **Maison du tourisme Tadoussac**, 197, rue des Pionniers, Tadoussac, G0T 2A0 ☎ 235.47.44, fax 235.49.84.

Arrivée

➤ **En avion.** Baie-Comeau et Sept-Îles sont desservies par **Air Nova** *(p. 143 et p. 257).* Des liaisons s'effectuent aussi par les transporteurs interurbains : **Anticost'Air** (Havre-Saint-Pierre) ; **Aviation Québec Labrador** ☎ 1.800.463.17.18. **Régionnair** ☎ 1.888. 708.20.01.

➤ **En bateau. Bas-Saint-Laurent – Côte-Nord et île d'Anticosti : Relais Nordik Inc.** ☎ 723.87.87, 968.47.07 ou 1.800.463.06.80. Transport entre Rimouski, Sept-Îles, Havre-Saint-Pierre, Anticosti et les localités de la Basse-Côte-Nord. *Du 15 avr. au 15 janv.* Aller-retour entre Rimouski et Blanc-Sablon : 1 sem. *(encadré, p. 318).* **Bas-Saint-Laurent – Côte-Nord :** un traversier (90 mn) relie Les Escoumins ☎ 233.22.66 et Trois-Pistoles ☎ 851.46.76. *De mi-mai à mi-oct.* Un second traversier (1 h) relie Rimouski ☎ 725.27.25. et Forestville ☎ 587.27.25. *De déb. mai à fin oct.* **Côte-Nord et Gaspésie :** de Godbout ☎ 568.75.75 et de Baie-Comeau ☎ 294.85.93. Un traversier (2 h 20) assure la liaison Godbout-Matane ☎ 643.20.19.

➤ **En bus. Intercar Côte-Nord** assure la liaison de Québec ☎ 525.30.00 à Tadoussac et à Baie-Comeau. **Autobus du Littoral** ☎ 296.69.21 assure la liaison de Baie-Comeau à Natashquan.

➤ **En voiture.** À 500 km de Montréal et à 285 km de Québec par la rte 138 E jusqu'à Tadoussac. À 120 km de Chicoutimi par la rte 172 E.

Sports et loisirs

➤ **Kayak et canoë. Azimut Aventure**, 185 rte 138, Baie-Sainte-Catherine ☎ 1.888.843.11. **Les découvreurs du Saint-Laurent** ☎ 567.92.40. **Expédition Sauvage**, Baie-Comeau ☎ 294.24.72 ou 1.888.771.24.72. **Ferme 5 étoiles**, Sacré-Cœur ☎ 236.48.33 ou 1.877.236.45.51. **Mer & Monde**, Bergeronnes ☎ 232.67.79.

➤ **Observation des baleines.** De mi-mai à fin octoctre. **Compagnie de la Baie de Tadoussac**, Tadoussac ☎ 235. 45.48. En canot pneumatique. **Croisières AML**, Tadoussac ☎ 235.46.42 (*en saison*) ou ☎ 1.800.463.12.92. **Croisières Neptune**, Bergeronnes ☎ 232.67.16. En canot pneumatique. **Les Pionniers des Baleines**, Les Escoumins ☎ 233.32.74.

➤ **Observation des monolithes dans l'archipel des îles de Mingan.** À Havre-Saint-Pierre : **Excursion Agaguk** ☎ 538.15.88. Kayak de mer dans l'archipel, avec des guides-naturalistes compétents et passionnés par la faune, la flore et la géologie. **La Tournée des Îles inc.** ☎ 538.25.47 et **Transport inc.** ☎ 538.12.22.

Tourisme autochtone

Centre de Villégiature de Papinachois, 18, rue Messek, Betsiamites ☎ 567.88.63 ou 1.888.246.58.34. Excursions sur les territoires de chasse traditionnels et nuit sous la tente. *Ouv. toute l'année.*

Conseil des Montagnais ☎ 949.22.34. Excellents guides, les Montagnais de Mingan conduisent les fervents de la pêche à la truite et au saumon vers les nombreux territoires de l'intérieur.

Manifestations

➤ **MI-FÉVRIER. Festival du film international** et **Festival d'hiver** à Aguanish.

➤ **MI-MARS. Festival de la Mi-Carême** à Natashquan. Parades et soirées dansantes costumées.

➤ **MI-JUIN. Festival de la chanson** à Tadoussac.

➤ **FIN JUIN. Symposium de peinture** à Baie-Comeau.

➤ **JUILLET. Festival d'été** à Aguanish. Activités culturelles et sportives. *Pow wow* de la réserve de Mingan et Essipit. **Festival des icebergs** à Lourdes-de-Blanc-Sablon. Fête populaire lors du passage des icebergs.

➤ **DÉBUT AOÛT. Festival innu Nikamu** : chanteurs et musiciens amérindiens à la réserve de Maliotenam, près de Sept-Îles. **Festival de la baleine bleue** à Bergeronnes (1er w.-e.). Fête en l'honneur du cétacé facilement observable depuis cette localité.

➤ **MI-AOÛT. Festival des Acadiens** à Havre-Saint-Pierre. Célébration de ce peuple et de sa riche culture musicale et culinaire. ❖

Essipit, 32, rue de la Réserve, CP 820, Les Escoumins ☎ 233.22.66, fax 233.39.60. Excursions maritimes : à la découverte des baleines blanches. Quatre pourvoiries et des chalets sont à louer près du fleuve Saint-Laurent.

Expéditions Grande Natashquan, CP 230, réserve indienne Natashquan ☎ 726.34.17. Dégustation de mets traditionnels, descente en canoë des rivières Magpie et Moisie, excursions en motoneige.

Innu Aventures, 178, rue de l'Église, Maliotenam, près de Sept-Îles ☎ 927.26.79. Excursions en canoë, randonnées pédestres, motoneige, accompagnées de guides montagnais.

Société Touristique Innu, 50, bd Bastian, bureau 120, Village Huron, Québec ☎ 843.50.30, fax 843.71.64. On vous recommandera les meilleures entreprises pour des expéditions de découverte du milieu nordique et de la vie traditionnelle montagnaise (Initiation à la culture amérindienne, activités guidées, séjours, canoë, trappe, motoneige, etc.).

◼ Baie-Comeau

Hébergement-restauration

▲▲▲▲ **Le Manoir**, 8, rue Cabot ☎ 296.33.91 ou 1.800.463.85.67, fax 296.14.35. *56 ch.* spacieuses et neutres. Sur la rive du fleuve Saint-Laurent, un établissement cossu décoré dans un style de manoir colonial. Très bonne table de fruits de mer et de cuisine régionale.

▲▲ **La Caravelle**, 202, bd Lasalle ☎ 296.49.86 ou 1.800.463.49.86, fax 296.46.22. *69 ch.* Type motel mais plutôt accueillant et bien tenu. Restaurant.

Restauration

◆◆◆ **La Cache d'Amélie**, 37, av. Marquette ☎ 296.37.22. Une cuisine bien raffinée dans l'ancien presbytère du quartier historique de la ville. Jolie vue sur le fleuve.

◆◆ **Le Manoir du Café**, 5, pl. Lasalle ☎ 294.66.52. Sympathique bistro situé dans le vieux centre-ville.

Havre-Saint-Pierre

Hébergement

▲▲ **Hôtel du Havre**, 970, bd de l'Escale ☎ 538.28.00 ou 1.888.797.28.00, fax 538.34.38. *50 ch.* Motel mais propres et climatisées. Préférez celles qui ne donnent pas sur la route.

▲ **Auberge Boréale**, 1288, rue Boréale ☎ 538.39.12. *9 ch.* Tenue par d'accueillants Acadiens; on peut préparer soimême ses repas à la cuisine.

Restauration

♦♦ **Chez Julie**, 1023, rue Dulcinée ☎ 538.30.70. Restaurant familial animé (sert steak-frites, pâtes, fruits de mer).

♦♦ **La Promenade**, 1197, promenade des Anciens ☎ 538.32.32. Bonne carte diversifiée et vue sur la mer.

Les Escoumins

Hébergement-restauration

▲ **Auberge de la Baie**, 267, rte 138 ☎ 233.20.10, fax 233.33.78. *12 ch.* confortables et bien tenues. Jolie demeure en bois avec terrasse sur le toit. Petit déjeuner seulement. Repas sur rés.

▲ **Manoir Bellevue**, 27, rue de l'Église ☎ 233.33.25. *12 ch.* Auberge de village du XIXe s. avec vue sur la baie et sur le fleuve. Spécialités régionales.

Restauration

♦♦ **Le Petit Régal**, 307, rte 138 ☎ 233.266.66. Grillades et fruits de mer. Terrasse avec vue sur la baie.

Natashquan

Hébergement-restauration

▲▲ **Auberge La Cache**, 183, chemin d'En-Haut ☎ 726.33.47, fax 726.35.08. *12 ch.* avec s.d.b. Dans une belle maison à pignons. Restauration matin et soir.

▲ **Le Port d'attache**, 70, rue du Pré ☎ 726.35.69, fax 726.37.67. *8 ch.* Auberge en bordure d'une jolie baie. Les repas sont pris sur l'unique table du restaurant. Ambiance familiale.

Pointe-des-Monts

Hébergement-restauration

▲▲ **Le Gîte du Phare**, rte du Vieux-Phare, Baie-Trinité ☎ 939.23.32, hors saison ☎ 598.84.08. *5 ch.* Hébergement modeste, mais la carte des produits de la mer et de cuisine régionale est intéressante. Site idyllique et observation des baleines. *En saison.*

Sept-Îles

❶ **Maison Boudreault**, sur le Vieux-Quai. *En saison.*

Hébergement-restauration

▲▲▲ **Hôtel Gouverneur**, 666, bd Laure ☎ 962.70.71 ou 1.888.910.11.11, fax 962.83.38. *122 ch.* confortables et fonctionnelles. Situé près du centre, cet hôtel possède une piscine extérieure.

▲▲ **Sept-Îles**, 451, av. Arnaud ☎ 962. 25.81 ou 1.800.463.17.53, fax 962. 69.18. *151 ch.* Un peu vieillot mais correct, ce vaste hôtel offre des chambres spacieuses dont le balcon et la vue donnent sur le port.

▲ **Mingan**, 665, bd Laure ☎ 968.21.21 ou 1.800.223.57.20, fax 968.23.21. *48 ch.* de type motel. Établissement bien tenu. Restaurant au décor agréable.

Auberge de jeunesse

Le Tangon, 555, rue Cartier ☎ 962. 81.80. En été, location de skis pour descendre les dunes de sable, au N-E du village. *En saison.*

Restauration

♦♦♦ **Chez Omer**, 372, av. Brochu ☎ 962.77.77. La table la plus fréquentée de Sept-Îles, pour ses bons fruits de mer (dont le crabe).

♦♦ **Chez Jonathan**, 290, bd des Montagnais ☎ 961.22.07. Une table réputée pour ses produits de la mer et sa cuisine autochtone.

♦ **Le Café du Port**, 495, av. Brochu ☎ 962.93.11. Du bon café et des fruits de mer.

♦ **Pub Saint-Marc**, 588, av. Brochu ☎ 962.77.70. Cuisine bistro et bière pression.

■ Tadoussac

Hébergement-restauration

▲▲▲ **Tadoussac**, 165, rue du Bord-de-l'Eau ☎ 235.44.21 ou 1.800.561.07.18, fax 235.46.07. *149 ch.* Le plus vieil établissement hôtelier de la région. L'édifice actuel date de 1942, et son décor garde le faste du XIXe s. Vue panoramique, cuisine de qualité et buffets appréciés. *En saison.*

▲▲ **Le Pionnier**, 263, rue des Pionniers ☎ 235.46.66, fax 235.92.71. *25 ch.* La terrasse et la plupart des chambres ont vue sur le fleuve. Simple et confortable.

▲▲ **Motel Le Béluga**, 191, rue des Pionniers ☎ 235.47.84, fax 235.42.95. *39 ch.* Accueillant, dans une jolie maison en bois. Toutes les commodités.

Auberge de jeunesse

Maison Majorique, 158, rue du Bateau-Passeur ☎ 235.43.72, fax 235.46.08.

Restauration

♦♦ **Le Bateau**, 246, rue des Forgerons ☎ 235.44.27. Cuisine régionale et buffet, avec une terrasse donnant sur le fleuve.

♦♦ **Le Café du Fjord**, 152, rue du Bateau-Passeur ☎ 235.46.26. Excellents buffets de fruits de mer.

Anticosti

Carte, p. 270.

Indicatif téléphonique : 418

Arrivée

➤ **EN AVION. DEPUIS MONTRÉAL ET QUÉBEC** : vols directs pour l'île une fois par sem. par Safari Anticosti *(ci-après).* **DEPUIS LA MOYENNE-CÔTE-NORD** : **Air Satellite**, depuis Havre-Saint-Pierre ☎ 538.23.32 ou 1.800.231.77.18. **Aviation Québec Labrador** ☎ 1.800. 361.86.20. **Confortair**, depuis Sept-Îles ou Havre-Saint-Pierre ☎ 968.46.60 ou 1.800.353.46.60. **DEPUIS LA MOYENNE-CÔTE-NORD OU**

LA GASPÉSIE : la **pourvoirie du Lac Geneviève** et **SÉPAQ-Anticosti** *(ci-après)* proposent des forfaits au départ de Sept-Îles et de Mont-Joli.

➤ **EN BATEAU.** Des liaisons sont assurées entre le Bas-Saint-Laurent, la Côte-Nord et l'île d'Anticosti sur le *Nordik Express* : 1 semaine de trajet *(encadré, p. 318)* ☎ 692.50.00 (à Québec) ou 723.87.87 (à Rimouski) ou 968.47.07 (à Sept-Îles) ou 1.800. 463.06.80 (depuis la région du 418). **Écomertours Nord-Sud** relie les villages du Nord : île d'Anticosti, parcs de Mingan et de Forillon, Percé et Saguenay – Lac-Saint-Jean ☎ 724.62.27 ou 1.888.724.86.87.

Hébergement-restauration

▲▲ **Auberge Port-Menier** ☎ 535.01.22, fax 535.02.02. *25 ch.* modestes mais bien tenues. Auberge très rustique ; les lambris de certaines salles proviennent du château Menier, de même que les deux bas-reliefs du hall. L'accueil est chaleureux. Restaurant et bar.

Adresses utiles

➤ **FORFAITS HÉBERGEMENT, TRANSPORT ET ACTIVITÉS. Pourvoirie du lac Geneviève** ☎ 535.02.94 ou 1.800.463.17.77. **Safari Anticosti** ☎ 786.57.88 ou 786. 28.81 ou 1.800.526.57.88, fax 786. 27.44. **SÉPAQ Anticosti** ☎ 535.01.56 ou 1.800.463.08.63.

➤ **LOCATION DE VOITURES. Pelletier** ☎ 535.02.04. Compter 100 $ par jour. **Tilden** 535.01.57.

Basse-Côte-Nord

Carte, p. 270.

Indicatif téléphonique : 418

❶ **BASSE-CÔTE-NORD : Association des côtiers**, CP 188, Rivière-Saint-Paul, Comté de Duplessis, G0G 2P0 ☎ 379. 23.56, fax 379.26.21.

❶ **DE KEGASKA À TÊTE-À-LA-BALEINE : Municipalité de la Côte-Nord du golfe du Saint-Laurent**, Chevery, Comté de Duplessis, G0G 1G0 ☎ 787. 22.44, fax 787.22.41.

Embarquer
sur le « Nordik Express »

Le *Nordik Express* est un navire de ravitaillement qui dispose de 15 cabines (60 couchettes) pour les voyageurs. Une fois par semaine, d'avril à janvier, il effectue le trajet de Rimouski, sur la côte du Bas-Saint-Laurent, à Blanc-Sablon sur la Basse-Côte-Nord. Le bateau fait escale à Sept-Îles, Havre-Saint-Pierre, sur l'île d'Anticosti et dans les localités de la Basse-Côte-Nord.

Dans certains villages de la Basse-Côte-Nord, on ne fait halte que pour quelques heures – et parfois au milieu de la nuit – de sorte qu'on ne peut tous les explorer à sa guise. Il peut alors être agréable de séjourner dans l'une des localités et de reprendre le traversier lors de son retour. Chose sûre, cette expédition est assurément l'une des plus belles et des plus fortes expériences touristiques que le Québec puisse offrir aux amants de la nature, de la solitude et de la mer. ❖

---

❶ **Tête-à-la-Baleine et île de la Providence : Toutes Îles**, CP 111, Tête-à-la-Baleine, G0G 2W0 ☎ 242.20.15, fax 242.21.52 ou 1.888.242.20.15.

Arrivée

➤ **En avion. Régionnair** relie Sept-Îles ou Havre-Saint-Pierre aux localités de la Basse-Côte-Nord ☎ 538.20.04 ou ☎ 1.888.708.20.01.

➤ **En bateau. Depuis le Bas-Saint-Laurent :** sur le *Nordik Express* affrété par **Nordik Inc.** *(p. 317 et encadré)*. **Depuis Terre-Neuve :** de Blanc-Sablon, le traversier de **Northern Cruiser** ☎ 461.20.56 relie la Basse-Côte-Nord à Terre-Neuve et au reste du Canada atlantique. *Écomertours Nord-Sud (p. 317).*

➤ **En voiture.** Pas d'accès routier direct depuis la Moyenne-Côte-Nord. Cependant, des rtes relient certains villages entre eux.

Excursions

➤ **Forfaits écotouristiques.** L'organisme **Toutes Îles** *(ci-dessus)* organise des forfaits (hébergement et visite des plus beaux endroits de la région).

➤ **En motoneige.** L'hiver, les villages sont reliés par « l'autoroute Blanche » : une piste qui traverse les baies glacées de la Basse-Côte-Nord sur 500 km. C'est le moyen idéal de découvrir cette région, différente par son isolement et par sa culture anglophone. Pour louer un engin : rens. dans les associations touristiques régionales.

Le Bas-Saint-Laurent

Carte, p. 260.

Indicatif téléphonique : 418

❶ **Par écrit : Association touristique du Bas-Saint-Laurent**, 148, rue Fraser, Rivière-du-Loup, G5R 1C8 ☎ 867.30.15 ou 1.800.563.52.68, fax 867.32.45. www.tourismebas-st-laurent.com.

❶ **Sur place : Maison touristique du Bas-Saint-Laurent**, La Pocatière ☎ 856.50.40.

Arrivée

➤ **En bateau. Liaisons avec le Charlevoix :** de Saint-Siméon ☎ 862.95.45 à Rivière-du-Loup ☎ 862.50.94. *Du Jeu. saint au 3 janv.* **Avec la Haute-Côte-Nord :** des Escoumins ☎ 233.22.02 à Trois-Pistoles ☎ 851.46.76. *Du 15 mai au 15 oct.* De Forestville ☎ 587.27.25 à Rimouski ☎ 725.27.25. *Du 1er mai au 15 oct.*

➤ **EN BUS**. Par **Orléans Express, de Montréal** ☎ (514) 842.22.81 et **de Québec** ☎(418) 525.30.00.

➤ **EN TRAIN**. De Montréal et de Québec, Via Rail ☎1.888.842.72.45. www.viarail.ca. Dessert La Pocatière, Rivière-du-Loup, Trois-Pistoles et Rimouski, puis poursuit vers la Gaspésie.

➤ **EN VOITURE. De Montréal**, par l'A 20 E, puis la rte 132 E. **De Québec**, par l'A 73 S, puis la rte 132 E.

Sports et loisirs

➤ **KAYAK DE MER**. DE BIC : **Rivi-Air Aventure** ☎736.52.52. DE L'ÎLE VERTE : **Les Écumeurs du Saint-Laurent** ☎851.99.55. Toutes deux offrent des excursions commentées autour des îles de Bic.

➤ **OBSERVATION DE LA NATURE**. **Gallayan Aventure**, Saint-Gabriel-de-Rimouski ☎798.46.42. Expédition en traîneau à chiens en saison hivernale.

➤ **OBSERVATION DES OISEAUX, BALEINES ET MAMMIFÈRES MARINS**. DE BIC : **Aquatour** ☎750.19.98. DE RIVIÈRE-DU-LOUP : **Croisières AML** ☎867.33.61. Vers l'île des Pèlerins. **Duvetnor** ☎867.16.60. DE TROIS-PISTOLES : **Société d'Histoire Provancher** ☎851.12.02. Excursions à l'île aux Basques.

■ Bic et environs

Hébergement-restauration

▲▲ **Auberge du Mange Grenouille** ♥, 148, rue Sainte-Cécile, Bic ☎ 736.56.56, fax 736.56.57. *22 ch.* Auberge exceptionnelle sur tous les points : chaleur de l'accueil, originalité du décor des chambres, grande qualité de la restauration et salle à manger avec vue sur la baie. *En saison.*

▲▲ **Auberge Saint-Simon**, 18, rue Principale, Saint-Simon ☎738.29.71. À quelques kilomètres au S-O de Bic sur la rte 132. *9 ch.* décorées d'objets avec un charme romantique et suranné, certaines avec baignoires anciennes. Bonne table de cuisine régionale. *En saison.*

Manifestations

➤ **MI-JUIN-FIN AOÛT**. **Les Mercredis des peintres** au parc des Chutes du centre-ville à Rivière-du-Loup.

➤ **JUILLET. Concerts de l'orchestre symphonique de l'Estuaire** au parc Lepage à Rimouski.

➤ **MI-JUILLET. Concours de sculptures de sable** à Sainte-Luce.

➤ **FIN AOÛT-DÉBUT SEPTEMBRE**. **Festi Jazz international** de Rimouski. ❖

Auberge des îles du Bic, 141, rue Sainte-cécile, Bic ☎736.50.08. *9 ch.* dont certaines avec vue sur le fleuve. Dans une maison centenaire aménagée avec des meubles d'époque.

■ Île Verte

Hébergement-restauration

▲ **Les Maisons du Phare**, chemin du Phare, Notre-Dame-des-Sept-Douleurs ☎898.27.30. *8 ch.* simples dans 2 maisons. Pour la tranquillité insulaire. Petit déjeuner seulement. *En saison.*

■ Notre-Dame-du-Portage

Hébergement-restauration

▲▲ **Auberge sur Mer**, 363, rte du Fleuve, Notre-Dame-du-Portage (env. 13 km N-E de Saint-André-de-Kamouraska) ☎862.06.42 ou 1.800.622.06.42, fax 862.70.56. *59 ch.* petites mais chaleureuses. Celles du motel offrent un accès direct à la mer. Excellente table. *En saison.*

▲▲ **Auberge du Portage**, 671, rte du Fleuve ☎862.36.01, fax 862.61.90. *41 ch.* Belle demeure victorienne au bord du fleuve. Centre de santé et de balnéothérapie; service bousculé. *En saison.*

■ Pointe-au-Père

Hébergement-restauration

▲▲ **Auberge La Marée Douce**, 1329, bd Sainte-Anne, Pointe-au-Père (6 km N de Rimouski) ☎ 722.08.22, fax 736.51.67. *9 ch.* coquettes et charmantes. Savoureuse cuisine. Essayez d'obtenir la grande chambre avec salon et vue sur le fleuve. *En saison.*

■ Rimouski

❶ 50, rue Saint-Germain O ☎ (418) 723.23.22. *Ouv. t.l.j. en été, en sem. seulement en hiver.*

Hébergement-restauration

▲▲▲ **Rimouski**, 225, bd René-Lepage ☎ 725.50.00 ou 1.800.463.07.55, fax 725.57.25. *140 ch.* Hôtel important avec tout le confort à l'américaine.

Cafés

Vous trouverez à Rimouski bars, bistros ou cafés. Parmi ceux-ci, le **Sens Unique** (rue de la Cathédrale) et le **Saint-Louis** (rue Saint-Louis) présentent des musiciens *live.*

■ Rivière-du-Loup

❶ 189, rue de l'Hôtel-de-Ville ☎ 862.19.81. *Ouv. t.l.j. en été, f. le w.-e. en hiver.*

Hébergement-restauration

▲▲▲ **Auberge de la Pointe**, 10, bd Cartier ☎ 862.35.14 ou 1.800.463.12.22, fax 862.18.82. *117 ch.* Vaste centre de villégiature et de santé dans un site magnifique. Piscine.

▲▲▲ **Lévesque**, 171, rue Fraser ☎ 862.69.27 ou 1.800.463.12.36, fax 867.58.27. *96 ch.* Grand confort : chambre avec baignoire à remous, centre de santé complet et deux excellents restaurants dont l'un est un relais gastronomique plusieurs fois primé. Forfaits pour le golf et l'observation des baleines.

Auberge de jeunesse

Auberge Internationale, 46, rue de l'Hôtel-de-Ville ☎ 862.75.66, fax 862.18.43.

Restauration

♦♦ **Le Saint-Patrice**, 169, rue Fraser ☎ 862.98.95. Carte italienne ou régionale. Les plats y sont toujours de qualité, et le service aimable.

■ Saint-André-de-Kamouraska

Hébergement-restauration

▲▲ **La Solaillerie ♥**, 112, rue Principale ☎ 493.29.14, fax 493.22.43. *11 ch.* avec baignoires anciennes. Ravissante auberge au décor d'époque. Vue sur le fleuve, excellente cuisine régionale. *En saison.*

■ Le Témiscouata

Hébergement-restauration

▲▲▲ **La Marie-Blanc**, 1112, rue Commerciale, Notre-Dame-du-Lac ☎ 899.67.47, fax 899.02.12. *13 ch.* Une auberge dont l'histoire, romantique à souhait, vous sera racontée par la chaleureuse hôtesse. Chambre de type chalet-motel au bord du lac. Bonne table de cuisine régionale.

La péninsule gaspésienne

Carte, p. 296.

Indicatif téléphonique : 418

❶ **Association touristique de la Gaspésie**, 357, rte de la Mer, Sainte-Flavie, G0J 2L0 ☎ 775.22.23 ou 1.800.463.03.23, fax 775.22.34. <u>www. tourisme-gaspesie.com</u>.

Arrivée

➤ **EN AVION.** Air Nova *(p. 143 et p. 257)* dessert Gaspé et Mont-Joli.

➤ **EN BATEAU.** Depuis la Côte-Nord : liaisons toute l'année de Baie-Comeau ☎ 294.85.93 et de Godbout ☎ 568.75.75 à Matane ☎ 562.25.00.

➤ **EN BUS.** Par Orléans Express, **de Montréal** et **Québec** ☎ (514) 842.22.81.

Manifestations

➤ **JUIN. Les Fêtes du homard** à Percé. Fête gastronomique et musicale en l'honneur de cette abondante ressource locale.

➤ **FIN JUIN. Festival en chanson** à Petite-Vallée. Une semaine de chansons avec la relève francophone et la mer en toile de fond.

➤ **De JUIN à SEPTEMBRE. Festival international des jardins**, jardins éphémères réalisés par des designers paysagers présentés aux jardins des Métis à Grand-Métis.

➤ **FIN JUILLET. Festival country western** à Matane.

➤ **FIN JUILLET-DÉBUT AOÛT. Fête du Vol libre** à Mont-Saint-Pierre : une rencontre internationale de deltaplanes et de parapentes.

➤ **AOÛT. Maximum Blues** : sur les plages de Carleton (début août). **Fête nationale des Acadiens** à Bonaventure (le 15 août). ❖

➤ **EN TRAIN.** Trois fois par semaine, **de Montréal** et **de Québec**, Via Rail ☎ 1.800.361.53.90. www.viarail.ca. Dessert 17 localités du sud de la Gaspésie jusqu'à Gaspé.

➤ **EN VOITURE. De Montréal**, par l'A 20 E, puis la rte 132 E. **De Québec**, par l'A 73 S, puis l'A 20 E et la rte 132 E.

Sports et loisirs

➤ **CANOË ET KAYAK DE MER.** CIME Aventure ☎ 534.23.33.

➤ **EXCURSIONS D'OBSERVATION DES MAMMIFÈRES MARINS. DE FORILLON :** Agences touristiques de Gaspé ☎ 368.24.48. **Croisières Baie de Gaspé** ☎ 892.55.00. **DE PERCÉ :** Bateliers de Percé ☎ 782.29.74. **Les croisières Julien Cloutier** ☎ 782.56.06. **Observation Littoral Percé** ☎ 782.53.59. En canot pneumatique, observation commentée par des chercheurs.

➤ **PÊCHE.** Zone d'exploitation contrôlée de Gaspé ☎ 368.23.24.

Produits du terroir et de la mer

Atelier Cuivre Murdochville, 544, 6e Rue, Murdochville ☎ 784.23.53. Les dinandiers fabriquent girouettes, coqs et autres objets décoratifs.

Les Cuirs de la Mer inc., 76, rte 132 E, Bonaventure ☎ 534.38.21. bijoux souvenirs, maroquinerie. Cuirs de poisson (saumon, morue, plie, turbot, anguille, aiguillat commun).

Les Pêcheries Sainte-Flavie, vente de poissons, fruits de mer frais, vivants, fumés (*ouv. de mi-mars à mi-oct.*).

■ Carleton

Hébergement-restauration

▲▲▲ **Hostellerie Baie Bleue**, 482, bd Perron ☎ 364.33.55 ou 1.800.463. 90.99, fax 364.61.65. *95 ch.* de type motel, avec l'une des meilleures tables de la région, valorisant les produits de la mer.

Restauration

♦♦ **Maison Monti**, 840, bd Perron ☎ 364.61.81. Atmosphère plaisante et cuisine classique. *En saison.*

♦ **Café Marin d'Eau Douce**, 215, rte du Quai ☎ 364.76.02. Un café-bistro avec une agréable terrasse. *En saison.*

■ Gaspé

Hébergement

▲▲▲ **Quality Inn**, 178, rue de la Reine ☎ 368.33.55 ou 1.800.462.33.55, fax 368.17.02. *56 ch.* Établissement de style contemporain assez anonyme mais bien tenu et avec vue sur la baie.

▲▲ **Motel Adams**, 2, rue Adams ☎ 368.22.44 ou 1.800.463.42.42, fax 368.69.63. *97 ch.* Adresse de dépannage, en centre-ville et près du terminus d'autobus.

Restauration

◆◆◆ **Aux Quatre Temps** ♥, 135, rue de la Reine ☎ 368.14.55. La meilleure table de Gaspé. Ne manquez pas le saumon fumé artisanal de la région.

◆◆ **L'Ancêtre**, 55, bd York ☎ 368.43.58. Dans une belle demeure d'époque, cuisine familiale mettant à l'honneur les produits de la mer. Terrasse couverte et vue sur la baie.

■ Matane

Hébergement-restauration

▲▲▲ **Riôtel Matane**, 250, av. du Phare E ☎ 566.26.51 ou 1.888.427.73.74, fax 562.73.65. *96 ch.* Près du port de plaisance et du centre-ville. Piscine extérieure et tennis. Bonne table de cuisine régionale avec vue sur le Saint-Laurent.

▲▲ **Hôtel-Motel Belle Plage**, 1310, rue Matane-sur-Mer ☎ 562.23.23 ou 1.888.244.23.23, fax 562.25.62. *68 ch.* spacieuses et confortables (certaines avec vue sur la mer). Bonne restauration qui met l'accent sur les poissons. Visite de fumoirs à saumon. *En saison.*

■ Métis-sur-Mer

Hébergement-restauration

▲▲ **Motel Au Coin de la Baie**, 1140, rte 132, Métis-sur-Mer (env. 10 km des jardins de Métis) ☎ 936.38.55, fax 936.31.12. *14 ch.* Mention pour la table du chef dont la cuisine régionale a reçu des prix internationaux.

■ Parc national de Forillon

Hébergement

▲ **Les Petites Maisons du Parc**, 910, bd Forillon ☎ 892.58.73. *32 chalets* équipés, à l'entrée du parc. *Rés. à l'avance.*

■ Parc de la Gaspésie

Hébergement-restauration

▲▲▲ **Gîte du Mont-Albert**, rte 299 ☎ 763.22.88 ou 1.888.270.44.83, fax 763.78.03. *57 ch.* modernes tout confort et *19 chalets.* En dépit de son nom c'est un hôtel est situé au cœur de la nature.

■ Paspébiac

Hébergement-restauration

▲▲▲ **Auberge du Parc** ♥, 68, bd Gérard-D.-Lévesque ☎ 752.33.55 ou 1.800.463.08.90, fax 752.64.06. *32 ch.* Une maison centenaire décorée avec un goût exquis dans un style victorien. Centre complet de thalassothérapie et fine cuisine de santé. *En saison.*

■ Percé

Hébergement-restauration

▲▲▲ **La Normandie**, 221, rte 132 O ☎ 782.21.12 ou 1.800.463.08.20, fax 782.23.37. *45 ch.* De type hôtel-motel, l'établissement est prisé pour la vue panoramique des chambres et la qualité de sa table (coûteuse).

▲▲ **Bonaventure sur Mer**, 261, rte 132 ☎ 782.21.66 ou 1.800.463.42.12, fax 782.53.23. *90 ch.* spacieuses où les fenêtres donnent sur la mer, le rocher Percé et les grandioses levers de soleil. Restaurant. *En saison.*

▲▲ **Le Gargantua**, 222, rte des Failles ☎ 782.28.52, fax 782.52.29. *11 ch.* de style rustique. Juchée sur la colline surplombant Percé, une auberge tenue par un avenant Breton. Bonne table avec salle à manger donnant sur l'île Bonaventure. *En saison.*

Restauration

◆◆ **La Maison du pêcheur** ♥, 155, pl. du Quai ☎ 782.53.31. La meilleure chaudrée de fruits de mer de la Gaspésie, de délicats poissons fumés, un superbe saumon à l'érable. Tout est d'une fraîcheur absolue, le chef-propriétaire ayant son vivier de homards et sa poissonnerie. *En saison.*

■ Prével

Hébergement-restauration

▲▲ **Fort Prével**, 2053, bd Douglas, Saint-Georges-de-Malbaie ☎ 368.22.81 ou 1.888.377.38.35, fax 368.13.64. *54 ch.* et *13 chalets*. Une station de villégiature à mi-chemin entre Gaspé et Percé. Chambre avec balcon sur la baie. Cuisine de style bistro. Terrain de golf.

■ Sainte-Flavie

Restaurant

♦ **Café Centre d'Art Marcel-Gagnon**, 564, rte de la Mer ☎ 775.28.29. Le sympathique café des peintres du dimanche où vous pourrez déguster poissons, moules et huîtres. Propose également des chambres *En saison*.

Les Îles-de-la-Madeleine

Carte, p. 307.
Indicatif téléphonique : 418
❶ **Association touristique des Îles-de-la-Madeleine**, 128, chemin du Débarcadère, CP 1028, Cap-aux-Meules, G0B 1B0 ☎ 986.22.45, fax 986.23.27. www.ilesdelamadeleine.com.

Arrivée

➤ **En avion.** Les Îles-de-la-Madeleine sont reliées par **Air Nova** depuis Montréal, Québec et Gaspé. L'aéroport est situé 210, ch de l'Aéroport, Havre-aux-Maisons, G0B 1K0.

➤ **En bateau.** Un cargo mixte assure une navette hebdomadaire entre **Montréal** et **Cap-aux-Meules**. places de passagers dans ses cabines. Traversée : 2 j. **CTMA-Voyageur, Navigation Madeleine** : à Montréal ☎ (514) 937.76.56 ; à Cap-aux-Meules ☎ 986.66.00. **CTMA** : traversée depuis la localité de Souris, sur l'île du Prince-Édouard dans les Provinces Maritimes, liaison de 5 h en traversier vers Cap-aux-Meules ☎ (902) 687.21.81. Rés. voitures ☎ 1.888.986.32.78.

Manifestations

➤ **Mars**. Observation des blanchons.

➤ **Mai**. Ouverture de la pêche au homard.

➤ **Juin**. Saveurs de la Mer. Fête populaire qui célèbre l'abondance saisonnière des fruits de mer frais.

➤ **Début juillet**. Symposium en arts visuels des îles. Festival du pêcheur à l'Étang-du-Nord. Festival sable-eau-vent à l'Anse-aux-Baleiniers : compétition de cerfs-volants.

➤ **Août**. Concours de châteaux de sable à Havre-Aubert. Festival acadien dans l'île du Havre-Aubert. Fête nationale des Acadiens (le 15 août). Sous chapiteau. Parade de chars et gastronomie acadienne. La Coupe des îles : compétition internationale de planche à voile et de kite surf. ❖

Sports et loisirs

➤ **Écorandonnées.** Excursions guidées du groupe de protection de l'environnement des îles, **Attention Frag'îles** ☎ 986.66.44.

➤ **Excursions en bateau.** Pour se rendre à l'île d'Entrée, départ du port de Cap-aux-Meules : **S. P. Bonventure** ☎ 986.84.52. **Excursions en mer Inc.** ☎ 986.47.45. Interprétation des grottes, île d'Entrée et partie de pêche.

➤ **Observation des blanchons.** Le **Château Madelinot** à Cap-aux-Meules (p. 324).

➤ **Pêche aux requins.** Pourvoirie **Mako**, Pointe-de-la-Grande-Entrée ☎ 985.28.95.

➤ **Plongée et kayak de mer. Centre Nautique l'Istorlet**, 100, chemin de l'Istorlet, Havre-Aubert ☎ 937.52.66. **Club Vacances Les Îles**, Grande-Entrée ☎ 985.28.33. Également des sorties en kayak, vélo, planche à voile…

Le mastodonte de Northumberland

Le pont de la Confédération (13 km) enjambe depuis 1997 le détroit de Northumberland qui sépare le Nouveau-Brunswick et la Nouvelle-Écosse. Il relie l'île du Prince-Édouard au continent. Si vous souhaitez vous rendre aux Îles-de-la-Madeleine en voiture, vous devez emprunter ce pont, puis enregistrer votre véhicule à bord du traversier qui relie Souris à Cap-aux-Meules.

Le pont est un véritable mastodonte, dont la construction a nécessité 3 millions de tonnes d'agrégat et de pierre, 340 000 m³ de béton, 53 000 tonnes d'acier renforcé, 13 500 tonnes de câbles post-tension. Éclairé sur toute sa longueur 24 h sur 24, il est muni de caméras de surveillance tous les 500 m et de stations d'appel d'urgence. Un poste de péage perçoit les droits de traversée. ❖

➤ RANDONNÉES À CHEVAL. La Chevau-chée des îles, chemin des Arpenteurs, près du chemin de l'Étang-des-Caps sur l'île du Havre-Aubert ☎ 937.23.68 ou 937.54.53. L'hiver, balades en traî-neau.

Adresses utiles

➤ LOCATION DE VÉLOS. Le Pédalier, 365, chemin Principal, Cap-aux-Meules ☎ 986.29.65.

➤ LOCATION DE VOITURES. À l'aéro-port de Havre-aux-Maisons : **Thrifty** ☎ 969.90.06. **National Tilden** ☎ 969.25.90.

Hébergement

L'Association touristique des Îles-de-la-Madeleine offre un service de réser-vation d'hébergement *(p. 323)*, ainsi que l'**Agence Toit et Moi** ☎ 937.28.38.

■ Cap-aux-Meules

Hébergement-restauration

▲▲▲ **Le Château Madelinot**, 323, rte 199 ☎ 986.36.95 ou 1.800.661.45.37, fax 986.64.37. *120 ch.* confortables, aménagées selon les standards améri-cains. Le plus important hôtel des îles. Restauration complète mais sans grande surprise. Forfaits pour l'obser-vation des blanchons au mois de mars.

▲ **La Maison du Cap-Vert (B & B)**, 202, chemin L.-Aucoin ☎ 986.53.31. *5 ch.* agréables. Accueil sympathique. *Rés. longtemps à l'avance. Seulement pour les non-fumeurs.*

Auberge de jeunesse

Parc de Gros-Cap, 74, chemin du Camping, Étang-du-Nord ☎ 986.45.05 et 1.800.461.85.85.

Restauration

◆◆◆ **La Table des Roy** ♥, 1188, rte 199 ☎ 986.30.04. Haut lieu de la gastrono-mie madelinienne, tenu par une jeune chef de génie. Le menu, court, met à l'honneur les fruits de mer dans des compositions raffinées, légères et bien présentées. Ne manquez pas le soufflé à l'érable. *F. dim.*

◆ **Café La Côte**, site de l'Anse à l'Étang-du-Nord, 499, chemin de Boisville O ☎ 986.64.12. Sandwiches santé, desserts maison, petits déjeu-ners à l'européenne.

◆ **Aux Pas Perdus**, 189, chemin Prin-cipal ☎ 986.51.51. *4 ch.* Auberge-res-taurant tenu par des jeunes. Cuisine bistro et soirées jazz.

Restaurant chez Diane, 356, chemin Petipas ☎ 986.46.86. Dans une des rares maisons de pierre des îles, une cuisine régionale faite de fruits de mer et de grillades.

■ Grande-Entrée

Hébergement-restauration

▲▲ **Club Vacances Les Îles**, 377, rte 199 ☎985.28.33 ou 1.888.537.45.37. *24 ch.* Quoique situé à quelque distance des îles principales, ce club offre des forfaits très intéressants, à prix concurrentiels. Des activités et des excursions sont également proposées aux visiteurs *(p. 323)*.

■ Havre-Aubert

Hébergement-restauration

▲▲ **Chez Denis à François**, 404, chemin d'En-Haut ☎937.23.71, fax 937.21.48. www.ilesdelamadeleine.com. *8 ch.* bien tenues et un restaurant bien achalandé qui propose un menu très diversifié.

▲▲ **Havre sur Mer** ♥, 1197, chemin du Bassin, L'Anse-à-la-Cabane ☎937. 56.75, fax 937.25.40. *9 ch.* Une oasis de sérénité dans un site idyllique. Toutes les chambres sont lumineuses et aménagées avec goût. Elles ont un balcon et offrent une vue imprenable sur la mer. Petits déj. gourmands. *Ouv. l'été et durant la saison des blanchons, en mars.*

▲▲ **La Marée Haute**, 25, chemin des Fumoirs ☎et fax 937.24.92. *3 ch.* Une agréable auberge, bien située sur une baie à côté de La Grave. Les chambres ont du cachet. S.d.b. partagées. Côté fourneaux, le chef-propriétaire exploite de façon créative toutes les ressources de la mer. Mention d'honneur aux desserts.

Restauration

♦♦ **La Saline**, 1009, rte 199 ☎937.22.30. On choisira de préférence les fruits de mer dans leur plus simple apprêt. En attendant les plats, prenez le temps d'examiner la collection de photos d'époque qui décorent les murs.

♦ **Café de La Grave**, 969, rte 199 ☎937.57.65. Un café chaleureux où l'on peut feuilleter des magazines tout en savourant un bon gâteau ou un repas léger.

■ Havre-aux-Maisons

Hébergement-restauration

▲ **La P'tite Baie**, 187, rte 199 ☎969. 40.73, fax 969.49.00 petite-baie@info attraits.qc.ca. *8 ch.* Charmante auberge où l'on sert une bonne cuisine familiale, près de la plage.

▲ **Au Vieux Couvent**, rte 199 ☎969.22.33. Toujours très animé, c'est le lieu de rendez-vous des îles. On y mange de bonnes moules, et la terrasse profite du coucher de soleil. La boîte à spectacles **Chez Gaspard** accueille des artistes locaux. ■

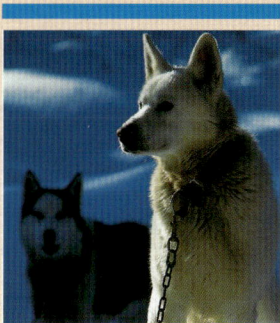

EN SAVOIR PLUS

Aux Îles-de-la-Madeleine, à peine
une cinquantaine de maisons
se regroupent sur la minuscule
île aux Loups, un hameau bordé
de deux magnifiques plages, très peu
fréquentées : la plage de la dune du
Nord et la plage de Pointe-aux-Loups.

Quelques mots de québécois

Vie quotidienne

Barrer : verrouiller

Bec : bisou

Boisson : consommation alcoolisée

Breuvage : boisson

Centre d'interprétation : petite institution muséale thématique, pédagogique

Coureurs des bois : nom des Blancs européens ou canadiens, nomades, qui vivaient de la traite des peaux de castors et autres pelletteries

Croisière : toute excursion nautique

Débarbouillette : gant de toilette

Dépanneur : petite épicerie

Économusée : lieu de production artisanale avec comptoir de vente

Établissement licencié ou avec « licence complète » : détenant un permis de vente d'alcool

Frais virés : PCV (ou charges renversées)

Glissades : glissoires, chemins de glace sur lesquels on s'amuse à glisser

Jaser : converser

Liqueur douce : boisson gazeuse sans alcool

Lumière : feu de circulation

Magasinage : « shopping »

Micro-brasserie : établissement où l'on sert et brasse des bières artisanales.

Pourvoirie : établissement de chasse et pêche en forêt, avec chalets

Planche à neige : surf.

Pulperie : usine où l'on fabrique la pâte de bois pour en faire du papier, de la cellulose, etc.

Salle de bains : toilettes

Souper : dîner (le dîner correspond au déjeuner, le déjeuner au petit déjeuner)

Traversier : Bateau passeur.

Vente : solde

Vente de garage : vide-grenier

Culture amérindienne

Autochtones : descendants des premiers habitants de l'Amérique du Nord. La Constitution canadienne reconnaît 3 groupes d'autochtones : les Indiens, les Métis et les Inuit

Bannique : pain traditionnel

Bande : groupe d'autochtones pour lesquels des terres ont été réservées. Chaque bande possède son propre Conseil de bande, qui joue un rôle de direction et qui est formé d'un ou plusieurs chefs et de conseillers. De nos jours, de nombreuses bandes préfèrent être appelées « Premières Nations »

Communauté : terme parfois utilisé pour désigner une réserve

Premières Nations : terme entré dans l'usage dans les années 1970 pour remplacer le mot « Indiens ». Il y a dix Premières Nations au Québec

Pow wow : fête traditionnelle

Réserve : territoire que le gouvernement fédéral réserve pour l'utilisation et l'occupation d'un groupe ou d'une bande autochtone. ■

Des livres, des disques et des films

HISTOIRE ET SOCIÉTÉ

Brève histoire du Québec, HAMELIN J. et PROVENCHER J., Boréal, 1992.

Une Histoire populaire du Québec, LACOURSIÈRE J., Septentrion, 1995-1997.

Histoire du Québec contemporain, DUROCHER R., LINTEAU P.-A., RICARD F.-R., Boréal-Compact, 1989 (2 vol.).

Pays littéraire du Québec, PÉRUSSE D., l'Hexagone/VLB éditeur, 1999.

Le Québec, un pays, une culture, TETU DE LABSADE F., Boréal/Seuil, 1990.

LES AMÉRINDIENS

Les autochtones du Québec : des premières alliances aux revendications contemporaines, BEAULIEU A., Fides, 2001.

Canada, derrière l'épopée des autochtones, PROULX J.-R. et SAVARD R., l'Hexagone, 1982.

Les Indiens, la fourrure, les Blancs, TRIGGER B., Boréal, 1992.

Iroquoisie, DESROSIERS L., Septentrion, 1998-1999 (4 tomes).

Pour une Autohistoire amérindienne, Sioui G., L'Harmattan, 2001.

Le Québec amérindien et inuit, Noel M. Ed. Sylvain Harvey, 1997.

LANGUE, LITTÉRATURE

Dictionnaire de la langue québécoise, Bergeron L., Typo, 1998.

Panorama de la littérature québécoise contemporaine, dir. Réginald Hamel, Guérin, 1997.

La Poésie québécoise, Anthologie, Mailhot L. et Nepveu P., Hexagone, 1996.

MUSIQUE TRADITIONNELLE

La Bolduc : *Œuvre complète*, FIS, 1995 ; *Le temps des fêtes*, Analekta, 2002 ; *L'héritage québécois*, MCA Universal, 1995.

La Bottine souriante : *Jusqu'aux p'tites heures*, 1991, *La Mistrine* (1994), *En spectacle*, 1996 et *X*, 1998, Mille Pattes.

40 ans de chansons, Vigneault G., EPM, 2002.

Maudite Mémoire, Faubert M., Ambiances Magnétiques.

Ressac, Suroit, GSI, 1994.

The Inuit Artist World Show Case, Inukshuk Productions Inc. Pour commander ce disque ☎ (819) 254.87.88, fax (819) 254.81.13.

FILMS

En France, on peut se procurer ces productions à l'Office national du film du Canada, 5, rue Constantine, 75007 Paris ☎ 01.44.18.35.40. *Alias Will James*, Godbout J., 1988. *Les Bons débarras*, Mankiewicz F., 1979. *Le Chat dans le sac*, Groulx G., 1964. *Le Confessional*, Lepage R., 1995. *Le Déclin de l'Empire américain*, Arcand D., 1986. *Les Invasions barbares*, Arcand D., 2003. *J.A. Martin, photographe*, Beaudin J., 1976. *Mémoire battante* et *l'Écho des songes*, Lamothe A., 1983 et 1992. *Mon oncle Antoine*, Jutra C., 1971. *Octobre*, Falardeau P., 1996. *Les Ordres*, Brault M., 1974. Parmi les films plus récents *Atanarjuat, la légende de l'homme rapide*, Kunuk Z., 2002 et *Grey Owl*, Attenborough R., 1998 avec Pierce Brosnan. ■

Table des encadrés

Pratique et quotidien

Index

Montréal : nom de lieu
Lévesque René : nom de personnage
AMÉRINDIENS : mot clé
Les folios en **gras** renvoient aux textes les plus détaillés. Les folios en rouge renvoient aux cartes et aux plans. Les folios en bleu renvoient aux renseignements pratiques et aux bonnes adresses.

Imprimé en France par I.M.E. - 25110 Baume-les-Dames
Dépôt légal : 53075-02/2005
collection n° 25 - édition n° 02
ISBN : 201243617-X
24/3617/8

À nos Lecteurs...

Ces pages vous appartiennent. Notez-y vos remarques, vos impressions de voyage, vos découvertes personnelles, vos bonnes adresses. Et ne manquez pas de nous en informer à votre retour. Nous accordons la plus grande attention au courrier de nos lecteurs.

HACHETTE
Tourisme

Guides Évasion – Courrier des lecteurs
43, quai de Grenelle – 75905 PARIS Cedex 15

Carnet de voyage